AF568326

NILS BÜTTNER

Rembrandt

NILS BÜTTNER

Rembrandt

Licht und Schatten

Eine Biographie

Reclam

Für Rike

Umschlaggestaltung: Anja Kappes, Hamburg
Layout: Büro für Gedrucktes, Beate Mössner, Stuttgart
Abbildung Vorderseite und Rücken: *Selbstbildnis.*
Abbildungen Rückseite: *Selbstbildnis mit Halsberge* (akg-images),
Selbstbildnis als Bürger, *Selbstbildnis als Zeuxis* (akg-images), *Saskia*
Satz: Reclam, Ditzingen
Druck und buchbinderische Verarbeitung: Himmer AG, Augsburg
Printed in Germany 2014
RECLAM ist eine eingetragene Marke
der Philipp Reclam jun. GmbH & Co. KG, Stuttgart
ISBN 978-3-15-010965-6
www.reclam.de

Inhalt

Eine Art Einleitung . . . 7

Vom Lateinschüler zum Maler . . . 13
In Leiden entdeckt . . . 31
Uylenburghs Akademie . . . 51
Als Meister in Amsterdam . . . 67
Rembrandts Frauen . . . 89
Rembrandt als Erzähler . . . 109
Gezeichnet und geätzt . . . 135
Sammler, Händler, Kunstliebhaber . . . 163
»Sein Kunstruhm ist über den Gipfel der Alpen geflogen« . . . 183
Die Rembrandt-Legende . . . 219

Anmerkungen . . . 237
Abbildungsnachweis . . . 248
Literaturverzeichnis . . . 249
Personenregister . . . 261
Zum Autor . . . 264

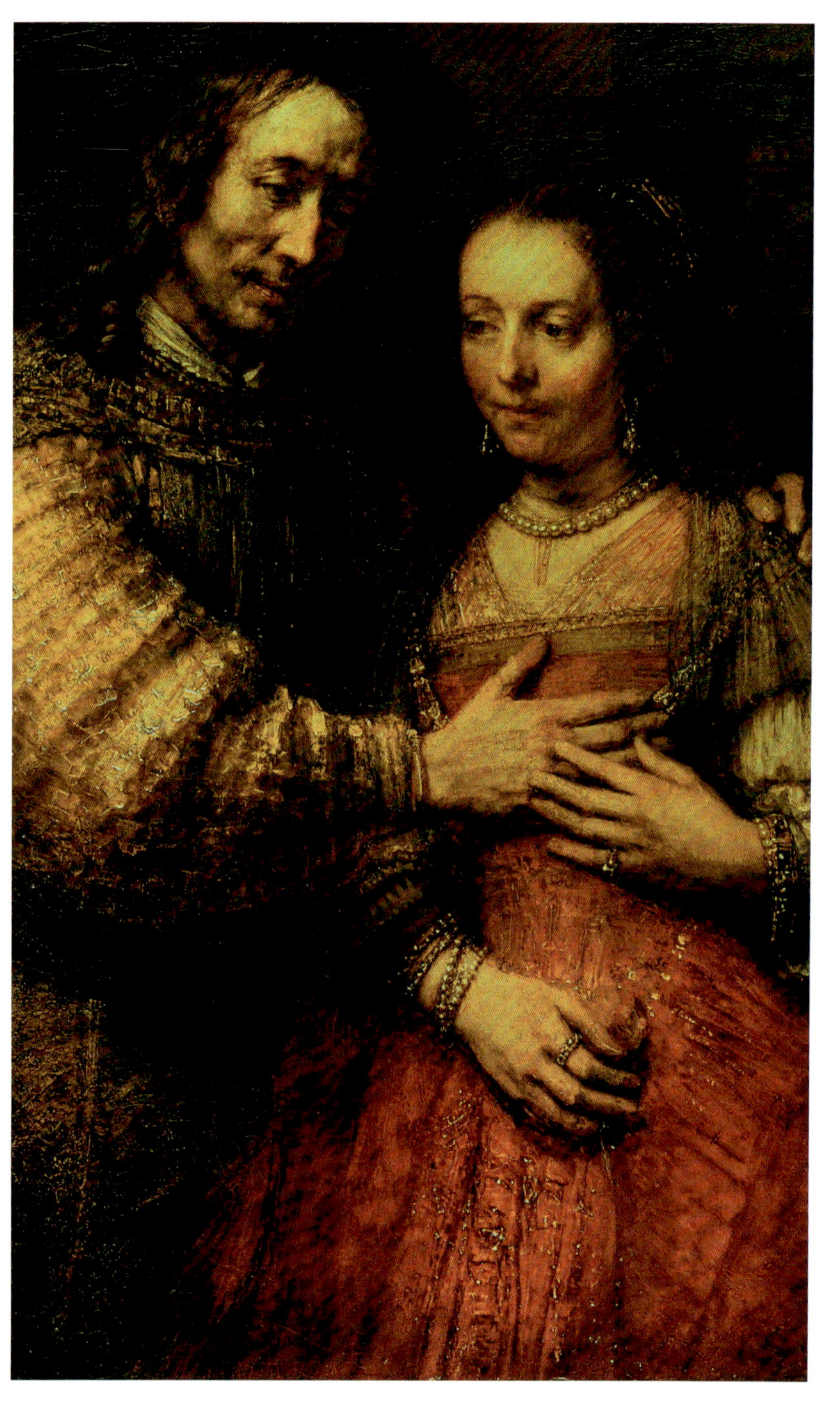

Eine Art Einleitung

»Was für ein intimes, was für ein unendlich sympathisches Gemälde, gemalt mit feuriger Hand.«[1] In einem Brief an seinen Bruder Theo brachte Vincent van Gogh am 10. Oktober 1885 seine Begeisterung für ein Bild Rembrandts zum Ausdruck, das er in Amsterdam gesehen hatte (s. Abb. 1).[2] Will man seinem damaligen Reisebegleiter Anton Kerssemakers glauben, hätte van Gogh damals zehn Jahre seines Lebens gegeben, wenn er vierzehn Tage vor diesem Werk hätte sitzenbleiben dürfen, »mit nichts als einem Knust trocken Brot als Nahrung«.[3] Viele sind ihm seither in der Bewunderung für dieses Bild gefolgt, das ein gewaltiges Spektrum malerischer Ausdrucksmöglichkeiten in sich vereint.[4] Hände und Gesichter der Figuren sind in lasierend dünnen, übereinanderliegenden Schichten glatt und zurückhaltend gemalt. Anders die Gewänder, die aus der pastosen Farbmasse gleichsam modelliert sind. Die Farbe ist nicht mit dem Pinsel, sondern mit dem Palettmesser aufgetragen und teilweise auch wieder weggekratzt worden. Rembrandt hat die Farben nicht nur genutzt, um aus warmem Karminrot, Bronzegrün und fast golden wirkendem Ocker einen harmonischen Farbklang aufzubauen. Er modellierte zugleich aus den plastisch hervortretenden Farbschichten ein Relief, das die Reflexion und Brechung des realen Raumlichts auf der strukturierten Oberfläche des Gemäldes zur Steigerung der Bildwirkung beitragen lässt. Darin sei der bemerkenswerte Anspruch sichtbar, so 1958 der Schriftsteller Jean Genet, »der Malerei als Thema die gleiche Wichtigkeit zu geben wie dem, was sie darstellen soll«, wobei der Ärmel der *Judenbraut* gleichsam zu einem abstrakten Gemälde werde.[5]

Die Bewunderung für Rembrandt ist bis heute ungebrochen. Seine Werke sind seit seinem Tod 1669 nie in Vergessenheit geraten und inzwischen – im Zeitalter der digitalen Globalisierung – omnipräsent.[6] Die Statistik von Google zeigt, dass sich das Interesse an Rembrandt auch im 21. Jahrhundert auf konstant hohem Niveau bewegt. Dabei haben nicht nur die Bilder Rembrandts einen festen Platz im kollektiven Gedächtnis, sondern auch ein Lebensbild. Rembrandt geriet im Laufe der Jahrhunderte zum Prototyp des nonkonformistischen und deshalb verkannten Künstlergenies, für dessen vermeintliche Egozentrik jedes Selbstbildnis zum willkommenen Beleg wurde. Es hat sich ein beinahe schematischer Lebenslauf etabliert, der Stoff für Romane und Filme lieferte. Die populäre Künstlerbiographik hat seinen Lebenslauf zu einer Geschichte von Aufstieg und Niedergang verdichtet und huldigt Rembrandt als unzeitgemäßem Helden.[7] Leben und Werk erscheinen in dieser Perspektive als untrennbare Einheit. Entsprechend schrieb schon Cornelis de Bie, der 1661 eine poetische Würdigung Rembrandts publizierte, dass dessen Bilder »beweisen, wer er ist«.[8] Auch nachdem die wissenschaftliche Erforschung Rembrandts begonnen hatte, zeigten sich Kunsthistoriker ausdrücklich bemüht, »das Werk und den Menschen als eine Einheit zu begreifen [...]: das Werk aus dem Menschen und den Menschen aus dem Werke zu deuten.«[9] Mieke Bal hat vor dem Hintergrund der überbordenden Literatur zu Leben und Werk zu Recht darauf hingewiesen, dass »Rembrandt« weniger eine historische Realität beschreibe als vielmehr einen »kulturellen Text«.[10]

Wer sich heute mit Rembrandt beschäftigt, muss dem ebenso Rechnung tragen wie den historischen Bedingungen, die auf die Biographie wie auf die Werke des Malers einwirkten. Über lange Zeit standen vor allem die Bilder im Fokus des Interesses, die fast ausschließlich als ästhetische Objekte aufgefasst wurden. Dabei geriet zunehmend die Frage in den Blick, welche der mit seinem Namen verbundenen Werke tatsächlich von ihm stammen. Die Frage der Eigenhändigkeit steht auch im Zentrum des 1968 ins Leben gerufenen und bis heute nicht abgeschlossenen Rembrandt Research Project.[11] Von den weit mehr als siebenhundert Bildern, die man Rembrandt noch im 19. Jahrhundert zuschrieb, galt hundert Jahre später kaum mehr ein Viertel als von ihm selbst gemalt. Parallel zur Eingrenzung des Œuvres war und ist die kunsthistorische Forschung nachdrücklich bemüht, die Biographie Rembrandts in einer weiter gefassten kulturhistorischen Perspektive wahrzunehmen. Auch seine Bildsprache und die ikonographische Bedeutung seiner Bilder sind in den Blick genommen worden. Seine spezifische Maltechnik wird ebenso untersucht wie seine Stellung auf dem zeitgenössischen Kunstmarkt oder seine Kontakte zu dessen Protagonisten. Rembrandts Selbstporträts sind heute ebenso Gegenstand einer umfangreichen Spezialforschung wie seine Bildnisse und Landschaftsdarstellungen. Die theologischen Implikationen seiner religiösen Bilder werden untersucht, die Text- und Bildquellen seiner profanen Historien studiert und seine Bibliothek und seine Sammlungen rekonstruiert. Einen Höhepunkt dieser Bemühungen bedeutete das Jahr 2006, in dem die Feier zum 400. Geburtstag des Künstlers Anlass zu einer erneuten Standortbestimmung gab. Rembrandts

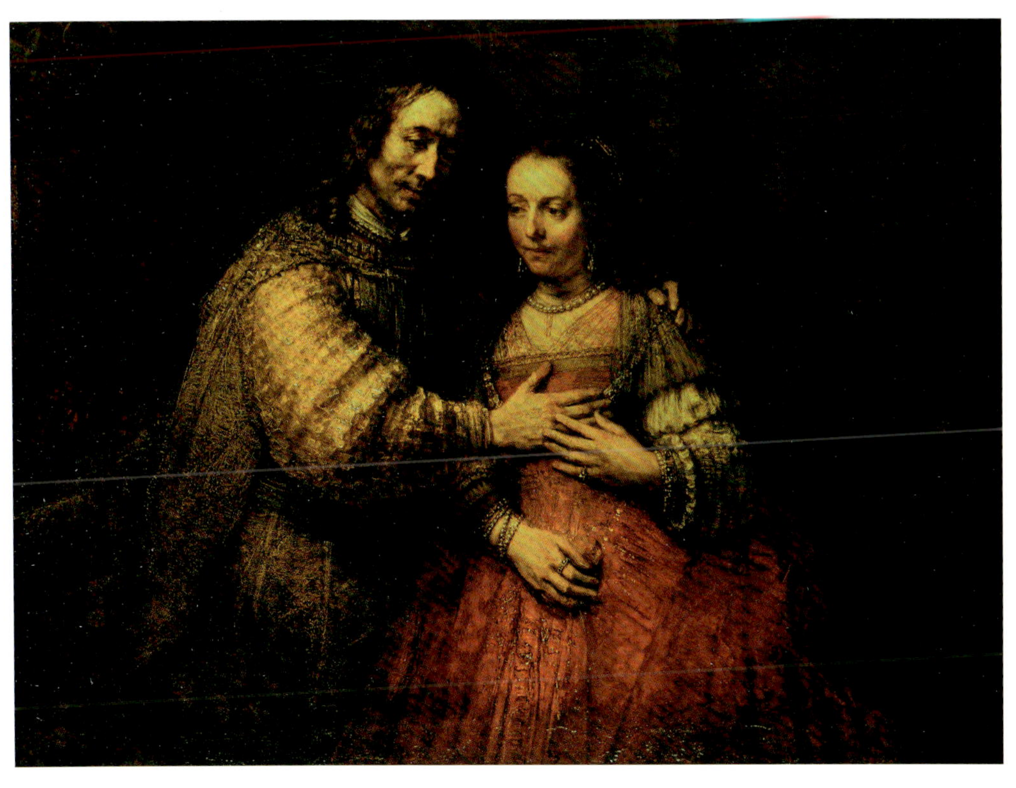

1 *Die Judenbraut*, um 1667, Öl auf Leinwand, 121,5 × 166,5 cm, bezeichnet: »Rembrandt f 16(?)«, Amsterdam, Rijsmuseum

Popularität wurde im Jubiläumsjahr zum Garanten für immer neue Besucherrekorde. Die nicht enden wollende Folge von Ausstellungen und Veranstaltungen steht nicht nur in enger Wechselwirkung mit dem wachsenden Publikumsinteresse. Auch die Forschung selbst ist enorm davon beflügelt worden, und Rembrandt-Monographien haben weiterhin Konjunktur. Doch vermochten bisher die Erkenntnisse der neueren Rembrandt-Forschung das klischeehafte Bild vom einsam malenden Genie in der unterhaltenden Literatur und im Film nicht zu korrigieren, das zutiefst im 19. Jahrhundert verwurzelt ist. Durch den in der Rückschau vermeintlich zielgerichteten Ablauf des geschilderten Lebens neigen biographische Untersuchungen nur zu oft dazu, sich auf das Individuelle eines Schicksals und das persönliche Geschick eines Einzelnen zu konzentrieren und die sozialen Bedingungen der menschlichen Existenz zu ignorieren. Auch wird – gerade dem später berühmten Individuum – die Gabe der freien Gestaltung der eigenen Biographie unterstellt. So begegnet dem Leser besonders in den älteren Rembrandt-Biographien beinahe durchgängig die Vorstellung der bewussten und selbstbewussten Produktion der eigenen Biographie im Sinne eines künstlerischen Aktes. Die überindividuellen und sozialen Faktoren der Biographie treten in einem solchen »Lebensbild« ebenso in den Hintergrund wie die systematische Analyse der historischen Wirtschafts- und Sozialstrukturen.

Die zunehmende Diskrepanz zwischen dem populären Rembrandt-Bild und einer kaum mehr zu bewältigenden Menge an Forschungsliteratur ist Grund genug, eine neue Annäherung zu versuchen. Dabei sollen die erhaltenen Bilder, Urkunden und Dokumente im Kontext der spezifischen Denk- und Handlungsmuster einer an höfischen Idealen orientierten Gesellschaft dargestellt und interpretiert werden. Ausgehend vom dokumentarisch Fassbaren werden Leben und Werk in den Kategorien des 17. Jahrhunderts anschaulich und verständlich beschrieben und bewertet. Ausgangspunkt dafür sind die überlieferten Quellen, die aus der Entstehungszeit erhaltenen Bilder und Texte, die allerdings nicht von sich aus sprechen. Sie müssen vielmehr erst zum Sprechen gebracht werden. Die in den Quellen fixierte historische Überlieferung gibt dabei nicht vor, was gesagt werden darf. Doch legt sie fest, was nicht gesagt werden darf. Der Historiker Reinhart Koselleck hat in diesem Zusammenhang vom »Vetorecht der Quellen« gesprochen.[12] Auf der Grundlage einer erneuten Lektüre der Quellen und einer gründlichen Analyse ausgewählter Werke wird eine Einführung in Leben und Werk versucht, die mit Blick auf die komplexe und teils verworrene Geschichte des wissenschaftlichen Diskurses keinen Anspruch auf Vollständigkeit erhebt. Ihr Ziel ist es, den überlieferten Werken, zeitgenössischen Einschätzungen, kunsthistorischen Urteilen und wissenschaftlichen Diskursen gleichermaßen Raum zu geben.

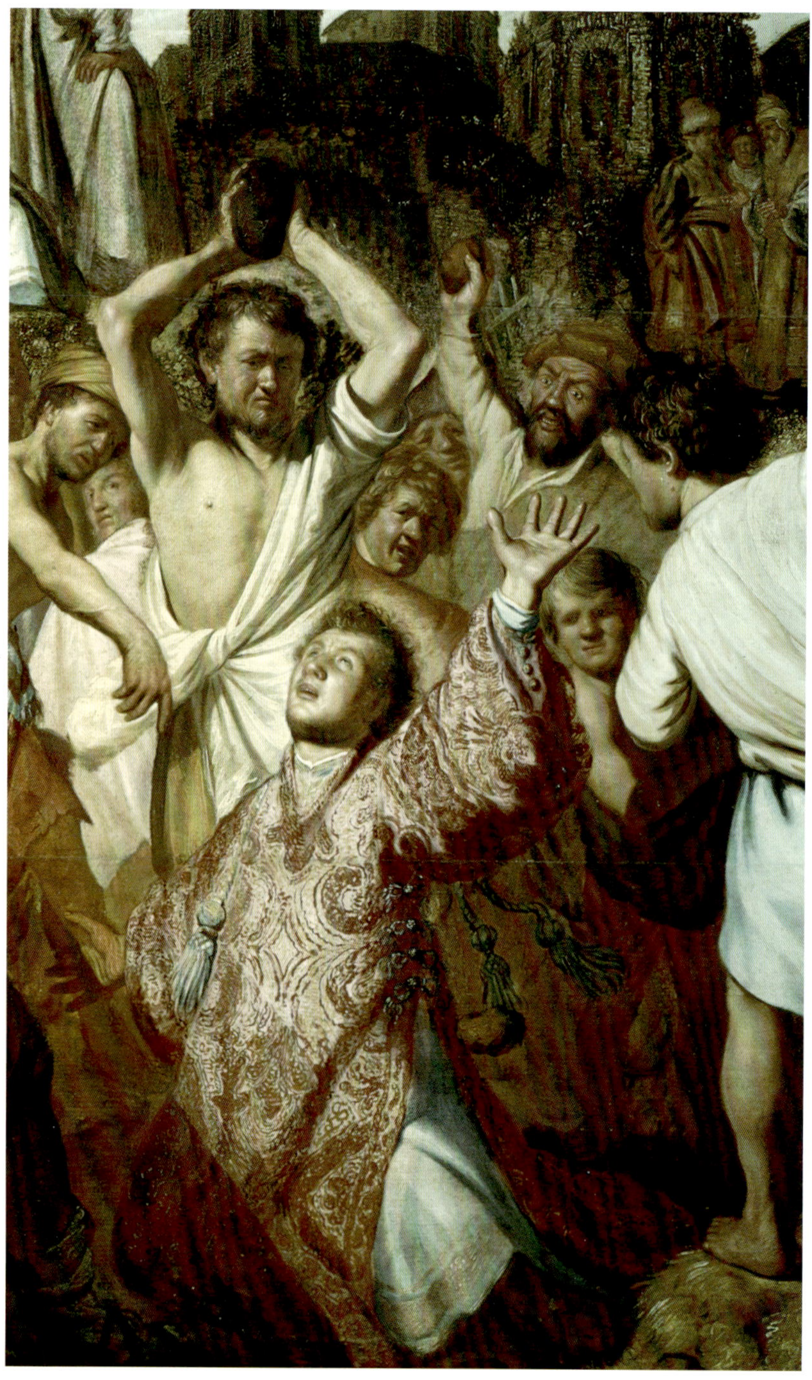

Vom Lateinschüler zum Maler

Lysbeth Harmensdr war eine tatkräftige Frau. Sie hatte die Belagerung Leidens durch die habsburgischen Truppen überlebt und sogar ihre vier Kinder durchgebracht. Jeder Dritte der insgesamt 18 000 Einwohner der Stadt war damals verhungert oder der Pest zum Opfer gefallen. Auch Lysbeths Mann, der Müller Gerrit Roelofsz, war ums Leben gekommen, und die einst vor den Toren der Stadt gelegene Kornmühle der Familie existierte nicht mehr.[1] Die Zeiten waren schwer, seit sich aus den konfessionellen und politischen Auseinandersetzungen der niederländischen Provinzen mit den habsburgischen Machthabern ein militärischer Konflikt entwickelt hatte. Die Einschränkung der Glaubensfreiheit unter dem spanischen König Philipp II., dessen zentralistische und alte Privilegien einschränkende Politik sowie wirtschaftliche Schwierigkeiten hatten in den habsburgischen Niederlanden jenen Aufstand provoziert, den die militärische Intervention des Herzogs von Alba im Keim ersticken sollte. 1572 hatte auch Leiden sich gegen das Haus Habsburg erklärt, und die Stadt wurde daher seit Oktober 1573 von habsburgischen Truppen belagert. Erst knapp ein Jahr später gelang die Befreiung.

Wilhelm von Oranien, der militärische Führer der Aufständischen, hatte in der stürmischen Nacht vom 2. auf den 3. Oktober 1574 die Deiche von Maas und IJssel durchstechen lassen. Ungeheure Wassermassen fluteten das gesamte Leidener Umland und vertrieben die habsburgischen Truppen aus ihren Stellungen. Jeder Widerstand wurde gebrochen, als in Booten mit geringem Tiefgang das Entsatzheer anrückte. In den um dieses Ereignis gesponnenen Legenden blieb vor allem die Erinnerung an den Hunger lebendig. So soll ein kleiner Junge entdeckt haben, dass die Belagerer ihre Stellungen fluchtartig verlassen hatten. Zum Beweis brachte er einen Kessel mit noch warmem Eintopf zu den hungernden Menschen in die Stadt mit; es war der heute berühmte *Leidse hutspot*. Gegen Abend sollen dann die Befreier auf ihren Booten die Stadt erreicht haben, an Bord reichlich Matjes und Weißbrot. Zur Erinnerung daran wird bis auf den heutigen Tag jeweils am 3. Oktober an der Leidener Stadtwaage kostenlos *Haring en wittebrood* ausgegeben.

Die Belagerung und Befreiung Leidens gingen in den Gründungsmythos der niederländischen Republik ein, die durch den acht Jahrzehnte währenden militärischen Konflikt geformt wurde. Insgesamt achtzig Jahre, von 1568 bis 1648, erkämpften und verteidigten die sieben nördlichen niederländischen Provinzen ihre Herauslösung aus der habsburgischen Herrschaft. Leiden, die zweitgrößte Stadt Hollands, war damals zum politischen Symbol geworden. Zum Lohn für die Treue der Stadt hatte Wilhelm von Oranien am 8. Februar 1575 eine Universität gestiftet, die aus dem Besitz der eroberten Abtei Egmont und anderen konfiszierten katholischen Besitzungen finanziert wurde. Rückblickend erscheint es als Ironie der Geschichte, dass die unter dem Motto *Libertatis Praesidium*, »Bollwerk der Freiheit«, gegründete Hochschule in den nördlichen Niederlanden im Namen des spanischen Königs Philipp II. gestiftet wurde. Doch galt er in jener Zeit noch offiziell als Landesherr. Erst als die Vereinigten Provinzen ihm 1581 in einer offiziellen Erklärung die Gefolgschaft verweigerten, änderte sich dieses Rechtsverhältnis. Im März des darauffolgenden Jahres erging deshalb in Tournai ein königliches Edikt, dass die Studierenden der holländischen Hochschule fürderhin als Ketzer anzusehen seien. Den Ruf der neuen Universität, die zur wichtigsten Ausbildungsstätte für reformierte Prediger geworden war, schädigte das nicht. Man hatte namhafte Gelehrte angeworben und als besonders fortschrittlich gepriesene Lernorte eingerichtet wie einen botanischen Garten und das Anatomische Theater. Die Universität und ihre berühmten Lehrer machten bald europaweit von sich reden. Die Leidener Hochschule wurde binnen weniger Jahre nicht nur eine der größten Universitäten Europas, sondern stand auch als internationale an erster Stelle, denn mehr als die Hälfte der Studenten kam aus dem Ausland.[2] Nach der erfolgreichen Befreiung erlebte die Stadt einen bemerkenswerten Aufschwung.

Am 23. November 1574 war das noch nicht zu ahnen. An diesem Tag, nur knapp acht Wochen nach der Befreiung Leidens, stellte Lysbeth Harmensdr bei der städtischen Administration den Antrag, innerhalb der Stadtbefestigung, auf den Wällen neben dem Witte Poort, dem »weißen Stadttor« an der Straße Richtung Den Haag, eine neue Mühle errichten zu dürfen.[3] Dort, am Rande Leidens, wo der Rhein eine natürliche Verstärkung der Befestigung bildete, wohnte sie mit ihrer Familie in einem kleinen Haus am Weddesteeg. Schräg gegenüber stand bald schon ihre neue Mühle. Lysbeth hatte inzwischen den Müller Cornelisz Claesz van Berckel geheiratet, der sich nun gemeinsam mit ihr um den Familienbetrieb und die vier noch unmündigen Kinder kümmerte.[4] Vom beruflichen Erfolg der Familie kündet die Tatsache, dass seitens der städtischen

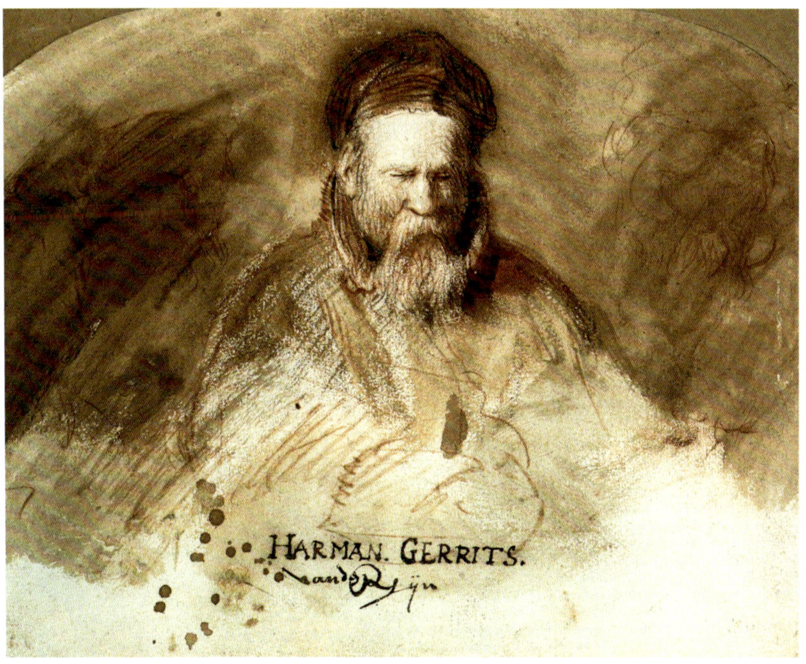

2 *Rembrandts Vater* (?), um 1630, rote und schwarze Kreide, mit Bister laviert, zeitgenössische Inschrift, Feder in Braun: »Harman, Gerrits. van Rhijn«, 18,9 × 24 cm, Oxford, Ashmolean Museum

Behörden am 8. August 1575 gegen eine jährliche Pacht dem Antrag stattgegeben wurde, direkt neben der ersten eine zweite Mühle aufstellen zu dürfen.[5] Lysbeth Harmensdr hatte nämlich am 30. November desselben Jahres in Nordwijk für 900 Gulden eine hölzerne Kornwindmühle erworben. Diese wurde zerlegt und in Einzelteilen nach Leiden geliefert, wo sie auf den Wällen gegenüber dem Wohnhaus Aufstellung fand.[6] Wohl um den Kaufpreis realisieren zu können, hatte sie im Vormonat ihre Beteiligung an der ersten Windmühle verkauft.[7] Der wirtschaftliche Erfolg der folgenden Jahre, der sich im Erwerb diverser Liegenschaften niederschlug, wurde von dem persönlichen Unglück überschattet, dass noch vor dem Jahr 1581 Lysbeths erstgeborener Sohn und ihre noch nicht volljährige Tochter verstarben.[8] Doch gab es ja noch Harmen Gerritsz, ihren zweiten Sohn, der das Familienunternehmen dereinst weiterführen konnte (s. Abb. 2).[9]

Vermutlich wäre heute von ihm und der so tatkräftigen wie selbstbewussten Lysbeth Harmensdr kaum mehr die Rede, wäre sie nicht die Großmutter des später weltberühmten Malers gewesen: Rembrandt Harmensz van Rijn. Warum das jüngste Kind der zehnköpfigen Familie den damals wie heute ungewöhnlichen Namen Rembrandt erhielt, ist nicht überliefert. Nicht einmal das exakte Datum der Geburt ist urkundlich bezeugt. Der 1641 von Jan Jansz Orlers in seiner *Beschrijvinge der Stadt Leyden* überlieferte Geburtstag am 15. Juli 1606 steht im Widerspruch zu einigen Urkunden und Dokumenten, in denen Altersangaben überliefert sind.[10] Doch diese Quellen lassen keine genaueren Schlussfolgerungen zu, als dass Rembrandt wohl eher im Jahre 1607 das Licht der Welt erblickt haben muss. Kaum etwas ist aus seiner Kindheit überliefert, außer der Tatsache, dass die Familie auch weiterhin am Weddesteeg lebte. Man darf auf freudige Momente schließen, wenn etwa Kinder getauft wurden, oder auf traurige Tage, wenn es galt, Familienmitglieder zu Grabe zu tragen. Bereits am 29. November 1599 war zum Beispiel Rembrandts Großmutter beigesetzt worden, die es in den Jahren des Wiederaufbaus zu einigem Wohlstand gebracht hatte.[11] Ihr Sohn Harmen Gerritsz, der am 8. Oktober 1589 in der reformierten Pieterskerk die Bäckerstochter Neeltgen Willemsdr van Zuytbrouck heiratete, wusste den ererbten Besitz noch zu mehren.[12] Wohl auch wegen seines verbreiteten Vornamens hatte er sich den vom Standort seiner Mühle an den Ufern des Alten Rheins abgeleiteten Beinamen zugelegt. Seine Kinder führten ihn später als Familiennamen, wie das unter den Angehörigen der Oberschicht zunehmend üblich wurde.[13] Harmen Gerritsz van Rijn erwarb diverse Grundstücke und hatte ausweislich eines im Februar 1614 aufgezeichneten Testaments einiges zu vererben.[14] 1622 – das durchschnittliche Jahreseinkommen eines Handwerkers lag damals bei etwa 300 Gulden – zahlte Harmen Gerritsz Steuern in Höhe von 35 Gulden. Bei einem Steuersatz von einem halben Prozent lässt das auf ein geschätztes Vermögen von 7000 Gulden schließen.[15] Bei seinem Tod 1630 besaß er neben der Mühle und dem Wohnhaus noch sechs weitere Häuser in Leiden, außerdem Ackerflächen außerhalb der Stadt.[16]

Der älteren biographischen Literatur erschien es als bemerkenswerter Standesunterschied, dass der später so berühmte Maler als »Müllerssohn« das Licht der Welt erblickte. Doch in den Kategorien der Zeit Rembrandts waren beide Professionen gleichermaßen Handwerksberufe und vorderhand kein Kriterium einer sozialen Distinktion. Eher schon bestimmten das Vermögen und die Funktion innerhalb der städtischen Gesellschaft die soziale Position.

Rembrandts Vater war vermögend und entstammte einer alten Patrizierfamilie, die bereits über Generationen die Geschichte der Stadt mitbestimmt hatte. Von 1602 bis 1624 war Harmen Gerritsz als von der Stadtverwaltung ernanntes Oberhaupt »Herr« des Viertels Pellecaenshouc im Stadtquartier Noord Rapenburg, wo die Familie wohnte.[17] Diese gesellschaftliche Position wirkte auf die Biographien der Kinder, wobei dem erstgeborenen Sohn die Verantwortung für das Familienunternehmen übertragen wurde. Für die jüngeren Geschwister wurden andere Berufsperspektiven ins Auge gefasst. Nur allzu leicht mag man mit Blick auf seinen späteren Lebensweg für Rembrandt eine früh sich äußernde künstlerische Begabung annehmen, doch fehlen dafür die Beweise. Nach dem, was sich aus den überlieferten Quellen schließen lässt, hatten Rembrandts Eltern ihren Sohn dazu bestimmt, den seinerzeit neuen und aussichtsreichen Beruf des Predigers zu ergreifen, und seine Bildungslaufbahn ganz auf dieses Berufsziel abgestimmt. Ab wann Rembrandt die Schule besuchte und ob er, was seinerzeit in Leiden nicht unüblich war, schon ab dem vierten Lebensjahr die Vorschule besuchte, die sogenannte Bewaarschool, ist nicht bezeugt.[18] Doch wird Rembrandt eine Grundschule besucht haben, in der er Lesen und Schreiben lernte. In seiner Stadtchronik berichtet Orlers 1641, dass Rembrandts »Eltern ihn zur Schule bestimmt hatten, um mit der Zeit die lateinische Sprache zu lernen und danach seine Studien an der Leidener Universität fortzusetzen, damit er, so er alt genug geworden sei, der Stadt und dem Gemeinwohl mit seiner Wissenschaft dienlich sei und sie zu fördern helfen könne.«[19] Die meisten seiner späteren Biographen dachten über Rembrandts Bildung nicht vorbehaltlos positiv. Doch wird durch die früheste explizit auf ihn bezogene Urkunde unzweifelhaft bezeugt, dass er tatsächlich die angesehene Lateinschule seiner Heimatstadt besuchte. Ausweislich der Matrikel-Listen der Leidener Universität hatte sich der vierzehnjährige Rembrandt nämlich am 20. Juni 1620 als »Student der (Schönen) Wissenschaften« immatrikuliert, *studios[us] litterarum*.[20] In der Fakultät, für die Rembrandt sich einschrieb, wurde man auf das vertiefende Studium in der theologischen, der juristischen oder der medizinischen Fakultät vorbereitet. Ihr gehörte auch der Rektor der Hochschule an, der bekannte Mediziner Reinier de Bondt, der die Einschreibung wohl persönlich vornahm. Ob Rembrandt sein Studium tatsächlich antrat, ob er an universitären Veranstaltungen teilnahm, ist nicht überliefert. Doch kann man sicher davon ausgehen, dass er die für eine Immatrikulation notwendigen Voraussetzungen mitbrachte und Latein lesen und sprechen konnte. Wegen der seit der Gründung der Universität gepflegten Internationalität fanden nämlich alle akademischen Vorlesungen, Prüfungen und Disputationen auf Latein statt. Orlers' Behauptung ist also durchaus Glauben zu schenken. Rembrandt wird über mehrere Jahre durch das noch heute sichtbare Schultor ein- und ausgegangen sein, dessen steinerner Giebel in lateinischer Sprache verkündete, welchen Bildungszielen man sich in diesem Lehrgebäude verpflichtet sah, in der selbst der Mathematikunterricht in lateinischer Sprache erteilt wurde: »Frömmigkeit, Sprachen und Schönen Künsten«.

Vor der Neuordnung des niederländischen Schulwesens gab es in den holländischen Lateinschulen kein schriftlich fixiertes Curriculum. Erst mit der sogenannten Schoolordre von 1625 wurden einheitliche Bildungsstandards eingeführt. Sie wurden festgelegt, um alle holländischen Schüler in die Lage zu versetzen, an der Leidener Universität zu studieren. Die Leidener Lateinschulen waren selbstverständlich unter den ersten, die der neuen Schulordnung folgten. Demnach war die Schule in sechs Klassen gegliedert, die man – abhängig von der Begabung – in jeweils einem oder anderthalb Jahren durchlaufen konnte. Wer seinen Schulbesuch in der sechsten Klasse begann, hatte wöchentlich 32 Stunden Unterricht.[21] Wie lange und mit welchem Erfolg Rembrandt die Lateinschule besuchte, ist nicht dokumentiert. Doch müssen seine Kenntnisse als für ein Universitätsstudium ausreichend angesehen worden sein. Dafür waren durchaus drei Jahre Unterricht ausreichend, wobei es nicht unüblich war, dass Leidener Familien ihre Söhne schon im dritten Jahr der Lateinschule an der Universität immatrikulierten. Dabei waren durchaus nicht nur die humanistisch edlen Motive ausschlaggebend, den eigenen Nachwuchs mit der bestmöglichen akademischen Ausbildung zu versehen, sondern auch durchaus noch andere Gründe, 15 Stuiver in die Einschreibung zu investieren. Um Studenten anzuziehen, hatte die Stadt den Studierenden das Recht zuerkannt, jährlich 194 Liter Wein und zehn Fass Bier, in etwa 1500 Liter, steuerfrei einzukaufen.[22] Zudem waren Studenten von der Dienstpflicht in der Bürgerwehr befreit, was ebenfalls ein starkes Argument gewesen sein mag. Rembrandts Vater hatte sich im Rahmen seiner Dienstpflicht beim Hantieren mit einer Muskete verletzt und ließ sich seit 1611 die eigene Freistellung jährlich sechs Gulden kosten.[23] Rembrandts älterer Bruder Gerrit hatte sich in Ausübung seiner Wehrpflicht sogar dermaßen schwer die Hände versehrt, dass er arbeitsunfähig geworden war.[24]

Es lässt sich nur mutmaßen, warum Rembrandt den eingeschlagenen Weg der beruflichen Ausbildung nicht weiter verfolgte. Doch mögen die religiösen Konflikte eine Rolle gespielt haben, die in jenen Jahren die junge niederländische Republik erschütterten und die an der Leidener Universität ihren Ausgang genommen hatten. An der theologischen Fakultät war zwischen den reformierten Theologen Jacobus Arminius und Franciscus Gomarus ein öffentlich ausgetragener Streit um die mit der Willensfreiheit verbundene Frage von Sünde und Erlösung entbrannt. Die unlösbar erscheinende theologische Frage wurde zum Politikum, als die Anhänger von Arminius 1610 ihre Argumente in einem an die Provinzialstände Hollands gerichteten Memorandum formulierten. Auf die sogenannte *remonstratie* reagierten im folgenden Jahr die Gomarus-Anhänger mit einem calvinistischen Gegenmemorandum, der *contra-remonstratie*. Der religiöse Konflikt zwischen den undogmatischen Remonstranten und den streng calvinistischen Contra-Remonstranten drohte die junge Republik zu spalten. Gerade in Leiden nahmen die Auseinandersetzungen bürgerkriegsähnliche Ausmaße an. Aus politischen Erwägungen hatte Moritz von Oranien sich 1617 auf die Seite der Contra-Remonstranten gestellt, die schließlich die Auseinandersetzung weitgehend für sich entschieden. In Rembrandts Heimatstadt kam es nicht nur zur Installation einer neuen Stadtregierung, sondern zu blutigen Verfolgungen. Die Remonstranten wurden aus allen öffentlichen Ämtern entfernt. An der Leidener Universität wurden etliche Professoren entlassen, darunter auch der angesehene Philosoph Caspar Barlaeus. Besonders die theologische Fakultät wurde in der Folge unter strenge Aufsicht gestellt, und die vordem liberale Ausbildung wurde streng calvinistisch. Wie alle führenden Familien der Leidener Oberschicht hatte auch Rembrandts Familie katholische Wurzeln. Zahlreiche Verwandte Rembrandts hatten diesen Glauben nie aufgegeben. Sein unmittelbares familiäres Umfeld war gemäßigt reformiert, und Rembrandts neun Jahre älterer Bruder Adriaen war in der remonstrantischen Gemeinde aktiv.[25] Für jemanden aus diesem Milieu war es fraglos keine Perspektive, an der inzwischen calvinistisch-orthodox ausgerichteten Universität zu studieren. Doch mag auch eine Rolle gespielt haben, was Rembrandts erster Biograph berichtet: Will man Orlers glauben, hatte der nämlich zu einer akademischen Karriere »ganz und gar keine Lust und Neigung, da seine natürlichen Anlagen ganz auf Malerei und Zeichenkunst gerichtet waren, weshalb seine Angehörigen genötigt waren, ihren Sohn aus der Schule zu nehmen, um ihm seinem Begehren folgend fort und bei einem Maler unterzubringen, um bei demselben die Grundlagen des Handwerks zu lernen«.[26]

Der Mann, bei dem man Rembrandt in die Lehre gab, war Jacob Isaacsz van Swanenburgh. Er entstammte einer alten katholischen Familie, die über Generationen nicht nur das Malerhandwerk betrieben, sondern auch immer wieder Ratsherren gestellt und in der Stadtverwaltung mitgewirkt hatte. Jacob van Swanenburgh hatte die Grundlagen des Handwerks bei seinem Vater gelernt und war dann zu einer längeren Reise nach Italien aufgebrochen, wo er in Venedig und Neapel tätig war. Dort hatte er auch seine Frau kennengelernt, die ihn später zurück nach Leiden begleitete. Ende des Jahres 1615 war er wieder in der Stadt. Zu den ersten Dokumenten, die seine Rückkehr bezeugen, gehört eine Taufurkunde, die zugleich belegt, dass van Swanenburgh – genau wie Rembrandts Familie – Remonstrant war. Man hat gefragt, was Rembrandts Eltern bewogen haben mag, gerade diesen Maler als ersten Meister ihres Sohnes auszuwählen. Möglich ist, dass die Familien sich in der im Untergrund weiterhin aktiven remonstrantischen Gemeinde kennengelernt hatten. Zugleich war van Swanenburgh aber auch der am stärksten international orientierte Maler, den Leiden in diesen Jahren zu bieten hatte. Und da die Eltern wohl nicht daran gedacht haben, ihren Sohn in einer fremden Stadt ausbilden zu lassen, war die Auswahl klein. Rembrandt blieb auch während seiner Lehrzeit im elterlichen Haus wohnen, wo er anlässlich einer Volkszählung am 18. Oktober 1622 als Einwohner registriert wurde.[27] Die Volkszählung dokumentiert zugleich den enormen Aufschwung, den die Stadt nach den Kriegswirren erlebt hatte. Der 1609 geschlossene zwölfjährige Waffenstillstand hatte in der jungen Republik zu einer wirtschaftlichen Blüte geführt, und Leiden wurde zum europäischen Zentrum des Textilhandels. Auch durch den Strom der Flüchtlinge aus dem Süden hatte sich die Einwohnerzahl der Stadt seit der Befreiung mehr als vervierfacht. Man zählte 44745 Einwohner, was gewaltige Baumaßnahmen notwendig gemacht und die Zahl der Häuser enorm vergrößert hatte.[28] Die 1616 abgeschlossenen baulichen Aktivitäten, die auf eine wirtschaftliche Blüte der Stadt hoffen ließen, mögen auch van Swanenburgh zur Rückkehr bewogen haben. Er war ein geachteter Maler und ein angesehener Mann. Seine Spezialität waren nächtliche Brandlandschaften. Dieses Genre war ursprünglich von Antwerpener Malern entwickelt worden und war auch in Italien ein gefragtes Sujet. Die von Sammlern gesuchten Bilder entwickelten ihren Reiz aus einem spannungsreich modellierten Hell-Dunkel, das zur gleichen Zeit der viel bewunderte Caravaggio in monumentalen Historienbildern praktizierte, in Gemälden, die Geschichten erzählten.[29] Auch den jungen Rembrandt mag das fasziniert haben. Doch die Frage, was er in seiner Lehrzeit bei van Swanenburgh lernte, darf nicht – wie das leider oft geschah – mit Blick auf die Motive der Bilder beantwortet werden.

Die technischen Voraussetzungen zur Herstellung eines Bildes waren damals weit anspruchsvoller, als sie es heute sind. So war zu Rembrandts Zeit die fertig gemischte Ölfarbe in Tuben noch lange nicht erfunden, die erst zu Beginn des 19. Jahrhunderts ihren Siegeszug antrat. Auch die notwendige Vorbereitung eines geeigneten Malgrundes und die Herstellung geeigneter Pinsel wollten gelernt sein. Zu den vielen Dingen, die ein Maler im Verlauf seiner Ausbildung lernen musste, gehörte auch ein solides Wissen um die Auswahl der richtigen Bildträger. In der Regel fanden Leinwand oder Holz Verwendung. Dabei war zu beachten, dass nicht alle Bretter gleichermaßen geeignet waren. Tafeln von besonders guter Qualität, die zu Rembrandts Zeit im gesamten nordeuropäischen Raum verwendet wurden, waren Eichenbretter aus dem Baltikum. Das bevorzugte astfreie Holz wurde dort seit dem 15. Jahrhundert geschlagen, vom schädlingsanfälligen Splintholz befreit und in großen Mengen exportiert. Dieses radial aus dem Baumstamm gesägte, gleichmäßig gemaserte Qualitätsholz wurde europaweit als sogenanntes Wagenschott vermarktet. Der Holzhandel versprach dabei große Gewinne, denn zwischen den baltischen Häfen und den westlicher gelegenen Häfen des Hanseraumes und der Niederlande hatte sich der Preis der gefragten Ware seit Handelsbeginn mindestens verdoppelt.[30] Weil dieses Holz zwar teuer, aber weitgehend alterungsbeständig war, galt es als besonders geeigneter Untergrund für Gemälde. Wo Malergilden die Qualität der gefertigten Waren kontrollierten, gab es hohe Qualitätsstandards für die Maltafeln. Auch wenn es damals in Leiden keine Gilde gab, die das für Bilder zu verwendende Material vorschrieb, hat Rembrandt – zumal in seinen frühen Tafelbildern – stets baltisches Wagenschottholz verwendet. Auch van Swanenburgh dürfte darauf zurückgegriffen haben, wobei dessen Maltafeln nicht die gleiche wissenschaftliche Aufmerksamkeit gefunden haben wie die seines Schülers Rembrandt.

Ein nächster wichtiger Schritt bei der Herstellung von Gemälden, ob auf Holz oder Leinwand, der dem eigentlichen Malprozess vorausging, war das Grundieren. Zumeist geschah dies durch das Aufbringen eines Leim-Kreide-Grundes.[31] In größeren Kunstzentren gab es spezialisierte Tafelbereiter, doch im Leiden der Zeit Rembrandts ließen die Maler ihre Tafeln in der Regel von Werkstattmitarbeitern und Lehrlingen vorbereiten. Dass also Rembrandt in

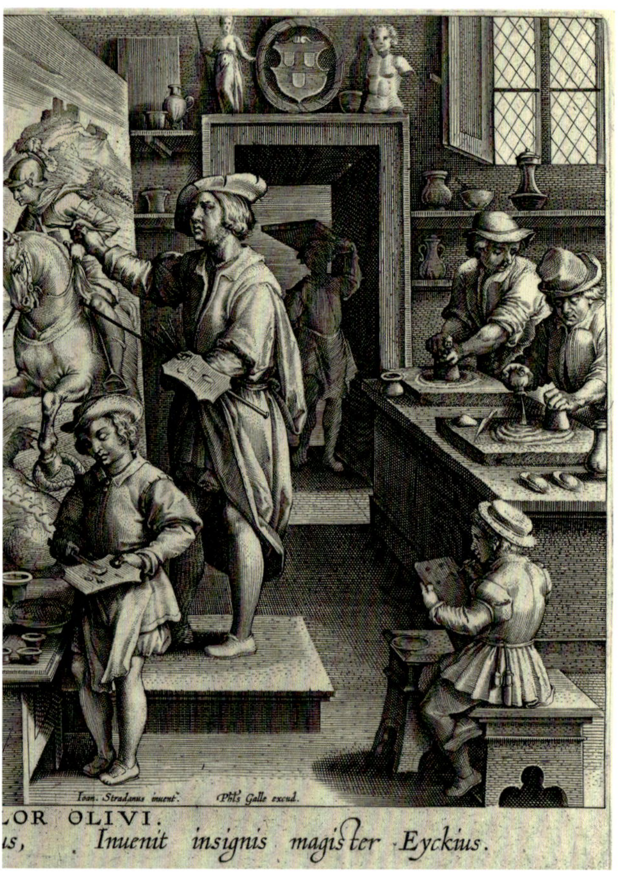

3 Detail aus Jan Collaert, *Color Olivi* (»Die Ölfarbe«) aus der Serie *Nova reperta*, um 1580–1605, Kupferstich, 20,4 × 27,1 cm

Swanenburghs Werkstatt Tafeln bereitete, ist mehr als wahrscheinlich. Auch dürfte er – eine Szene, die in gemalten Darstellungen von Malerwerkstätten fest zum visuellen Repertoire gehört – für Swanenburgh Farben gerieben haben. Dabei wurden die Farbrohstoffe auf einem Reibstein mit einem flüssigen Bindemittel wie Leinöl oder Terpentin in möglichst kleine Bestandteile aufgelöst (s. Abb. 3). Die so entstandene Farbe wurde dann in einer sorgsam überlegten Ordnung auf der Palette angeordnet. All das zu lernen, gehörte genauso wie das regelmäßige Zeichnen nach Kupferstichen oder plastischen Werken zu den Grundlagen einer Ausbildung als Maler, die damals im Durchschnitt drei Jahre

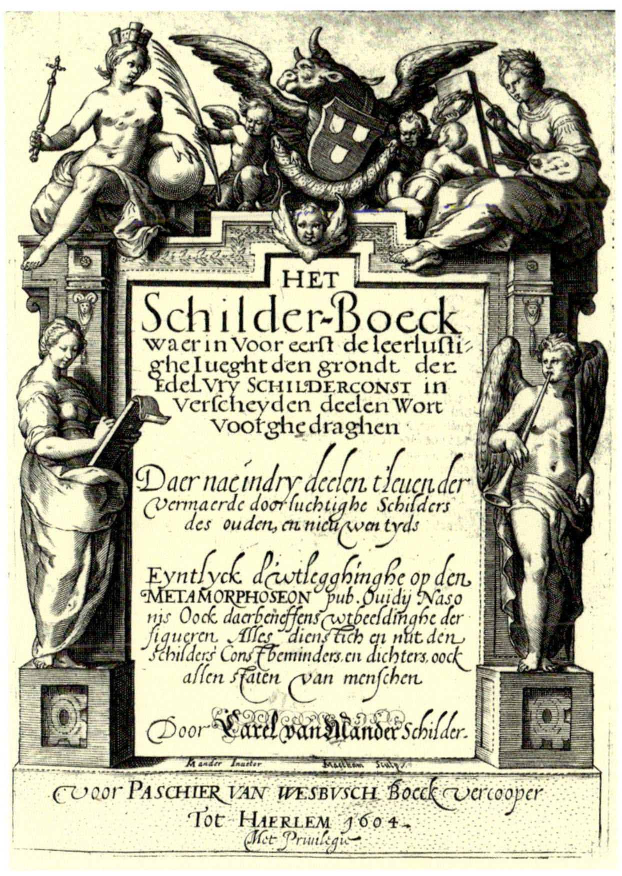
HET
Schilder-Boeck
waer in Voor eerst de leerlusti-
ghe Iueght den grondt der
Edel Vry Schilderconst in
Verscheyden deelen Wort
Voorghedraghen
Daer nae in dry deelen t'leven der
Vermaerde doorluchtighe Schilders
des ouden, en nieuwen tyds
Eyntlyck d'wtlegginghe op den
Metamorphoseon pub. Ouidy Naso
nis Oock daerbeneffens wtbeeldinghe der
figueren Alles dienstich en nut den
schilders Const beminders en dichters, oock
allen staten van menschen
Door Karel van Mander Schilder.
Voor Paschier van Wesbusch Boeck vercooper
Tot Haerlem 1604.
Met Priuilegie

4 Titelseite von Karel Mander, *Het Schilder-Boeck*, Haarlem 1604

dauerte. Nach dieser Frist verließ Rembrandt seine Heimatstadt, wie Orlers 1641 mitteilt, »da er während dieser Zeit so viel gelernt hatte, dass die Kunstliebhaber darüber höchst verwundert waren und dass man genügsam erkennen konnte, dass er ein außerordentlicher Maler werden sollte. So hat sein Vater es für gut befunden, ihn zu dem berühmten Maler P. Lastman zu geben und zu bringen, der in Amsterdam wohnt, auf dass er durch denselben weiter und besser belehrt und unterwiesen werde.«[32]

Pieter Lastman, der wie van Swanenburgh mehrere Jahre in Italien zugebracht hatte, war 1607 nach Amsterdam zurückgekehrt.[33] Im Unterschied zu

Rembrandts erstem Lehrer war er Katholik, was seinen Ruhm nicht minderte. Zudem war in den Niederlanden seinerzeit die Mehrheit der Bevölkerung auch weiterhin katholisch. Noch um das Jahr 1620 waren nur etwa zwanzig Prozent der Einwohner der Republik Mitglied einer reformierten Gemeinde.[34] Doch in allen wichtigen politischen Ämtern hatten die Reformierten die Mehrheit. Dank ihres politischen Einflusses hatten sie es auch erreicht, dass den Katholiken die öffentlich sichtbare Ausübung ihres Glaubens verboten wurde. Das änderte nichts daran, dass viele patrizische Familien ihrer angestammten Religion treu blieben und sich, wie Pieter Lastman, zum römisch-katholischen Glauben bekannten. Seine Werkstatt war so gefragt wie angesehen; seine Bilder konnte er zu hohen Preisen verkaufen. Schon 1604 hatte der Maler und Kunstschriftsteller Karel Van Mander in seinem *Schilder-Boeck* (s. Abb. 4) den jungen Pieter Lastman als einen vielversprechenden Mann charakterisiert, der sich gerade in Italien aufhalte.[35] Und der Dichter Theodore Rodenburgh nannte Lastman 1618 im Vorspiel seines Dramas *Melibéa* unter den berühmtesten Malern Amsterdams.[36] Um die Mitte des Jahrhunderts wurde er von Joost van den Vondel sogar als »Apelles unseres Zeitalters« gefeiert.[37] Die in Vondels poetischem Lob gestellte Frage, ob er gar höher zu preisen sei als Rubens, sollte dabei das im holländischen Kontext außergewöhnliche Verdienst Lastmans auf dem Gebiet der Historienmalerei betonen. Gemeinsam mit Jacob Pynas, der ebenfalls 1607 aus Italien heimgekehrt war, wurde Lastman nämlich schnell zum führenden Vertreter der holländischen Historienmalerei[38] (s. Abb. 5). Als herausragenden »Historienmaler« kannte ihn auch der niederländische Diplomat Constantijn Huygens, der 1630 mit dem noch nicht allgemein etablierten Begriff Historienmaler die Maler von Geschichten und historischen Begebenheiten aus der christlichen und antiken Überlieferung von Sagen und Mythen bezeichnete.[39] Lastmans guter Ruf war ein starkes Argument, bei ihm in die Lehre zu gehen. Zudem war er ausgesprochen gut vernetzt und verfügte über hervorragende Kontakte in die holländische Kunstwelt. Dabei stand er nicht nur mit Malern in enger Verbindung, sondern vor allem auch mit jenem erlesenen Kreis von überdurchschnittlich reichen Sammlern und Mäzenen, deren Interessen unmittelbar auf den Kunstmarkt wirkten.[40] Ihre Begeisterung für die Bilder Lastmans war dabei sicher nicht zuletzt durch deren teils ungewöhnliche Themenwahl motiviert, die zugleich die außerordentliche Bildung des Malers bezeugte. Ausweislich eines 1632 aufgezeichneten Inventars bestand seine nicht nur für einen Maler ungewöhnlich große Bibliothek aus »ungefähr

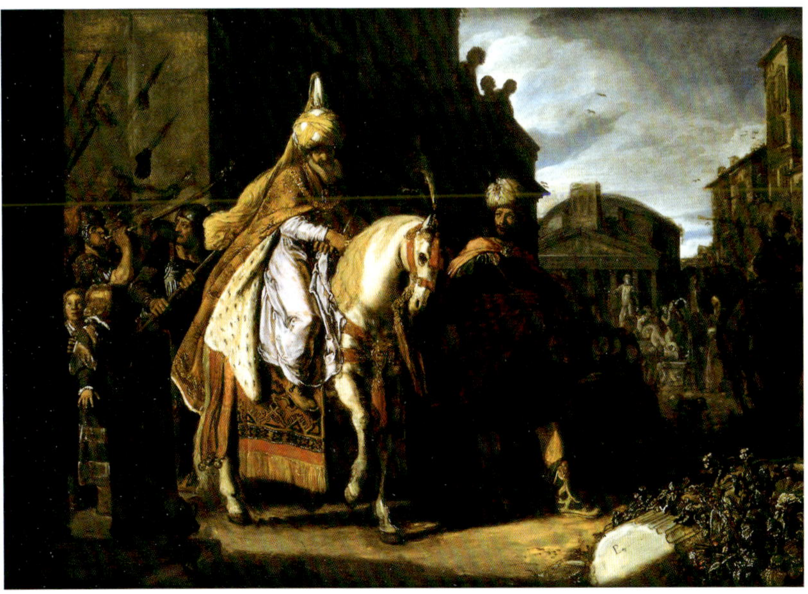

5 Pieter Lastman, *Der Triumph des Mordechai*, 1624, Öl auf Holz, 51 × 71,5 cm, Amsterdam, Museum Rembrandthuis [Instituut Collectie Nederland]

150 Büchern«.[41] Auch galt er als ausgewiesener Kunstkenner, so dass er auf dem Amsterdamer Kunstmarkt in Fragen der Echtheit italienischer Gemälde als Gutachter herangezogen wurde.

Welchen Einfluss Lastman auf die holländische Historienmalerei seiner Zeit ausübte, mag man in Leiden geahnt haben. Ein gewichtiges Argument für Rembrandts Eltern mag aber auch die Höhe des Lehrgeldes gewesen sein. In der Werkstatt von Rubens war selbst mit guten Beziehungen kaum ein Platz zu bekommen, und dessen Antwerpener Mitbürger Jacob Jordaens verlangte 300 Gulden im Jahr. Wer in Utrecht bei Gerrit von Honthorst lernen wollte, musste 100 Gulden zahlen, und Abraham Bloemart ließ sich ein Lehrjahr mit 72 Gulden bezahlen.[42] Wie viel sich Pieter Lastman bezahlen ließ, ist nicht dokumentiert. Allerdings war das Lehrgeld ein guter Grund, die Ausbildungszeit nicht übermäßig auszudehnen, wie Orlers es auch für Rembrandt berichtet. Der sei nämlich nur »ungefähr sechs Monate« in Lastmans Werkstatt gewesen. Diese Zeitspanne lässt sich mittelbar aus der Tatsache ableiten, dass Rembrandt 1625 erstmals ein Gemälde signierte und datierte (s. Abb. 6).[43] Vermutlich war er nach Leiden zurückgekehrt, um dort der Beisetzung seiner Schwester Machteld beizuwohnen, die am 6. September 1625 in der Pieterskerk bestattet wurde.[44] Noch in der ersten Jahreshälfte war er aber in Amsterdam gewesen, wo er wohl in Lastmans Haus in der Sint Anthonisbreestraat Quartier genommen hatte. Der lebte dort nämlich allein, seit im Dezember des Vorjahres seine Mutter verstorben und im April 1625 die Schwester ausgezogen war, die einen befreundeten Maler geheiratet hatte.[45]

Von der intensiven Auseinandersetzung des jungen Rembrandt mit seinem berühmten Lehrer zeugen zahlreiche Arbeiten, die auf Bilderfindungen Lastmans Bezug nehmen. Das erste signierte Gemälde des damals neunzehnjährigen Rembrandt ist dafür ein gutes Beispiel (s. Abb. 6).[46] Die Geschichte von der Hinrichtung des ersten christlichen Märtyrers, die »Steinigung des hl. Stephanus«, wird in der Bibel berichtet.[47] Doch Rembrandt orientierte sich nicht allein am biblischen Text, sondern vermutlich auch an einem heute verlorenen Gemälde Lastmans, dessen Komposition in einer Zeichnung überliefert ist.[48] Auch hier ist die Hauptszene, die Steinigung des Heiligen durch eine Gruppe junger Männer, in die rechte Bildhälfte verlegt. Die Nähe zu Lastmans Bildfindung ist dabei so groß, dass Rembrandts Gemälde über viele Jahre unter dem Namen seines Lehrers katalogisiert und ausgestellt war. Und doch lässt sich auch das ganz Eigene in diesem ersten Bild Rembrandts sehen und beschreiben. Er hat nämlich die Komposition verändert und dramatisiert und sich bei der Gestaltung der handelnden Figuren eher von einem italienischen Kupferstich anregen lassen als von seinem Lehrer. Wo Lastman drei Henkersknechte zeigt, sind bei Rembrandt gleich fünf ausnehmend brutale Kerle zu sehen, und während Lastman der Hinrichtungsszene die Richter und Zeugen der vorausgehenden Verurteilung zeigt, erscheinen bei Rembrandt im Schatten des Vordergrundes berittene Vertreter der römischen Militärmacht. Rembrandt zeigt den in der Bibel erwähnten Saulus und die für das Urteil verantwortlichen Vertreter des Hohen Rates erhöht und im Hintergrund. Man mag fragen, warum Rembrandt ausgerechnet dieses eigentlich eher in katholischen Ländern verbreitete Thema zum Gegenstand seines ersten eigenständigen Historienbildes wählte. Vermutlich entstand das Gemälde aufgrund einer Bestellung, wobei der Auftraggeber in dem Motiv einen aktuellen politischen Bezug entdeckt haben mag.[49] Denn wie einst der hl. Stephanus wurden zu Rembrandts Zeit die Remonstranten für ihren Glauben verfolgt, mit Steinen beworfen oder gar getötet. Und so verglich beispielsweise Joost van den Vondel den Überfall betrunkener

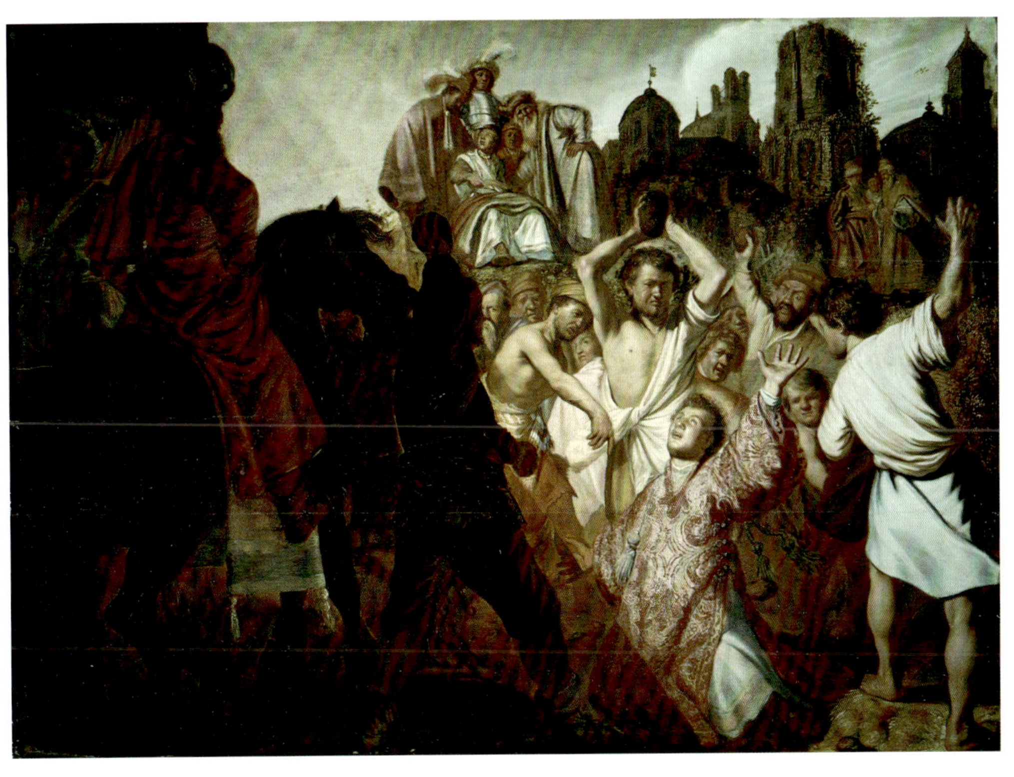

6 *Die Steinigung des hl. Stephanus*, 1625, Öl auf Leinwand, 89,5 × 123,6 cm, monogrammiert und datiert: »Rf 1625«, Lyon, Musée des Beaux-Arts

Contra-Remonstranten auf ein remonstrantisches Versammlungshaus am Monkelbaanstoren am Ostermontag des Jahres 1626 mit der Steinigung des hl. Stephanus.[50] Vielleicht aber war Rembrandts Gemälde auch für einen katholischen Auftraggeber bestimmt, denn die große Mehrheit der Einwohner der jungen Republik hing auch zu Rembrandts Zeit dem alten Glauben an, und nur etwa 20 Prozent der Bevölkerung waren reformiert.[51]

Auch für eine andere frühe Arbeit Rembrandts ist der genaue Entstehungskontext nicht überliefert. Das heute in Amsterdam bewahrte Gemälde zeigt den alten Tobias und seine Frau (s. Abb. 7).[52] Die kleine 1626 entstandene Arbeit steht am Anfang einer langen Reihe von über fünfzig Gemälden, Zeichnungen und Drucken, in denen Rembrandt sich mit dieser Erzählung auseinandergesetzt hat, die der reformierten Kirche als apokryph galt. Auf der Synode von Dordrecht war beschlossen worden, diese von den Katholiken seit 1546 als biblisch angesehenen Bücher hinter dem Neuen Testament abzudrucken und mit einer »Warnung an den Leser« zu versehen, weil man ihnen den göttlichen Ursprung absprach.[53] Da es sich um menschliche Schriften handle, gehöre es sich nicht, »sie öffentlich in der Gemeinde zu lesen«, dafür könne man jedoch »gute Ermahnungen und Exempel« finden, so dass ihre Kenntnis »nicht gänzlich undienlich« sei.[54] Ähnlich hatte Martin Luther schon 1535 geschrieben, dass sie »nicht der heiligen Schrifft gleich gehalten: vnd doch nützlich vnd gut zu lesen sind«.[55] Als biblisches Gleichnis führt auch Rembrandt die Szene vor Augen, dessen Darstellung vor allem durch die mimetisch getreue Malerei beeindruckt. Mit größter Präzision sind alle Gegenstände in ihrer jeweils spezifischen Stofflichkeit wiedergegeben. Die Hände ringend sitzt der greise Tobias auf seinem Stuhl. Er trägt einen zerschlissenen, aber ehedem kostbaren Hausrock, der auf das Schicksal des frommen Mannes hinweist. Schon als er noch im Wohlstand lebte, folgte er streng den Gesetzen seiner Religion. Er speiste die Hungrigen, kleidete die Nackten und begrub die Toten, bis er eines Tages sein Augenlicht verlor. Von nun an sorgte seine Frau Anna mit Handarbeiten aus Wolle für den Unterhalt der Familie. Eines Tages schenkte ihr Arbeitgeber ihr ein Zicklein, weil er mit ihrer Arbeit sehr zufrieden war. Tobias, der das Tier meckern hörte, bezichtigte seine Frau fälschlich des Diebstahls, die ihm wiederum sein Elend vorwarf.[56] »Da seufzte Tobias tief auf, fing an zu weinen und zu beten und sprach: Herr, du bist gerecht, und alle deine Gerichte sind lauter Güte und Treue. […] erweise mir Gnade und nimm meinen Geist weg in Frieden; denn ich will viel lieber tot sein als leben.«[57] Auf dieses Gebet des Tobias, der all seine

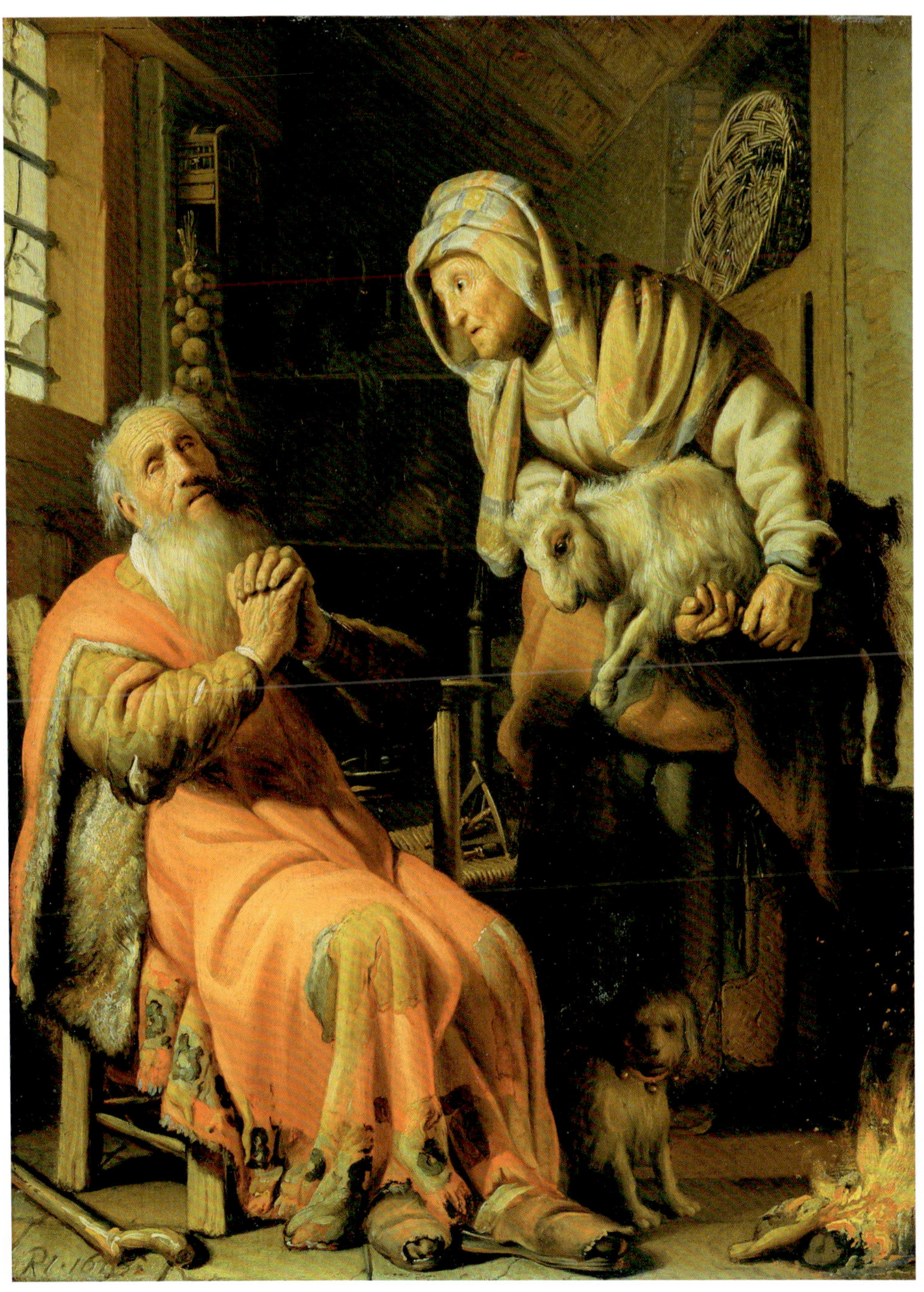

7 *Der alte Tobias und seine Frau*, 1626, Öl auf Holz, 39,5 × 30 cm, monogrammiert und datiert: »RH 1626« Amsterdam, Rijksmuseum

Leiden als Folge menschlicher Sünden begreift, konzentriert Rembrandt seine Darstellung. Obgleich er als Vorlage einen wenige Jahre zuvor publizierten Kupferstich nach einer Bildidee von Willem Buytewech verwendete, nahm er einige entscheidende Änderungen vor.[58] Zwar ist in dem Stich die ärmliche Hütte mit ihrem Inventar genauso vorgebildet wie die Figurenkonstellation, doch ist augenscheinlich der Moment des Streits zwischen Tobias und seiner Frau gezeigt, während Rembrandt den erst im folgenden Kapitel der Bibel geschilderten Dialog mit Gott thematisiert. Auch um das zwischen Verzweiflung und Erlösungshoffnung schwankende Gebet des Greises zum Ausdruck zu bringen, griff Rembrandt auf eine andere Vorlage zurück. Er nutzte dabei eine Bilderfindung des Utrechter Malers Abraham Bloemart, die Willem Isaacsz van Swanenburgh, der Bruder seines einstigen Leidener Lehrers, in Kupfer gestochen hatte.[59] Hier war jenes Flehen um Vergebung eindringlich vor Augen geführt, das auch im Gebet des Tobias spürbar war.

Schon diese frühe Arbeit vermag zu zeigen, dass Rembrandt seinen künstlerischen Vorbildern nicht sklavisch folgte. Vielmehr setzte er sich mit ihnen kreativ auseinander und veränderte seine Vorlagen, unabhängig davon, ob es sich um Bilderfindungen von Lastman, Buytewech oder Bloemaert handelte. Dabei lässt sich zeigen, dass Rembrandts Kunst durchaus nicht völlig voraussetzungslos war, auch wenn schon sein Frühwerk erweist, dass er über eine enorme schöpferische Energie verfügte.[60] Trotz der deutlichen Abhängigkeiten von älteren Vorbildern wurde der Einfluss von Rembrandts Lehrern in der kunsthistorischen Forschung über lange Zeit fast durchgängig gering veranschlagt. Man mag hier das lange Fortleben der seit der Antike zitierten formelhaften Erzählungen erkennen, die darauf hinauslaufen, dass echte künstlerische Genies keine Lehrer brauchen.[61] Seit alters gehört diese Idee zu den meistzitierten kunsttheoretischen Topoi und schon von seinem Zeitgenossen Constantijn Huygens wurde sie auch auf Rembrandt angewandt.[62] Doch davon später.

In Leiden entdeckt

Nach nur sechs Monaten in der Werkstatt Pieter Lastmans war Rembrandt im Herbst des Jahres 1625 in seine Heimatstadt Leiden zurückgekehrt. Denn es habe ihm nach nur einem halben Jahr bei Lastman »gefallen, allein und auf sich selbst gestellt die Malkunst auszuüben und zu praktizieren: Und er war darin so glücklich, dass er gegenwärtig einer der berühmtesten Maler unseres Jahrhunderts ist«, schrieb Jan Jansz Orlers 1641.[1] Nach seiner Rückkehr nach Leiden richtete Rembrandt sich in seinem Elternhaus im Weddesteeg ein Atelier ein.[2] Es gab damals in Leiden sechsundvierzig Maler, von denen man heute die meisten nur noch dem Namen nach kennt.[3] Mit Ausnahme des gleichermaßen als Historienmaler gelobten und als Porträtist gefragten Joris van Schooten waren die meisten Leidener Maler sehr spezialisiert. Jan van Goyen wurde damals zu einem bedeutenden Landschaftsmaler, Jan Porcellis konzentrierte sich auf Seestücke und David Bailly porträtierte die Gelehrten der Universität und wurde zum Begründer des niederländischen Vanitas-Stilllebens. Die weniger angesehenen Maler schufen Ladenschilder, waren als Briefmaler tätig und kolorierten Kupferstiche oder fertigten als sogenannte *glasschrijver* Wappenscheiben an.[4] Rembrandt schloss sich nach seiner Rückkehr dem beinahe gleichaltrigen Jan Lievens an, der seine Ausbildung ebenfalls in Lastmans Werkstatt beendet hatte. Lievens, der seine Malerlehre bereits mit zehn Jahren bei Joris van Schooten begonnen hatte, war schon Ende des Jahres 1620 oder mit Beginn des Jahres 1621 nach Leiden zurückgekehrt. Dort richtete er sich im Haus der Eltern, das im Pieterkerk-Choorsteeg stand, seine eigene Werkstatt ein.[5]

Ein erstes Indiz für die Zusammenarbeit von Rembrandt und Lievens ist die Tatsache, dass beide 1625 erstmals Radierungen bei Jan Pietersz Berendrecht in Haarlem drucken ließen, der vermutlich auch den Vertrieb dieser Blätter übernahm.[6] Die frühen Experimente der beiden jungen Künstler auf dem Feld der Radierung, deren Handhabung offensichtlich nicht Bestandteil ihrer in Amsterdam absolvierten Ausbildung war, zeigen einerseits die Schwierigkeiten der autodidaktischen Aneignung dieser graphischen Technik; andererseits entwickelte Rembrandt aus diesen ersten Anfängen eine Radiertechnik, die zum weithin gerühmten Alleinstellungsmerkmal seiner Kunst wurde. Selbst sein Zeitgenosse Filippo Baldinucci, der dem niederländischen Ketzer eher kritisch distanziert gegenüberstand, äußert sich lobend über die druckgraphischen Blätter. »Das war ein sehr sonderbarer Stil, in dem er wahrlich als Künstler galt, eine von ihm erfundene Technik, mit Säure in Kupfer zu gravieren. Und diese seine Technik, die weder von anderen angewandt noch je wieder gesehen wurde, mit all den gewissen Strichen und Strichelchen, dem unregelmäßigen Duktus und ohne Umriss erzielte er einen tiefen und starken Hell-Dunkel-Effekt und einen malerischen Eindruck bis zum letzten Strich. [...] Und erwägt man die Wahrheit, so wird Rembrandt wegen seiner besonderen Art zu radieren von den Kunstprofessoren mehr geschätzt als für seine Malerei.«[7] Bald schon waren Rembrandts Graphiken gesuchte Sammlerstücke, und obwohl er sich selbst stets als Maler sah und in den überlieferten Dokumenten auch stets als solcher angesprochen wird, wurden Radierungen zu einem Schwerpunkt seiner Werkstatt.[8] Um das Jahr 1630 entwickelte sich daraus eine intensive Zusammenarbeit mit dem remonstrantischen Graphiker Jan Joris van Vliet, der unter Rembrandts unmittelbarer Aufsicht nach dessen Entwürfen radierte und auch Zeichnungen von Lievens reproduzierte.[9]

Zu einem von allen zeitgenössischen Künstlern gleichermaßen erprobten Themenkreis gehörten Darstellungen von Bettlern (s. Abb. 8).[10] Von Rembrandt hat sich eine ganze Gruppe von Zeichnungen erhalten, die alle in ähnlichem Format auf dem gleichen Papier ausgeführt sind, das 1629/30 Verwendung fand.[11] Seit Jacques Callot 1625 in Nancy eine Folge von radierten Bettlerdarstellungen veröffentlicht hatte, wurde das Sujet auch in den Niederlanden deutlich nachgefragt. Die meisten dieser Bilder hatten eine satirische Note und zielten darauf, die Armen lächerlich zu machen oder die vorgeblichen Betrügereien zu enthüllen, mit denen sie Almosen erschlichen.[12] Rembrandts Darstellung unterscheidet sich von den älteren Bildern durch eine stärker auf Individualisierung abzielende Darstellung. Im konkreten Fall der Amsterdamer Zeichnung ist er ungewöhnlich nahe an sein Modell herangerückt, das in leichter Untersicht gezeigt ist, was darauf schließen lässt, dass er selbst auf dem Boden saß, während er den vor ihm stehenden Mann zeichnete. Mit kräftigen, spitzen, aber doch auch breiten und weichen Kreidestrichen ist ein halb von hinten gezeigter Mann dargestellt, der sich auf einen Stock stützt. Diese großformatige Zeichnung findet ihre Entsprechung in einer Serie von Radierungen, die Rembrandt etwa zur gleichen Zeit produzierte.[13]

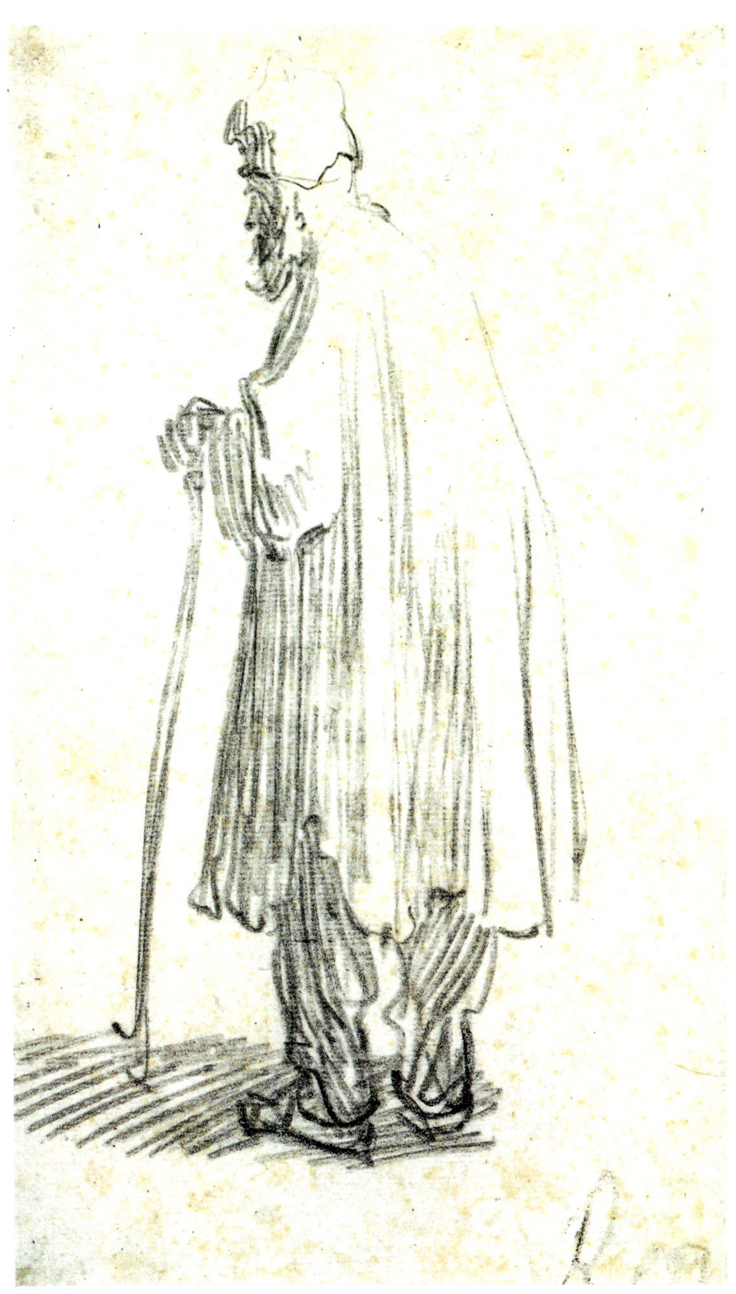

8 *Stehender Mann mit Stock nach links*, um 1629/30, schwarze Kreide
29,4 × 17 cm, Amsterdam Rijsmuseum

Zu Rembrandts frühesten Radierungen gehört eine Reihe von zumeist kleinen Selbstbildnissen, die bis 1631 in seiner graphischen Produktion einen Schwerpunkt bilden.[14] In ihrer skizzenhaft lockeren und freien Linienschrift sind sie den Zeichnungen der Zeit eng verwandt. Die meisten dieser Blätter, die im Format voneinander abweichen und deshalb wohl nicht als Serie gedacht waren, sind datiert und mit Rembrandts Monogramm versehen. Nachdem er seine Arbeiten anfangs nur mit den Buchstaben RH versehen hatte, bezeichnete er seine Arbeiten ab 1626 zumeist mit den Buchstaben RHL, für Rembrandt Harmenszoon Leidensis, wobei die lateinische Herkunftsbezeichnung »aus Leiden« bald genauso fortfiel wie der Vatername und die teils ebenfalls angebrachte Ergänzung van Rijn. Dem Vorbild von Raffael oder Michelangelo folgend kennzeichnete Rembrandt seit Beginn des Jahres 1633 seine Werke nur noch mit dem Vornamen, der damit gleichsam zum Markenzeichen wurde.[15] Vor allem, weil er über die Druckgraphiken weite Verbreitung erfuhr, die gleichermaßen Rembrandts Namen bekannt machten und als gesuchte Sammlerstücke regelmäßige Einnahmen erbrachten, obwohl sie noch nicht sehr teuer gehandelt wurden. Der Utrechter Patrizier Carel Martens, der im Sommer des Jahres 1631 sechs Radierungen Rembrandts erworben hatte, zahlte 8 Stuiver pro Blatt, weniger als einen halben Gulden.[16]

Obwohl Rembrandts Stil schon in den ersten Blättern deutlich erkennbar ist, gab es eine lange Phase des Übens und Experimentierens.[17] Ein typisches Beispiel für seine frühen Radierungen ist das 1630 entstandene *Selbstbildnis mit aufgerissenen Augen* (s. Abb. 9).[18] Fraglos dienten sie dazu, sich die Radiertechnik anzueignen. Das gilt zumal für das um 1632 entstandene *Studienblatt mit Selbstbildnis*, das auch noch ein Bettlerpaar, den Kopf eines alten Mannes und einer alten Frau und anderes mehr zeigt (s. Abb. 10).[19] Doch mag es auch darum gegangen sein, die Wiedergabe unterschiedlicher Emotionen zu erproben. Augenscheinlich interessierte sich Rembrandt nämlich besonders für die physiognomischen Spuren unterschiedlicher Gemütsbewegungen. Im Unterschied zu Lievens, von dem aus der Zeit des gemeinsamen Arbeitens keine Selbstbildnisse überliefert sind, nahm Rembrandt sich immer wieder selbst zum Modell.[20] Dabei ging es wohl nicht um eine selbstbezügliche Ausforschung des eigenen Seelenlebens, sondern um eine dem Historienmaler nützliche Übung. Nach allgemeiner Auffassung der zeitgenössischen Kunsttheorie arbeitete nämlich die deutliche Darstellung von Gemütsbewegungen dem Verstehen von Historienbildern zu und berührte die Betrachter gleichzeitig emotional. Die Zeitgenos-

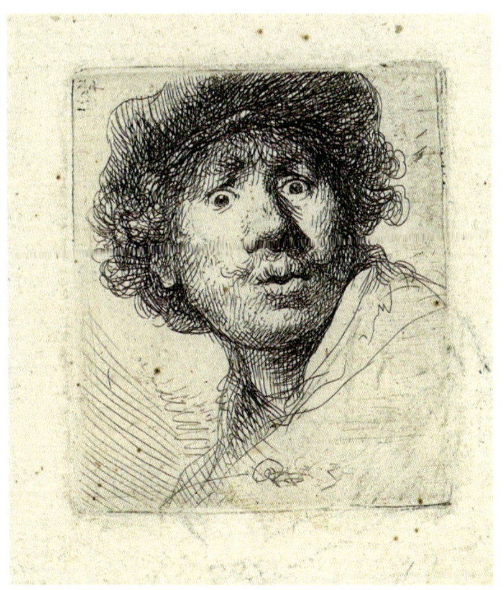

9 *Selbstbildnis mit aufgerissenen Augen*, 1630
Radierung, 5,1 × 4,3 cm

sen orientierten sich bei den Erwartungen, die sie an das Medium Bild herantrugen, an der Rhetorik, der zufolge eine gute Rede erfreuen, belehren und bewegen sollte, um die Hörer möglichst wirksam zu überzeugen und zu seiner sittlichen, moralischen oder religiösen Besserung beizutragen. Ausführlich hatte schon Leon Battista Alberti diese Idee in seinem 1435 vollendeten Traktat über die Malerei formuliert, der zugleich darauf hingewiesen hatte, dass ein Historienbild die Betrachter dann am ehesten emotional anspreche, wenn jede dargestellte Figur anhand äußerer Kennzeichen deutlich ihre eigenen Seelenbewegungen zeige. »Ferner wird ein Vorgang die Seelen der Betrachter dann bewegen«, schrieb er, »wenn die gemalten Menschen, die auf dem Bild zu sehen sind, ihre eigene Seelenregung ganz deutlich zu erkennen geben. [...] solche Seelenregungen aber geben sich durch die Bewegungen des Körpers zu erkennen.«[21] Die schon bei Horaz formulierte Idee der Affektübertragung, des Lachens mit den Lachenden und Weinens mit den Weinenden, zieht sich als Topos durch die frühneuzeitliche Kunsttheorie.[22] Beinahe emphatisch formulierte Leonardo da Vinci, dass eine gemalte Historie ihre Betrachter zu Äußerungen des gleichen Affektes bringen solle, der im Bild dargestellt sei. »Tun sie das nicht, so waren Bemühungen und Genie des Werkmeisters eitel.«[23] Dass die Idee auch

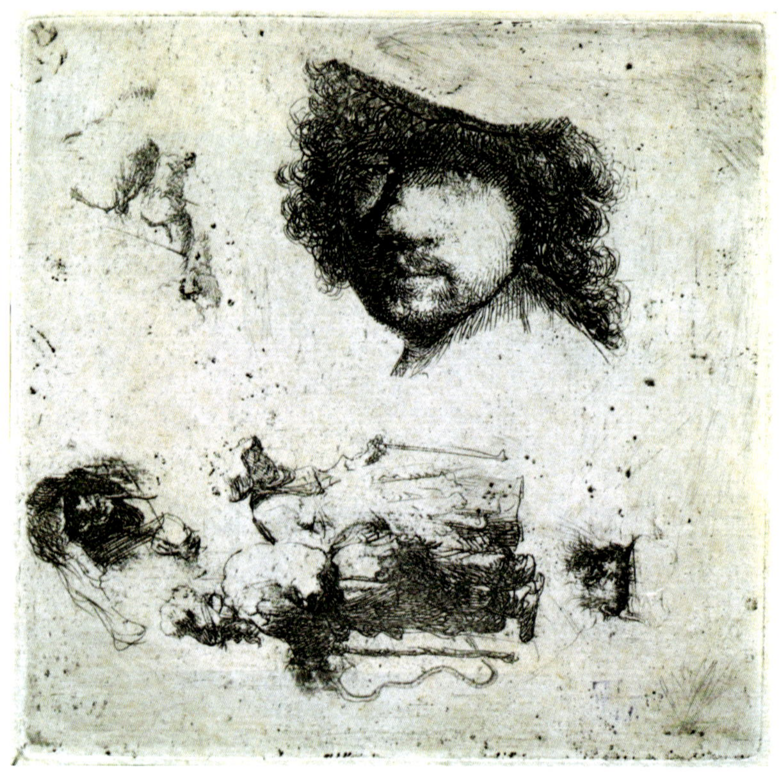

10 *Studienblatt mit Selbstbildnis, Bettlerpaar, Kopf eines alten Mannes und einer alten Frau u. a. m.*, um 1632, Radierung, 10 × 10,5 cm

in den Niederlanden lebendig war, bezeugt der 1637 von Franciscus Junius verfasste Traktat *De pictura veterum* genauso wie die 1678 von Rembrandts einstigem Schüler Samuel van Hoogstratens publizierte *Inleyding tot de hooge schoole der schilderkonst.*[24] In dieser »Einführung in die hohe Schule der Malkunst« wird jungen Malern empfohlen, die darzustellenden Gemütsregungen vor einem Spiegel einzuüben, »um zugleich Darsteller und Zuschauer zu sein«.[25] Dergleichen in ihrer Wirksamkeit erprobte Studien konnten dann auch in Gemälden Verwendung finden. So hat Rembrandt sich zum Beispiel in der *Steinigung des hl. Stephanus* (vgl. Abb. 6) hinter dem Märtyrer selbst dargestellt.

Dass Rembrandts künstlerisches Interesse nicht nur seiner eigenen Physiognomie galt, sondern ganz allgemein dem menschlichen Gesicht, zeigen die von Lievens und Rembrandt gleichermaßen häufig überlieferten Charakterköpfe. Rembrandt nahm sich teils sogar ganz unmittelbar Werke von Lievens als Vorbild, so in einer Reihe von Orientalenköpfen, von denen drei den Hinweis tragen, dass Rembrandt sie nicht erfunden, sondern »geretuck[eert]«, also retuschiert, habe.[26] Die zumeist in einem eng gefassten Bildausschnitt vor neutralem Hintergrund isoliert dargestellten Figuren waren zwar nach dem lebenden Modell gemalt, aber nicht als Porträt intendiert.[27] Sie verkörpern einen in den Niederlanden des 17. Jahrhunderts weit verbreiteten, zwischen großer Historie und Genremalerei angesiedelten Bildtypus, den die Zeitgenossen als Tronie bezeichneten. Soweit schriftliche Zeugnisse vorlagen, interpretierte das zeitgenössische Publikum die Tronies als Darstellungen fiktiver Persönlichkeiten, die im weitesten Sinne historisch waren. Das bezeugt Samuel van Hoogstraten, der 1678 in seiner *Inleyding tot de hooge schoole der schilderkonst* derartige »Herren und Frauen Bildnisse«, »heeren en vrouwen gelijkenisse«, der höchsten Stufe der Malerei zurechnete.[28]

Tronies waren in jenen frühen Jahren eine Spezialität Rembrandts, für die es offensichtlich einen regen Markt gab. Fast ein Drittel der 315 zwischen 1630 und 1700 urkundlich bezeugten Werke Rembrandts gehört diesem Bildtypus an. So etwa das erste urkundlich nachgewiesene Bild Rembrandts, ein »Kopf«, den der Amsterdamer Kaufmann Joan Huydecoper im Juni 1628 für 29 Gulden gekauft hatte.[29] Im Jahr darauf wurde im Besitz eines Leidener Landschaftsmalers »Ein kleines Tronijtgen von Rembrandt« verzeichnet.[30] Und in einer Amsterdamer Sammlung fand sich 1658 »eine Tronie von Rembrandt nach ihm selbst gemalt«.[31] Die etwas umständliche Beschreibung mag verwundern, doch den Begriff des Selbstporträts gab es seinerzeit noch nicht. Mit »een tronye door Rembrandt nae hem selven geschildert« könnte ein Gemälde wie das um 1629 entstandene, heute in Nürnberg bewahrte *Selbstbildnis mit Halsberge* (s. Abb. 11) gemeint gewesen sein.[32] Das Nürnberger Gemälde galt lange Zeit als Kopie eines Bildes in Den Haag und wurde erst 1998 von einem internationalen Expertengremium als Original identifiziert. Das vordem als Original gehandelte Bild im Mauritshuis gilt nun dafür als Werkstattwiederholung. Schon die Tatsache, dass die Bilder in der Werkstatt für den freien Verkauf vervielfältigt wurden, sollte bei der allzu sehr auf Rembrandts Künstlerpersönlichkeit abzielenden Interpretation zur Vorsicht mahnen. Die ältere kunsthistorische Literatur interpretierte sämtliche Selbstdarstellungen des Künstlers unter Verweis auf die notwendige Betrachtung im Spiegel als Zeugnisse einer künstlerischen Selbsterforschung.[33] Doch während man derartige Bilder im 19. Jahrhundert noch als authentische Selbstaussagen des Künstlers las, versucht man die Werke heute in ihrem historischen Kontext als Tronies zu verstehen, d. h. als Bilder, die von den Zeitgenossen gleichermaßen als Zeugnisse malerischer Virtuosität und Abbildungen menschlicher Gemütszustände geschätzt wurden. Die malerische Virtuosität ist beim Nürnberger Gemälde dadurch bezeugt, dass es ohne jede Vorzeichnung direkt auf der Maltafel entwickelt wurde, einem Brettchen aus bestem baltischen Eichenholz.[34] Der Blick des Dargestellten ist über die Schulter unmittelbar dem Betrachter zugewandt. Diese Wendung des Kopfes hatte sich damals als Zeichen künstlerischen Erfindungsreichtums etabliert.[35] Sein Gesichtsausdruck ist nicht unmittelbar zu deuten, wobei die kontrollierten Affekte zur soldatischen Aufmachung passen. Rembrandt stellt sich mit einer eisernen Halsberge dar, wie sie seinerzeit von Offizieren getragen wurde, unter denen damals auch jene Haarlocke über der linken Schulter in Mode war, mit der Rembrandt sich zeigt. Honoré Duc de Chaulnes d'Albert de Cadenet, tonangebend in Modedingen am Hof Ludwigs XIII. von Frankreich, soll dieses später nach ihm benannte modische Accessoire eingeführt haben. Es begegnet auf zahlreichen Offiziersporträts der Zeit, die auch für den von Rembrandt zur Schau getragenen stoischen Gesichtsausdruck zur Referenz werden können.[36] Der gleichmütige Gesichtsausdruck verbildlichte eine im Sinne der Zeit emotional vorbildliche Haltung.[37]

Neben gezeichneten, radierten und gemalten Tronies, in denen Rembrandt seine Kompetenz bezeugt, Gemütsregungen oder deren Fehlen überzeugend zu schildern, entstanden in seiner Zeit vor allem kleine Historienbilder. Ein Beispiel dafür ist die 1627 datierte Darstellung des gefangenen Paulus (s. Abb. 12).[38] In allen christlichen Konfessionen gilt dieser Apostel als herausragender Verkünder der Lehre Jesu, und gerade Protestanten sahen ihn als bedeutendes spirituelles Vorbild. Im Unterschied zu seinen künstlerischen Vorbildern zeigt Rembrandt Paulus nicht in einer Landschaft, sondern in einer vergitterten Gefängniszelle. Der nachdenklich blickende bärtige Alte entspricht den seit der Antike entwickelten Konventionen für die Darstellung eines Philosophen. Im Schreiben innehaltend sitzt er auf einer Pritsche, auf der Bücher und eine Tasche liegen und an dem das aus der traditionellen Ikonographie bekannte Schwert lehnt. Sowohl Paulus selbst als auch die Apostelgeschichte erwähnen seine Gefängnisaufenthalte, die er teils nutzte, um in Briefen sein Mis-

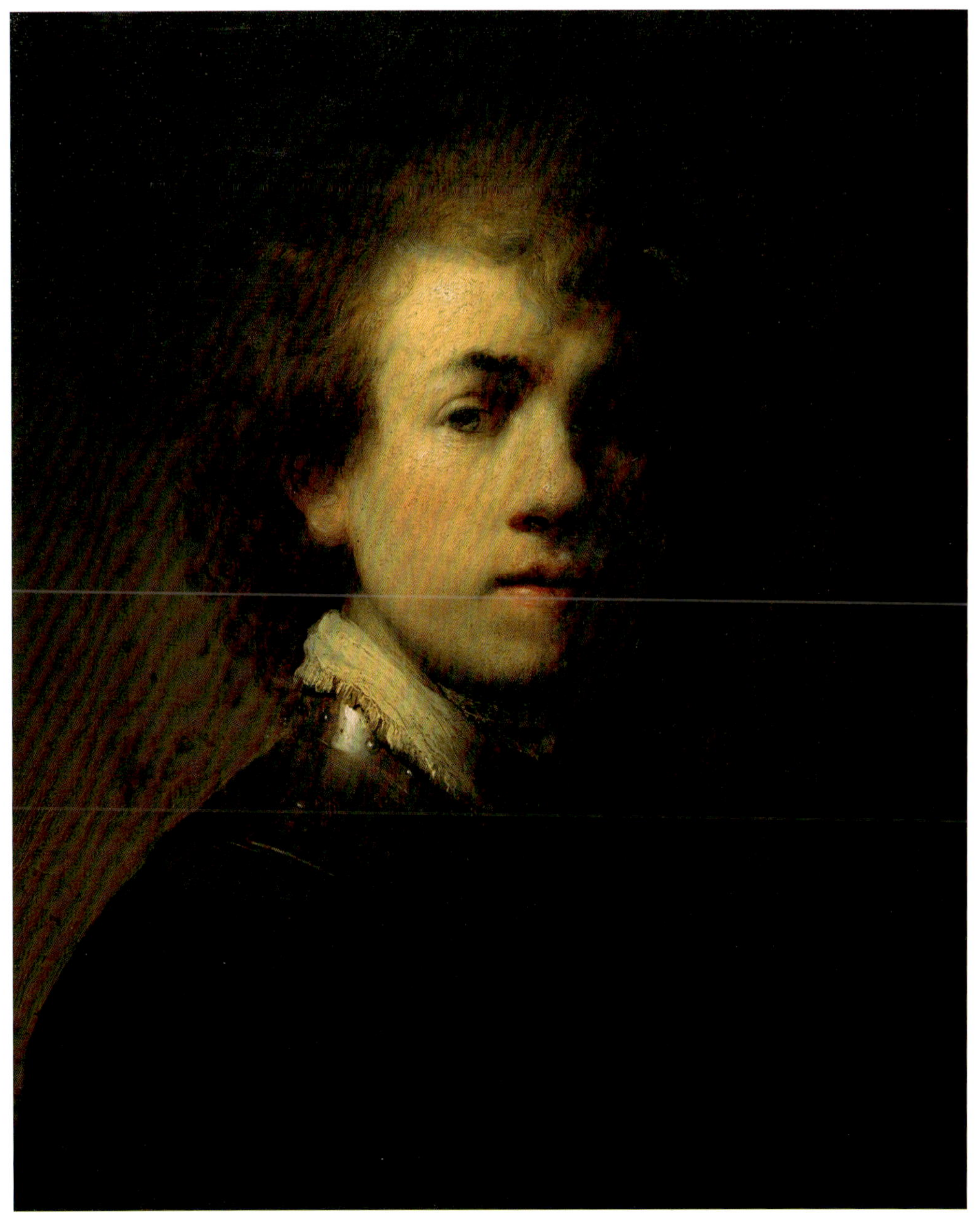

11 *Selbstbildnis mit Halsberge,* um 1629, Öl auf Holz, 38,2 × 31 cm
Nürnberg, Germanisches Nationalmuseum

sionswerk fortzusetzen.[39] So waren beispielsweise sein Philipperbrief und sein Schreiben an Philemon während der Haft entstanden, in denen das vorbildliche Dulden und Kämpfen dieses unermüdlichen Glaubensstreiters greifbar wird. Ganz der biblischen Überlieferung gemäß zeigt Rembrandt den Apostel beim Schreiben seiner Briefe. Die Szene erscheint fast monochrom. Die in der *Steinigung des hl. Stephanus* (vgl. Abb. 6) noch stark hervortretenden Farb- und Struktureffekte sind aufgegeben. Dafür ist die Modellierung des Lichts zu einem beeindruckenden Hell-Dunkel weiterentwickelt, das ganz in den Dienst eines dramatischen Effekts gestellt ist. Die malerischen Lichteffekte, vor allem auf der Wand im Hintergrund, unterstreichen die Illusion von Raum und heben das Bildgeschehen hervor. Durch den Kontrast der Situation im Gefängnis und der geistigen Konzentration des Apostels auf sein Schreiben wird Rembrandts Gemälde gleichermaßen mit Handlung aufgeladen und damit zu einem einfigurigen Historienbild.

Man hat gemutmaßt, beide Maler hätten ein gemeinsames Atelier genutzt, weil zum Beispiel eine ähnliche Jagdtasche, wie Rembrandt sie auf den Büchern des Apostels zeigt, auch in einem Gemälde von Lievens auftaucht. Doch der Austausch von Requisiten oder graphischen Vorlagen ist als Argument wenig stichhaltig, zumal kein Zeitgenosse ein solches Gemeinschaftsatelier erwähnt. Es fehlt aber nicht nur an Beweisen, es ist auch nicht sonderlich wahrscheinlich, da beide Maler zu dieser Zeit schon größere Betriebe führten und Gesellen und Mitarbeiter hatten. Am 14. Februar 1628 war beispielsweise der vierzehnjährige Gerrit Dou in Rembrandts Werkstatt eingetreten, und Rembrandt blieb in den folgenden 35 Jahren ununterbrochen als Lehrer tätig.[40] Wenig später folgte Isaac de Jouderville, der jährlich hundert Gulden Lehrgeld bezahlte.[41] Von diesem Betrag lebte eine gewöhnliche Arbeiterfamilie mehr als ein halbes Jahr.

Die Aufnahme von Schülern war dabei nicht nur wegen des einträglichen Lehrgeldes nützlich, sondern auch weil sie den handwerklichen Prozess des Bildermachens vom Vorbereiten der Malträger bis zum Farbenanreiben an vielen Stellen unterstützen und erleichtern konnten. Darüber hinaus eigneten sich die Schüler die künstlerische Handschrift ihres Meisters an, den manche bald schon täuschend zu imitieren verstanden. Seit jener Zeit dürfte Rembrandt nurmehr selten in seinem Atelier allein gewesen sein.

Ein kleines, heute in Boston bewahrtes Bildchen hat zu zahlreichen Spekulationen über das Erscheinungsbild von Rembrandts Atelier Anlass gegeben

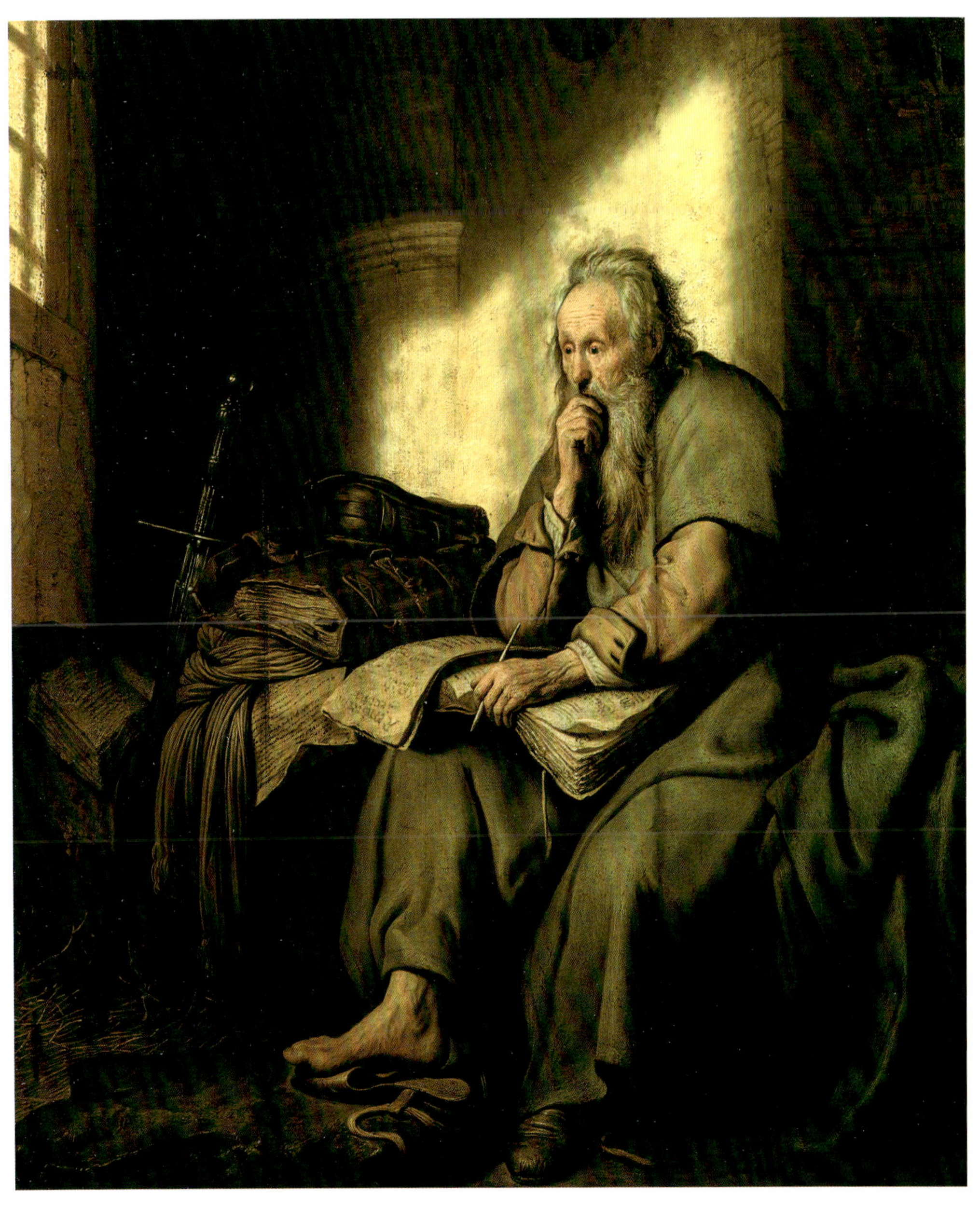

12 *Der Apostel Paulus im Gefängnis*, 1627, Öl auf Holz, 73 × 62 cm, monogrammiert und datiert: »RH 1627«, Stuttgart, Staatsgalerie

(s. Abb. 13).[42] Unter Verweis auf die mimetisch getreue Wiedergabe der Raumsituation und die Details, wie den bröckelnden Putz über der Tür, wurde immer wieder behauptet, dies Bild zeige Rembrandts Atelier. Das bleibt allerdings spekulativ, da keine anderen Hinweise darauf erhalten sind, wie der Raum aussah, in dem Rembrandt arbeitete. Der gezeigte Maler trägt, wie es auch für Rembrandt dokumentiert ist, bei seiner Arbeit einen Hausmantel und eine Kopfbedeckung. In ähnlicher Aufmachung, ebenfalls mit dem sogenannten *tabbaart* bekleidet, zeigt Rembrandt sich in einer zwischen 1650 und 1655 entstandenen Zeichnung, die ihn ausweislich einer zeitgenössischen Beischrift zeigt, »wie er in seinem Atelier bekleidet war«.[43] Mit dem kleinen Gemälde in Boston nimmt Rembrandt erstmalig in der Geschichte des Atelierbildes auf die alltägliche handwerkliche Praxis Bezug. Das hat in neuerer Zeit zu diversen Thesen über Rembrandts Selbstverständnis geführt, wobei wohl sicher ist, dass die kleine Figur sich kaum als Porträt ansprechen lässt, da die Details der Physiognomie allzu summarisch wiedergegeben sind.[44] Auch bleibt fraglich, ob hier tatsächlich eine reale Arbeitssituation gezeigt ist. Das Licht fällt nämlich von rechts oben auf das in Arbeit befindliche Gemälde, so dass sein Körperschatten den vor der Staffelei stehenden Maler an der Arbeit hindern würde. Es ist deshalb vermutet worden, dass sich das scheinbare Genremotiv als Äußerung über Kunst und Künstlertum verstehen lasse. Tatsächlich wird, vermittelt über das Motiv der übergroß gezeigten Staffelei, das Bild an sich und der Prozess seiner Herstellung zum Thema. Die unsichtbar bleibende Vorderseite des Bildes im Bild aktiviert die Phantasie des Betrachters und bringt mit diesem Kunstgriff zugleich Rembrandts Erfindungsgabe zum Ausdruck. Der nachdenklich distanzierte Blick des gezeigten Malers auf die Staffelei betont die wesentlich geistige Tätigkeit des schöpferischen Künstlers vor dem Moment der Ausführung. Ein Nachdenken über das Wesen der Malerei befördert auch die sichtbare Rückseite des Bildes im Bild, die so lasierend dünn gemalt ist, dass das Holz der Eichentafel des realen Bildträgers durchscheint. Die hier greifbare Identität von Bildträger und Bild lässt den je nach Helligkeitswert differierten Farbauftrag des realen Gemäldes zum Teil seiner inhaltlichen Aussage werden. Während die helle Farbe pastos aufgetragen ist, sind die dunklen Gegenstände stets nur ganz zart wiedergegeben. Am dünnsten ist der Farbauftrag im Bereich der Tür und der verschatteten Rückseite des Gemäldes auf der Staffelei. Je heller eine Partie erscheint, desto dicker ist die Farbe aufgetragen. An einigen Stellen, so etwa beim Fußboden, ergibt sich ein regelrechtes Relief, wo das helle Ocker

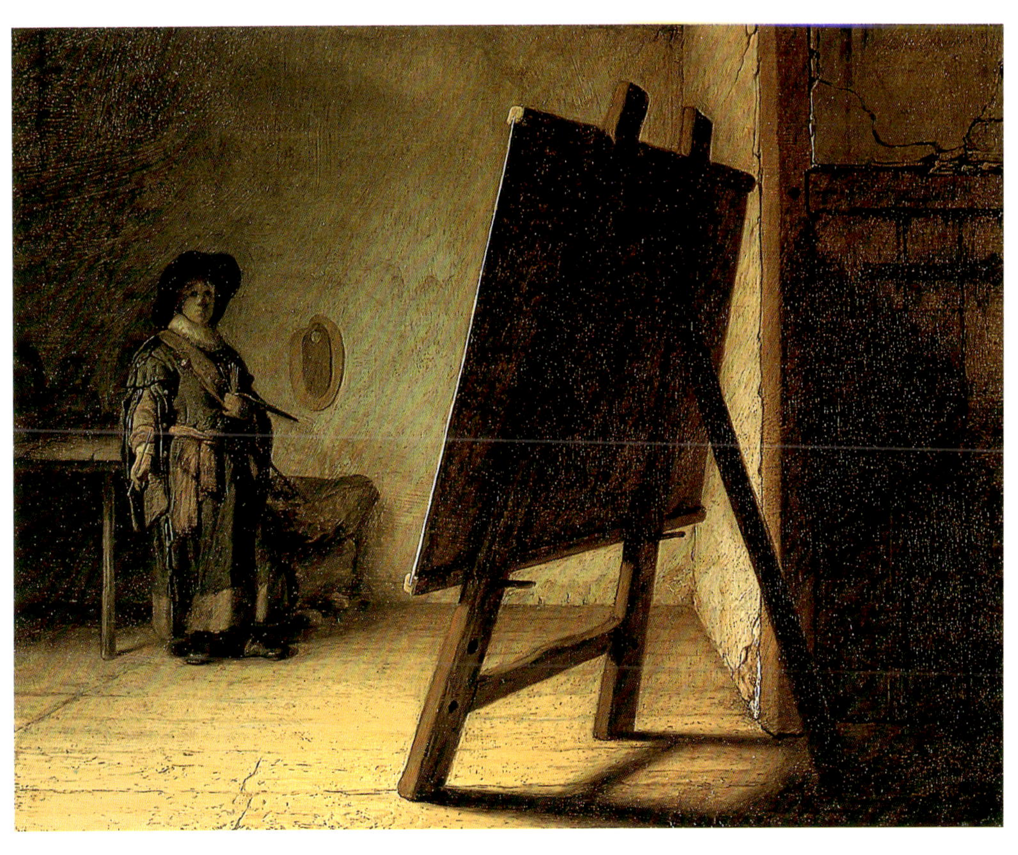

13 *Künstler in seinem Atelier*, um 1628, Öl auf Holz, 25 × 32 cm, Boston Museum of Fine Arts

der Dielen durch die dünn aufgetragenen Linien der Fugen unterbrochen wird. Bei dem das reale Raumlicht einbeziehenden Spiel mit der plastischen Materialität der Farbe sorgt die über die bedeckte Fläche des Malträgers hinausgehende Vergrößerung der Oberfläche dafür, dass mehr auf das Gemälde fallendes Licht reflektiert wird, als wenn das Farbmaterial dünn und flach aufgetragen wäre.

Wie schon in dem Gemälde mit dem *Apostel Paulus im Gefängnis* (vgl. Abb. 12) interessiert Rembrandt sich für das Licht, dessen Wirkung in einem anderen Bild der Zeit eine zentrale Rolle spielt (s. Abb. 14).[45] Das kleinformatige Bild war vermutlich ein malerisches Experiment, denn es ist in Ölfarbe auf einem Blatt Papier ausgeführt, das erst später auf eine Holztafel geklebt wurde. Es zeigt die in der Bibel erwähnte Begegnung des auferstandenen Christus mit einigen Jüngern in Emmaus. Sie waren gewandert und gegen Abend gemeinsam mit ihm eingekehrt. »Und es geschah«, heißt es im Lukas-Evangelium, »als er mit ihnen zu Tisch saß, nahm er das Brot, dankte, brach's und gab's ihnen. Da wurden ihre Augen geöffnet und sie erkannten ihn. Und er verschwand vor ihnen.«[46] Den Höhepunkt des Geschehens, das mit dem Verschwinden einhergehende Erkennen, übersetzt Rembrandt in eine hoch dramatische Hell-Dunkel-Komposition. Sie wurde vermutlich durch einen Kupferstich angeregt, den Hendrick Goudt nach einem Gemälde Adam Elsheimers angefertigt hatte und der mit *Jupiter und Merkur bei Philemon und Baucis* zwar ein anderes Thema zeigte, aber doch eine vergleichbare Lichtsituation.[47] Mit der extremen Beleuchtung fand Rembrandt eine ideale Lösung für das in der biblischen Erzählung in eins gesetzte Erkanntwerden und Verschwinden des Auferstandenen. Zugleich bezog Rembrandt sich mit diesem Effekt auf die in höfischen Kreisen hoch gehandelten Bilder in der Nachfolge Michelangelo Merisi da Caravaggios. Durch Lichtführung, Komposition und Beleuchtung steht die emotionale Reaktion des Jüngers im Zentrum der Darstellung. Immer wieder hat Rembrandt in Variationen des Themas die zwischen Staunen, Freude und Entsetzen schwankenden Gefühlsaufwallungen und Gemütsbewegungen der Emmausjünger zum Ausdruck gebracht. Sein Biograph Arnold Houbraken merkte deshalb mit Blick auf diese Darstellungen an, von denen er eine sogar als vorbildlich reproduzierte, dass es keinen Künstler gebe, der so reich an Ideen gewesen sei und von dem man so viele verschiedene Skizzen zu ein und demselben Thema sehen könne.[48] Dass die eigentlich zentrale Figur Christi dem Betrachter nur als silhouettenhafter Umriss erscheint, appelliert an die Imaginationskraft

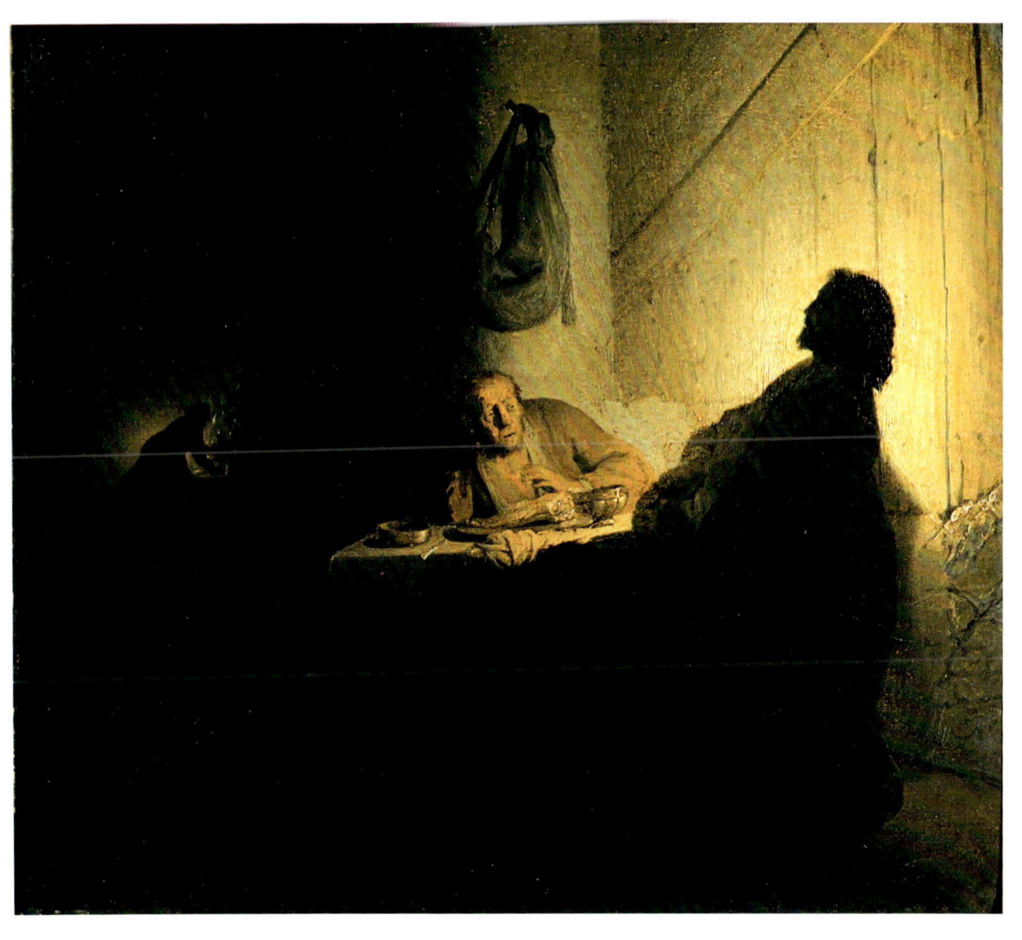

14 *Christus in Emmaus*, 1628/29, Öl auf Papier auf Holz, 39 × 42 cm, monogrammiert: »RHL«, Paris, Musée Jacquemart-André

des Betrachters. Dieser Appell verbindet die Szene, genau wie die Farbstimmung und die vergleichbare Wiedergabe baulicher Details, mit dem kleinen Atelierbild (vgl. Abb. 13), auf dem das unsichtbare Bild im Bild die Vorstellungskraft des Malers und die Imagination des Betrachters miteinander in Beziehung setzt. Diese Aktivierung des Vorstellungsvermögens ließ sich auf den antiken Topos vom Maler Timanthes beziehen, der den unaussprechlichen Schmerz des über die Opferung seiner Tochter Iphigenie trauernden Agamemnon zum Ausdruck brachte, indem er Agamemnons Haupt durch ein Tuch verbarg, so dass dessen starker Affekt nur in der Phantasie des Betrachters wirksam wurde.[49]

Vor allem sein Geschick in der Wiedergabe menschlicher Leidenschaften ließ Rembrandts Namen bald weithin bekannt werden. So hatte zum Beispiel Arnout van Buchel, ein Jurist aus Utrecht, von Rembrandt gehört und 1628 nach einem Besuch in Leiden notiert, der dort als Maler tätige Sohn eines Müllers werde hoch gepriesen, »aber vor der Zeit«.[50] Im November desselben Jahres wurde auch Constantijn Huygens auf den jungen Maler aufmerksam.[51] Als Sekretär des niederländischen Statthalters Frederik Hendrik war er ein einflussreicher Mann. Er war aber nicht nur ein bedeutender Diplomat und Politiker am Hof in Den Haag, sondern zugleich Astronom und Komponist. Er korrespondierte mit Descartes und hinterließ als Dichter das vielleicht schönste niederländische Gedicht über Schnee, den er als »kühle Wolle, weißen Ruß, gehackte Federn« beschrieb.[52] Mit vergleichbar viel Sprachgefühl würdigte er Rembrandts 1629 entstandenes Gemälde *Judas bringt die dreißig Silberlinge zurück* (s. Abb. 15).[53] »Man stelle ganz Italien daneben und alles, was das früheste Altertum uns an Eindrucksvollem und Bewundernswertem hinterlassen hat«, schrieb Huygens, Jahre nachdem er das Bild bewundert hatte. »Die Gebärde dieses einen verzweifelten Judas – um von so vielen anderen bewundernswerten Figuren auf diesem einen Bild ganz zu schweigen –, dieses einen Judas, der rast, winselt, um Verzeihung fleht, ohne dass er sie erhoffen dürfte, während doch seine Gesichtszüge von dieser Hoffnung sprechen, des Judas mit seinem verwilderten Gesicht, den ausgerissenen Haaren, dem zerrissenen Kleid, die Arme ringend, die Hände schmerzlich ineinander verkrallt, wie er da in einer blinden Gefühlsaufwallung auf die Knie stürzt, während sein Körper von wildem Schmerz geschüttelt wird, diese Figur stelle ich jedem gefälligen Kunstwerk gegenüber, das die Jahrhunderte hervorgebracht haben […] Bravo, Rembrandt!«[54]

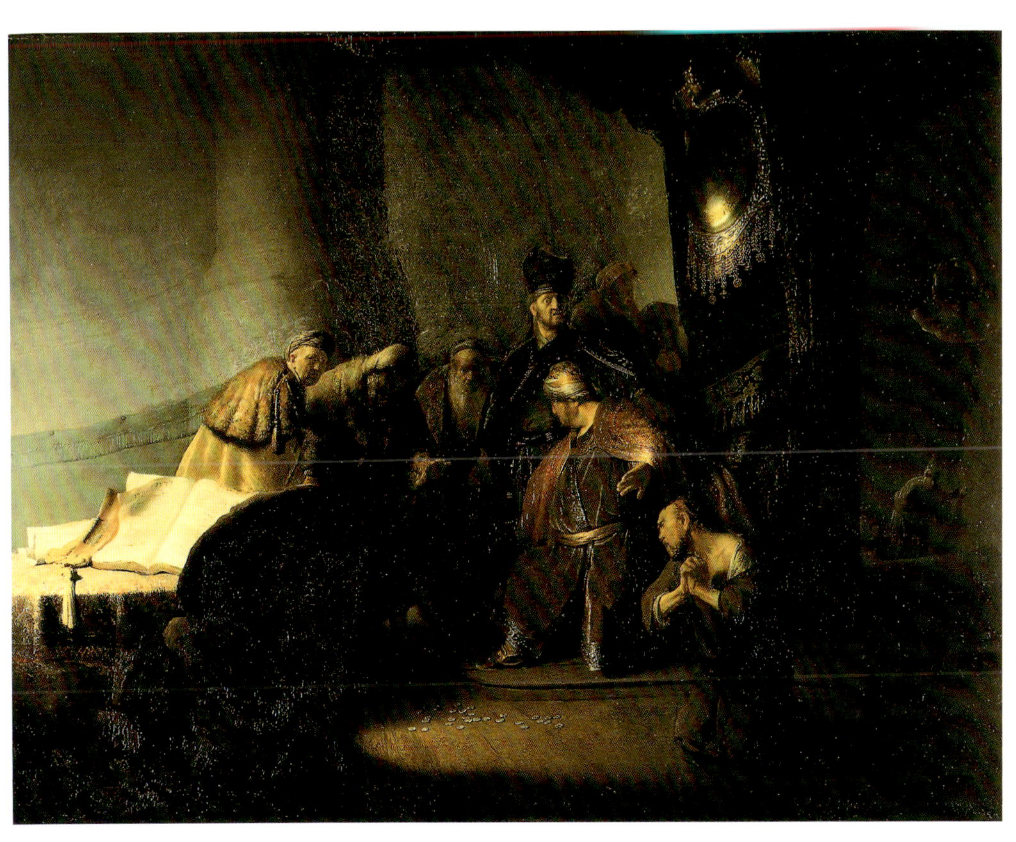

15 *Judas bringt die dreißig Silberlinge zurück*, 1629, Öl auf Holz, 79 × 102,3 cm, monogrammiert und datiert: »RL 1629«, Mulgrave Castle, Privatbesitz

Mit seiner Bewunderung für dieses Bild stand Huygens nicht alleine da, wie mehrere zeitgenössische Kopien und Jan Joris van Vliets Radierung nach der Judas-Figur belegen. Die in der historischen Beschreibung so eindringlich gewürdigte Wirkung des Bildes war hart erarbeitet. Rembrandt hat, wie der Vergleich mit erhaltenen Vorzeichnungen und die Untersuchung der Malschichten zeigen, die Beleuchtungssituation noch kurz vor Fertigstellung des Bildes tiefgreifend verändert. Dieser von steten Veränderungen geprägte Werkprozess war und blieb ein Charakteristikum von Rembrandts Arbeitsweise, das besonders in seinen immer wieder überarbeiteten Radierungen ablesbar ist.

Huygens Aufzeichnungen bezeugen neben der Bewunderung für Rembrandt auch die in den Werken beider Maler ablesbare Nähe zu Jan Lievens. Beide seien, so Huygens, »noch Milchgesichter, und wenn man sie auf ihre Figur oder das Gesicht hin einschätzt, eher noch Kinder als Jünglinge«. Und dennoch stellte Huygens sie dem von ihm besonders bewunderten Peter Paul Rubens fast gleich. Nur leider weigerten sich die beiden hart arbeitenden jungen Maler, entgegen Huygens' Rat und jede höhere Einsicht, nach Italien zu reisen. Stattdessen behaupteten sie, es lohne nicht, Zeit und Geld dafür zu opfern, da in Holland mehr Bilder gesammelt worden seien, als man in Italien sehen könne. Diese Haltung wurde auch von späteren Biographen immer wieder kritisiert. Und doch scheint sie aus heutiger Sicht verständlich, wenn man die damaligen Gefahren des Reisens und den in der Heimat winkenden Wohlstand in Betracht zieht, zu dem auch der Kontakt zu Constantijn Huygens maßgeblich beitrug.[55] Dessen von rhetorischen Topoi geprägter Text, der über Sprache und Wortwahl die Brücke zur antiken Kunsttheorie schlägt, liefert darüber hinaus noch eine ganze Reihe von Beobachtungen, die vom modernen Urteil kaum abweichen.[56] Das erweist sich besonders im Vergleich der beiden Künstler. »Ich will mich erkühnen«, schreibt Huygens, »über einen jeden von beiden ein oberflächliches Urteil zu fällen, und muss dann sagen, dass Rembrandt in Geschmack und Gefühlstiefe Lievens überragt, dieser aber durch eine gewisse Größe der Erfindung und kühnere Themen und Figuren ihn übertrifft. Denn wenn letzterer in seinem jungen Herzen auch nach allem strebt, was erhaben und prächtig ist, malt er die Formen, die er im Geiste vor sich sieht, lebensgroß und am liebsten noch größer; der andere, ganz in seiner Arbeit aufgehend, strebt dahin, seine Ideen in einem kleineren Gemälde zusammenzufassen und in gedrängter Form einen Effekt zu erreichen, den man auf kolossalen Bildern anderer vergeblich sucht. In Historienbildern, wie wir sie gewöhnlich nennen, ist er bewundernswert, aber er wird nicht so leicht Rembrandt an lebendiger Erfindungskraft gleichkommen.«[57]

Beide Künstler profitierten augenscheinlich vom wechselseitigen Erfahrungsaustausch und einem Wettstreit, bei dem Rembrandt trotz der längeren praktischen Erfahrung seines jüngeren Kollegen schon bald die Führung übernahm. Doch Lievens, den Huygens bald nach der ersten Begegnung mit der Anfertigung seines Porträts beauftragt hatte, war und blieb ausgesprochen erfolgreich.[58] Wo in Leidener Haushalten des 17. Jahrhunderts Gemälde dokumentiert sind, ist sein Name einer der meistgenannten.[59] So besaß beispielsweise der Stadtchronist Orlers mehrere Gemälde von Lievens, der sich 1630 gemeinsam mit drei Kollegen mit einer Eingabe an den Senat gewandt hatte, um auch außerhalb der Jahrmärkte seine Gemälde anbieten zu dürfen.[60] Rembrandt hingegen unternahm keine Versuche, seine Bilder in der Heimatstadt zu vermarkten, und scheint dort auch keinen Mäzen gefunden zu haben.[61] Ob der Gelehrte Petrus Scriverius ein früher Kunde Rembrandts war, muss offen bleiben, auch wenn er 1663 »zwei brave große Stücke von Rembrandt« besaß.[62] Ein anderer früher Kunde könnte der remonstrantische Arzt Gerard van Hoogeveen gewesen sein, unter dessen insgesamt 157 Gemälden sich 1665 auch drei Rembrandts fanden.[63] Dass Rembrandt es 1631 bereits zu einigem Wohlstand gebracht hatte, wird eindrucksvoll durch die Tatsache bezeugt, dass er am 1. März dieses Jahres für 500 Gulden ein in Leiden gelegenes Gartengrundstück erwerben konnte.[64] Das hinderte ihn nicht, nur wenige Wochen später dem Amsterdamer Kunsthändler Hendrick Uylenburgh 1000 Gulden zu leihen, die jährlich mit fünf Prozent verzinst wurden.[65] Nicht zuletzt dem in dieser Finanztransaktion dokumentierten, vermutlich schon 1625 während der Lehrzeit bei Lastman angebahnten Kontakt verdankte sich Rembrandts wachsende Bekanntheit. Uylenburgh war damals gerade aus Polen nach Amsterdam zurückgekehrt, das sich damals in einem rasanten Aufstieg zum Zentrum des Welthandels befand.[66]

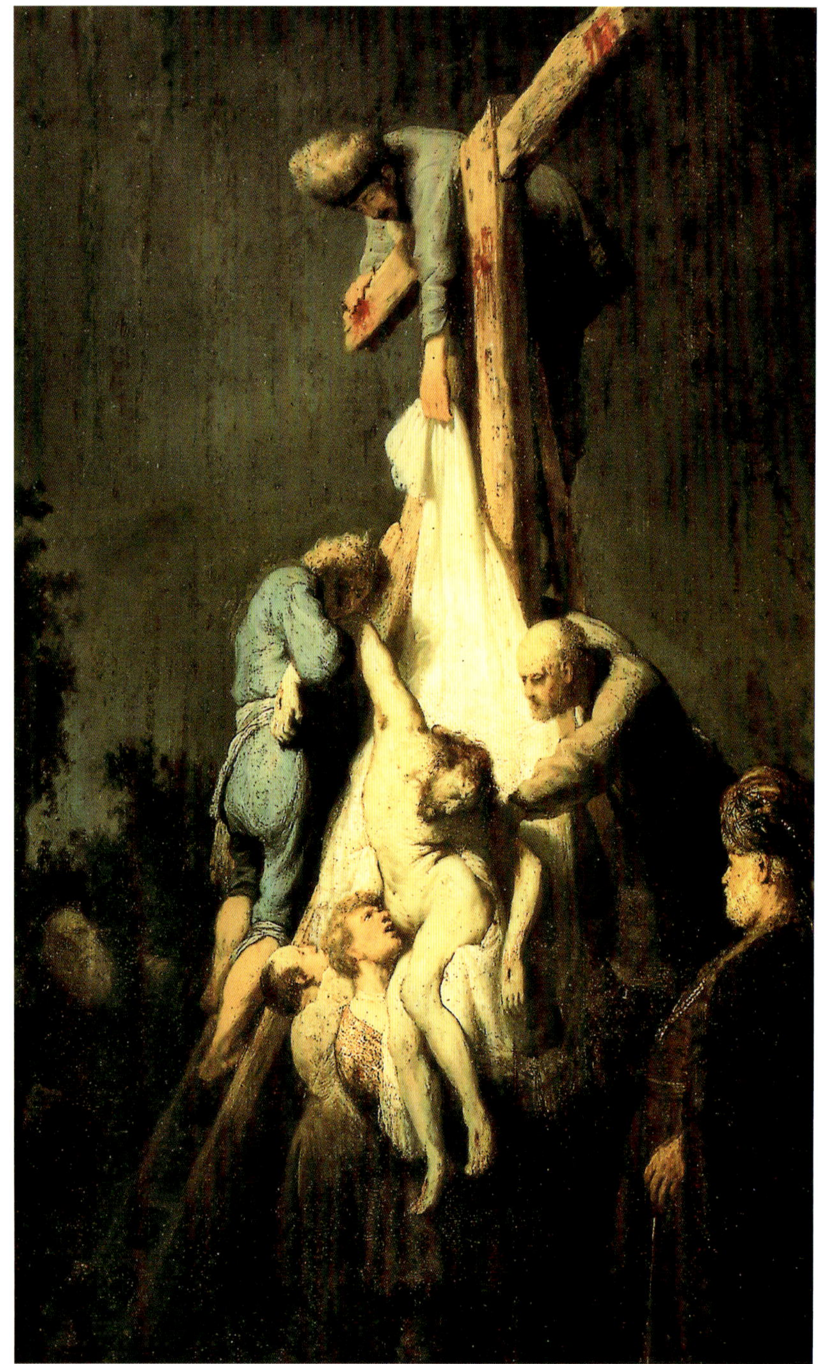

Uylenburghs Akademie

Kaum einer, der zu Rembrandts Zeit nicht staunend von Amsterdam gesprochen hätte. Die Bewunderung galt dabei gleichermaßen dem wirtschaftlichen wie dem kulturellen Reichtum der Stadt. Er zeigte sich nicht zuletzt in den mehr als vierzig kleinen und großen Druckereien, die Bücher in allen erdenklichen Sprachen produzierten. Vor allem aber wunderten sich die Besucher Amsterdams über die außerordentliche Reinlichkeit der Stadt und ihrer Bewohner. Und während späteren Autoren die Sauberkeit zum Beleg holländischer Spießigkeit wurde, waren um die Mitte des 17. Jahrhunderts selbst kritisch veranlagte Engländer, wie Peter Mundy oder Owen Feltham, ehrlich beeindruckt.[1] Gerade den Kriegsgegnern der niederländischen Republik nötigte aber vor allem der im Hafen der Stadt zu sehende Wohlstand Respekt ab. Den Zeitgenossen erschien das, was sich damals politisch und wirtschaftlich in Holland ereignete, als kaum vorstellbar. So beschrieb Antoine de Montchrestien den niederländischen Erfolg in seiner 1615 erschienenen *Abhandlung über politische Ökonomie* als »Wunder menschlicher Arbeit in einem kaum zum Leben geeigneten Land«.[2] Ähnlich dachte auch William Temple, der 1673 die Taten holländischer Kaufleute pries. Obwohl die nördlichen Niederlande mit zwei Millionen Einwohnern kaum ein Drittel der Größe Englands und gerade ein Zehntel der Größe Frankreichs hatten, stiegen sie im 17. Jahrhundert zur bedeutendsten See- und Handelsmacht auf. Der Aufschwung Amsterdams hatte seinen Anfang genommen, nachdem die sieben nördlichen Provinzen der Niederlande sich von der habsburgischen Herrschaft losgesagt hatten. Protestantische Glaubensflüchtlinge aus den südlichen Provinzen der Niederlande hatten in Amsterdam Zuflucht gesucht, aber auch Juden, anfangs aus Portugal, später auch aus Polen und Deutschland. Aber es zog auch Skandinavier nach Amsterdam, Deutsche, Griechen und Italiener. Amsterdams Einwohnerzahl hatte sich in viereinhalb Jahrzehnten fast vervierfacht. In kaum zwei Generationen war sie seit 1585 von 30000 bis zum Jahr 1631 auf 115000 geklettert. Die Provinz Holland war damals zugleich zum Zentrum eines sich weit ausbreitenden Kolonialreiches geworden. Die holländischen Handelsgesellschaften waren die bis dahin größten privaten Wirtschaftsunternehmen der Welt, allen voran die

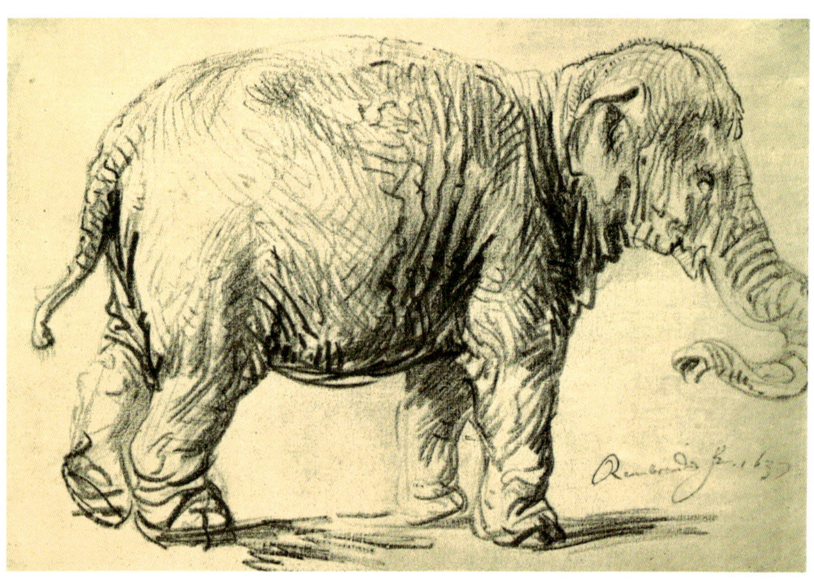

16 *Ein Elefant* (Hansken), 1637, schwarze Kreide 23,3 × 35,4 cm, bezeichnet: »Rembrandt fec. 1637«, Wien, Albertina

VOC, die »Vereinigte Ostindische Companie«. Die nach normierten Plänen gebauten Handelsschiffe brachten einen nie dagewesenen Reichtum in die Stadt und nie gesehene exotische Sensationen. Eine stetig wachsende Zahl von Zeitungen machte die Neuigkeiten weithin bekannt. So wurde beispielsweise im *Courante uyt Italien ende Duytschland & c.* am 16. Juli 1633 mitgeteilt, dass auf einem Schiff der »Vereinigten Ostindischen Companie« neben großen Mengen Pfeffer und Porzellan auch ein lebendiger Elefant nach Amsterdam gelangt sei.[3] Es war eine Elefantenkuh aus Sri Lanka, das man damals noch Ceylon nannte. Anfangs befand sie sich im Besitz des Statthalters Frederik Hendrik, der sie seinem Verwandten Johan Maurits von Oranien schenkte. 1636 wurde das Tier an einen Unbekannten verkauft, der es unter dem Namen »Hansken« in verschiedenen Ländern Europas vorführte. Als das erst halbwüchsige, siebenjährige Tier 1637 in Amsterdam zu sehen war, hat Rembrandt es in verschiedenen Zeichnungen festgehalten (s. Abb. 16).[4]

Holländische Kaufleute dominierten damals den Welthandel, so dass um die Mitte des 17. Jahrhunderts im Hafen Londons neben 360 holländischen

Schiffen nur 207 englische ankerten.[5] Genauso erfolgreich waren auch die holländischen Bankiers, so dass Amsterdam durch das begründete Vertrauen in Hollands Finanzkraft zum Zentrum des Bankwesens aufstieg. Der gewaltige Kapitalfluss bereitete auch den Boden für einen blühenden Markt für Kunst und Luxusgüter, der Händler und Kunstfreunde aus aller Welt anzog. Eine Sensation unter den an Höhepunkten nicht armen Kunstauktionen bedeutete am 9. April des Jahres 1639 die Versteigerung der Sammlung des Kaufmanns Lucas van Uffel, der zuvor lange in Venedig gelebt hatte. Der deutsche Maler und Kunstschriftsteller Joachim von Sandrart war damals genauso zugegen wie Rembrandt, der dort das vor 1516 von Raffael gemalte *Bildnis des Baldassare Castiglione* in einer kleinen Zeichnung festhielt (s. Abb. 17).[6] Neben die Skizze notierte er den außerordentlichen Preis von 3500 Gulden, den der spanische Diplomat Alfonso Lopez für das Gemälde bezahlt hatte, und den Gesamterlös der Auktion von annähernd 60 000 Gulden. Von der in diesen phantastisch anmutenden Summen sich ausdrückenden Blüte des Kunsthandels profitierte auch Hendrick Uylenburgh. Er hatte sich in der Sint Anthonsibreestraat in einem Haus niedergelassen, das vordem der gefragte Porträtist Cornelis van der Voort genutzt hatte und das nach dem Jahr 1637 der Bildnismaler Nicolaes Eliaszn Picquenoy nutzte.[7] Vermutlich hatte Uylenburgh zugleich mit dem günstig nach Norden gelegenen Atelierraum nicht nur das Inventar, sondern auch den Kundenstamm übernommen, ohne selbst als Maler sonderlich erfahren oder begabt zu sein. Zumal es an Aufträgen nicht mangelte, hatte er seit dem Herbst des Jahres 1631 Rembrandt in Dienst genommen und mit lukrativen Porträtaufträgen versorgt.[8] Soweit man weiß, hatte Rembrandt zuvor weder auf Leinwand gemalt noch Porträtaufträge ausgeführt. Doch nun reiste er regelmäßig mit der von Pferden gezogenen Treidelfähre, der »Trekschuit«, von Leiden nach Amsterdam, teils begleitet von seinem ehemaligen Schüler Jouderville, der ihm assistierte und die Ausführung der Details übernahm.[9] Es mag aber noch weitere Mitarbeiter in Uylenburghs Werkstatt gegeben haben, denn an den erhaltenen Porträts jener Zeit haben unterschiedlichste Maler mitgewirkt, wobei sich bei den verschieden ausgeführten Spitzenkragen mindestens vier verschiedene Hände unterscheiden lassen.[10] Als besonders begabter Maler nahm Rembrandt unter den Mitarbeitern vermutlich eine Sonderstellung ein, doch es war Uylenburgh, der den Betrieb führte und als Meister die Gemäldeproduktion verantwortete. Er warb auch andere begabte Maler an, wie Govaert Flinck, der sich in der engen Zusammenarbeit mit Rembrandt dessen Stil an-

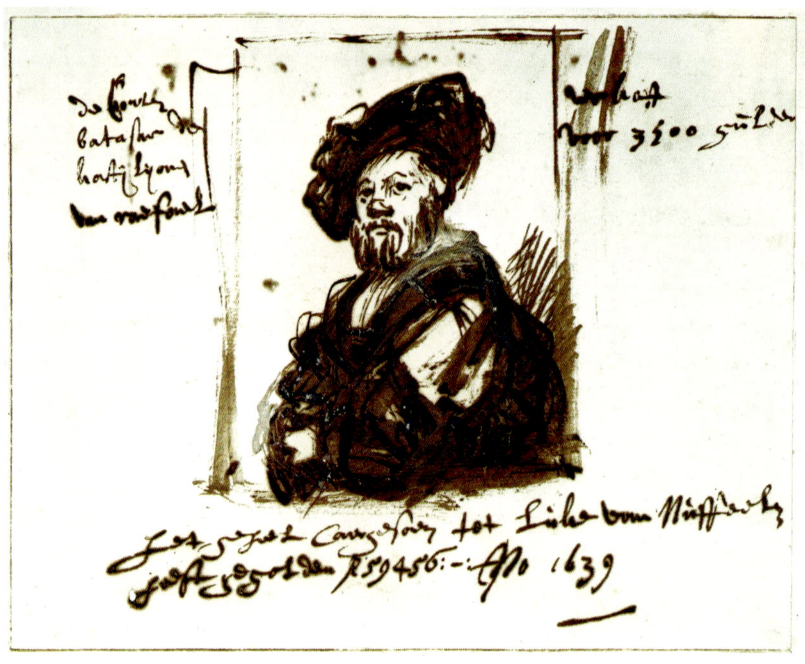

17 *Zeichnung nach dem Porträt des Baldassare Castiglione von Raffael*, 1639, Feder in Braun, weiße Deckfarbe, 16,3 × 20,7 cm, Wien, Albertina

eignete.[11] In der gut organisierten Bildermanufaktur wurden Porträtaufträge ausgeführt, aber auch Bilder für den freien Markt angefertigt und vervielfältigt. Darüber hinaus konnte man in »Uylenburghs berühmter Akademie«, wie der Italiener Filippo Baldinucci 1686 bezeugt, auch Malunterricht erhalten.[12] Dabei verstand es sich, dass auch die im Rahmen dieses Unterrichts verfertigten Kopien nach Werken aus dem weitgespannten Angebot der Kunsthandlung gewinnbringend verkauft wurden.[13]

Von Rembrandts regelmäßigen Aufenthalten in Uylenburghs Haus zeugt auch eine am 26. Juli 1632 ausgefertigte Rechtsurkunde, deren genauer Zweck leider nicht dokumentiert ist.[14] Der Notar Jacob van Zwieten war damals in Uylenburghs Haus erschienen, hatte sich nach Rembrandt erkundigt, den er herbeiholen ließ, um ihm zu sagen, dass er offensichtlich »frisch, kräftig und gut beieinander sei«, worauf dieser antwortete, »das ist wahr, ich bin gottlob in guter Verfassung und gesund«. Diesen Eindruck vermittelt auch ein 1632 entstandenes Selbstbildnis, das wie auch andere vergleichbare Stücke auf einer gebrauchten Tafel ausgeführt ist (s. Abb. 18).[15] Rembrandt zeigt sich hier beinahe frontal und in der typischen Aufmachung jener Amsterdamer Bürger, die in Nachahmung adeliger Sitten danach strebten, sich porträtieren zu lassen. Nie zuvor hat Rembrandt seine Gesichtszüge mit so viel Sorgfalt wiedergegeben. Allein der leicht erstaunte Gesichtsausdruck, hervorgerufen von den hochgezogenen Brauen über den von ersten Fältchen umspielten Augen, verbindet dieses Gemälde noch mit den früher entstandenen Tronies. Mit diesem Bildnis, das mit einer Reihe graphischer Porträts in Zusammenhang steht, in denen Rembrandt sich mit dem 1630 im Kupferstich verbreiteten Selbstbildnis von Rubens auseinandersetzt, empfahl sich der Amsterdamer Maler seinen Kunden als begabter Porträtist.

In den gut sieben Jahren, die seit seiner Ausbildung im Atelier Pieter Lastmans vergangen waren, hatte sich die Amsterdamer Kunstwelt stark gewandelt. Sein ehemaliger Lehrer kränkelte und war nicht mehr sehr produktiv. Einiges Ansehen genoss der als Lastmans Nachfolger gehandelte Historienmaler Claes Moeyaert, dessen Bilderfindungen anderen Künstlern aber kaum als vorbildlich galten. Auf dem Gebiet der Porträtmalerei gab es zwar eine ganze Reihe von Malern, die den stetig wachsenden Bedarf an Porträts zu befriedigen suchte, doch gab es zum Beispiel keine Gruppenbildnisse, auf denen die Figuren im lebendigen Miteinander gezeigt waren. Seit etwa 1530 ließen sich die Angehörigen von Schützengilden gemeinsam abbilden, genauso die Vorsitzenden wohltätiger Einrichtungen oder die Vorstände von städtischen Korporationen. Meist zeigten diese Bilder die Dargestellten in additivem Nebeneinander aufgereiht. Nur selten gab es eine verbindende Bildhandlung und kaum einmal den Versuch, die stilistischen Errungenschaften der Historienmalerei auch auf diese Bilder zu übertragen.

Wie Rembrandt dieser Schritt gelang, wird eindrucksvoll durch die 1632 datierte *Anatomie des Dr. Tulp* bezeugt, die er für den öffentlich zugänglichen Versammlungssaal der St. Damiangilde der Chirurgen ausführte (s. Abb. 19).[16] Die Chirurgengilde hatte ihren Sitz im Obergeschoss eines der Bastionstürme des seit der Stadterweiterung am Beginn des 17. Jahrhunderts als Stadtwaage genutzten ehemaligen Stadttors. In anderen Räumen dieser ganz in der Nähe von Rembrandts Atelier gelegenen Sint Antoniswaag hatten auch die Gilden der Maurer, der Schmiede und die St. Lukasgilde der Maler ihren Sitz.[17] Wann genau und unter welchen Umständen Rembrandt mit diesem Auftrag betraut wurde,

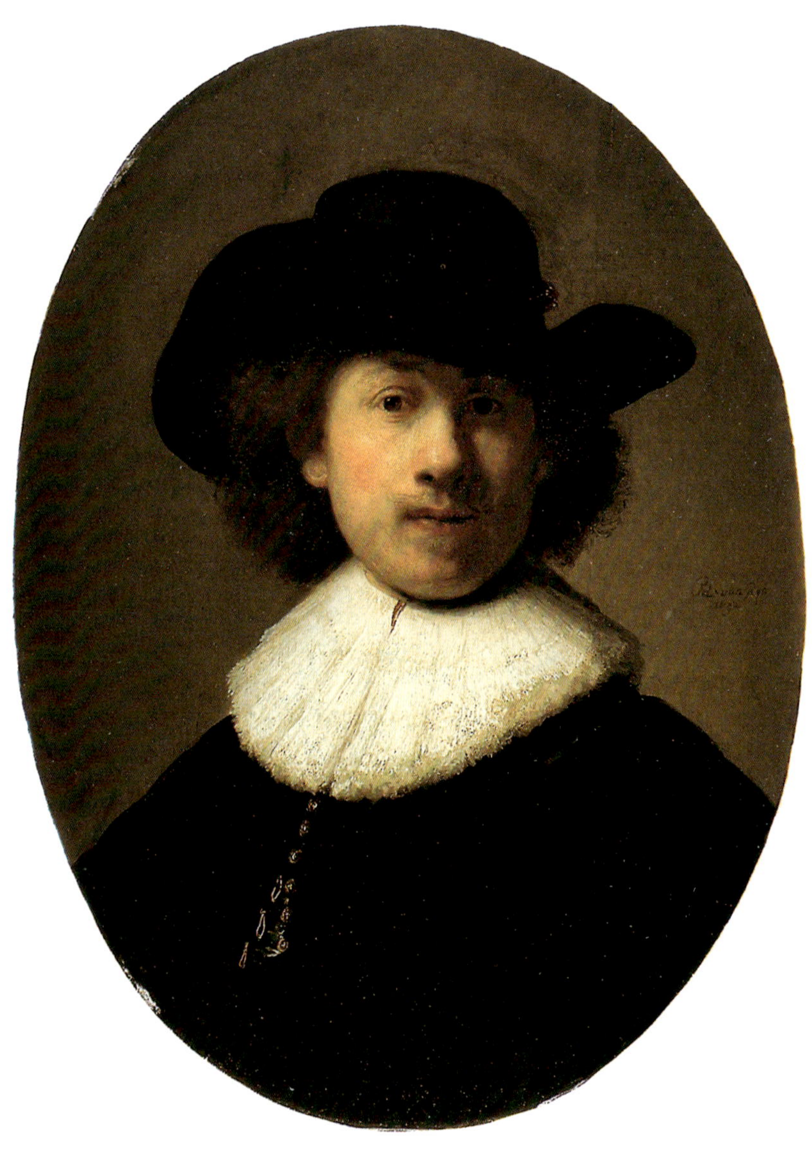

18 *Selbstbildnis als Bürger*, 1632, Öl auf Holz, 63,5 × 47 cm, monogrammiert und datiert: »RHL van Rijn 1632«, Glasgow, Art Gallery, Leihgabe der Burrell Collection

ist leider nicht dokumentiert. Auch haben sich aus der Lebenszeit Rembrandts keine Zeugnisse erhalten, die erweisen könnten, wie dieses bemerkenswerte Bild von den Zeitgenossen wahrgenommen wurde. Doch stand es fraglos am Anfang einer nicht mehr abreißenden Folge von Porträtaufträgen, zu denen 1656 auch ein weiteres Anatomiebild gehörte (s. Abb. 20).[18] Im Unterschied zu dem einst am gleichen Ort präsentierten ersten Gruppenbild Rembrandts ist dieses Werk heute nur noch fragmentarisch überliefert. Vielleicht auch deshalb hat es weniger Aufmerksamkeit gefunden als die ungemein komplexe *Anatomie des Dr. Tulp*. Sie ist reich an künstlerischen Bezugnahmen und wurde schon deshalb zum Gegenstand einer umfangreichen Spezialforschung. Allein vier große monographische Abhandlungen und eine kaum mehr zu überblickende Zahl von Aufsätzen wurden diesem Bild gewidmet.[19] Es wurde als Dokument für die Geschichte Amsterdams gewürdigt, medizinhistorisch, soziologisch und philosophisch analysiert, als Quelle für das Gilden- und Ärztewesen gedeutet und als Dokument für die anatomische Ausbildung. Vor allem aber ist immer wieder die einzigartige malerische und ästhetische Qualität dieses Bildes gewürdigt worden, in dessen Zentrum der seinerzeit berühmte Anatom Dr. Nicolaes Tulp steht (vgl. das Detail aus Abb. 19). Über ein Vierteljahrhundert hatte er das angesehene Amt des Praelectors der Amsterdamer Chirurgengilde inne. Darüber hinaus bekleidete er als geachteter Angehöriger des Stadtpatriziats zahlreiche öffentliche Ämter. Er gehörte der Stadtverwaltung an, war Mitglied des Schöffenkollegiums und wurde sogar viermal Bürgermeister.[20] Man feierte Tulp als »Vesalius von Amsterdam« und verglich ihn mit dem berühmten Begründer der neuzeitlichen Anatomie. Der so sorgsam vorgeführte präparierte Arm ist vermutlich als Hinweis zu lesen. Schließlich zeigt auch das Autorenbild in Andreas Vesalius' Lehrbuch *De humani corporis fabrica* ihn beim Sezieren eines Armes. Dem mit Anatomie vertrauten Betrachter dürfte dieses Detail auch deshalb aufgefallen sein, weil Rembrandts Inszenierung vom damals üblichen Ablauf einer Sektion abweicht, denn eigentlich wurde zuerst die Bauchhöhle geöffnet und entleert. Anschließend untersuchte man das Gehirn und erst danach die Extremitäten, die zu diesem Zweck vom Rumpf abgetrennt wurden. Rembrandt aber stellte einen fast unversehrten Leichnam dar. Er ergänzte nach einem anderen Modell sogar die rechte Hand, die dem Toten zum Zeitpunkt der Sektion in Wirklichkeit fehlte. Über das *Anatomyboek* der Amsterdamer Chirurgengilde, in dem die öffentlichen Sektionen verzeichnet wurden, ließ sich ermitteln, dass auf dem Seziertisch der Leichnam des als Aris

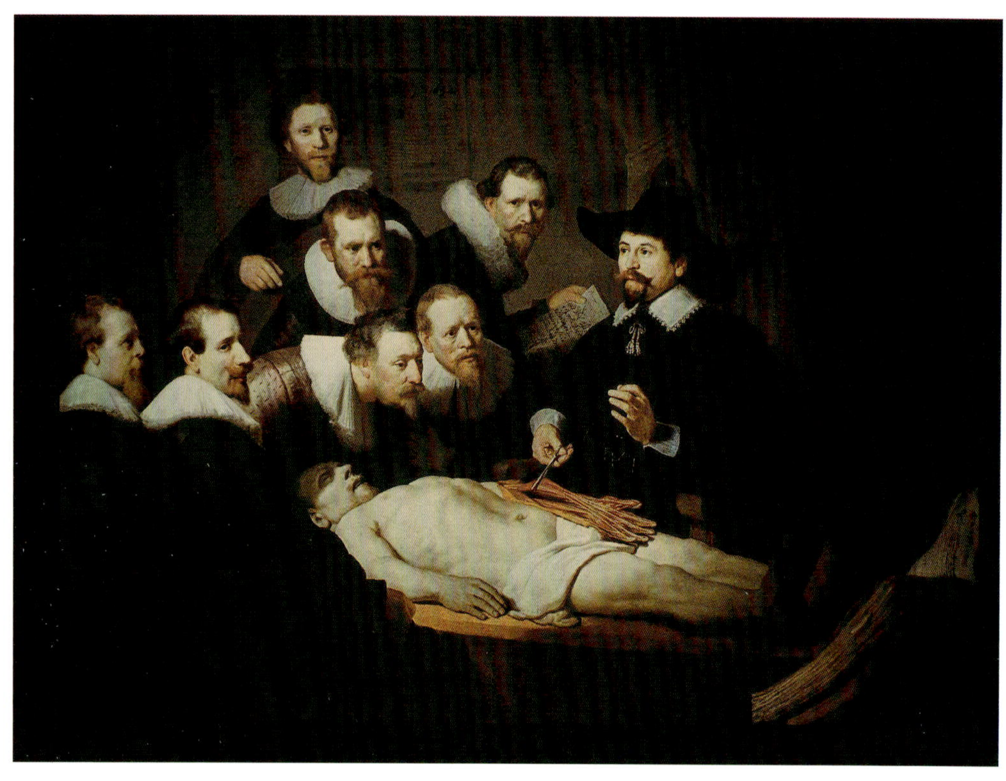

19 *Die Anatomie des Dr. Tulp*, 1632, Öl auf Leinwand, 169,5 × 216,5 cm, bezeichnet: »Rembrandt f. 1632«, Den Haag, Mauritshuis

't Kint bekannten Diebes Adriaen Adriaensz aus Leiden liegt, der achtundzwanzigjährig am 31. Januar 1632 hingerichtet worden war. Die zu diesem Zeitpunkt schon der rechten Hand beraubte Leiche wurde der Chirurgengilde überstellt. Ob Rembrandt die Leiche vor der Sektion sah oder Zeuge der Leichenöffnung wurde, ist nicht dokumentiert. In jedem Falle dürfte er in Vorbereitung seines Bildes etliche Porträtskizzen und Detailstudien angefertigt haben, die dann im heimischen Atelier in das Gemälde umgesetzt wurden. Dessen Komposition hatte offensichtlich der Forderung der Besteller Rechnung zu tragen, dass alle Dargestellten identifizierbar wiedergegeben sein sollten. Ihre Namen wurden im 18. Jahrhundert auf den einst eine anatomische Zeichnung zeigenden Zettel geschrieben, den der neben Tulp stehende Hartman Hartmansz in der Hand hält. Rembrandt bemühte sich, die den damaligen Konventionen verpflichteten Porträts in eine momenthafte und überzeugende Bilderzählung einzubinden. Um die beiden Männer auf der linken Seite nicht im verlorenen Profil zeigen zu müssen, ließ er sie in ein zu Füßen des Leichnams aufgerichtetes Buch blicken, vermutlich ein 1627 publiziertes anatomisches Tafelwerk von Adriaen van der Spiegel.[21] Mit den Männern, die im Angesicht der Leiche in ein Lehrbuch schauen, inszeniert Rembrandt die empirische Überprüfung einer Lehrbuchaussage. Zugleich veranschaulichte er das Nebeneinander und die Distanz von chirurgischer Praxis und medizinischer Theorie. Es ist dabei sicher kein Zufall, dass die *Anatomie des Dr. Tulp* zu genau der Zeit entstand, als das Athenaeum Illustre gegründet wurde. Gemeinsam mit dem ebenfalls aus dem Dienst an der Leidener Universität ausgeschiedenen Kollegen Gerard Vossius hatte Barlaeus diese akademische Einrichtung gegründet. Er war unmittelbar nach seiner Entlassung ins liberale Amsterdam gezogen, das mit der neuen Hochschule in Konkurrenz zur Universität Leiden trat. Doch allein dort konnte man in den nördlichen Niederlanden den akademischen Grad eines Doktors der Medizin erwerben. Im Unterschied zu den meisten Amsterdamer Chirurgen hatte auch Tulp in Leiden studiert, während seine Zunftgenossen in der Regel gar keine studierten Mediziner waren. Diese hatten zumeist eine gleichsam handwerkliche Ausbildung durchlaufen, die sie zu kleineren Eingriffen befähigte, deren alltäglichster das Haareschneiden war. Umso stolzer waren die Amsterdamer auf ihre neue Hochschule und das traditionsreiche Theatrum Anatomicum der Chirurgengilde. Die Delfter Chirurgen hatten nämlich bis zum Jahr 1669 nicht einmal eigene Räumlichkeiten und erhielten erst 1696 ein eigenes Anatomietheater.[22] Rembrandt dürfte diese

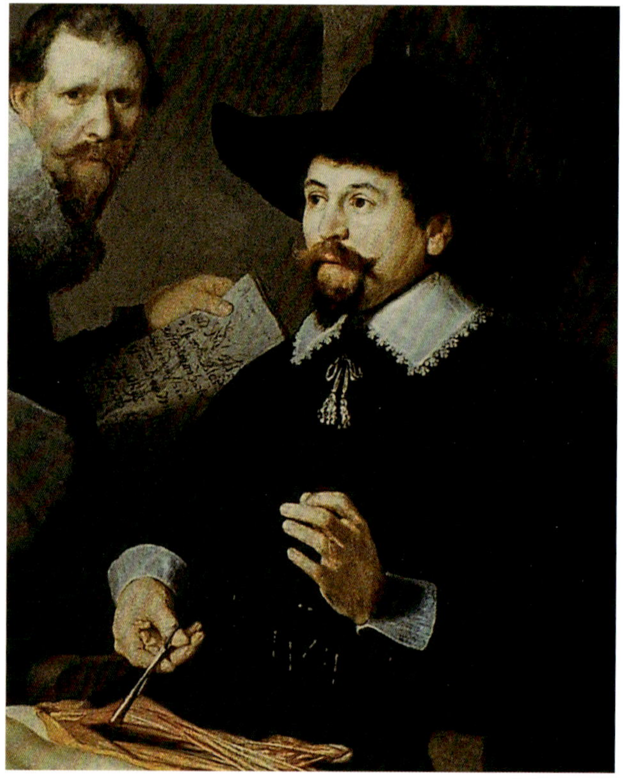

Dr. Nicolaes Tulp, Detail aus Abb. 19

Konkurrenz genauso aufmerksam verfolgt haben wie die Hochschulgründung durch Barlaeus und Vossius.[23] Auch die war nämlich nicht von jenen religiösen Fragen zu trennen, die in seinem privaten und geschäftlichen Umfeld diskutiert wurden.

Ganz unmittelbar kam Rembrandt mit diesen Fragen in Berührung, als 1633 der berühmte remonstrantische Prediger Johannes Wtenbogaert nach Amsterdam kam. Er nahm dort an einer Versammlung teil, besuchte aber am 13. April auch Uylenburghs Haus und ließ sich dort von Rembrandt malen, der Teile des Bildes von einem Gehilfen ausführen ließ.[24] Anders waren die unzähligen Aufträge, die auf das Atelier einstürmten, schlicht nicht zu bewältigen. Im Schnitt wurden jede Woche zwei Bilder fertig, an die Rembrandt teils nicht einmal Hand angelegt hatte. Seinem wachsenden Ruhm als Bildnismaler tat diese seinerzeit übliche kollaborative Praxis keinen Abbruch. Zu den vielen, die Rembrandt als Porträtist schätzten, zählte auch Constantijn Huygens, der beispielsweise im Februar 1633 ein lateinisches Distichon auf eins seiner Porträts verfasste.[25] Schon im Vorjahr hatte er den Maler auch an den Hof nach Den Haag empfohlen. Dort hatte Rembrandt dann Amalia von Solms porträtiert, die Tochter des Grafen Albrecht von Solms-Braunfels.[26] Sie hatte als Hofdame in Den Haag gelebt, bevor sie 1625, im Jahr seiner Wahl zum Statthalter der Niederlande, Prinz Frederik Hendrik geheiratet hatte. Nach diesem »Konterfei ihrer Exzellenz im Profil«, wie es 1632 im Schlossinventar hieß, gab man bei Rembrandt eine Folge von Passionsbildern in Auftrag, die aus insgesamt fünf Gemälden bestehen sollte. Neben einer Darstellung der *Kreuzaufrichtung* wurden eine *Kreuzabnahme* (s. Abb. 21), eine *Grablegung*, eine *Auferstehung* und eine *Himmelfahrt* bestellt, später auch noch eine *Anbetung der Hirten* und eine *Beschneidung*.[27] Wie alle Bilder der Passion Christi waren derartige Darstellungen in katholischen Ländern ein fester Bestandteil von Altarprogrammen. In den nördlichen Niederlanden, wo der Calvinismus zwar nicht Staatsreligion, aber privilegierte Konfession war, kamen großformatige Passionsszenen – abgesehen von katholischen und lutherischen Kirchen – kaum mehr zur Darstellung. Die Themen blieben der Graphik vorbehalten oder kleinformatigen Kabinettbildern und Hausaltären. Auch die bei Rembrandt in Auftrag gegebenen Gemälde konnten sich mit ihrem Format von etwa 90 × 65 Zentimetern kaum mit Altarwerken messen, doch boten sie ihm die Gelegenheit, sich mit der zeitgenössischen Kunst des katholischen Südens der Niederlande zu messen. In Zeichnungen, die mit den späteren Gemälden in engem Zusammenhang stehen, hatte Rembrandt sich schon um das Jahr 1628 intensiv mit dem Thema der Kreuzaufrichtung auseinandergesetzt, und auch die Kreuzabnahme (vgl. Abb. 21) scheint ihn intensiv beschäftigt zu haben. In der Bibel ist diese immer wieder dargestellte Episode nicht explizit erwähnt. Rembrandt nutzte die Gelegenheit, sich in seiner Version des Themas mit Rubens auseinanderzusetzen, den Huygens rückhaltlos bewunderte und sogar als »Weltwunder« bezeichnet hatte.[28] Rubens hatte die Mitteltafel seines für die Antwerpener Kathedrale entstandenen Retabels mit der Kreuzabnahme bereits 1620 von Paulus Pontius in Kupfer stechen lassen. Dieser Stich dürfte in Amsterdam genauso bekannt gewesen sein wie am Hof in Den Haag, wo Rubens sich um das Privileg für den Vertrieb in den nördlichen Provinzen bemüht hatte. Die Bezüge zwischen Rembrandts Gemälde (vgl. Abb. 21) und dem Rubens-Stich sind deutlich zu sehen,

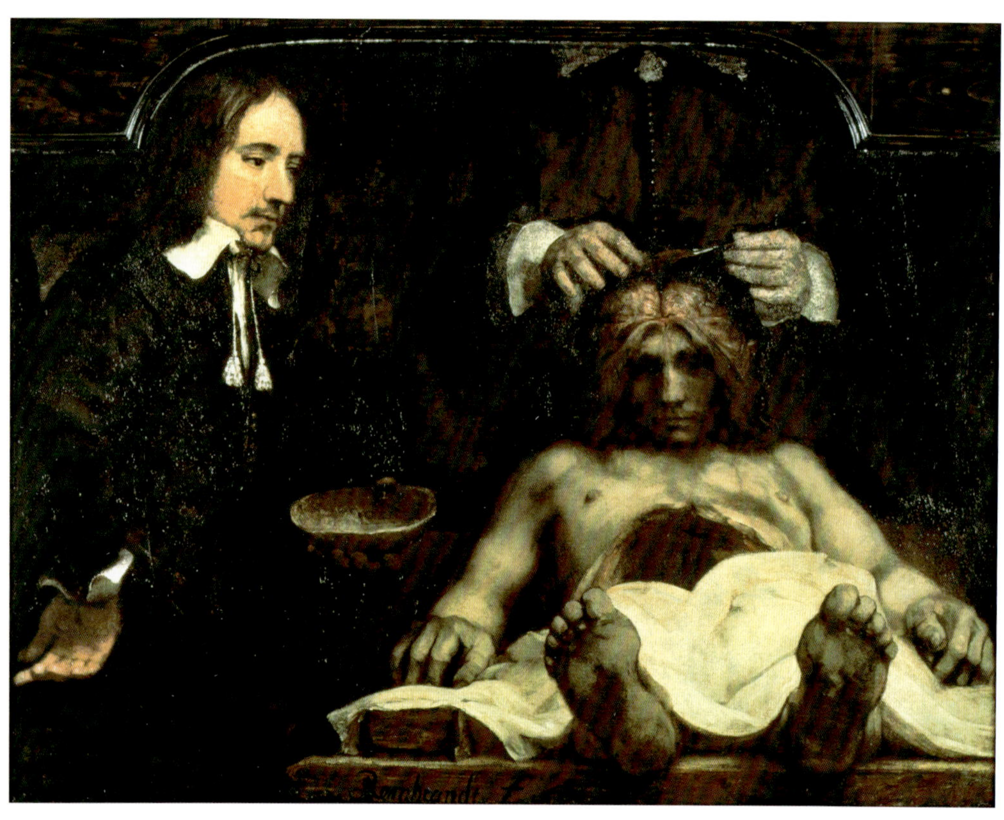

20 *Die Anatomie des Dr. Deyman*, 1656, Öl auf Leinwand, 100 × 134 cm, ursprünglich 275 × 200 cm, bezeichnet: »Rembrandt f. 1656«, Amsterdam, Historisch Museum

doch überwiegt durch die andersartige räumliche Disposition, durch Lichtführung und Farbstimmung das ganz Eigene und Neue.

Nachdem die ersten beiden Bilder wohl bereits 1633 vollendet waren, zog sich die Ausführung der bestellten Werke hin. Die Lieferung zweier weiterer Gemälde, der *Grablegung* und der *Auferstehung Christi*, ist durch einen erhaltenen Brief für das Jahr 1639 dokumentiert.[29] Im Unterschied zu Rubens, dessen publizierte Korrespondenz sechs voluminöse Bände füllt, sind von Rembrandt nur die sieben Briefe überliefert, die er zwischen 1636 und 1639 wegen dieses Auftrages an Constantijn Huygens schrieb.[30] Anders als Rubens, der zumeist in italienischer, lateinischer oder französischer Sprache korrespondierte, schrieb Rembrandt auf Niederländisch. Seine Handschrift ist, verglichen etwa mit den schriftlichen Zeugnissen seiner Mutter, ausgesprochen flüssig und individuell. Rembrandt trachtet nicht danach, sich eines gehobenen Ausdrucks zu befleißigen. Er orientiert sich am Ausdruck der gesprochenen Sprache, wobei er nicht vergisst, Höflichkeitsfloskeln zu verwenden. Vor allem wenn es ihm darum geht, was in den meisten Schreiben der Fall ist, möglichst schnell an sein Geld zu kommen.[31] Trotz der konventionellen Sprache und der für Geschäftsbriefe der Zeit üblichen Glätte finden sich in Rembrandts Briefen zugleich einige der wenigen Äußerungen zur Kunst, die von dem Künstler überliefert sind. Im fünften Brief zum Beispiel, der am 27. Januar 1639 die Lieferung der beiden gerade fertiggestellten Bilder begleitete, gab Rembrandt im Postskriptum einen Hinweis zur idealen Präsentation seiner Bilder: »Mein Herr hängt dieses Bild in starkes Licht und so, dass man weit weg stehen kann; dann soll es am besten funkeln.«[32] Einen bedeutsamen kunsttheoretischen Hinweis enthält auch der wenige Tage zuvor aufgesetzte dritte Brief an Huygens, in dem Rembrandt sich für die verzögerte Lieferung entschuldigt. Er habe, schrieb er, die Bilder so lange »unter Händen gehabt«, weil in ihnen »die größte und natürlichste Beweglichkeit observiert ist«.[33] Der von Rembrandt verwandte Ausdruck »beweechgelickheijt« ist dabei der Rhetoriktheorie entlehnt und diente in niederländischen Ausgaben von Quintilians *Institutio oratoria* zur Wiedergabe des griechischen Begriffs *energeia*, jener »Deutlichkeit, die Cicero *illustratio* (ins Licht rücken) und *evidentia* (Anschaulichkeit) nennt, die nicht mehr in erster Linie zu reden, sondern das Geschehen anschaulich vorzuführen scheint, und ihr folgen die Gefühlsregungen so, als wären wir bei den Vorgängen selbst zugegen.«[34] Deshalb könne »ein Gemälde, ein schweigendes Werk, das immer die gleiche Form behält, so tief in unsere innersten Gefühle eindringen«, hatte Franciscus Junius

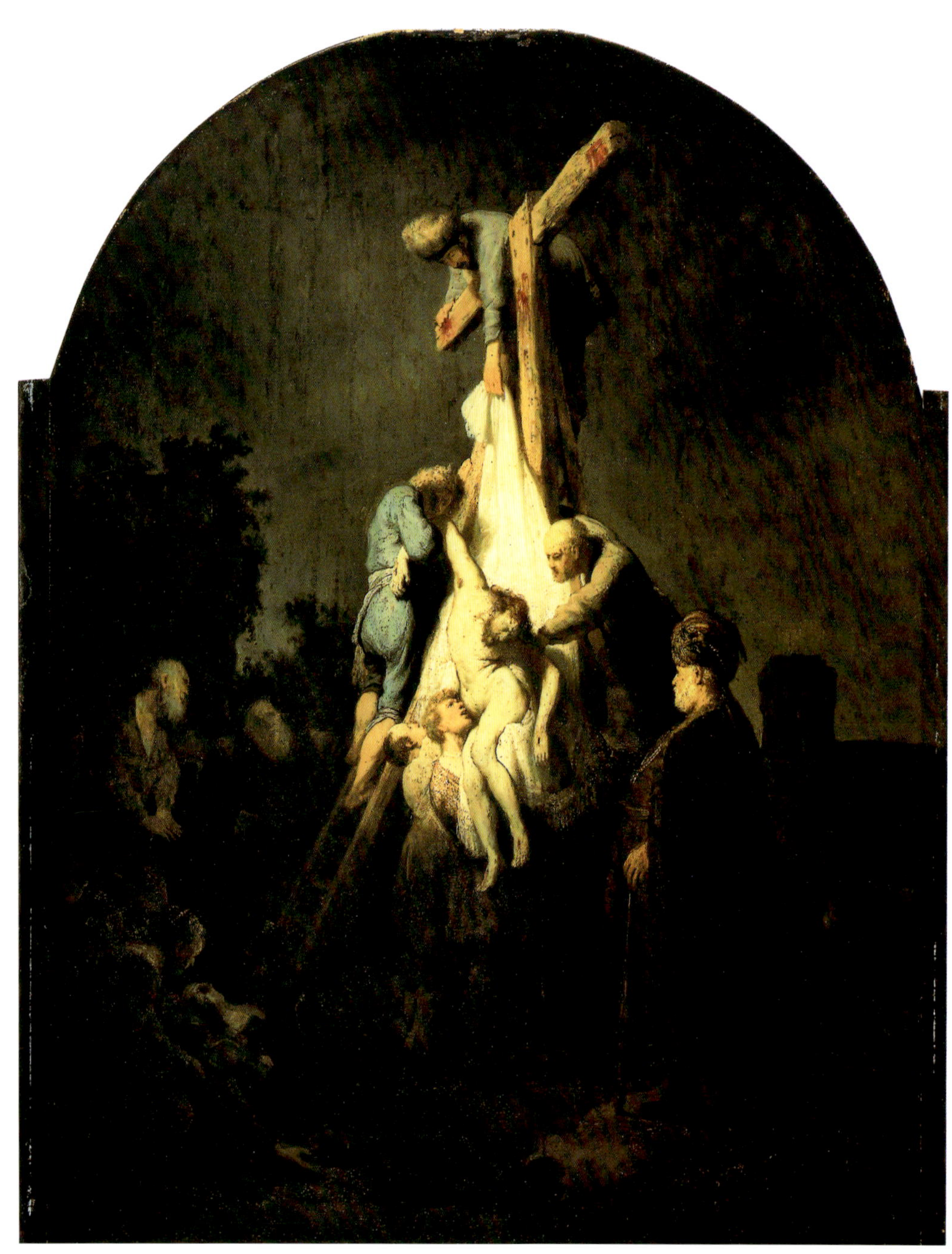

21 *Kreuzabnahme*, 1632/33, Öl auf Holz, 89,4 × 65,2 cm, München, Alte Pinakothek

daraus abgeleitet, »dass es scheint, als habe es größere Macht als selbst das gesprochene Wort.«[35] Wie weit Rembrandt sich mit den theoretischen Konzepten der zeitgenössischen Kunsttheorie beschäftigt hat, sei dahingestellt. Sicher ist, dass er sich für die künstlerische Umsetzung menschlicher Leidenschaften genauso interessierte wie für die Möglichkeiten, seine Betrachter über die Form der Darstellung emotional anzusprechen. Seine Bilder zeigen das fraglos deutlicher als seine spärlichen schriftlichen Äußerungen, doch liefert die winzige Textstelle den Beleg, dass Rembrandt seine Bemühungen auf diesem Gebiet ganz dem zeitgenössischen Kunstdiskurs gemäß in den Begriffen der Rhetorik formulierte.

Allgemein wurde von der Kunsttheorie zu Rembrandts Zeit die grundsätzliche Gleichartigkeit von Sprache und Bild proklamiert. Entsprechend galt das Bild als ein der sprachlichen Mitteilung analoges Medium. Es sprach zwar eine stumme, aber dafür eine gleichsam universelle Sprache, die alle Sprachbarrieren überwand. Um diesem Anspruch gerecht zu werden, formulierten die einschlägigen kunsttheoretischen Schriften der Zeit einen auf wenige Grundforderungen reduzierbaren Kanon von Gestaltungsvorschriften, um den angenommenen Sprachcharakter der Bildkünste zu regeln. Als Ziel allen bildnerischen Gestaltens galt ein stummes Sprechen in sichtbaren Worten. Das von Plutarch in seiner Schrift *Über den Ruhm der Athener* überlieferte Diktum des Simonides, der Malerei stumme Dichtung und Dichtung sprechende Malerei nennt, wurde auf das Bild selbst übertragen, obwohl mit *pictura loquens* ursprünglich das »sprechende Bild« als eine Redefigur gemeint war.[36] Unter Bezug auf die formelhaft zu *ut pictura poesis* verkürzte Wendung aus der *Ars poetica* des Horaz proklamierte die zeitgenössische Kunst- und Dramentheorie, unter Verweis auf die prinzipiell gleiche Aufgabe der Naturnachahmung und das allen Künsten gleichermaßen zugrundegelegte Regelgerüst der Rhetorik, die enge Verwandtschaft von Bild und Text.[37] In seiner Abhandlung *De pictura veterum* definierte beispielsweise der Kunsttheoretiker Franciscus Junius 1637 unter Verweis auf Simonides und andere klassische Autoritäten Dichtung und Malerei als Schwesterkünste.[38] Ganz dieser Vorstellung entsprechend bezeichnete 1678 Rembrandts Schüler Samuel van Hoogstraten die Malerei als »echte Schwester der reflektierenden Philosophie«.[39] Die hier beschworene Verwandtschaft erklärte sich aus der universellen Anwendbarkeit der Rhetorik, deren Regelwerk auch seinen Überlegungen zugrundelag.[40] Entsprechend den *officia oratoris*, den Pflichten des Redners von der Verfertigung einer Rede bis zum

Vortrag, formulierte Hoogstraten, ganz im Sinne anderer Theoretiker seiner Zeit, die Aufgaben des Malers und der idealen Malerei in der Rhetorik entlehnten Begriffen.[41] Auch bei der an das Medium Bild herangetragenen Erwartung orientierte man sich – wie oben erwähnt – an der Rhetorik, um die Hörer möglichst wirksam zu überzeugen.

In seiner *Kreuzabnahme* (vgl. Abb. 21) hat Rembrandt dieses in theoretischen Schriften formulierte Gestaltungsideal wirkmächtig umgesetzt. Im Unterschied zu Rubens, der auf seiner Version des Themas im Kontext des Altarprogramms die unter dem Kreuz Versammelten vor allem als gläubige Träger Christi charakterisieren wollte, versucht Rembrandt den inhaltlichen Akzent zu verschieben. Auch indem er die um das Kreuz versammelten und bei der Abnahme des Leichnams behilflichen Trauernden in verschiedene Gruppen aufteilt, bemühte sich Rembrandt, unterschiedliche Nuancen von Trauer und innerer Anteilnahme vorzuführen. Er zeigt rechts den in sich versunkenen Nikodemus, links die von ihrem Schmerz überwältigte Maria, die von zwei Frauen gestützt wird. Gerade in diesem Motiv kommt das Bemühen um die Übertragung der dargestellten Affekte zum Ausdruck. Genau wie die von Trauer und Seelenqualen niedergeworfene Maria sollte auch der Betrachter ganz von Mitleid ergriffen werden. Den gleichen Gedanken eines aktiven Mitleidens bringt Rembrandt auch auf der um das Jahr 1637 entstandenen Zeichnung zum Ausdruck, unter der er vermerkte, dies sei »eine devote Schatzkammer, die als belebender Seelentrost im Herzen bewahrt« werde.[42] Wie ernst Rembrandt diese auch in zeitgenössischen Kirchenliedern zum Ausdruck gebrachte Aufforderung zur emotionalen Anteilnahme am heilsgeschichtlichen Geschehen nahm, wird auch dadurch deutlich, dass er sich selbst als einen der Helfer unter dem Kreuz zeigte. Wenn Rembrandt dies auch an keiner anderen Stelle schriftlich weiter ausgeführt hat, steht mit Blick auf seine überlieferten Werke und deren zeitgenössische Wahrnehmung doch außer Frage, dass er sich diesem Ideal der visuellen Überzeugungsarbeit verpflichtet zeigte. Emotionen zu schildern, um in den Betrachtern seiner Bilder Gefühlsregungen hervorzurufen, war ein zentrales Anliegen seiner Kunst, wenn auch – ganz den Regeln der Rhetorik gemäß – nicht das einzige. Jedes seiner Bilder war zugleich auch eine beeindruckende Vorführung malerischer Virtuosität, die auch durch die malerische Nachahmung von Wirklichkeit das Publikum begeisterte.

Als Meister in Amsterdam

Die ersten Arbeiten für den Hof in Den Haag hatte Rembrandt vermutlich noch in seiner Leidener Werkstatt ausgeführt.[1] Die Auftragslage in Uylenburghs Atelier in Amsterdam war allerdings so gut, dass er sich im Sommer des Jahres 1633 entschloss, endgültig nach Amsterdam überzusiedeln. Diese Entscheidung mag aber auch noch einen anderen Grund gehabt haben. Im Frühjahr des Jahres 1633 hatte Rembrandt nämlich Uylenburghs jüngere Cousine Saskia kennengelernt, die Tochter des 1624 verstorbenen Bürgermeisters von Leeuwarden.[2] Sie war damals zwanzig Jahre alt und das jüngste von acht hinterbliebenen Kindern. Anfangs war sie bei ihrer Schwester Hiskje und deren Mann, dem Rechtsanwalt Gerrit van Loo, in der Gemeinde Het Bildt untergekommen. Später lebte sie, weil sie selbst keinen nennenswerten Besitz hatte, wechselweise bei Verwandten, denen sie im Haushalt zur Hand ging. Im Frühjahr 1633 kam sie nach Amsterdam, wo verschiedene Mitglieder ihrer Familie lebten. Vermutlich wohnte sie zu jener Zeit bei ihrer älteren Cousine Aeltje Uylenburgh und deren Mann, dem reformierten Prediger Jan Cornelisz Sylvius. Bei einem Besuch im Haus ihres Vetters Hendrick Uylenburgh muss sie dessen Mitarbeiter Rembrandt kennengelernt haben. Das Datum der schon bald erfolgten Verlobung wird durch eine auf Pergament ausgeführte Silberstiftzeichnung dokumentiert (s. Abb. 22).[3] Sie zeigt eine nach damaligen Maßstäben ausgesprochen hübsche Frau, die unter einem breitrandigen, mit Blumen geschmückten Strohhut aus dem Bild lächelt. Unter dem Porträt hat Rembrandt vermerkt: »Das ist meine Frau porträtiert da sie 21 Jahre alt war am dritten Tag nachdem wir getraut waren, den 8. Juni 1633.«[4] Die vermutlich einige Jahre nach der Zeichnung entstandene Aufschrift gibt entweder Saskias Lebensalter falsch an oder den Moment der Trauung. Denn von der Verlobung im Sommer 1633 bis zur Hochzeit sollte noch mehr als ein Jahr vergehen. Es ist unendlich viel über diese Ehe und ihre Anbahnung geschrieben und spekuliert worden. Der Müllerssohn heiratete die Tochter eines Bürgermeisters, die allerdings keine Reichtümer mit in die Ehe brachte. Vermutlich hätte sie ohne die Ehe das Leben einer alten Jungfer gefristet, die für die Mitglieder ihrer Familie Hausdienste verrichtet.[5] Das blieb vorerst auch nach der Verlobung ihr Geschick. Nachdem am

9. November 1633 ihre Schwester Antje gestorben war, zog Saskia nach Franeker, um dort ihrem Schwager, dem Theologieprofessor Johannes Maccovius, den Haushalt zu führen.[6] Am 10. Juni 1634 war sie allerdings wieder in Amsterdam, um dort gemeinsam mit Rembrandt beim Kommissar für Eheschließungen ihr Aufgebot zu bestellen. Als nicht rechtsfähige Waise wurde Saskia dabei von ihrem Vormund Sylvius begleitet. Auch Rembrandt musste für diese Eheschließung die Zustimmung eines Vormunds einholen, und zwar die seiner Mutter, die vier Tage später, am 14. Juni, von einem Notar in Leiden das notwendige Dokument aufsetzen ließ. Darin erklärte sie sich auch damit einverstanden, dass man bei der Annahme des Aufgebots ihre zu diesem Zeitpunkt noch gar nicht erteilte Zustimmung vorausgesetzt habe.[7] Am 2. Juli 1634, dem 22. Juni nach dem damals noch gültigen Julianischen Kalender, wurde in der reformierten Kirche St. Anna in der friesischen Gemeinde Het Bildt die Trauung vollzogen.[8] Nach der Eheschließung kehrte das Paar nach Amsterdam zurück, wo die beiden zunächst in Hendrick Uylenburghs Haus Quartier nahmen. Doch Rembrandt mag sich schon bald nach einer anderen Bleibe umgesehen haben, um seine eigene Werkstatt einzurichten.

Den ersten Schritt in die Selbständigkeit bedeutete der Eintritt in die Lukasgilde, in die er 1634 als Meister aufgenommen wurde. Die Mitgliedschaft ermöglichte ihm, selbst einen Werkstattbetrieb zu führen und Lehrlinge und Gesellen aufzunehmen, war aber auch mit Pflichten verbunden. Dazu gehörte zum Beispiel das Totengedenken für verstorbene Gildebrüder. Um bei Trauerfeiern die verbindliche Anwesenheit zu garantieren, wurde für jedes Mitglied ein sogenannter *begrafenispenning* geprägt.[9] Der »Begräbnispfennig« ist bis heute erhalten. Zusammen mit denen aller anderen Mitglieder wurde er zu seinen Lebzeiten in den Gilderäumen aufbewahrt. Beim Tod eines Mitglieds wurden diese Metallmarken ausgeteilt, die mit dem Namen, einer Berufsbezeichnung, dem Jahr der Aufnahme und dem Wappen der Gilde versehen sind. Der »Gildeknecht« überbrachte jedem Mitglied die traurige Nachricht und händigte die Marken aus, die dann bei der Trauerfeier als Anwesenheitsnachweis wieder eingesammelt wurden.

Unter seinen Gildebrüdern, den Malern Amsterdams, hatte Rembrandt sich damals bereits einen Namen gemacht, und andere begannen, seinen beim Publikum erfolgreichen Stil nachzuahmen. Ein bemerkenswertes Zeugnis seiner malerischen Virtuosität ist sein wohl um das Jahr 1634 begonnenes und später überarbeitetes Porträt seiner Frau, das er noch über mehrere Jahrzehnte in

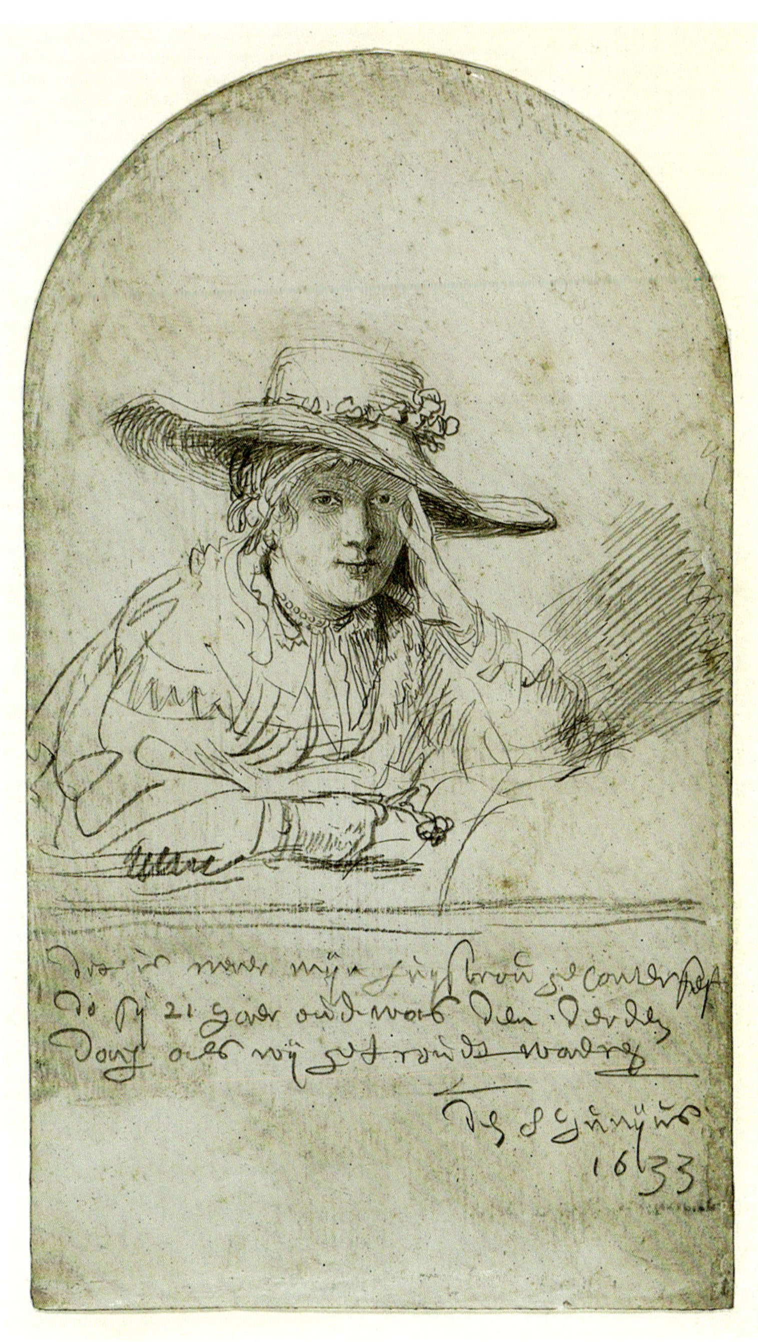

22 *Saskia*, 1633, Silberstiftzeichnung auf Pergament, 18,5 × 10,7 cm, Berlin, SMPK, Kupferstichkabinett

seinem Besitz behielt (s. Abb. 23).[10] In diesem in seiner Intimität privat anmutenden Bild erweist sich Rembrandt als Meister der Farbe, des Lichts und der lebendigen Wiedergabe eines Stoffs. Ganz unmittelbar fesselt die durch Licht erzeugte Stimmung des Bildes den Betrachter. Saskia ist nicht zeitgenössisch bekleidet porträtiert, sondern in einem zur Entstehungszeit des Bildes schon historischen Gewand. In der genauen Wiedergabe der Stofflichkeit des Kostüms zeigt sich die malerische Virtuosität Rembrandts. Der Schmuck aus Perlen und Goldschmiedewerk ist mittels eines pastosen Farbauftrags fast plastisch nachgebildet. Der leicht fallende Stoff der Ärmel, das Fell und die sich bauschende Feder sind mit größter Präzision wiedergegeben und überwältigend wirklichkeitsgetreu. Einzelne blonde Haare, die sich aus dem streng nach hinten gesteckten Knoten gelöst haben, reflektieren das Licht und zeichnen sich deutlich von den Wangen ab. Das in zahlreichen Schichten aufgetragene Inkarnat imitiert treffend die Wirkung rosiger durchbluteter Haut.

Bevor er Saskia begegnet war, hatte Rembrandt kaum Frauen porträtiert. Nach seiner Hochzeit sollte sich das ändern. Immer wieder nahm er seither seine Frau zum Modell, die er in den unterschiedlichsten Rollen zeigte. Zu den berühmtesten Beispielen zählt ein heute in Dresden befindliches Gemälde aus dem Jahr 1635, das ihn und seine Frau in einer Szene zeigt, die man lange als Abbild der Lebenswelt des Malers missdeutete (s. Abb. 24).[11] Lange glaubte man, »das Doppelbildnis in Dresden, aus übermütiger Laune entstanden und von einer fast derben Enthülltheit, kennzeichnet diese Zeit der Lebensfreude, der ein Unterton von barockem Lärm und Bombast beigemischt ist«.[12] Doch dieses Bild ist wohl weder Ausdruck ungebremster Lebensfreude noch ein Porträt. Vielmehr verbinden die von der Mode der Zeit abweichende Bekleidung und das offensichtlich der Historienmalerei verpflichtete Bildformular Rembrandts Komposition den seinerzeit weit verbreiteten Illustrationen des biblischen Gleichnisses vom verlorenen Sohn.[13] Im Lukas-Evangelium wird erzählt, wie dieser das ihm ausgezahlte Erbe des Vaters im Bordell verprasste, um nach dem Absturz und einer Zeit als Schweinehirt reumütig zurückzukehren und im väterlichen Haus wieder Aufnahme zu finden. Den Zeitgenossen dürfte dieses Thema geläufig gewesen sein, mit dem Rembrandt sich auch in einer dem Gemälde vorangehenden Zeichnung auseinandergesetzt hatte, die auf der anderen Seite eine Kreuzigung Christi zeigt (s. Abb. 25).[14] Die Kunstsinnigen unter ihnen mögen zudem gewusst haben, dass diverse Künstler sich selbst in Verkörperung negativer Rollen gezeigt haben, nicht nur Rembrandt, der das übri-

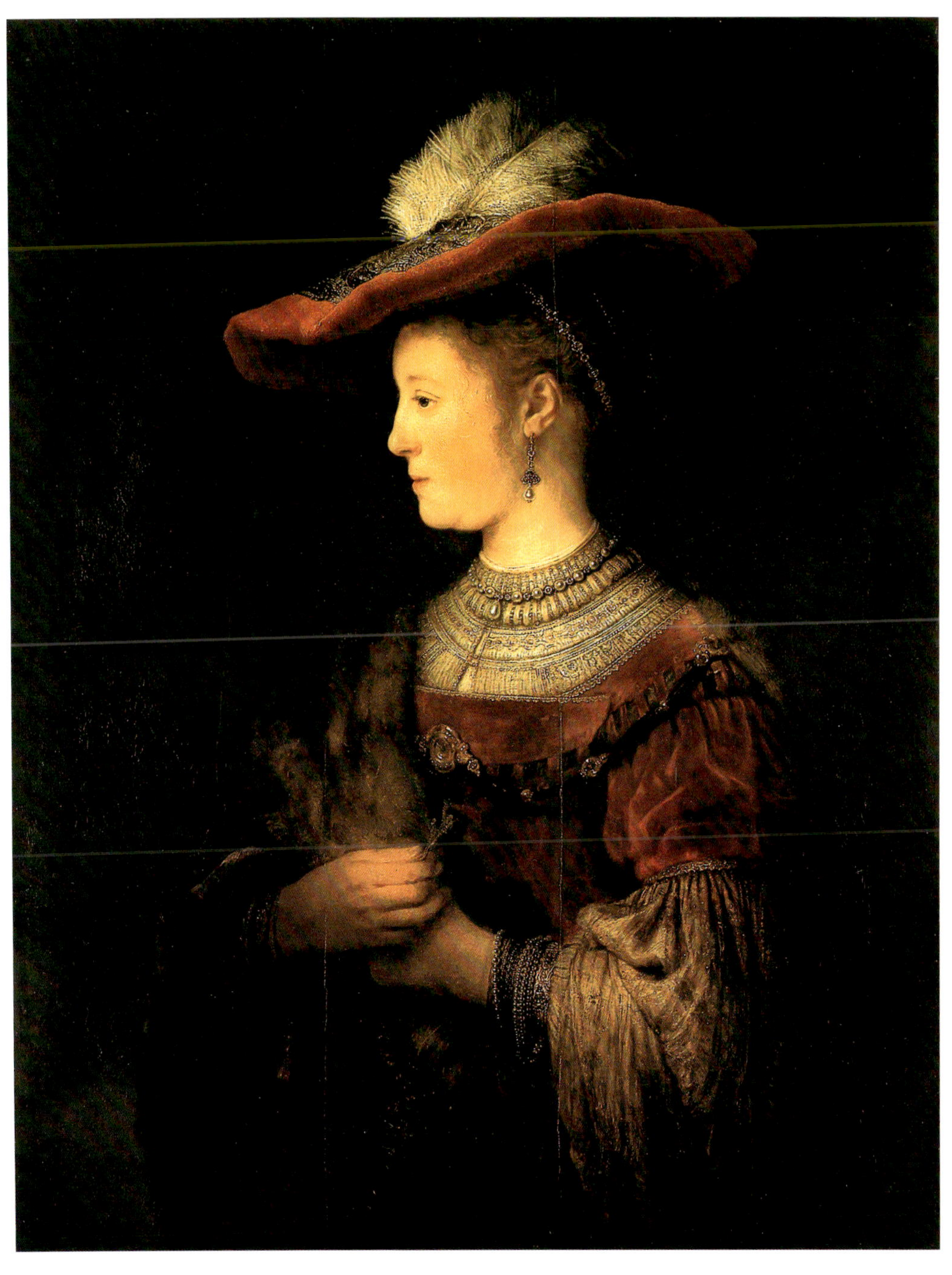

23 *Saskia*, 1634/42, Öl auf Holz, 99,5 × 78,8 cm, Kassel, Gemäldegalerie Alte Meister

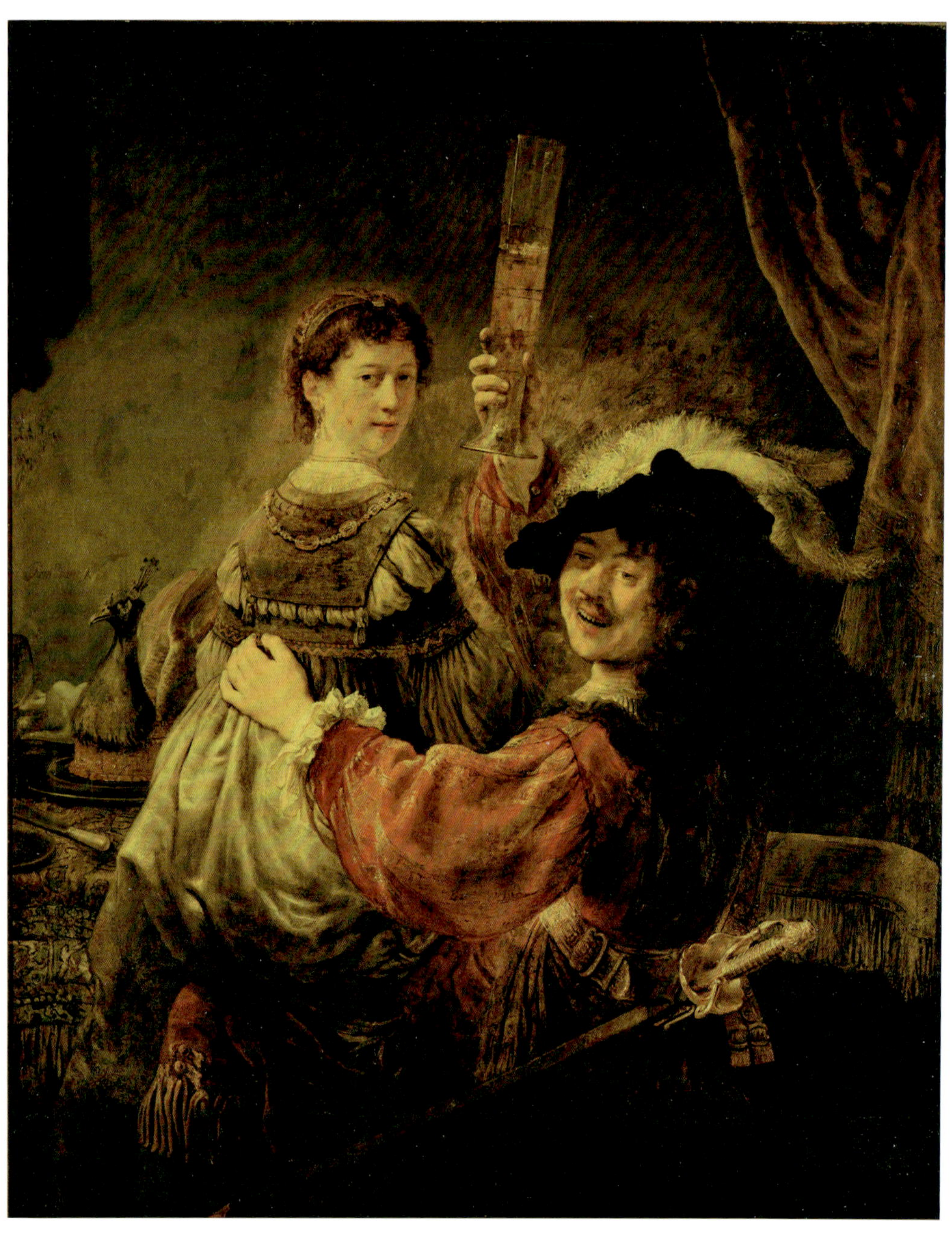

24 *Der verlorene Sohn in der Schenke*, um 1635, Öl auf Leinwand, 161 × 131 cm, bezeichnet: »Rembrandt f.«, Dresden, Gemäldegalerie Alte Meister

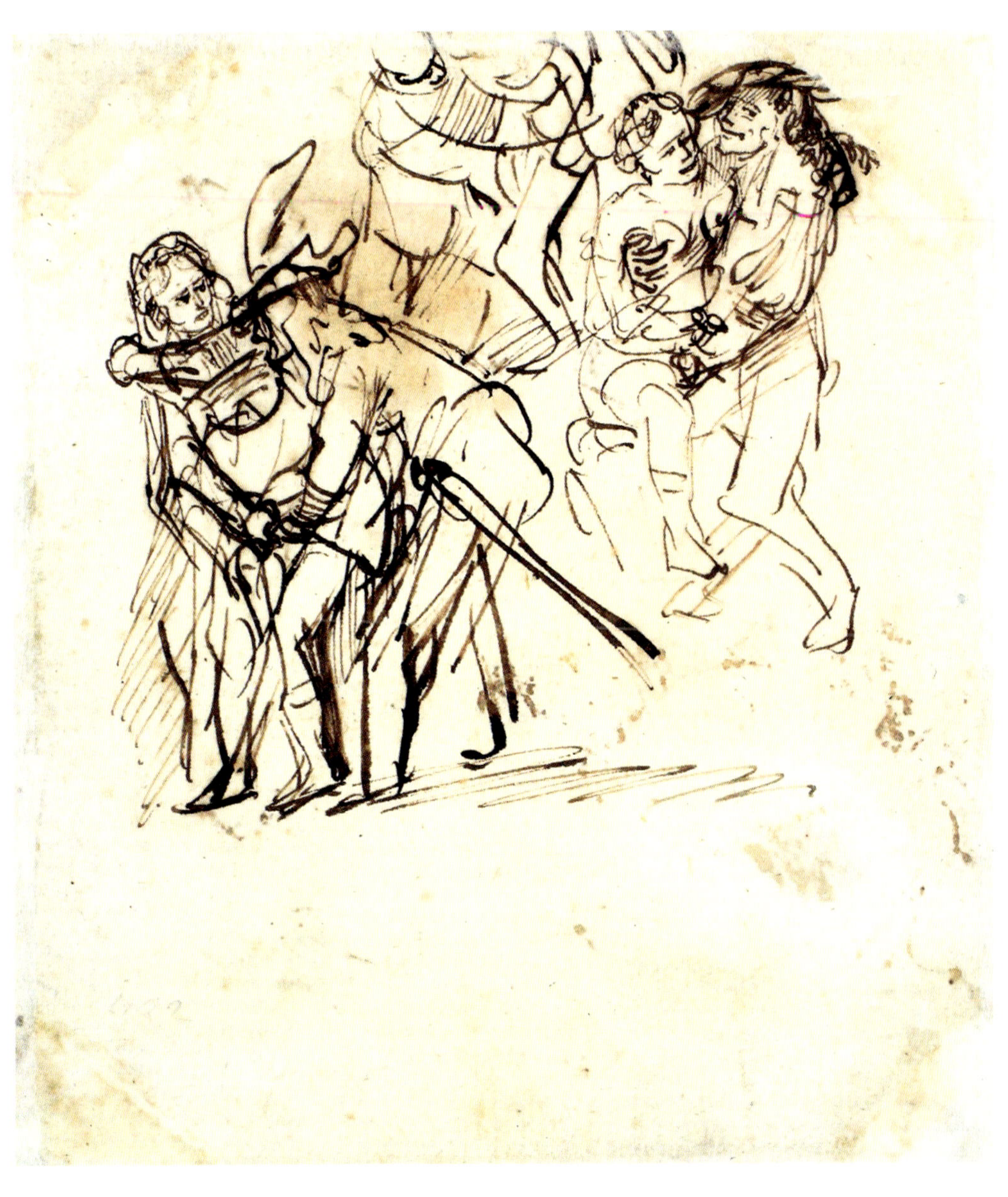

25 Drei Skizzen des verlorenen Sohnes und einer Frau, Feder in Braun, 17,1 × 15,4 cm, Berlin, Kupferstichkabinett, Staatliche Museen

gens im Laufe seiner Karriere vielfach tat. Karel van Mander zum Beispiel erzählte 1604 in seinem *Schilder-Boeck* von Albrecht Dürer, der sich auf einem seiner Kupferstiche als verlorenen Sohn vor dem Schweinetrog gezeigt habe.[15] Dass in Rembrandts Gemälde der Maler selbst und seine Frau im historischen Kostüm des 16. Jahrhunderts auftraten, dürfte den zeitgenössischen Betrachtern als eine durchaus angemessene Aktualisierung des klassischen Themas erschienen sein. Dies umso mehr, da die zeitgenössische Predigtliteratur gerade dieses biblische Gleichnis immer wieder in vergleichbarer Weise auf die Gegenwart bezogen hat.[16] Die technologische Untersuchung des Bildes erbrachte den Nachweis, dass Rembrandt die Geschichte in dem einst wohl querformatigen Bild weit ausführlicher geschildert hatte. Erst im Verlauf der Arbeit wurde die Leinwand an der linken Seite erheblich beschnitten und eine ursprünglich gezeigte nackte Mandolinenspielerin übermalt. Vermutlich hat Rembrandt selbst die Komposition verdichtet, die ehedem den erzählerischen Gehalt noch deutlicher hervortreten ließ.

Die wechselhafte Deutungsgeschichte und die sich wandelnde Wahrnehmung eines Bildes sind dabei kein Spezifikum dieses Gemäldes. Zwar haben die Bilder Rembrandts die Zeitläufe mehr oder weniger unbeschadet überstanden, und das Sehen ist als physiologischer Akt eine anthropologische Konstante. Doch die Wahrnehmung wird durch eine ganze Reihe weiterer Faktoren bestimmt. Der Blick auf Bilder wird immer durch die individuellen Erfahrungen und das kulturell tradierte kollektive Wissen der jeweiligen Betrachter gelenkt. Es gibt keinen unschuldigen Blick, wie es auch keine unschuldigen Bilder gibt. Gerade die Gemälde und Graphiken aus den Niederlanden zur Zeit Rembrandts sind ein gutes Beispiel für die in stetem Wandel begriffene Wahrnehmung der visuellen Kultur. Über lange Zeit sah man in niederländischen Bildern des Goldenen Zeitalters einen Spiegel einstiger Lebenswirklichkeit, die im Kontext des allgemeinen Geschichtsbildes gedeutet wurde. In diesem Sinne hatte dies in seiner erstmals im Wintersemester 1820/21 gehaltenen Vorlesung zur Ästhetik der deutsche Philosoph Georg Wilhelm Friedrich Hegel verstanden: »Der Holländer hat sich zum großen Teil den Boden, darauf er wohnt und lebt, selbst gemacht und ist ihn fortdauernd gegen das Anstürmen des Meeres zu verteidigen und zu erhalten genötigt; die Bürger der Städte wie die Bauern haben durch Mut, Ausdauer und Tapferkeit die spanische Herrschaft unter Philipp II., dem Sohne Karl V., dieses mächtigen Königs der Welt, abgeworfen und sich mit der politischen ebenso die religiöse Freiheit in der Religion der Freiheit erkämpft. Diese Bürgerlichkeit und Unternehmungslust im kleinen und im großen, im eigenen Land, wie ins weite Meer hinaus, dieser sorgfältige und zugleich reinliche nette Wohlstand, die Froheit und Übermütigkeit in dem Selbstgefühl, daß sie dies alles ihrer eigenen Tätigkeit verdanken, ist es, was den allgemeinen Inhalt ihrer Bilder ausmacht.«[17] Später suchte man darüber hinaus nach einer weitergehenden Bedeutung, nach moralischen oder kunsttheoretischen Botschaften, die sich hinter dem Anschein der Wirklichkeitsschilderung verbergen. Man konnte sich dabei auf die zeitgenössisch bezeugte Praxis berufen, mittels Bildern komplexe Ideen und Inhalte zu vermitteln. Entsprechend einhellig forderten deshalb niederländische Kunsttheoretiker die sorgsam durchdachte Sinnanreicherung der Bildinhalte. So lobte zu Beginn des Jahrhunderts Karel van Mander die dem Publikum angenehmen »sin-rijcke Wtbeeldingen«, während Rembrandts Schüler Samuel van Hoogstraten zwanzig Jahre nach dessen Tod schrieb, dass Gemälde dann besonders angenehm seien, wenn sie »mit der einen oder anderen lehrsamen Bedeutung bekleidet sind«.[18] Deshalb, so Hoogstraten an anderer Stelle, gelte es, Gemälde durch Sinnbilder zu bereichern, eine Erkenntnis, die er seinem Leser auch in Versform mitgibt:

»Ein Einzelstück gar preislich zu verzieren,
Geschieht aufs Beste, aus vielen Manieren,
mit Beiwerk, das verdeckt etwas erklärt.«

»Een eenzaem stuk op 't prijslijkst te versieren,
Geschiet op 't best, uit veelerley manieren,
Met bywerk dat bedektlijk iets verklaert.«[19]

Wie auch die paradox anmutende Formulierung Hoogstratens, »Met bywerk dat bedektlijk iets verklaert«, ist auch die emblematische Einfügung nicht identisch mit einer luziden Bildaussage. Der sinnbildliche Charakter der Darstellung sollte den Betrachter zum Nachdenken anregen, wobei unterschiedliche Betrachter durchaus unterschiedliche Schlussfolgerungen aus ein und demselben Bild ziehen konnten. Wie man sich das vorzustellen hat, wird eindringlich durch eine kurz vor der Jahrhundertmitte sowohl von dem Amsterdamer Jan de Brune als auch vom katholischen Adrianus Poirters in Antwerpen niedergeschriebene Episode illustriert.[20] »Da war eine Frau«, schreibt Jan de Brune 1668 in seinem mehrfach nachgedruckten *Jok en Ernst*, »die einem gewissen Edelmann einen stummen Sinnspruch übergab und zwar einen Hund mit einem Totenschädel unter seinen Pfoten. Verschiedene Schöngeister versuchten hierfür eine Deutung zu geben.«[21] Was dann ausgeführt wird, ist eine ganze Reihe von Deutungen, wobei die Motive Hund und Totenschädel in ihrem Zusammenspiel höchst unterschiedlich zueinander in Beziehung gesetzt wurden. Einer bezog das Bild auf die individuelle Situation der Frau und des Beschenkten, ein anderer las es als Ermahnung, stets des Todes eingedenk zu sein. Wieder andere – weil der Hund für Treue steht und der Schädel für Tod – diskutierten die Alternativen ewiger Treue, die den Tod überdauert, oder das gegenteilige Fazit »Treue stirbt«. In ähnlicher Weise lassen sich aus Rembrandts Bildern unterschiedliche Deutungen ableiten.

Rembrandt konnte mit einem Publikum rechnen, das seine Bilder sehr genau betrachtete und für subtile Botschaften empfänglich war. Das gilt auch für die zahlreichen Selbstbildnisse, die Rembrandt anfertigte und in denen er seinem Publikum in ganz unterschiedlichen Rollen gegenübertritt.[22] Wie in dem radierten Selbstbildnis mit seiner Frau aus dem Jahre 1636 ist es nicht selten die Kleidung, die einen ersten Hinweis auf die intendierte Deutung vermittelt (s. Abb. 26).[23] Das historisierende Kostüm verbindet die Radierung mit dem im Vorjahr entstandenen Gemälde mit dem *Verlorenen Sohn* (vgl. Abb. 24); die Radierung zeigt mehr als ein Doppelbildnis im häuslichen Ambiente. Die in drei leicht voneinander abweichenden Druckzuständen bekannte Radierung hat Rembrandt offensichtlich direkt auf der Druckplatte entworfen. Das erweist ein Detail wie der auf dem Tisch ruhende linke Arm, der über den schon vorher festgelegten Linien der im Hintergrund sitzenden Frauenfigur angebracht ist. Obwohl die Radierung vermutlich direkt vor dem Spiegel entstanden ist, mit dessen Hilfe der Künstler die Porträts anfertigte, zeigt er sich bei der Arbeit an einer Zeichnung. Es liegt nahe, hierin einen Hinweis auf die von der zeitgenössischen Kunsttheorie stets betonte Bedeutung des Zeichnens zu sehen, das gleichermaßen Sinnbild für den künstlerischen Prozess der Bilderfindung und Grundlage der getreuen Naturnachahmung war. Im Kontext derartiger kunsttheoretischer Überlegungen gewinnt auch die Anwesenheit Saskias Bedeutung, galt doch die Liebe als eine Quelle künstlerischer Qualität. Der Maler Leonard Bramer brachte das 1616 in seinem Eintrag in das Stammbuch eines Malerkollegen auf die knappe Formel »Liebe gebiert Kunst«, »Liefde baart kunst«.[24]

Drei Jahre nach dieser Radierung entstand ein Blatt, in dem Rembrandt einen anderen Aspekt seiner künstlerischen Identität in den Vordergrund rückte

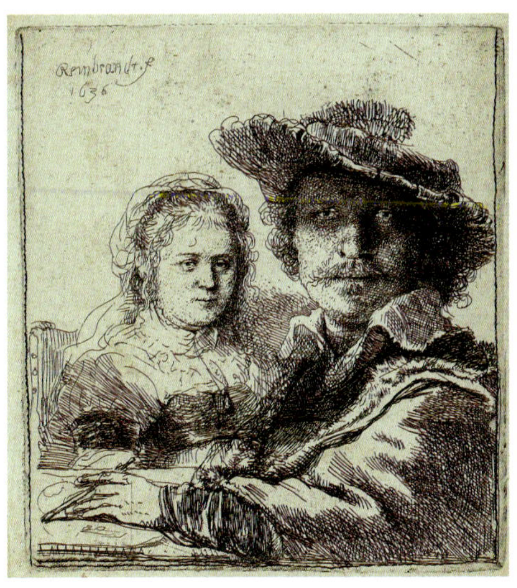

26 *Selbstbildnis mit Saskia*, 1636, Radierung, 9,5 × 6,1 cm

(s. Abb. 27).[25] Hier zeigt er sich als wohlsituierter Mann mittleren Alters. Zu der aristokratischen Anmutung tragen der pelzgesäumte Brokatmantel und ein samtig weiches Barett bei, unter dem die langen Haare hervorquellen, die genauso gepflegt wirken wie der sorgfältig gezwirbelte Bart. Indem er den weiten Ärmel des linken Arms über die distanzierende Brüstung gleichsam aus dem Bild quellen lässt und den Blick unmittelbar auf den Betrachter richtet, erreicht Rembrandt große Unmittelbarkeit und Nähe. Motivisch steht die Radierung deutlich mit Raffaels *Castiglione* in Beziehung, den Rembrandt bei der Versteigerung der Sammlung von Uffel skizziert hatte (vgl. Abb. 17). Ähnlichkeiten gibt es aber auch zu einem Gemälde Tizians, in dem man seinerzeit ein »Porträt des Ariost« erkannte und das sich ebenfalls in Amsterdam befand.[26] Rembrandt präsentierte sich mit diesem motivischen Rückgriff – für alle Kunstinteressierten offenkundig – berühmtesten Künstlern der italienischen Renaissance ebenbürtig. In dem an Begriffen der antiken Rhetorik orientierten zeitgenössischen Kunstdiskurs hätte man die Orientierung an älteren Vorbildern auch als einen Wettstreit verstanden und als *aemulatio* beschrieben.[27] Wie die berühmten Meister der Renaissance signierte Rembrandt seit 1633 nur mit seinem Vornamen. Doch heißt das nicht, dass er sich auch den seit der Renaissance

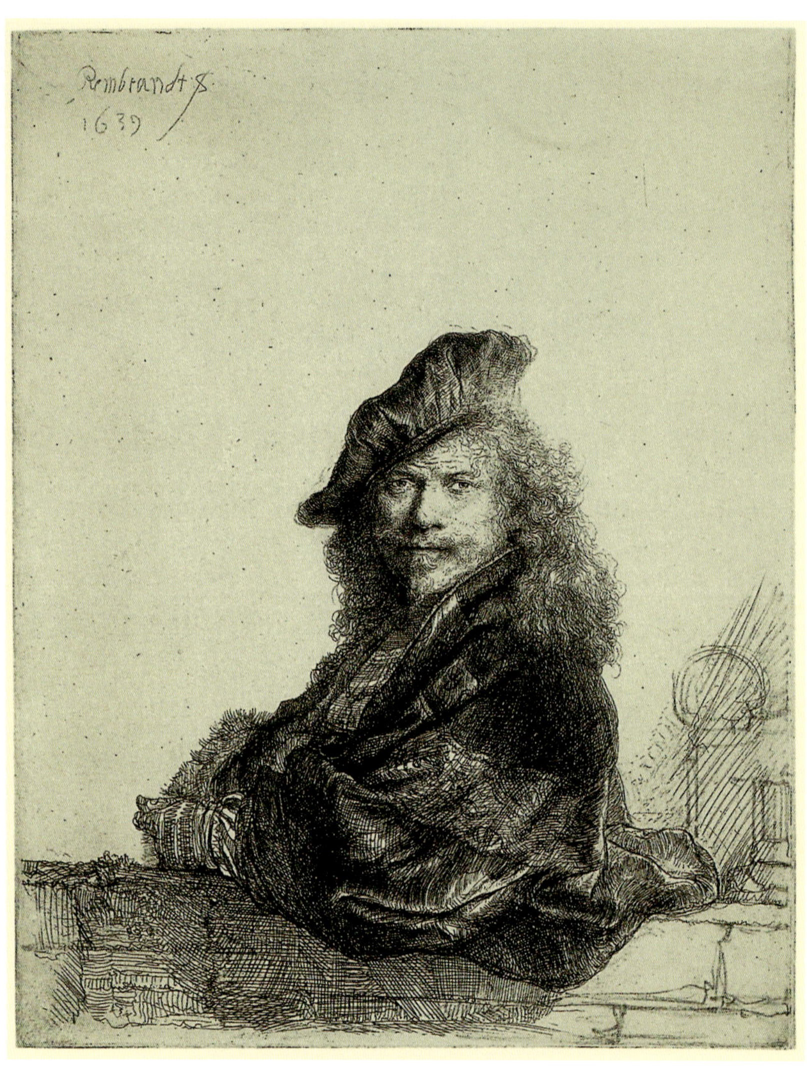

27 *Selbstbildnis mit dem aufgelegten Arm*, 1639, Radierung, 20,7 × 13,4 cm

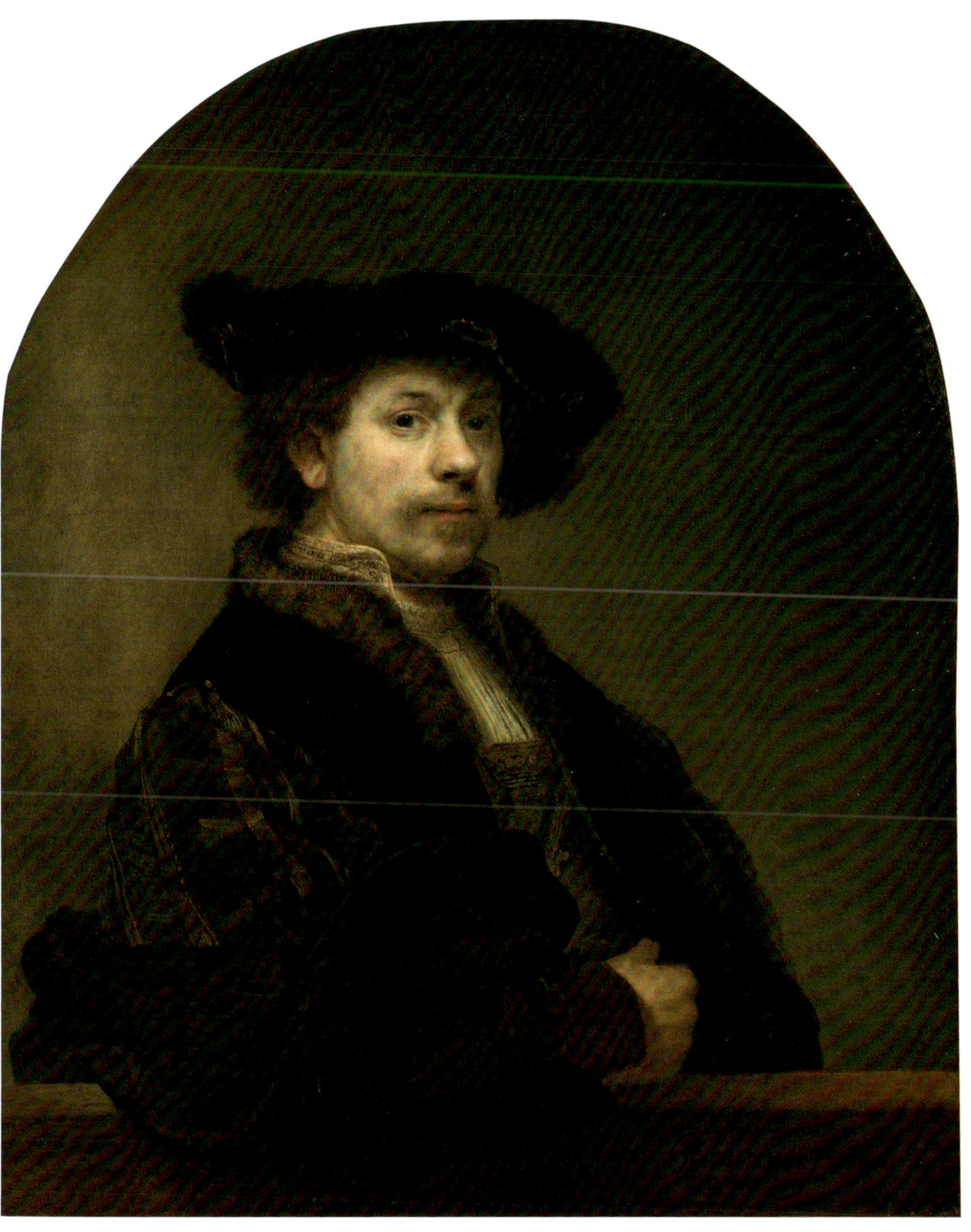

28 *Selbstbildnis*, 1640, Öl auf Leinwand 102 × 80 cm, bezeichnet: »Rembrandt f. 1640«, London, National Gallery

tradierten Gestaltungsregeln verpflichtet gefühlt hätte. Er blieb ganz seinem aus dem malerischen Bildaufbau entwickelten Helldunkel verpflichtet, das er auch in der Druckgraphik nutzte, um emotionale Gehalte zu transportieren. Das erweist auch sein 1640 entstandenes gemaltes Selbstbildnis, das mit der im Vorjahr entstandenen Radierung in engem Zusammenhang steht (s. Abb. 28).[28] Es ist zu Recht darauf hingewiesen worden, dass Rembrandt sich mit der Form dieses Bildnisses auch an deutschen und niederländischen Malern der Renaissance orientierte, zum Beispiel an dem verschiedentlich reproduzierten Selbstbildnis des Lucas van Leyden.[29] Doch klingt in der malerischen Selbstinszenierung eben auch noch einmal die Erinnerung an die Bildnisse von Ariost und Castiglione an. Die oft selbst poetisch tätigen Zeitgenossen dürften Rembrandts antiquierte Aufmachung als Dichterkostüm interpretiert haben.[30] Nicht erst seit er 1633 Jan Harmensz Krul porträtiert hatte, den Gründer des kurzlebigen, ersten Amsterdamer Musiktheaters, stand Rembrandt mit den Dichtern seiner Zeit in Beziehung. So unterhielt er gute Kontakte zur Leitung des Amsterdamer Stadttheaters. Gleich sechs Dichter besaßen Werke Rembrandts oder huldigten ihm in gedruckter Form, wie Jeremias de Decker, der in einem 1667 publizierten lyrischen *Dankbeweis* seinem Stolz Ausdruck verlieh, von Rembrandt, dem »Apelles unserer Zeit«, gemalt worden zu sein.[31] Im Bewusstsein dieser Anerkennung der Literaten seiner Zeit zeigte Rembrandt sich auf seinem gemalten Selbstbildnis als den Dichtern ebenbürtig. Er nutzte dafür ein den Zeitgenossen als Geste der dichterischen Inspiration vertrautes Motiv, nämlich den selbstbewussten Blick über die Schulter aus dem Bild hinaus.[32]

Auch in den folgenden Jahren entstanden noch zahlreiche Selbstbildnisse, doch ging die Porträtproduktion insgesamt merklich zurück. Zum 1. Mai 1635, dem in Amsterdam traditionellen Datum für den Beginn von Mietverträgen, verließ Rembrandt die Werkstatt Uylenburghs.[33] Der hatte sich vermutlich von der Heirat seines Mitarbeiters und seiner Cousine eine dauerhafte Geschäftsverbindung versprochen. Die Aufhebung des Arbeitsverhältnisses scheint nicht einvernehmlich erfolgt zu sein. Etliche der von Rembrandt in der Werkstatt zurückgelassenen Selbstbildnisse ließ Uylenburgh nämlich nach dessen Weggang in Tronies verändern und eine verbliebene Druckplatte als Produkt seines Verlages kennzeichnen. Die Trennung hat letztlich beiden geschadet. Rembrandt fehlte von nun an die umsichtige Geschäftstüchtigkeit Uylenburghs. Dieser wiederum verlor einen Maler, der willens und in der Lage war, Außerordentliches zu leisten. Man darf ein solches Zeugnis sicher nicht überbewerten, doch

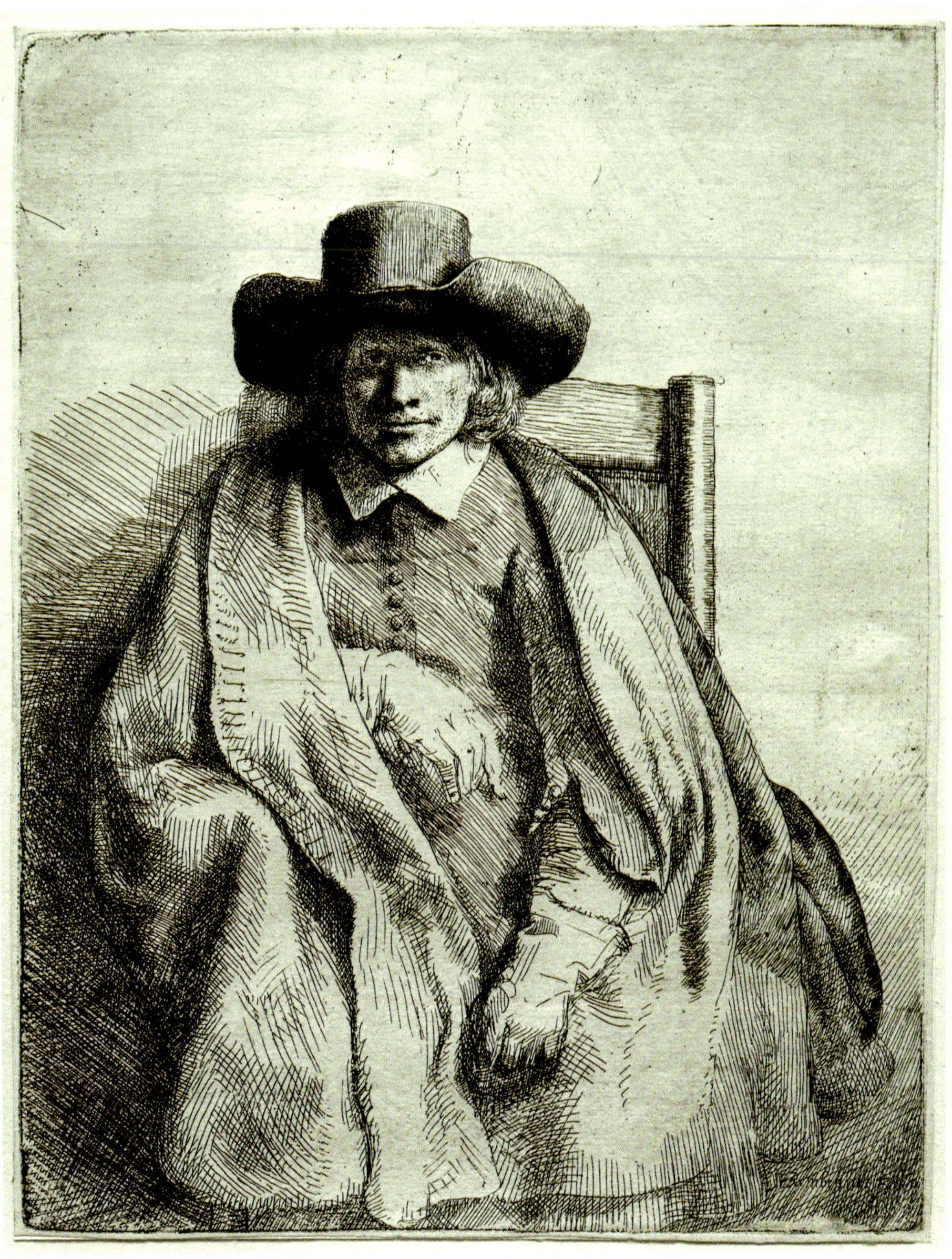

29 Porträt des Graphikhändlers Clement de Jonge, 1651, Radierung mit Kaltnadel und Grabstichel, 20,8 × 16,2 cm

es ist bezeichnend, was Rembrandt und Uylenburgh einem deutschen Reisenden ins Stammbuch schrieben, der im Juni 1634 Amsterdam besuchte. Während Rembrandt schrieb, ein frommes Gemüt achte Ehre vor Geld, bekannte sich Uylenburgh zu dem Motto »Mittelmaß hält Stand«.[34]

Rembrandt hatte seit dem 1. Mai 1635 ein eigenes Haus in der Nieuwe Doelenstraat gemietet.[35] Dort kam am Ende desselben Jahres auch das erste Kind des jungen Paares zur Welt, das seinen Sohn am 15. Dezember in der reformierten Oude Kerk auf den Namen Rombartus taufen ließ.[36] Dieser starb nur wenige Wochen nach der Geburt. Erst im Juli 1638 wurde ein weiteres Kind der beiden getauft, doch auch die Tochter Cornelia lebte kaum drei Wochen.[37] Ihre 1640 geborene Schwester, ebenfalls auf den Namen Cornelia getauft, sollte auch nicht älter werden und verstarb nur zwei Wochen nach der Geburt.[38] Die erhaltenen Taufbücher lassen nicht die tiefen Schatten auf der gemeinsamen Biographie sichtbar werden. Doch erlauben sie einen interessanten Einblick in Rembrandts religiöses Umfeld, das auch weiterhin stark remonstrantisch geprägt blieb. Weil die Mitglieder seiner Familie bei der Taufe nicht geloben konnten oder wollten, das Kind reformiert zu erziehen, traten entgegen allen Traditionen stets nur die Verwandten der Mutter als Paten und Taufzeugen auf.[39] Saskias zweites Kind wurde beispielsweise von ihrem einstigen Vormund Jan Cornelisz Sylvius getauft, der mehr als siebzigjährig noch immer in der Groote Kerk als Prediger tätig war. Sylvius gehörte dem gemäßigten Flügel des reformierten Lagers an und war auch in Kreisen der Remonstranten geachtet. Das wird eindrucksvoll durch die von Scriverius und Barlaeus verfassten Verse bezeugt, die 1646 sein von Rembrandt radiertes Bildnis begleiteten.[40] Trotz dieser familiären Nähe zu einem berühmten Prediger machte Rembrandt selbst keine Anstalten, der reformierten Gemeinde beizutreten. Neben diesem Blatt zeugt aus den Jahren zwischen 1633 und 1664 eine ganze Reihe von Porträtradierungen von Rembrandts weitverzweigtem Netzwerk von Bekannten und Freunden. Dazu zählten beispielsweise der Graphikhändler Clement de Jonghe (s. Abb. 29), der Apotheker Abraham Francen und der um einiges jüngere Schriftsteller Jan Six (s. Abb. 30).[41] Zu Rembrandts intellektuellem Umfeld gehörte darüber hinaus auch der gelehrte sephardische Rabbiner Samuel Menasseh Ben Israel, für den Rembrandt auch Buchillustrationen schuf und zu dem er über zwei Jahrzehnte in geschäftlicher Beziehung stand (s. Abb. 31).[42] Mit seinen aus Portugal geflohenen Eltern war er 1605 nach Amsterdam gelangt, wo er den Großteil seines Lebens verbrachte. Mit der finanziellen Unterstützung

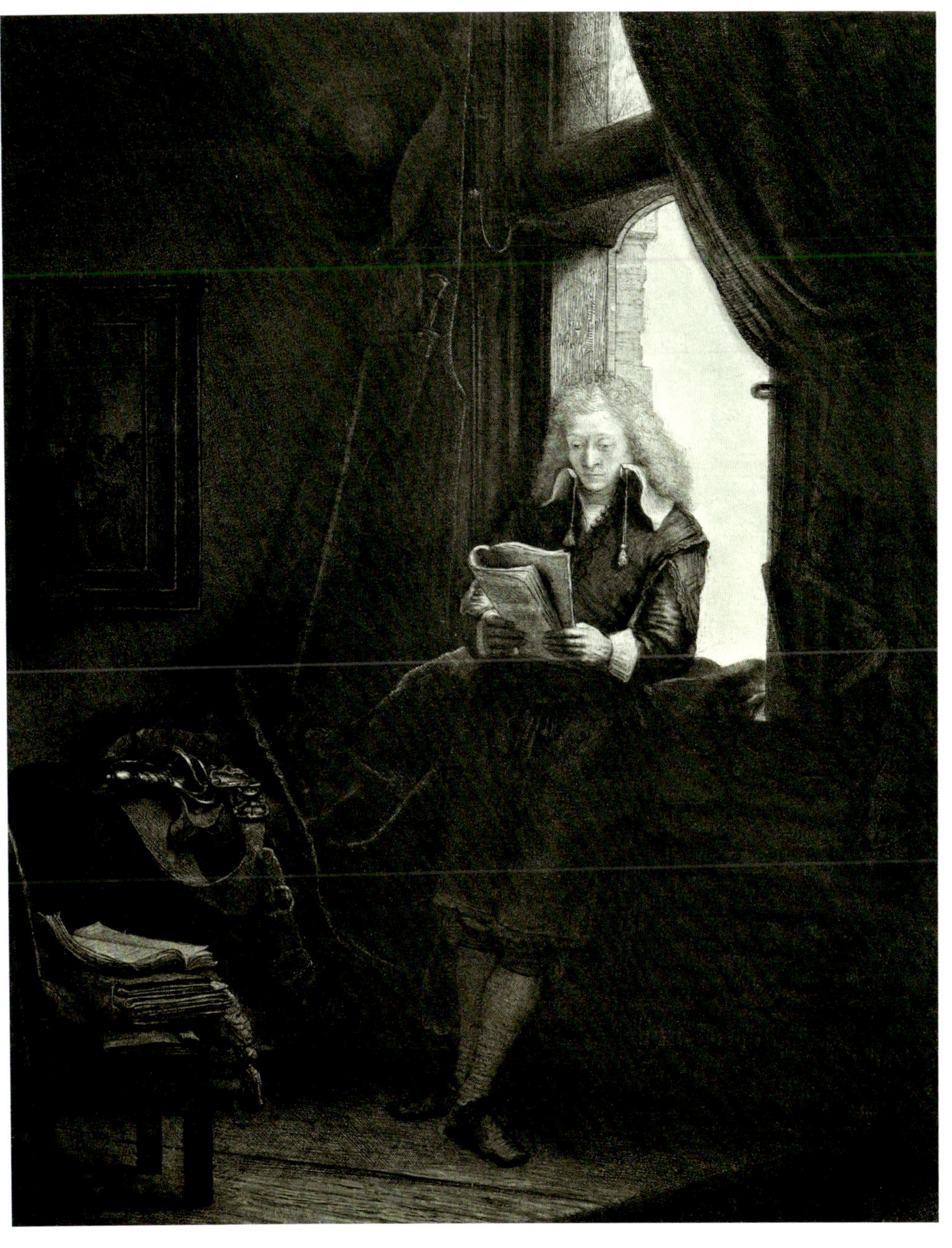

30 *Jan Six*, 1647, Radierung mit Kaltnadel und Grabstichel, 34,2 × 19,4 cm

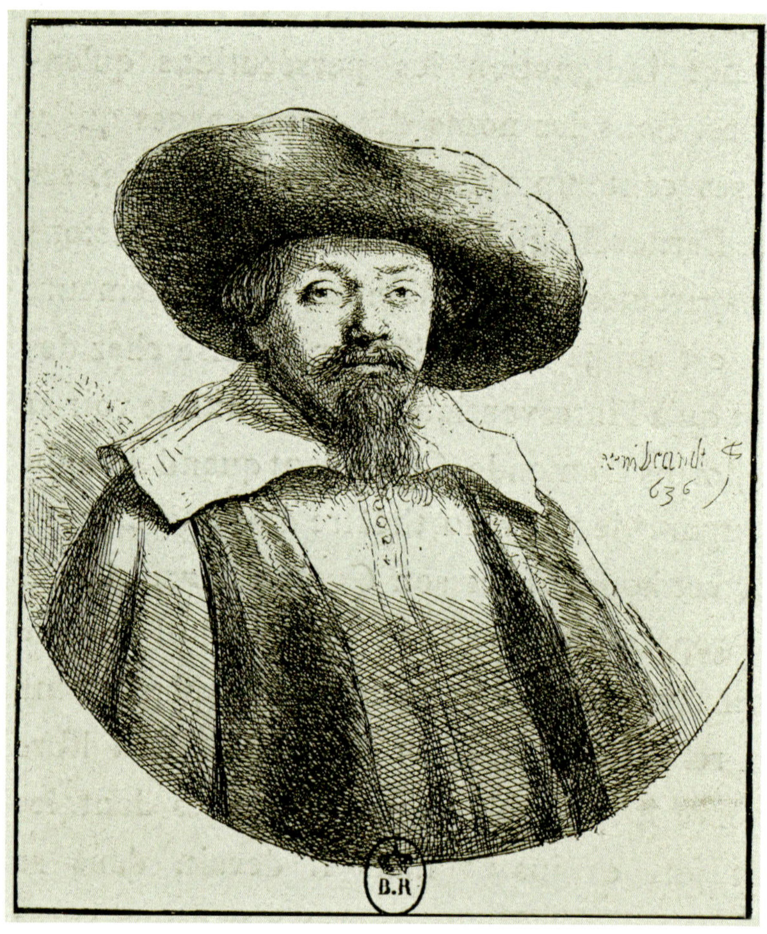

31 *Samuel Menasseh Ben Israel,* 1636, Radierung, 14,9 × 10,3 cm

des ebenfalls von Rembrandt porträtierten Ephraim Bueno hatte er dort 1627 die erste jüdische Druckerei, deren hebräisches Typenmaterial er eigens herstellen lassen musste.[43] Baruch de Spinoza hatte bei Menasseh Hebräisch studiert, der auch mit Hugo Grotius, Jakob Böhme und anderen christlichen Intellektuellen von europäischem Rang korrespondierte und mit Barlaeus, Vossius und dem *Athenaeum Illustre* in Kontakt stand.[44]

Der Kreis der Auftraggeber von Rembrandts radierten Bildnissen und seinen gemalten Porträts ist weitgehend identisch. Doch hat Rembrandt weder radierte Gruppenbildnisse geschaffen noch mehrfigurige erzählende Porträts, wie das von Cornelis Anslo und seiner Frau Aeltje Gerritsdr Schouten (s. Abb. 32).[45] Für das auch durch sein Format beeindruckende letzte Doppelbildnis seiner Karriere griff Rembrandt 1641 augenscheinlich auf gezeichnete Porträtstudien zurück, in denen er die einzelnen Figuren erprobte.[46] Auf der Grundlage dieser Zeichnungen war ein Jahr vor dem Gemälde auch eine Radierung entstanden, die Anslo ohne seine Frau zeigt.[47] Der durch die Bildnisse bezeugte Kontakt zu dem berühmten Prediger erweist zugleich, dass Rembrandt sich in den Jahren seiner Selbständigkeit zwar von Hendrick Uylenburgh distanziert hatte, aber doch weiterhin mit ihm in Kontakt stand. Noch 1639 hatte Rembrandt dank dessen Vermittlung ein ganzfiguriges Bildnis von Andries de Graeff gemalt, einem bedeutenden Angehörigen des Amsterdamer Stadtpatriziats. Ein solches Porträt bedeutete einen visuellen Statusanspruch, den Vertreter des europäischen Hochadels noch nicht selbstverständlich für sich in Anspruch nahmen.[48] Über die Bezahlung der geforderten 500 Gulden Honorar kam es offensichtlich zum Streit. Seit jener Zeit erhielt Rembrandt aus den Kreisen der Amsterdamer Regenten keine Aufträge mehr. Doch vermittelte Uylenburgh, der zu Anslos Gemeinde gehörte, 1641 dessen Porträtauftrag an Rembrandt. Die Mennoniten hatten keine geweihten Prediger, vielmehr führte jeweils der begabteste Interpret der heiligen Schriften die Gemeinde und predigte bei den Gottesdiensten. Einer der begabtesten unter ihnen war Cornelis Claesz Anslo, der im Hauptberuf Tuchhändler war und es damit zu einigem Reichtum gebracht hatte. Rembrandt inszeniert ihn gleichermaßen als erfolgreichen Textilkaufmann wie als Prediger, indem er auf dem Tisch gleich mehrere kostbare Teppiche angehäuft zeigt, auf deren üppigen Falten die aufgeschlagene Bibel liegt. Gebildeten Zeitgenossen musste diese Szene das klassische Bildthema von Christus im Hause von Maria und Martha in Erinnerung rufen, wobei diese Bezugnahme zugleich den Anslo zugeschriebenen Rang als Prediger unterstreicht.[49] Der zum Sprechen geöffnete Mund und die ins Zentrum der Komposition gesetzte argumentierende Hand macht das Bild zur gemalten Rede. Diese scheint in erster Linie an die rechts sitzende Ehefrau gerichtet, die dem Sprechenden, der sich ihr zuneigt, aufmerksam zuhört.[50] Mit seinem Gemälde formulierte Rembrandt zugleich einen kunsttheoretischen Anspruch auf die Gleichrangigkeit von Wort und Bild, der gerade im Hause eines Mennonitenpredigers Aufsehen erregen musste. Schließlich gaben die Mennoniten, wie auch andere Reformierte, wo es um die Vermittlung des christlichen Glaubens ging, dem Wort den unbedingten Vorzug gegenüber dem Bild. Die Zeitgenossen fühlten sich von Rembrandts Gemälde eingeladen, über das Verhältnis von Wort und Bild nachzudenken. Das verdeutlicht ein Epigramm von Joos van den Vondel, der selbst Mennonit war, bevor er im Herbst 1641 zum Katholizismus konvertierte:

> »Hey, Rembrandt, mal die Stimme von Cornelis,
> weil der sichtbare Teil das wenigste von ihm is',
> das Unsichtbare is' nur mit den Ohr'n zu versteh'n.
> Deshalb muss Anslo hör'n, wer ihn will seh'n.«
>
> »Ay, Rembrant, maal Cornelis stem.
> Het zichtbre deel is 't minst van hem:
> 't Onzichtbre kent men slechts door d'ooren.
> Wie Anslo zien wil, moet hem hooren.«[51]

Das wohl aus Anlass des Erscheinens von Rembrandts Radierung entstandene Gedicht reproduziert dabei den klassischen Topos, ein Mann des Geistes werde durch seine Worte besser charakterisiert als durch sein Bildnis.[52] Doch mag man in den Versen auch eine direkte Invektive des Dichters gegen den Maler lesen.[53] Dass Vondel aber keine allgemein geteilte Auffassung referierte, verdeutlicht ein etwa zeitgleiches Gedicht von Caspar Barlaeus, der meinte, Rembrandts Bild spreche zu den Völkern.[54] Dabei waren nicht nur einzelne Bildnisse Anlass für Anfeindungen. Auch die allgemein um sich greifende Sitte, sich porträtieren zu lassen, gab Anlass zu Kritik. Die gemäßigten Mennoniten, zu denen Anslo zählte, lehnten – wie die Calvinisten – Bilder zwar im Kirchenraum ab, duldeten sie aber im privaten Kontext und verfügten teils sogar über eigene Sammlungen. Es gab aber auch radikale Gruppen, die aller Bildkunst feindlich gegenüberstanden. Zu ihnen gehörte auch ein ausländischer Glaubensbruder, der 1642 anlässlich eines Besuchs in Holland kritisch anmerkte, dort hätten die Mennoniten »Bilder an den Wänden hängen und besäßen sogar die Narrheit, sich selbst porträtieren zu lassen«.[55] Hier traf sich eine allgemeine Bilderfeindlichkeit mit der sogar von katholischen Kunsttheoretikern vertretenen Auffassung, es sei eine völlig inakzeptable Form der weltlichen Eitelkeit, sich malen oder gar sein Bildnis verbreiten zu lassen.[56] So hatte beispielsweise der Bologneser Bischof Gabriele Paleotti 1582 geschrieben, »dass jeder in

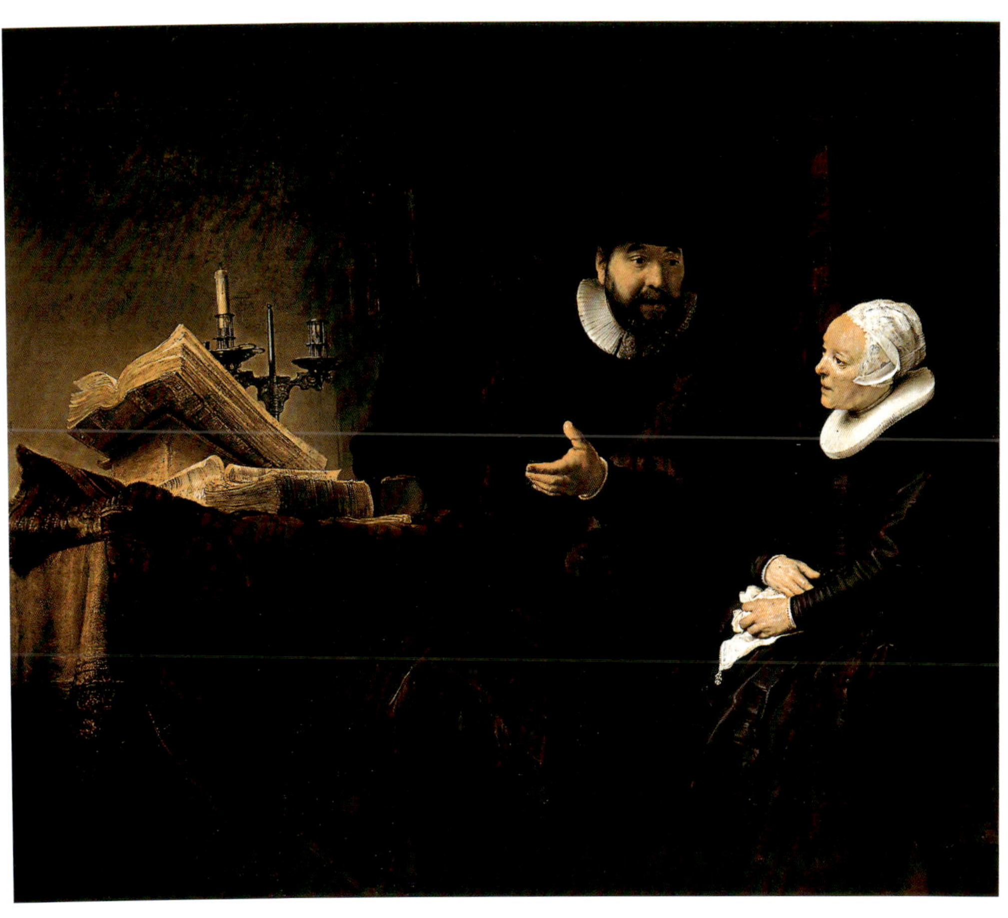

32 *Der Mennonitenprediger Cornelis Claesz Anslo mit seiner Frau Aeltje Gerritsdr Schouten*, 1641, Öl auf Leinwand, 176 × 210 cm
Berlin, Gemäldegalerie

»große Gemälde von Venus von Rembrandt« handeln könnte, das sich 1644 im Besitz eines gewissen Jan d'Ablijn befand.[8] Die Offenheit der Darstellung war augenscheinlich gewollt. Sie verbindet dieses Bild mit einem Gemälde von Jacob Jordaens, das ohne jeden literarischen Bezug einen Akt zeigt.[9] Das Publikum der Zeit wusste wohl damit umzugehen, wie ein 1613 publiziertes Theaterstück von Gerbrandt Adriaensz Bredero erweist. Darin unterhalten sich Trijn Jans und Piet über Bilder. »Ja, was für ein schönes Bild«, sagt Trijn. »Weißt du nicht, ob das nur irgendeine Geschichte zeigt oder ein Werk der Dichtkunst?« Worauf Piet antwortet: »Was weiß ich, ob das aus der Schrift ist oder irgendeine Schelmerei. Die Maler malen eben alles Mögliche so dahin.«[10] Ein Bild, dem keine *poeetery* zugrundelag, war also durchaus denkbar. Und wenn man den karikierenden Aspekt beiseite lässt und bei einem gebildeten Betrachter mehr Bereitschaft voraussetzt, sich auf das einzulassen, was »Maler so dahin malen«, kommt man dem zeitgenössischen Blick auf Bilder vermutlich recht nahe. Ein Publikum, das mit der antiken Literatur so vertraut war wie mit den Regeln der Emblematik und Bilddeutung, fand vermutlich gerade an den sinnoffenen Bildmotiven und ihren vielfältigen Interpretationsmöglichkeiten Gefallen. Entsprechend experimentierten fast alle Maler mit Bildern, denen es an einer eindeutigen Aussage mangelt. Die Gemälde Rembrandts und seiner Zeitgenossen bieten dem Betrachter ein breit gefächertes Spektrum möglicher Deutungen, aus dem jeder nach individueller Kenntnis literarische oder sonstige Erklärungen auswählen mochte, und zwar je nach persönlicher Betroffenheit. Für diese Form des Bildumgangs sind die emblematischen Illustrationen der im 17. Jahrhundert vielfach aufgelegten *Zinne- en Minnebeelden* des viel gelesenen Jacob Cats ein gutes Beispiel, die jeweils drei ganz unterschiedliche Auslegungen erfahren. Dass den einzelnen Bildern eine eindeutige Aussage fehlt, war dabei gewollt. Wie Cats nämlich an anderer Stelle mitteilt, »lehrt die Erfahrung, dass viele Dinge von besserer Art sind, wenn sie nicht vollkommen klar erkennbar sind, sondern uns etwas bemäntelt und verschattet begegnen«.[11] »Es verschafft nämlich dem Leser«, heißt es weiter in der Vorrede zu seinem *Spiegel van den ouden ende nieuwen tijdt*, »der schließlich ihren Zweck und Sinn gefunden hat, ein seltsames Vergnügen, ähnlich dem, der nach langer Suche endlich unter dichtem Laubwerk eine schöne Traube entdeckt«. Diese Suche scheint weit wichtiger gewesen zu sein als das Aufdecken eines festgelegten Sinns.

Unabhängig von jeder Debatte um mögliche mythologische Kontexte zeigt Rembrandts Gemälde vor allem eine nackte Frau. Vermutlich haben schon die

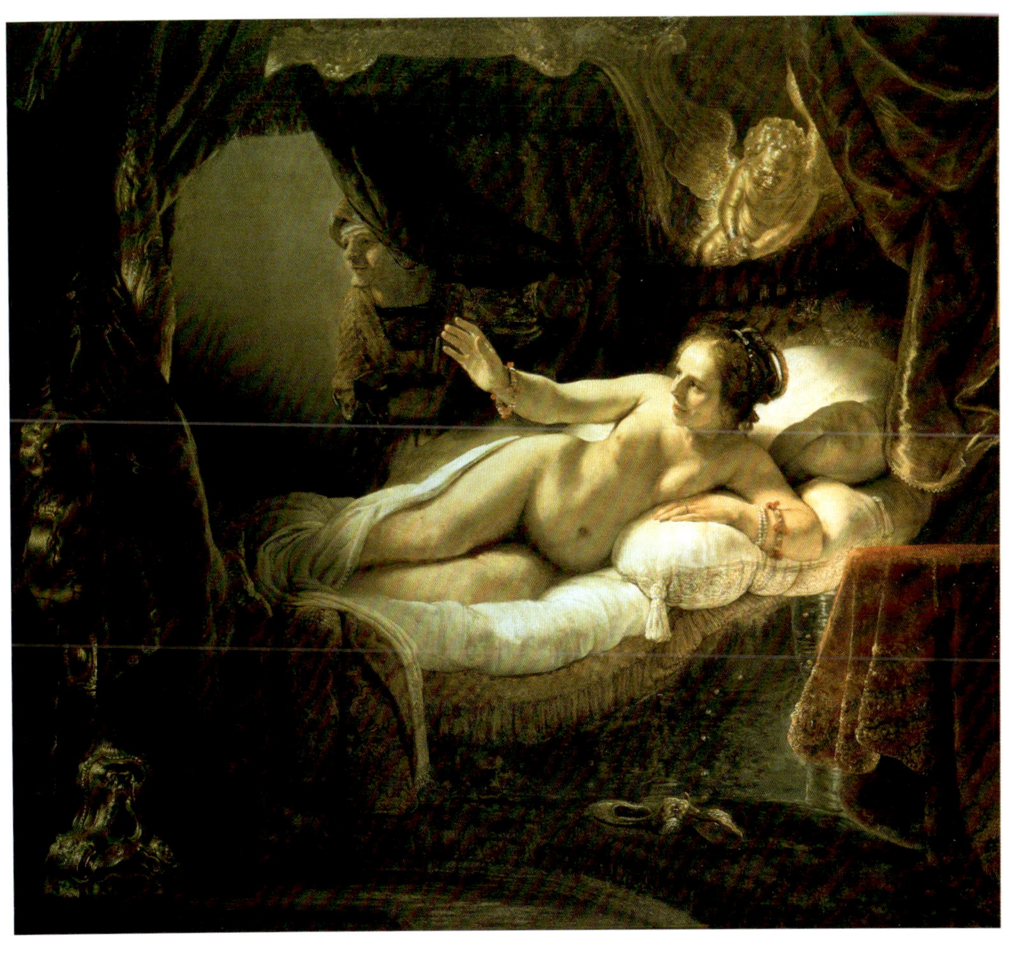

33 *Danaë*, 1643, Öl auf Leinwand, 185 × 203 cm,
bezeichnet: »Rembrandt f. 16(36)«, St. Petersburg, Eremitage

männlichen Zeitgenossen dem Bild jene sinnliche Anziehungskraft zugesprochen, die in den späteren Texten aufscheint und die seit dem 16. Jahrhundert vor allem an Bildern der Danaë diskutiert wurde.[12] So hatte sich Jacob Cats 1625 ausdrücklich gegen Bilder gewandt, die auf die Libido der Betrachter einwirkten.[13] Dabei hatte er explizit auf Darstellungen der Danaë verwiesen, genau wie 1643 der angesehene Arzt Johan van Beverwyck, der nachdrücklich vor dem schädlichen Einfluss solch »unkeuscher und leichtfertiger Gemälde« warnte.[14] Entspannter sah das der gemäßigt katholische Amsterdamer Dichter Jan Vos, der angesichts einer schlafenden Nymphe durchaus einen Vorzug darin entdecken konnte, dass man »bisweilen die Lust auch mit den Augen stillen kann«.[15]

Rembrandt hat der Augenlust, der *concupiscentia oculorum*, auch in seinen von Sammlern gesuchten Radierungen zugearbeitet (s. Abb. 34). Eine um das Jahr 1631 entstandene Radierung zeigt nicht mehr und nicht weniger als eine gänzlich nackte Frau, die auf einem Erdhügel sitzt.[16] Die annähernd quadratische, oben links mit Rembrandts Monogramm versehene Radierung hat keine unmittelbaren Vorläufer. Nie zuvor hatte ein Künstler auf einem für den freien Markt bestimmten Blatt die Darstellung einer nackten Frau von jeder mythologischen Bilderzählung entkleidet.

Die Proportionen der gezeigten Frau weichen extrem von denen heutiger Models ab. Allerdings hat Rembrandts Darstellung mit Aktaufnahmen von heute gemeinsam, dass die Wahrnehmung des nackten weiblichen Idealkörpers in enger Beziehung zum modisch bekleideten Körper steht und von ihm beeinflusst wird.[17] Die zur Hüfte immer üppiger in die Breite fließende Silhouette der Frau auf Rembrandts Radierung entspricht dem in der Mode der Zeit zum Ausdruck kommenden Ideal und hat zugleich mit den natürlichen Formen eines weiblichen Körpers mehr zu tun als die heutigen Idealbilder. Auch bei seinen Aktdarstellungen hat Rembrandt »die größte und natürlichste Beweglichkeit observiert«, wie er das für seine religiösen Historienbilder explizit formulierte. Dabei folgte er einem schon von Karel van Mander bewunderten Ideal. Der beschrieb 1604 einen von Tizian »nach dem Leben« gemalten Akt, der völlig ungekünstelt »so recht allein dem Leben gefolgt, so eigentlich und natürlich fleischlich gemacht« sei.[18] Doch dieses Ideal teilten nicht alle, denn es wurde von einem künstlerischen Frauenakt nicht die Ausrichtung auf die modische Realität gefordert, sondern die Orientierung an der klassischen Skulptur.[19] Dennoch sind von Rembrandts Zeitgenossen nur bewundernde Äußerungen doku-

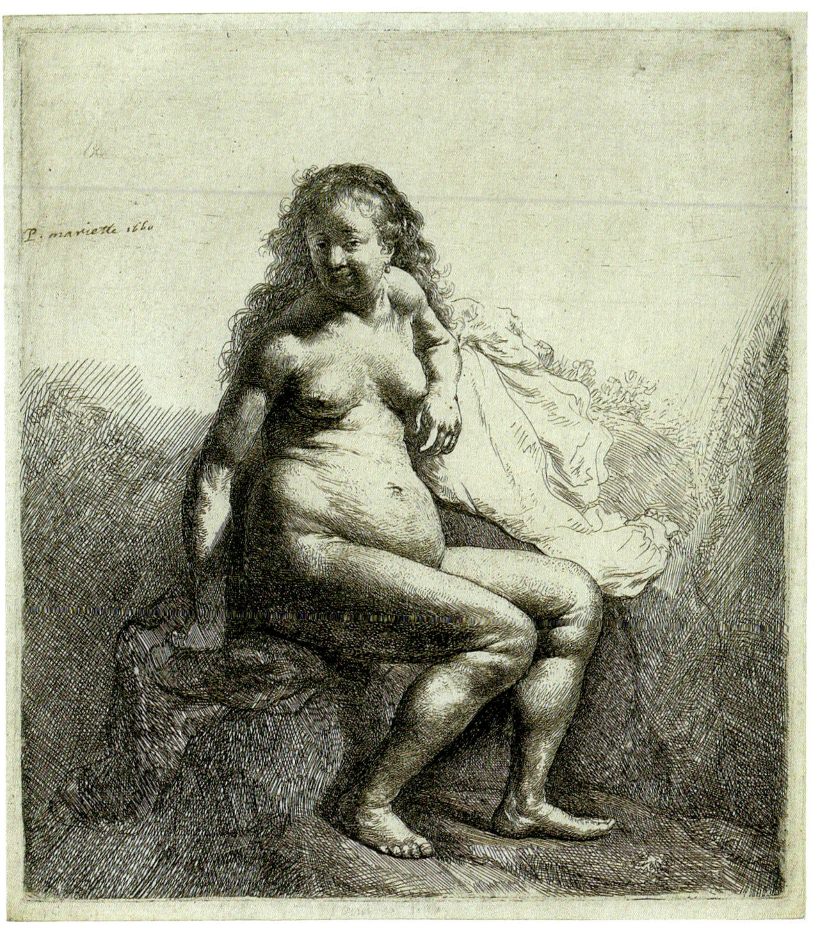

34 *Nackte Frau auf einem Erdhügel sitzend*, um 1631, Radierung, 17,6 × 17 cm

mentiert. Aber schon bald nach seinem Tod war – zumal mit Blick auf seine Aktfiguren – ein anderer Ton hörbar.[20] Kritisch äußerte sich beispielsweise 1681 Andries Pels in seinem Gedicht *Über den Gebrauch und Missbrauch des Theaters*.[21] In seinen Augen war Rembrandt »der erste Ketzer in der Malkunst«, der sich »anschickte, die tradierten Regeln seinem Pinsel zu unterwerfen«. Als sprechenden Beleg für seine Behauptung führt Pels die weiblichen Aktfiguren Rembrandts an:

»Als er mal wieder 'ne nackte Frau malen sollte
Er als Modell keine griechische Venus wollte,
Eher 'n Waschweib oder 'ne Torfmagd vom Scheunenflur,
Und seine irrige Ansicht nannt' er Nachahmung der Natur,
alles andere – eitle Verzierung nur. Schlaffe Brüste,
gewrungene Hände, ja Abdrücke und Wülste,
der Röcke am Bauch, der Strümpfe am Bein mussten rein,
sonst konnt' die Natur nicht zufrieden sein.«

»Als hy een naakte vrouw, gelyk somtyds gebeurde,
Zou schild'ren, tot model geen Griekse Venus keurde,
Maar eer een' Waster, of Turftreedster uit een schuur;
Zyn' dwaling noemende naarvolging van natuur,
Al 't ander ydele verziering. Slappe borsten,
Verwrongen handen, ja de nepen van de worsten
Des ryglyfs in den buik, des kousebands om 't been,
'T moest al gevolgt zyn, of natuur was niet te vreên.«[22]

An welche Bilder Pels dabei dachte, ist nicht dokumentiert. Doch dürfte er neben den zahlreichen Frauenakten auch die Radierung mit der defäkierenden Bäuerin gekannt haben oder die das öffentliche Schamgefühl genauso verletzenden Darstellungen von Geschlechtsakten, an denen sich die Sammler der Zeit hinter verschlossenen Türen ergötzten.[23] Er mag aber auch die unvollendete Radierung Rembrandts gekannt haben, die augenscheinlich eine Ateliersituation zeigt (s. Abb. 35).[24] Weil das Blatt eine gewisse motivische Nähe zu einer um das Jahr 1615 entstandenen Radierung von Pieter Feddes van Harlingen aufweist, die einen in Bewunderung einer Statue versunkenen Bildhauer zeigt, ist auch Rembrandts Radierung als Darstellung der Geschichte von Pygmalion interpretiert worden.[25] Dieser mythische Bildhauer, dessen Geschichte in Ovids *Metamorphosen* erzählt wird, hatte sich in sein eigenes Werk verliebt und zu Venus gebetet, dass es zum Leben erwachen möge, ein Wunsch, den die Göttin ihm erfüllte.[26] Doch im Unterschied zu seinem Vorgänger zeigt Rembrandt eben keinen Bildhauer, sondern einen Zeichner, der konzentriert auf eine Frau schaut, in deren spärlichen Umrissen man schwerlich ein Werk der Bildhauerkunst erkennen kann. Der Künstler auf Rembrandts unvollendeter Radierung zeichnet augenscheinlich eine Frau aus Fleisch und Blut. Rembrandt illustrier-

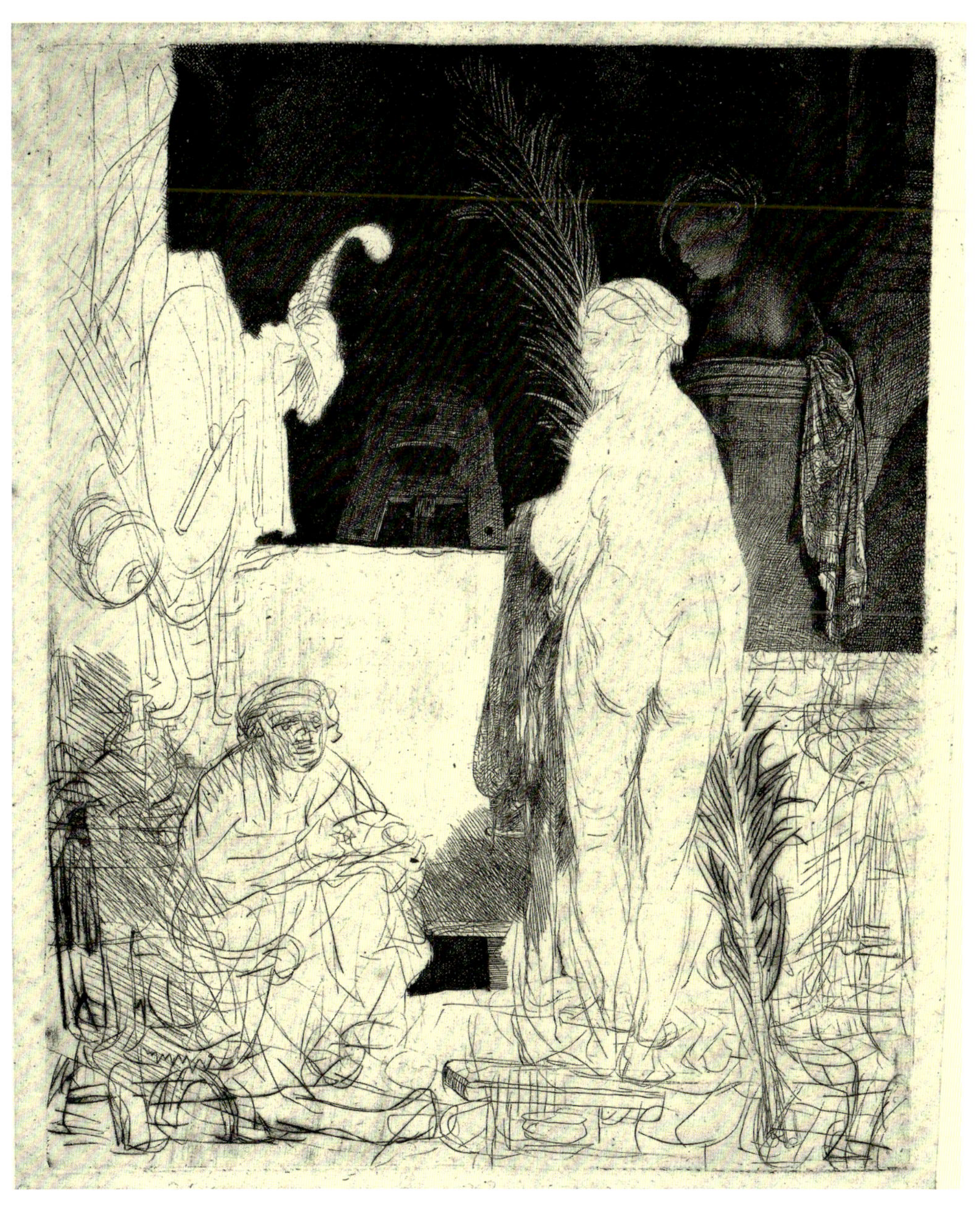

35 *Künstler, nach einem Modell zeichnend* (»Pygmalion«), um 1639, Radierung, Kaltnadel und Grabstichel, 23,2 × 18,4 cm

te damit den künstlerischen Akt der Naturnachahmung, dem auch er sich im Urteil seiner kritisch gesonnenen Zeitgenossen verpflichtet zeigte. Sein deutscher Zeitgenosse Joachim von Sandrart zum Beispiel, der zwischen 1637 und 1645 in Amsterdam gelebt hatte, äußerte 1675 leicht indigniert, Rembrandt habe sich nicht gescheut, gegen alle »Kunst-Reglen, als die Anatomia und Maas der menschlichen Gliedmaßen, wider die Perspectiva und den Nutzen der antichen Statuen, wider Raphaels Zeichenkunst« zu verstoßen.[27] Stattdessen habe er die absolute Nachahmung der Natur gefordert. Wie erwähnt standen nach Rembrandts Tod – bei aller Bewunderung für sein künstlerisches Werk – die weiblichen Aktfiguren im Mittelpunkt der Kritik einer am antiken Ideal orientierten klassizistischen Kunsttheorie. So monierte auch Arnold Houbraken 1718, dass Rembrandt »sich an keine Regel von anderen hielt und noch weniger den berühmtesten Vorbildern folgte, die durch die Auswahl des Schönsten sich selbst ewigen Ruhm erwarben, vielmehr begnügte er sich damit, dem Leben zu folgen, so wie es ihm vorkam, ohne eine Auswahl daraus zu treffen.«[28] Und um ganz deutlich zu machen, was er damit meinte, ließ er noch einmal den Dichter Andries Pels zu Wort kommen. Im 19. Jahrhundert wurden Rembrandts Aktfiguren gerade wegen dieser kritischen Stimmen als ästhetische Offensive gegen die klassische Norm gedeutet. Man betrachtete dann nicht die deutlichen Parallelen zu anderen zeitgenössischen Aktdarstellungen, etwa von Rubens, sondern beschrieb Rembrandt als einsames und verkanntes Genie, das seiner Zeit voraus gewesen sei. Und in der am Ende des 19. Jahrhunderts intensiv geführten Debatte über die umstrittene Malerei des Realismus wurde der Verweis auf den unbestritten großen Künstler Rembrandt für die künstlerische Moderne der eigenen Zeit zum Argument. Damals etablierte sich auch die nach den Maßstäben von Rembrandts Zeit völlig abwegige Vorstellung, Rembrandts Frauen hätten in seiner Werkstatt nackt Modell gestanden. Im privaten Rahmen, hinter verschlossenen Türen, mag das möglich gewesen sein. Doch dass die Frau des Meisters in der Werkstatt nackt vor dessen Schülern posierte, ist bei allem urkundlich belegten Nonkonformismus Rembrandts doch nicht vorstellbar. Und während man früher annahm, Rembrandt hätte in seinen Gemälden stets die Frauen seiner Umgebung porträtiert, geht man heute eher davon aus, dass er meist auf ein früh entwickeltes Repertoire von Gesichtstypen zurückgriff, in die zwar auch die nach seinen Frauen gefertigten Studien einflossen, die aber tatsächlich kaum Porträtähnlichkeit zeigen.[29] Tatsächlich standen, wie etliche erhaltene Gerichtsakte beweisen, nicht selten Prostituierte den

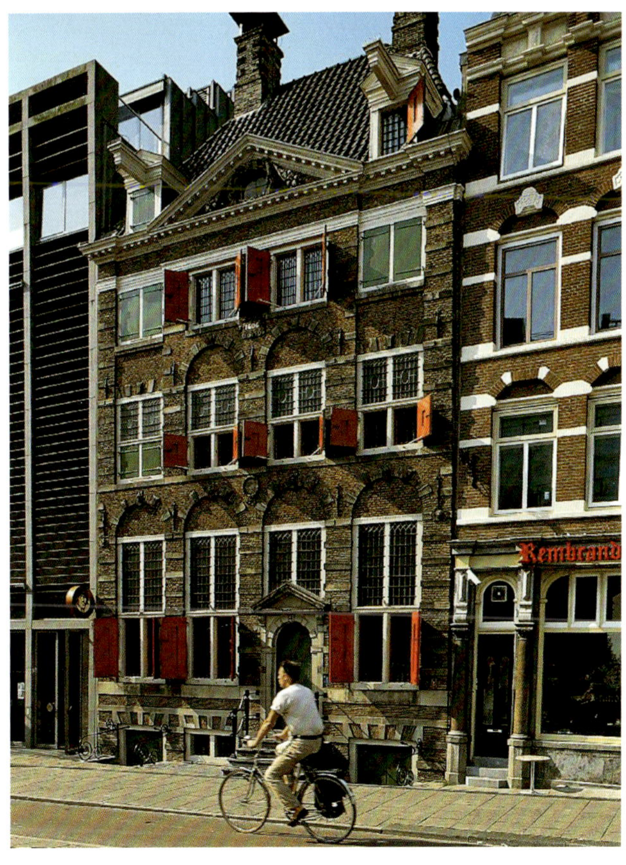

36 Rembrandthuis, Sint Anthonisbreestraat (ehem. Jodenbreestraat)

Malern Modell. Dem Ruf der bei Aktstudien ertappten Maler wie dem Ansehen des Berufsstandes war das nicht unbedingt zuträglich, denn Prostitution galt als strafwürdiges Verbrechen.[30]

Wer Rembrandts Modelle waren, ist leider nicht dokumentiert. Doch was das Miteinander Rembrandts und seiner Frauen angeht, vermitteln die in erstaunlich großer Zahl überlieferten Rechtsurkunden einen teils lebhaften Eindruck. Seit Januar 1639 hatte der Familienhaushalt einen festen Ort. Nachdem Rembrandt und die Seinen nach dem Auszug bei Uylenburgh in verschiedenen Häusern zur Miete gewohnt hatten, unterzeichnete der Maler zu Beginn des

Jahres 1639 den Kaufvertrag für ein geräumiges Haus in der Sint Anthonisbreestraat (s. Abb. 36).[31] Darin wurde festgelegt, dass die Kaufsumme von insgesamt 13 000 Gulden in jährlichen Raten zuzüglich Zinsen binnen fünf bis sechs Jahren zurückzuzahlen sei.[32] Das bedeutete eine Belastung von mehr als 2000 Gulden jährlich, denen allerdings auch hohe Einnahmen gegenüberstanden. So mutmaßt sein Zeitgenosse Sandrart, der sich über das von Rembrandt geforderte Lehrgeld genau informiert zeigt, Rembrandt sei allein von seinen Schülern »2 bis 2500 Gulden baares Gelds« zugeflossen, »samt dem, was er durch seine eigne Hand-Arbeit erworben«.[33] Die Werkstatt florierte, und selbst der englische König besaß drei Bilder Rembrandts, daher schien kein Kaufpreis zu hoch.[34] Zudem war dem Maler aus väterlichem Erbe Geld zugeflossen. Er hatte seine Anteile überschrieben und sich im März 1640 von seinem Bruder 459 Gulden in bar auszahlen lassen.[35] Nachdem im September des gleichen Jahres seine Mutter zu Grabe getragen worden war, stand noch einmal Geld zu erwarten.[36] Zahlreiche aus dem elterlichen Erbe resultierende Finanztransaktionen sind dokumentiert, die Rembrandt immer wieder zugute kamen.[37] 1647 gab Rembrandt zu Protokoll, der ihm und Saskia gemeinsame Besitz habe im Jahre 1642 insgesamt 40 750 Gulden betragen.[38] Der größte Teil dieses beträchtlichen Vermögens dürfte im Bestand der unverkauften Gemälde, in Hausrat und Sammlungsgegenständen sowie der Werkstatteinrichtung und den kupfernen Radierplatten bestanden haben. Hinzu kamen die Eigentumsansprüche an seinem Haus, bei dessen Erwerb Rembrandt alle kaufmännische Vorsicht hintangestellt hatte. Bemüht um ein standesgemäßes Auftreten und ein passendes Ambiente hatte er das Haus in der Sint Anthonisbreestraat erworben, das 1606 errichtet und 1627 von dem berühmten Architekten Jacob van Campen modernisiert worden war.[39] Damals hatte sich allerdings das Wohngebiet der städtischen Elite schon aus dem einstigen Zentrum der mittelalterlichen Stadt heraus in die Heeren- und Keizersgracht verlagert. Es hatte ein Prozess der Gentrifizierung eingesetzt, wie er auch in modernen Großstädten zu beobachten ist. Wo vordem wohlangesehene Amsterdamer residiert hatten, wohnten nun Zuwanderer, so dass die Gegend um das von Rembrandt erworbene Haus schon deutlich vom sozialen Niedergang gezeichnet war. Deshalb hatte sich lange niemand bereitgefunden, den enormen Kaufpreis zu zahlen. Zudem zeichneten sich wegen des feuchten Untergrunds bauliche Probleme ab, die Rembrandt – im Unterschied zu seinen neuen Nachbarn – nicht hinderten, die geforderte Summe zu akzeptieren. Später sollte seine Weigerung, sich an dem auch für die Nachbarn notwendigen Bauunterhalt zu beteiligen, weitere Probleme und Auseinandersetzungen zur Folge haben.[40]

Finanziell war dieser Hauskauf für Rembrandt der Anfang vom Ende. Und obwohl er sogar den unter seinem Haus gelegenen Keller vermietete, blieb die finanzielle Belastung zu hoch.[41] Anders als vertraglich vereinbart, war nach vierzehn Jahren erst knapp ein Drittel des Preises bezahlt, wobei Rembrandt 1649 jeden Versuch aufgegeben hatte, seinen Zahlungsverpflichtungen nachzukommen. Dieses Jahr, aus dem kein datiertes Werk überliefert ist, darf als Tiefpunkt seiner Karriere angesehen werden. Was Geldgeschäfte angeht, scheint er allerdings auch vorher nicht allzu viel Geschick besessen zu haben.[42] Anders als sein Zeitgenosse Rubens, der nicht unbeträchtliche Beträge in Renten und Immobilien sicher anlegte, interessierte Rembrandt sich vor allem für Bargeld. Man muss die von Arnold Houbraken mitgeteilten Anekdoten nicht glauben, dass ihn seine Lehrlinge ärgerten, indem sie Münzen auf den Boden malten, nach denen ihr Meister sich so schnell wie vergeblich bückte. Doch mag man mit diesem frühen Biographen, der einige dieser Lehrlinge persönlich kannte, zumindest das Erstaunen teilen, dass Rembrandt es trotz gewaltiger Einkünfte nicht zu Reichtum brachte. »Umso mehr«, schreibt Houbraken, »weil er kein Mann war, der viel in der Kneipe oder in Gesellschaft verzehrte, noch weniger zu Hause, wo er recht bürgerlich lebte und wenn er bei der Arbeit war, zumeist nur ein Stück Käse und Brot oder einen eingelegten Hering zur Mahlzeit hatte.«[43] Dennoch fehlte es Rembrandt augenscheinlich an Bargeld. Umso verständlicher wird die durch eine Gerichtsakte dokumentierte Empörung Rembrandts über den Vorwurf, er und seine Frau hätten wohl auf allzu großem Fuß gelebt.[44] In Leeuwarden, wo er sich von Saskias Bruder Ulricus vertreten ließ, hatte Rembrandt am 16. Juli 1638 einen Prozess gegen einige Verwandte seiner Frau angestrengt, die behauptet haben sollen, Saskia hätte »mit Prunken und Protzen das Erbe ihrer Eltern verschwendet«.[45] Da die Verwandten glaubhaft machen konnten, damit eine verstorbene Schwester Saskias gemeint zu haben, wurde das Verfahren eingestellt. Den ansonsten eher guten Kontakt zu den Mitgliedern von Saskias Familie dokumentieren nicht nur die Taufbücher, sondern beispielsweise auch eine 1639 entstandene Zeichnung Rembrandts, die Saskias Schwester Titia van Uylenburgh bei der Handarbeit zeigt.[46] Das Jahr 1640 wurde nicht nur durch den Tod der Tochter Cornelia überschattet, als deren Patin Titia aufgetreten war, sondern auch durch den Tod von Rembrandts Mutter, die am 14. September 1640 in Leiden zu Grabe getragen wurde.[47] Titia starb am 5. Juni

1641. Als nur wenige Wochen später, am 22. September, Saskias viertes Kind getauft wurde, dürfte die Freude groß gewesen sein. In Erinnerung an seine verstorbene Tante erhielt der Junge den Namen Titus.[48] Wohl kaum ein halbes Jahr später kam Geertje Dircx (s. Abb. 37) als Kinderpflegerin ins Haus.[49] Sie habe Titus damals »droogh gemint«, als Amme umsorgt, aber nicht gestillt, wie sie später zu Protokoll gab.[50] Darüber hinaus nahm die aus Friesland stammende Witwe eines Trompeters schon bald auch andere Pflichten der Haushaltsführung wahr, denn Saskia ging es immer schlechter. Sie war vermutlich von der raschen Folge ihrer Schwangerschaften geschwächt und hatte sich nach der Geburt von Titus nicht mehr erholt. Einige überlieferte Zeichnungen belegen beeindruckend Rembrandts Anteilnahme und persönliche Betroffenheit, darunter ein Blatt, das die kranke Saskia und den kleinen Titus zeigt (s. Abb. 38).[51] Kaum eines seiner überlieferten Werke vermittelt einen so intimen Einblick in sein Familienleben, das er sonst nicht zum Thema seiner Kunst zu machen pflegte. Und so mag man es tatsächlich als Ausdruck tiefer emotionaler Anteilnahme lesen, dass er am Krankenbett seiner Frau saß und zeichnete.[52] Ihre Krankheit nahm so bedrohliche Formen an, dass man am Morgen des 5. Juni 1642 einen Notar bestellte, der Saskias Testament aufnahm. Sie setzte ihren Mann zum Alleinerben ein, wobei seine Ansprüche durch Wiederverheiratung oder seinen Tod verfallen sollten.[53] Die erhoffte Besserung trat nicht ein. Saskia starb am 14. Juni und wurde wenige Tage später in der calvinistischen Oude Kerk begraben.[54] Rembrandt kaufte ihr dort ein Grab in der Nähe der Orgel, verzichtete aber darauf, ein Epitaph anzubringen.[55] Wenn Sterben und Tod geliebter Menschen auch mehr zum Alltag gehörten als in unserer Zeit, darf man dennoch annehmen, dass Rembrandt zutiefst betroffen war vom Tod seiner Frau. Vielleicht erklärt die Zeit seiner Trauer, dass er in der Folgezeit viel weniger produzierte. Es mag sich nach dem Todesfall aber auch sein Verhältnis zur Amme seines Sohnes geändert haben. Ein erster mittelbarer Hinweis auf sein enges Verhältnis zu Geertje Dircx ist, dass Rembrandt sich am 1. November 1642 in Edam für einen Freund ihres verstorbenen Mannes einsetzte.[56] Zudem schenkte Rembrandt Geertje Dircx in den folgenden Jahren Schmuck und Juwelen.[57] Seit 1647 arbeitete die zweiundzwanzigjährige Hendrickje Stoffels im Haushalt mit, die nach der Wiederverheiratung ihrer Mutter das elterliche Haus hatte verlassen müssen.[58] Geertje Dircx scheint zu der Zeit krank gewesen zu sein, worauf auch ein am 24. Januar 1648 aufgesetztes Testament hindeutet. Damals diktierte sie einem Notar ihren letzten Willen, wobei sie Rembrandts Sohn

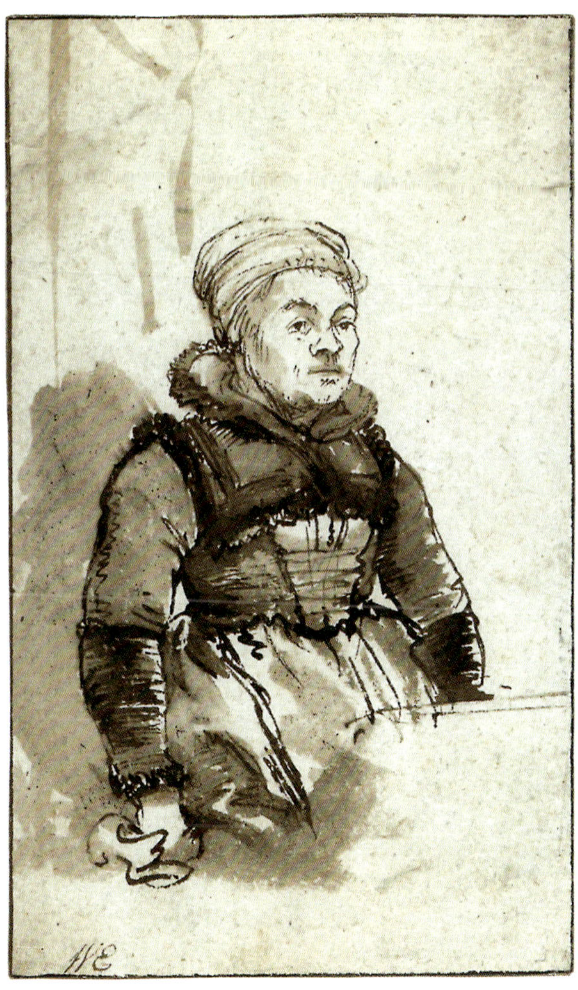

37 *Geertje Dircx* (?), um 1643, lavierte Federzeichnung mit Bister, 13 × 7,8 cm, London, British Museum

Titus als Universalerben einsetzte.[59] Ihr Verhältnis zu dessen Vater scheint allerdings zunehmend getrübt gewesen zu sein. Im Juni 1649 verließ sie Rembrandts Haus, der ihr 160 Gulden mitgab und ihr darüber hinaus eine jährliche Zahlung von 60 Gulden versprach.[60] Sie scheint sich mehr erwartet zu haben und ließ den Maler deshalb am 25. September 1649 erstmals durch das Gericht für Ehestreitigkeiten und Beleidigungen vorladen, um dann vom 1. Oktober an juris-

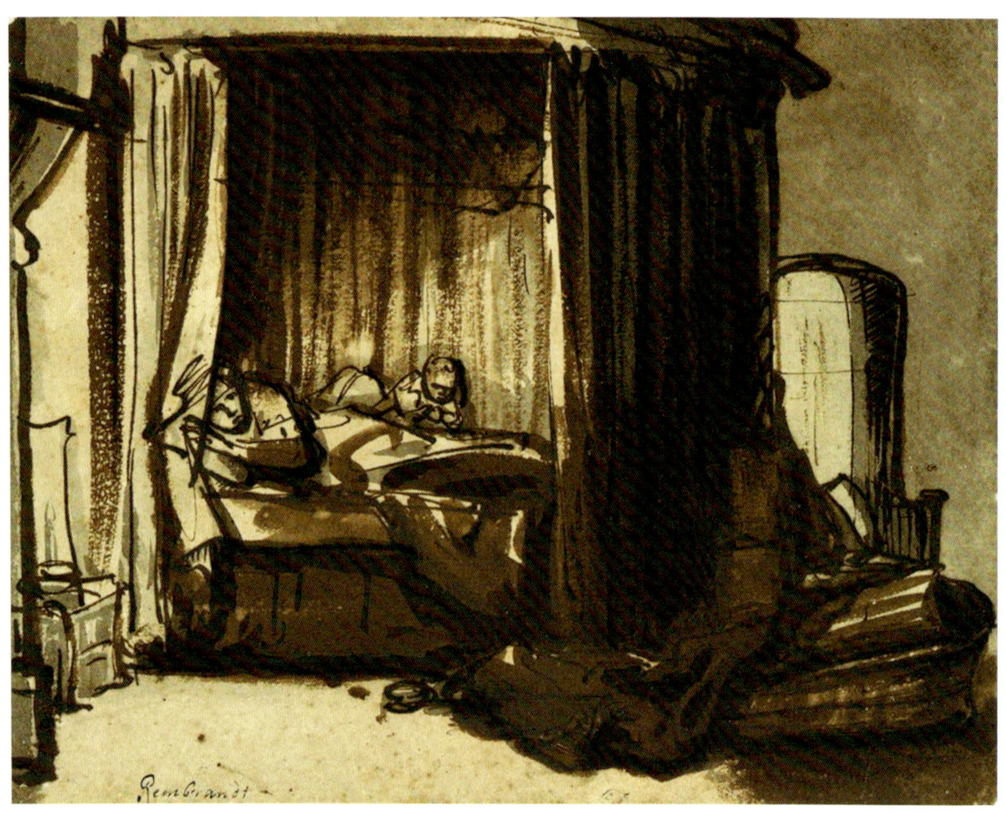

38 *Saskia auf dem Krankenlager*, um 1642, Feder mit Bister, 18,5 × 23,6 cm, Cambridge, Fogg Art Museum, Paul J. Sachs Collection

tisch gegen ihn vorzugehen.[61] Bei dieser Verhandlung sagte Hendrickje Stoffels zugunsten von Rembrandt gegen Geertje aus.[62] Er selbst sah sich nicht genötigt zu erscheinen, beauftragte aber einen Notar mit der Ausarbeitung einer Übereinkunft, die wenige Wochen später vorlag.[63] Der »ehrsame, weitberühmte Maler« versprach der als mittellos bezeichneten Witwe darin seine Unterstützung, die jedoch an eine ganze Reihe von Bedingungen geknüpft war. So sollte Titus weiterhin Geertjes Haupterbe bleiben. Zudem sollte ihr verboten sein, etwas zu verpfänden, weil sie ihren gesamten Besitz in Rembrandts Haus erworben habe.[64] Obwohl die Einmalzahlung auf 200 Gulden und der jährliche Unterhalt auf 160 Gulden erhöht worden waren, weigerte sich Geertje zu unterschreiben, da dieser Betrag nicht ausreiche, wenn sie krank würde. Eine gütliche Einigung scheint nicht mehr möglich gewesen zu sein, so dass Geertje ihren einstigen Dienstherrn am 16. Oktober 1649 verklagte, weil er ein ihr gemachtes Eheversprechen nicht eingehalten habe.[65] Diesmal nahm Rembrandt selbst an der Verhandlung teil und legte den Vertragsentwurf vor, den die Richter akzeptierten, wobei die jährlichen Unterhaltszahlungen auf 200 Gulden festgesetzt wurden.[66] Da Rembrandt offensichtlich bis zum Zeitpunkt der rechtskräftigen Verurteilung jede Zahlung verweigert hatte, sah Geertje sich genötigt, einen Ring zu versetzen, der einst Saskia gehört hatte. Sie mag ihm vorher schon gehörig zugesetzt haben, doch als ihm dieser Verkauf zu Ohren kam, geriet Rembrandt außer sich. Von nun an verfolgte er sie mit seinem Hass. Er begann unter den Nachbarn Belastungszeugen zu suchen, die bereit waren, gegen Geertje auszusagen und zu bestätigen, dass sie sich ungebührlich aufgeführt habe. Dabei machte er mit Geertjes Bruder gemeinsame Sache, dem sie eine Vollmacht erteilt hatte, um Rembrandt nicht mehr treffen zu müssen.[67] Tatsächlich wurde sie 1650 verurteilt und ins Frauengefängnis von Gouda gebracht.[68] Rembrandt übernahm die Kosten für ihre Überführung in das *Spinhuis*.[69] Im Jahr darauf setzte er sich dafür ein, dass Geertje noch für elf Jahre in Haft bleiben solle. Ihr Gnadengesuch vom 8. August 1652 wurde abschlägig beschieden.[70] Erst im Frühjahr des Jahres 1655 erreichte Geertjes Familie die Nachricht von ihrer Freilassung, wobei Rembrandt verpflichtet blieb, die zugesagte Unterhaltszahlung zu leisten.[71] Das hinderte ihn nicht, inzwischen selbst in arger finanzieller Bedrängnis, sich der von ihm übernommenen Kosten von Geertjes Transport ins Gefängnis zu erinnern. Obwohl er selbst noch Schulden bei Geertje hatte, setzte er sich mit allen Mitteln dafür ein, diese 140 Gulden zurückzuerhalten.[72] Er selbst war damals vom Wohlwollen seiner Gläubiger abhängig, was ihn aber nicht hinderte, Geertjes zahlungsunfähigen Bruder, einen Schiffszimmermann, in Schuldhaft nehmen zu lassen.[73] Geertje muss schon bald nach ihrer Haftentlassung gestorben sein, denn nach dem Jahr 1656 erscheint ihr Name nicht mehr auf der Liste von Rembrandts Gläubigern.[74]

Die Prozesse, in die Rembrandt verwickelt war, erlauben einen tiefen Einblick in eine Seite seines Lebens, die mit seinem künstlerischen Werk nur lose verbunden scheint. Den einzigen Hinweis auf Geertje Dircx mag man in der Zeichnung einer Frau in friesischer Tracht entdecken (vgl. Abb. 37).[75] Seine Beziehung mit Hendrickje Stoffels scheint visuell besser dokumentiert (s. Abb. 39).[76] Zwar ist auch von ihr kein Porträt überliefert, doch mag man sie in einer großen Zahl von Bildern und Zeichnungen entdecken, die nachweislich in den Jahren entstanden, in denen sie Rembrandts Haushalt angehörte. Hendrickje war die Tochter eines Sergeanten und mithin wie Geertje niederer Herkunft. Vermutlich hatte sie wie viele junge Frauen ihres Standes eine Anstellung gesucht, um sich ihre Aussteuer zu verdienen und sich dann einen Mann suchen zu können.[77] Sie fand ihn in dem zwanzig Jahre älteren Rembrandt, der sicher nie vorhatte, sie zu heiraten. Doch hatte Geertje Dircx fraglos allen Grund zur Eifersucht, schon lange bevor im Sommer 1654 Hendrickje vor den Amsterdamer Kirchenrat zitiert wurde, wo man ihr vorwarf, dass sie »mit Rembrandt, dem Maler, Hurerei getrieben« habe.[78] Die in diesem Zusammenhang überlieferten Dokumente sind nicht nur als Belege für Rembrandts Beziehung von Bedeutung, sondern auch weil sie ganz nebenbei über seine konfessionelle Orientierung Aufschluss geben. Sie zeigen nämlich, dass Rembrandt im Unterschied zu seiner Geliebten nicht Mitglied der reformierten Gemeinde war.[79] Vielmehr stand er, wie gezeigt, den Remonstranten nahe, ohne aber selbst als Mitglied einer Gemeinde aktiv zu sein. Sein italienischer Zeitgenosse Baldinucci hielt ihn für einen Mennoniten.[80] Offensichtlich vermied Rembrandt wie viele Zeitgenossen in der für religiöse Überzeugungen sensiblen Zeit die Festlegung. Zeugnis dieser Offenheit sind auch seine Werke, die neben Hinweisen auf einen reformierten Glauben teils sogar katholische Elemente zeigen.[81]

Dass Rembrandt und Hendrickje gegen die Gebote aller christlichen Kirchen verstoßen hatten, wurde durch Hendrickjes Schwangerschaft sichtbar bezeugt. Sie ließ sich nicht kaschieren und rief auch den calvinistischen Kirchenrat auf den Plan. Rembrandts neue Gefährtin wurde der Unzucht für schuldig befunden, erhielt aber eine aus heutiger Sicht eher leichte Strafe: Sie wurde vom Abendmahl ausgeschlossen.[82] Von einer gewissen Großzügigkeit zeugt

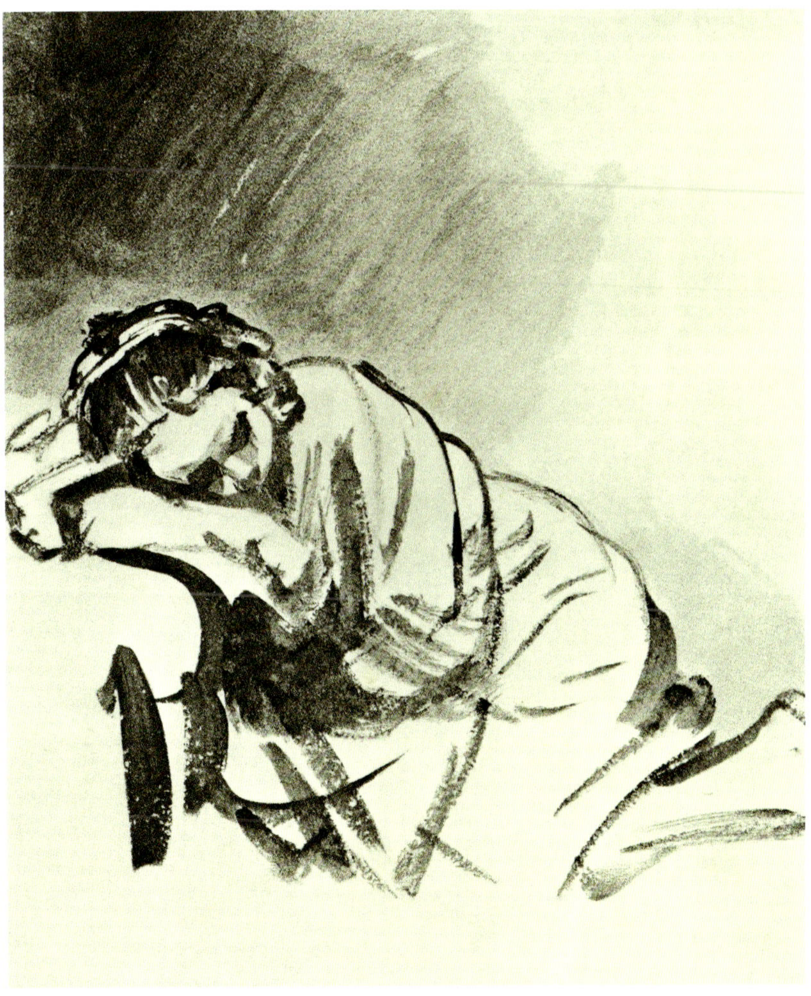

39 Eine schlafende junge Frau (Hendrickje Stoffels), um 1654, Pinsel in Braun, laviert, 24,6 × 20,3 cm, London, British Museum

auch die Tatsache, dass Rembrandt und Hendrickje als Eltern eingetragen wurden, als die gemeinsame Tochter Cornelia am 30. Oktober 1654 in der Oude Kerk getauft wurde.[83] Der Eintrag im Taufbuch unterschied sich damit in nichts von einer ehelichen Geburt, vermutlich weil man davon ausging, dass der Witwer die junge Frau heiraten würde.[84] Doch diese Ehe konnte nicht geschlossen werden, selbst wenn Rembrandt über die gegebenen Standesunterschiede hinweggesehen hätte. Er hätte nämlich seinen Anteil an Saskias Erbe eingebüßt und Titus auszahlen müssen, was ihn zu diesem Zeitpunkt finanziell überfordert hätte. Hendrickje mag dem Vater ihrer Tochter Modell gestanden haben. Ob dieser sie aber 1654, im Jahr von Cornelias Geburt, in Gestalt einer ins Wasser steigenden Frau festgehalten hat, muss offen bleiben (s. Abb. 40).[85] In dem zwei Jahre nach Entstehen des Bildes aufgestellten ausführlichen Inventar von Rembrandts Besitz wird es nicht erwähnt, so dass es damals vermutlich schon verkauft war. Mit Blick auf diese Tatsache gibt das malerisch bemerkenswerte Gemälde vermutlich weniger Aufschluss über Rembrandts Privatleben als über die Interessen von Sammlern des 17. Jahrhunderts. Genau wie an der *Danaë* (vgl. Abb. 33) mögen sie an diesem Bild die weitgehende Sinnoffenheit besonders geschätzt haben. Denn außer einem prachtvollen, am Ufer liegenden Kleid, das wie golddurchwirkter Brokat schimmert, gibt es keinen Hinweis darauf, dass hier mehr gezeigt ist als eine Frau, die ihr Hemd rafft, während sie ins Wasser steigt. Die zumeist männlichen Betrachter mögen sich am sinnlichen Eindruck des Bildes erfreut und das Motiv als erotisch wahrgenommen haben. Doch mögen sie sich auch an die in der Bibel wie in den *Metamorphosen* Ovids berichteten Geschichten erinnert haben, in denen Männern, die Frauen beim Baden zuschauen, ein böses Ende prophezeit wird. Nichts deutet in Rembrandts Gemälde unmittelbar auf eine dieser Geschichten hin. Doch mag genau darin der Reiz für das zeitgenössische Publikum gelegen haben, dem die literarischen Stoffe unmittelbar präsent gewesen sein dürften. Waren nicht die beiden Alten gesteinigt worden, die der biblischen Susanna beim Baden zugeschaut hatten?[86] Und der mythische Jäger Aktaion, der aus Versehen die Göttin Diana beim Baden sah, wurde er nicht in einen Hirsch verwandelt und von seinen Hunden zerfleischt?[87] Das Bild spielt augenscheinlich mit der Rolle des Betrachters. Mindestens so bemerkenswert wie das nicht klar zu benennende Thema des Bildes ist die eindrucksvolle Farbgebung. Das gar nicht so kleine Gemälde wirkt durch die in weiten Partien mit breitem Pinsel gesetzten Farben wie eine zum vollgültigen Bild erweiterte Ölskizze – oder schlichtweg unfertig, zum Beispiel in den Schattenpartien des hochgehobenen, sich bauschenden Hemds oder im Bereich der linken Schulter.[88] Allerdings bezeugt die volle Signatur, dass es sich um ein in Rembrandts Augen vollendetes Werk handelt. Er traf damit eine künstlerische Entscheidung, für die sich in der Kunsttheorie der Zeit der Begriff des *non finito* etabliert hat.[89] Man fühlt sich mit Blick auf die of-

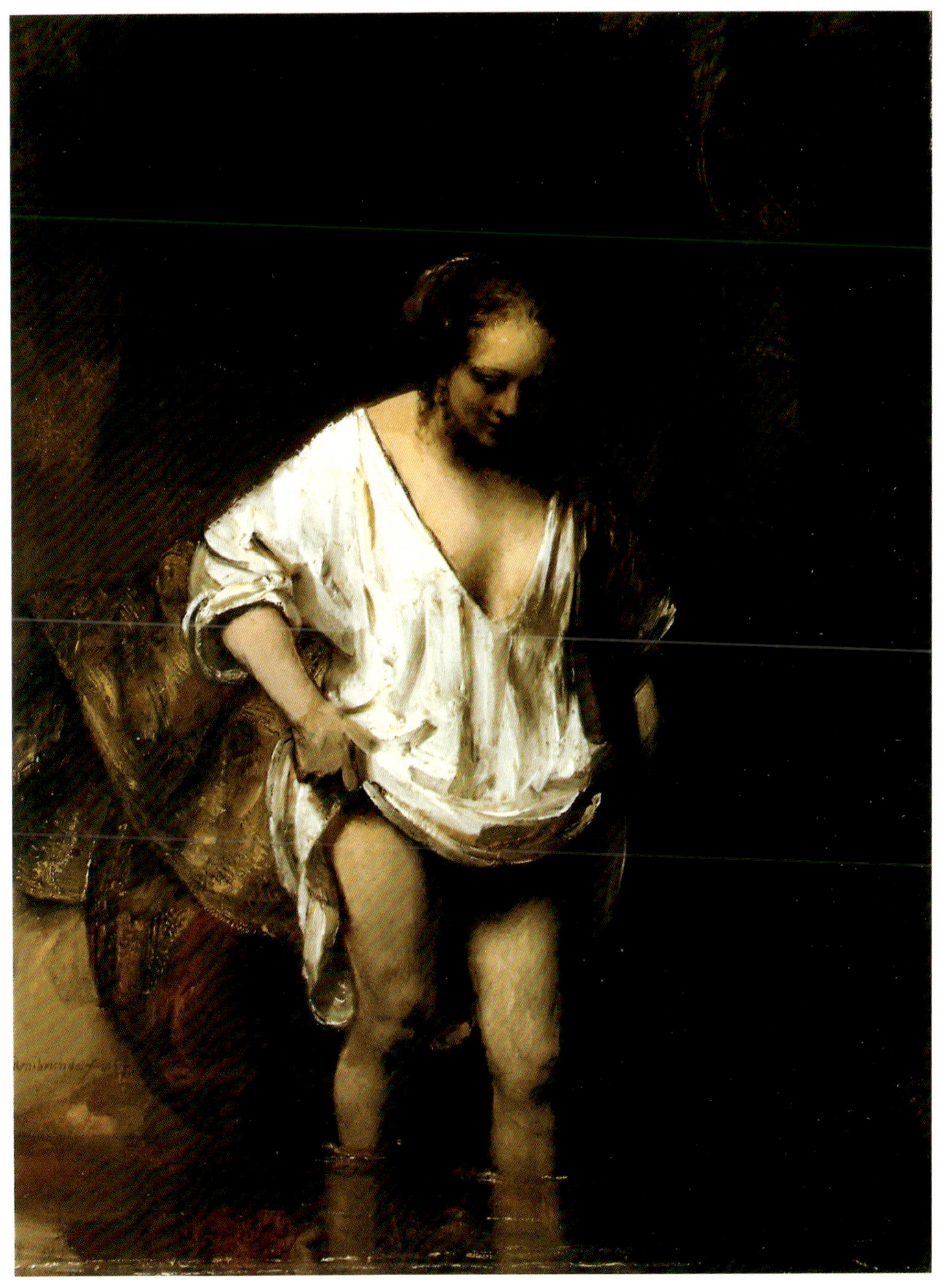

40 *Badende*, 1654, Öl auf Holz, 61,8 × 47 cm,
bezeichnet: »Rembrandt f. 1654«, London, National Gallery

fene Malweise an Arnold Houbrakens Aussage erinnert, »dass seine Gemälde, in der Nähe betrachtet, aussahen, als seien sie mit einer Maurerkelle angeschmiert worden«.[90] Deshalb habe Rembrandt, so Houbraken 1718, »die Menschen, die in sein Atelier kamen, wenn sie seine Arbeiten aus der Nähe betrachten wollten, mit den Worten zurückgezogen: der Geruch der Farben wird Euch belästigen«. Houbraken interpretierte die malerische Offenheit, dem Geschmack seiner Zeit folgend, als Ausweis eines Mangels an Fleiß, den Rembrandt nicht auf die sorgsame Vollendung habe verwenden wollen. Auch Roger de Piles hatte einige Jahre zuvor festgehalten, man müsse Rembrandts Bilder aus angemessener Entfernung betrachten, um sie würdigen zu können.[91] Ausdrücklich lobte de Piles dabei »die Wahrheit und das Leben in seiner Pinselführung«, sein »hervorragendes Helldunkel«, seine Lokalfarben, die Fleischtöne und das Kolorit, das er mit den Werken Tizians verglich. Zwischen den Zeilen seines Textes wird deutlich, dass de Piles in den Werken Rembrandts einen gelungenen Ausdruck jener künstlerischen Leichtigkeit entdeckte, die man im Italienischen mit dem Begriff der *sprezzatura* beschrieb. Diese Geschicklichkeit sorgte richtig angewandt dafür, dass ein Bild spannend anzuschauen war. Keinesfalls dürfe man nämlich dem Bild die auf seine Herstellung verwandte Mühe ansehen, hatte Samuel van Hoogstraten 1678 gewarnt: »Denn was mit Mühen gemacht, ist mühevoll anzusehen, wie man sagt.«[92] Das wurde Rembrandt nie zum Vorwurf gemacht, im Gegenteil. Selbst seine schärfsten Kritiker gestanden seiner Malerei Virtuosität zu und lobten seine lebendigen Bilderzählungen.

Rembrandt als Erzähler

Am 1. September 1638 zog Maria de' Medici feierlich in Amsterdam ein. Die von ihrem eigenen Sohn ins Exil getriebene Witwe des französischen Königs wurde in der Stadt so ehrenhaft empfangen wie zuvor nur Landesherren.[1] Dabei befand sich Maria de' Medici ständig in Geldnot, weshalb man sie am Haager Hof hinter vorgehaltener Hand *La Rouïna madre* nannte.[2] Zudem brachte sie ihre Gastgeber in Verlegenheit, weil sie provozierend öffentlich als bekennende Katholikin auftrat. Doch der bürgerlichen Elite Amsterdams bot ihr Besuch die Gelegenheit, sich dem aristokratischen Europa ebenbürtig zu beweisen, galt es doch die »Mutter dreier Könige« zu empfangen. Um das große Ereignis vor den Augen der Welt sichtbar zu machen, sorgte die Administration für eine umfassende Dokumentation. Caspar Barlaeus beschrieb das Fest ausführlich.[3] Das reich illustrierte Werk wurde unter dem Titel *Medicea Hospes* noch im selben Jahr erstmals gedruckt und anschließend auch in französischer und niederländischer Sprache publiziert. Die Amsterdamer errichteten Festarchitekturen, stellten Triumphbögen auf und Bühnen mit *tableaux vivantes*, »lebenden Bildern«. Die Schützengilden der Stadt vollzogen während der sorgsam inszenierten Solennitäten die angemessenen Riten der militärischen Macht- und Ehrenbezeigungen. Die festlich gekleideten, bewaffneten Bürger standen Spalier und geleiteten die Königin als Ehrengarde in die zum Thronsaal umfunktionierte Versammlungshalle der Büchsenschützen, den sogenannten Kloveniersdoelen. Für die in Zeiten des Krieges so wichtige Schützengilde war an der erst kurz zuvor erschlossenen Nieuwe Doelenstraat in den 1630er Jahren ein Neubau errichtet worden. Über der Tür prangten Wappen und Embleme der Gilde, zu denen gekreuzte Gewehre und Klauen zählten. Für den Empfang der Königin wurde der neue, festlich geschmückte Saal zur Bühne eines Staatsakts, der in der Bildsprache seiner Inszenierung durchaus Nähe zum Theater zeigte.[4] Das hatte es ausweislich des Tagebuches eines Beteiligten auch im übertragenen Sinne gegeben, als man sich unter den nach Stadtteilen organisierten Schützengilden verständigen musste, »wer als erster oder letzter ausrücken oder zurückgehen sollte, dito über die Frage, wo jeder stehen und wohin und wann er marschieren sollte«.[5] Es wurden Lose gezogen, wobei der später von Rem-

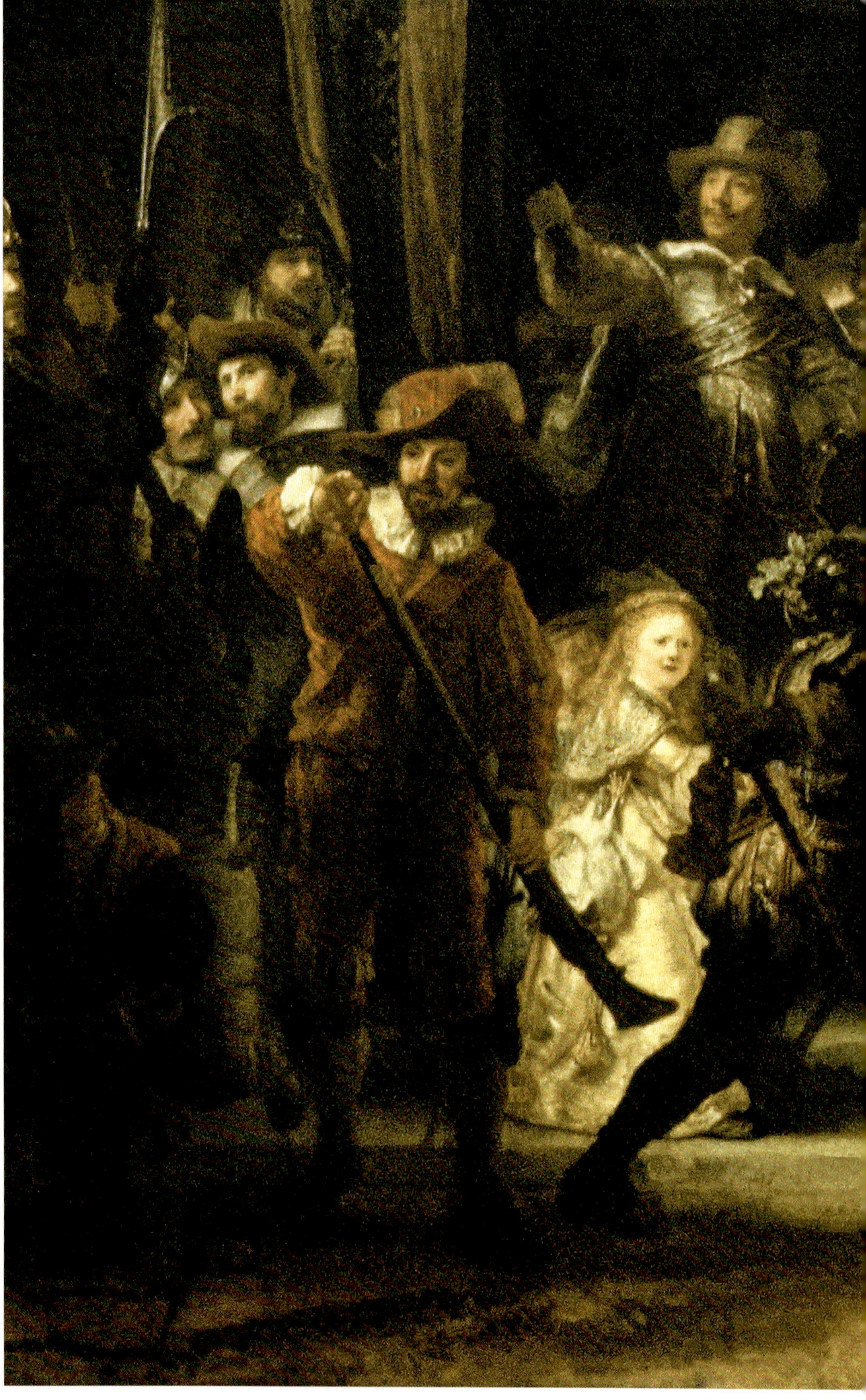

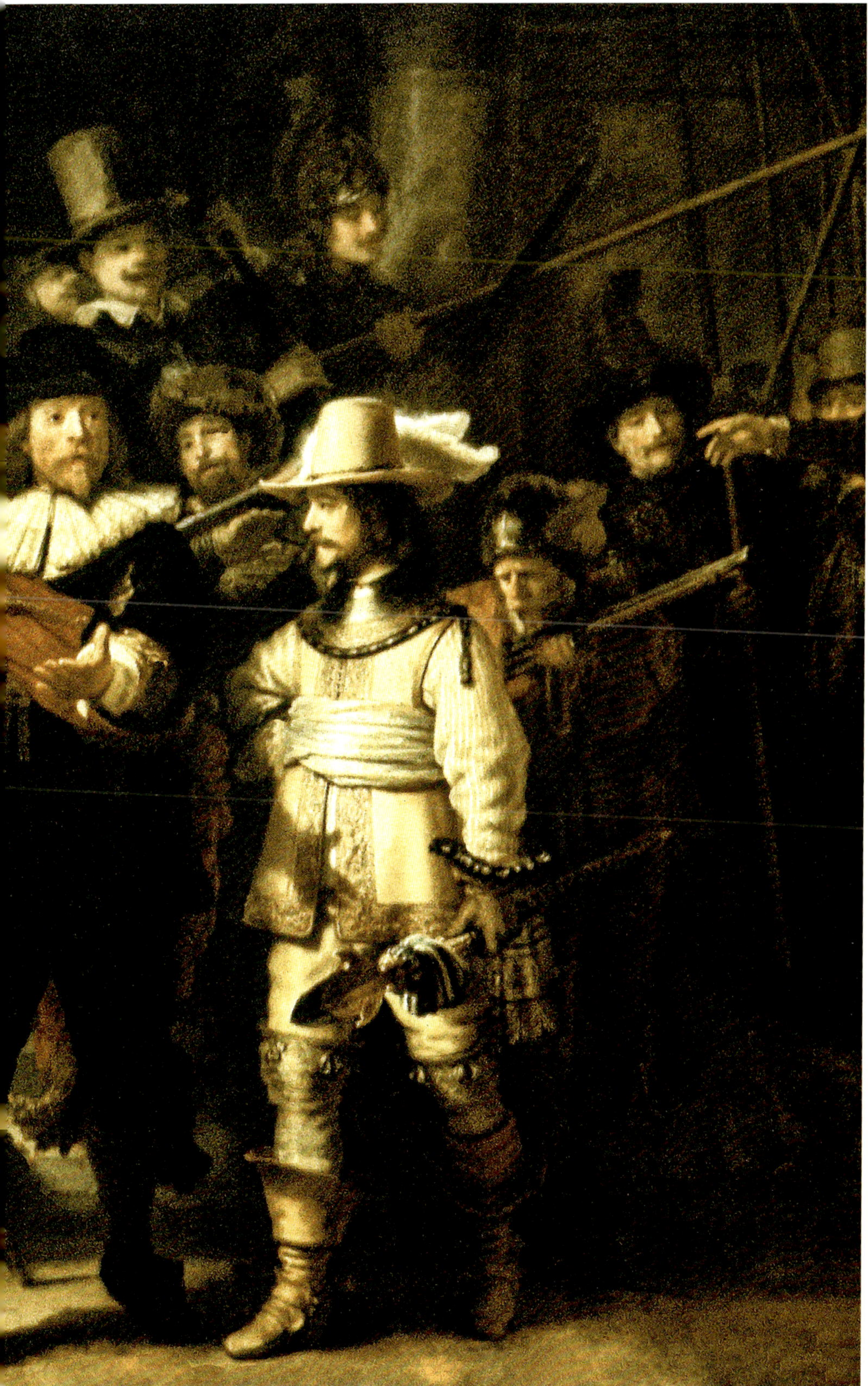

brandt gemalten Kompanie des zweiten Bezirks die Ehre zufiel, innerhalb der Stadttore das Kommando zu übernehmen (s. Abb. 41).[6]

Wann genau Rembrandt den Auftrag zu seinem vielleicht berühmtesten Bild erhielt, ist nicht dokumentiert. Es mag aber kurz nach dem Umzug in das neue Haus in der Sint Anthonisbreestraat gewesen sein. Das gewaltige Gemälde entstand vermutlich in einem eigens dafür umgebauten Teil des neuen Hauses, der in einem Dokument aus dem Jahr 1643 als *Galerijtgen*, als »kleine Galerie«, bezeichnet wird, die der Maler Rembrandt errichtet habe.[7] Es steht außer Frage, dass bei den Überlegungen für die Ausstattung des neuen Festsaals das wichtigste politische Ereignis der jüngeren Geschichte, der Besuch Maria de' Medicis, eine Rolle spielte. Ganz unmittelbar wurde es von Joachim von Sandrart aufgegriffen, der eines der neu in Auftrag gegebenen Bilder malte. Insgesamt wurden zwischen den Jahren 1638 und 1645 bei sechs verschiedenen Malern sieben Gruppenbildnisse bestellt. Alle beauftragten Künstler standen damals mehr oder weniger unmittelbar mit Uylenburgh in Kontakt, der vermutlich als Mittelsmann auftrat.

Rembrandts Bild der Schützen des zweiten Bezirks vollendete der Maler 1642. Schon die Zeitgenossen waren durch die schiere Größe des Werks von mehr als dreieinhalb Meter Höhe und viereinhalb Meter Breite beeindruckt, doch mehr noch durch die enorme Präsenz der Figuren. Der heutige Eindruck des Bildes ist leider durch zahlreiche Beschädigungen getrübt, die das Gemälde im Laufe der Jahrhunderte erlitten hat. Es wurde stark beschnitten, vor allem auf der linken Seite, und war bis zu seiner Restaurierung so stark nachgedunkelt, dass sich im 19. Jahrhundert der in die Irre führende Titel *Die Nachtwache* etablierte. Tatsächlich hat Rembrandt das Bild aus den dunklen Partien des Hintergrunds nach vorne hin aufgebaut, um die im Vordergrund gezeigten Personen umso deutlicher hervortreten zu lassen. Und obwohl das Gemälde heute dunkler erscheint als in seiner Entstehungszeit, vermittelt sich doch noch immer eine überzeugende räumliche Illusion.[8] Wie schon 1686 Filippo Baldinucci bezeugt, verdankte sich der Ruhm dieses Bildes vor allem der lebendigen, in den Betrachterraum ausgreifenden Vorwärtsbewegung der lebensgroßen Figuren.[9] Dieses Vorwärtsdrängen beschreibt dabei zugleich ein der Szenerie zugrundeliegendes erzählerisches Motiv, das die Beischrift einer zeitgenössischen Nachzeichnung explizit formuliert: »Der junge Herr von Purmerlandt gibt als Kapitän seinem Leutnant, dem Herrn von Vlaerdingen, den Befehl, seine Kompanie in Marsch zu setzen.«[10] Neben dem Kapitän Frans Banning Cocq

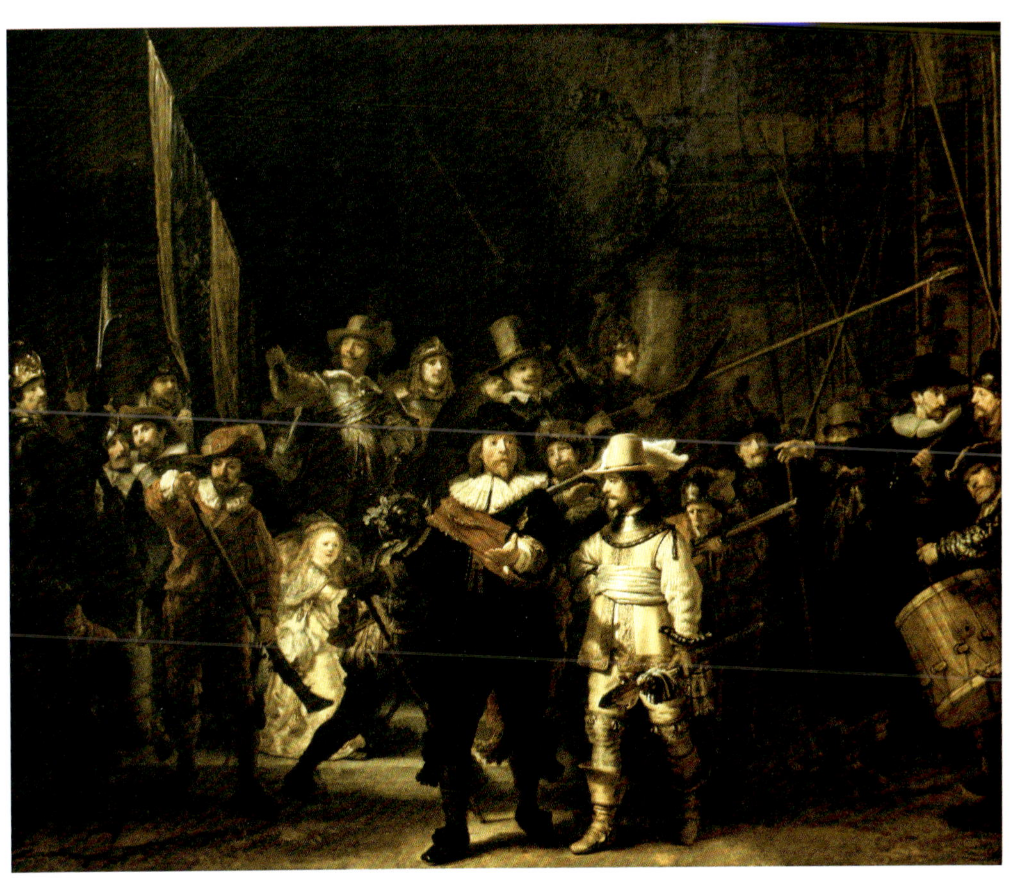

41 *Die Schützenkompanie des Hauptmanns Franzs Banning Cocq und des Leutnants Willem van Ruytenburgh* (»*Die Nachtwache*«), 1642, Öl auf Leinwand, 363 × 437 cm, bezeichnet: »Rembrandt f. 1642«, Amsterdam, Rijksmuseum

und seinem Leutnant Willem van Ruytenburch sind sechzehn Männer dargestellt, die auf der im Hintergrund aufgehängten Tafel namentlich erwähnt werden.[11] Jeder von ihnen hatte für sein in das Gruppenbild integriertes Porträt etwa 100 Gulden zu zahlen.[12] Namentlich identifizierbar ist auch der Trommler, Jacob Jorisz, der allerdings nicht zahlen musste.[13] Um die Illusion einer vollständigen Kompanie zu schaffen, hat Rembrandt weitere Figuren in Szene gesetzt, so dass einst vierunddreißig Personen dargestellt oder angedeutet waren. Besonders das hell angeleuchtete Mädchen links im Vordergrund hat unter neuzeitlichen Interpreten Verwirrung gestiftet. Ihr Auftritt ist Rembrandts Bemühen geschuldet, sogar noch allegorische Motive in die Bilderzählung einzubinden. In Gestalt einer Marketenderin steht sie für die Kloveniers-Gilde als dem eigentlichen Zentrum des Bildes. Deshalb hängt ein Huhn an ihrem Gürtel, dessen Klauen deutlich sichtbar sind. Genau wie das traditionelle Trinkhorn der Gilde in ihrer Hand unterstreicht dieses Motiv die symbolische Bedeutung. In nie dagewesener Weise formulierte Rembrandt hier eine in Vergangenheit und Gegenwart ausgreifende politische Botschaft, in der Bildnisse und Bildhandlungen, Realität und Symbolik einander durchdringen, um gleichermaßen Bürgerstolz und kommunale Verbundenheit zu demonstrieren.[14] Die *Nachtwache* ist zu Recht als theatralisch beschrieben worden, wobei es ein Grundzug bürgerlicher Kultur ist, mit der Übernahme höfischer Verhaltensmuster zugleich Formen der Parodie und ironische Brechung zu erproben. Es ist zu Recht darauf hingewiesen worden, dass Rembrandt für die im Bild in verschiedenen Stadien vorgeführte Handhabung der Muskete auf graphische Vorlagen zurückgriff. Doch treten diese Details hinter der gleichsam theatralischen Inszenierung des Sich-Ordnens und Aufbrechens zurück. Rembrandt hat in seinem Schützenstück Festlichkeit und Würde, Wehrhaftigkeit und Stolz, militärisches Reglement und Momente des Bizarren und der Komik zu einem erzählenden Bild verbunden. Diese Einheit des Gemäldes stellte schon Samuel van Hoogstraten als bedeutendstes Charakteristikum dieses Kunstwerks heraus. »Rembrandt hat das in seinem Stück auf der *Doele* in Amsterdam sehr gut wahrgenommen – allzu sehr, wie viele meinen«, schrieb Hoogstraten 1678. »Er gab sich mehr Mühe mit dem großen Ganzen seines künstlerischen Konzeptes als mit den einzelnen Porträts, die ihm in Auftrag gegeben waren. Doch soll dieses Werk, egal wie tadelnswert, nach meiner Einschätzung alle seine Konkurrenten überdauern. Es ist so malerisch in der Erfindung, so kompliziert komponiert und so voller Kraft, dass nach Einschätzung vieler die anderen Bilder

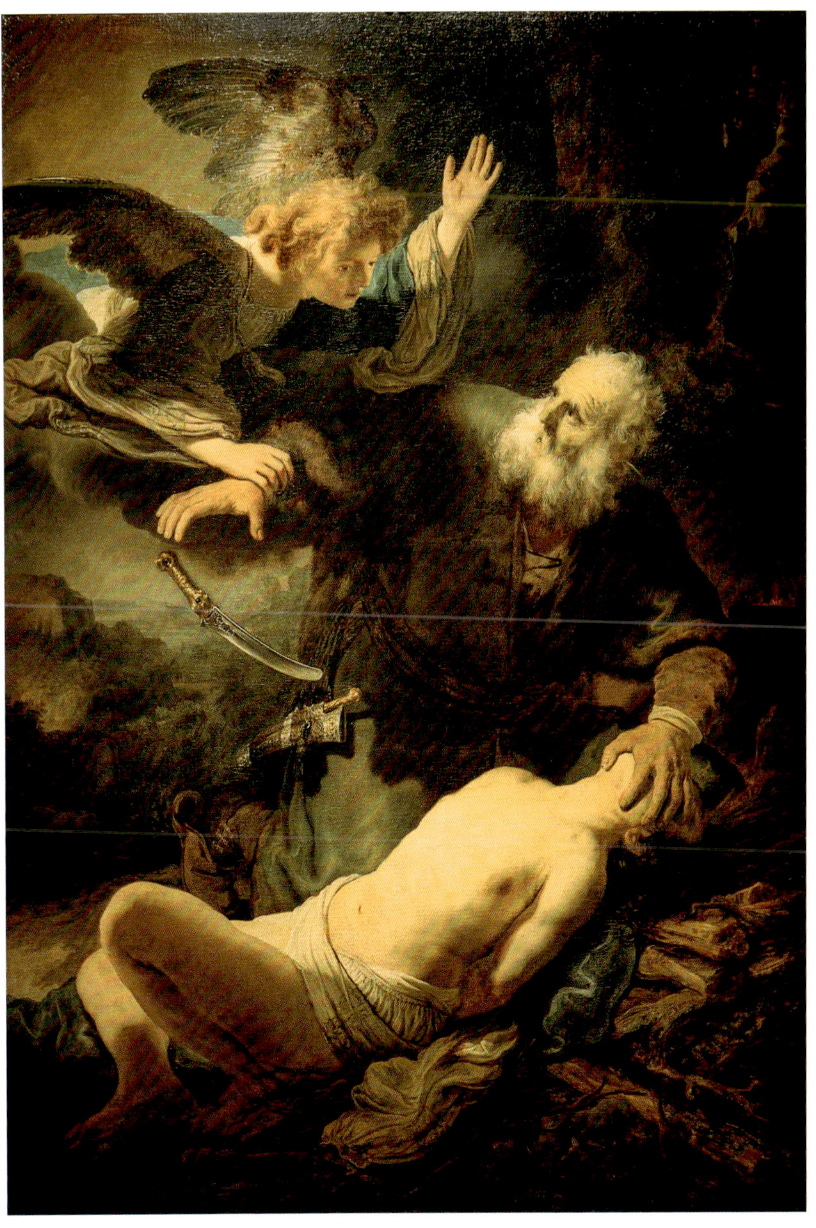

42 *Opferung Isaaks*, 1635, Öl auf Leinwand, 193 × 132,5 cm, bezeichnet: »Rembrandt f. 1635«, St. Petersburg, Eremitage

daneben wie Spielkarten wirken. Obschon ich mir gewünscht hätte, dass er mehr Licht hineingebracht hätte.«[15] Mit seiner Einschätzung, dieses Gemälde Rembrandts würde alle vergleichbaren Werke überdauern, hatte Hoogstraten sicher Recht. Mit seinem Text gab Hoogstraten zu dem hartnäckigen Mythos Anlass, Rembrandt sei seinerzeit für sein Gemälde kritisiert worden. Dafür gibt es aber keine Belege, im Gegenteil. So gab beispielsweise der stolze Frans Banning Cocq zwei Kopien des Bildes in Auftrag. Wenn man die zeitgenössische Wahrnehmung von Rembrandts Schützenstück verstehen will, muss man es im Kontext der erwähnten anderen Bilder sehen, die daneben »wie Spielkarten« wirken. Rembrandts Gemälde wurde im Festsaal der Klovenirs-Gilde öffentlich wahrgenommen und erfüllte dort seinen von Künstler und Auftraggebern intendierten Zweck. Zum Beispiel, als im Mai 1642, kurz nach Fertigstellung des Bildes, Henrietta Maria de' Medici, die Tochter der exilierten Königin, in Amsterdam festlich empfangen wurde.

Nach der Vollendung dieses bekanntesten seiner in Amsterdam öffentlich sichtbaren Werke hat Rembrandt über lange Zeit keine größeren Aufträge mehr ausgeführt. Nachdem er nicht mehr in Uylenburghs Auftrag vordringlich Porträts malte, verlegte sich Rembrandt vor allem auf biblische und mythologische Historienbilder. Daneben produzierte er auch weiterhin die beliebten Tronies. Insgesamt ging die Bilderproduktion ab 1640 zurück. Dass der Maler von da an nur noch wenige Porträts ausführte, hatte sicher auch damit zu tun, dass dem Amsterdamer Publikum Uylenburghs »Akademie« als erste Adresse für Porträts galt – auch nach Rembrandts Ausscheiden.[16] Es mag aber auch eine Rolle gespielt haben, dass Rembrandt von Auftragsbildnissen die Nase voll hatte. Denn künstlerisch ambitioniert war für ihn vor allem die Bilderzählung, für die ihn schon seine Zeitgenossen bewunderten. 1641 lobte beispielsweise der Leidener Maler Philips Angel in seinem *Lof der Schilderconst* den »weit-berühmten Rembrandt« für dessen so kluge wie geistreiche Umsetzung textlicher Vorlagen in Historienbilder.[17] Und als zwischen 1669 und 1678 der kunstsinnige Amsterdamer Arzt Jan Sysmus seine Erkenntnisse über die Kunst seiner Zeit aufschrieb, bezeichnete er Rembrandt, Raffael und Rubens als die drei größten Erzähler biblischer Geschichten.[18]

Die 1635 entstandene Darstellung der Opferung Isaaks ist ein beeindruckendes Beispiel für Rembrandts Kunst der Bilderzählung (s. Abb. 42).[19] Das zu Recht berühmte Gemälde ist der sprechende Beleg dafür, dass es tatsächlich möglich ist, die gewaltige Tragik einer Geschichte in einem einzigen Bild zu-

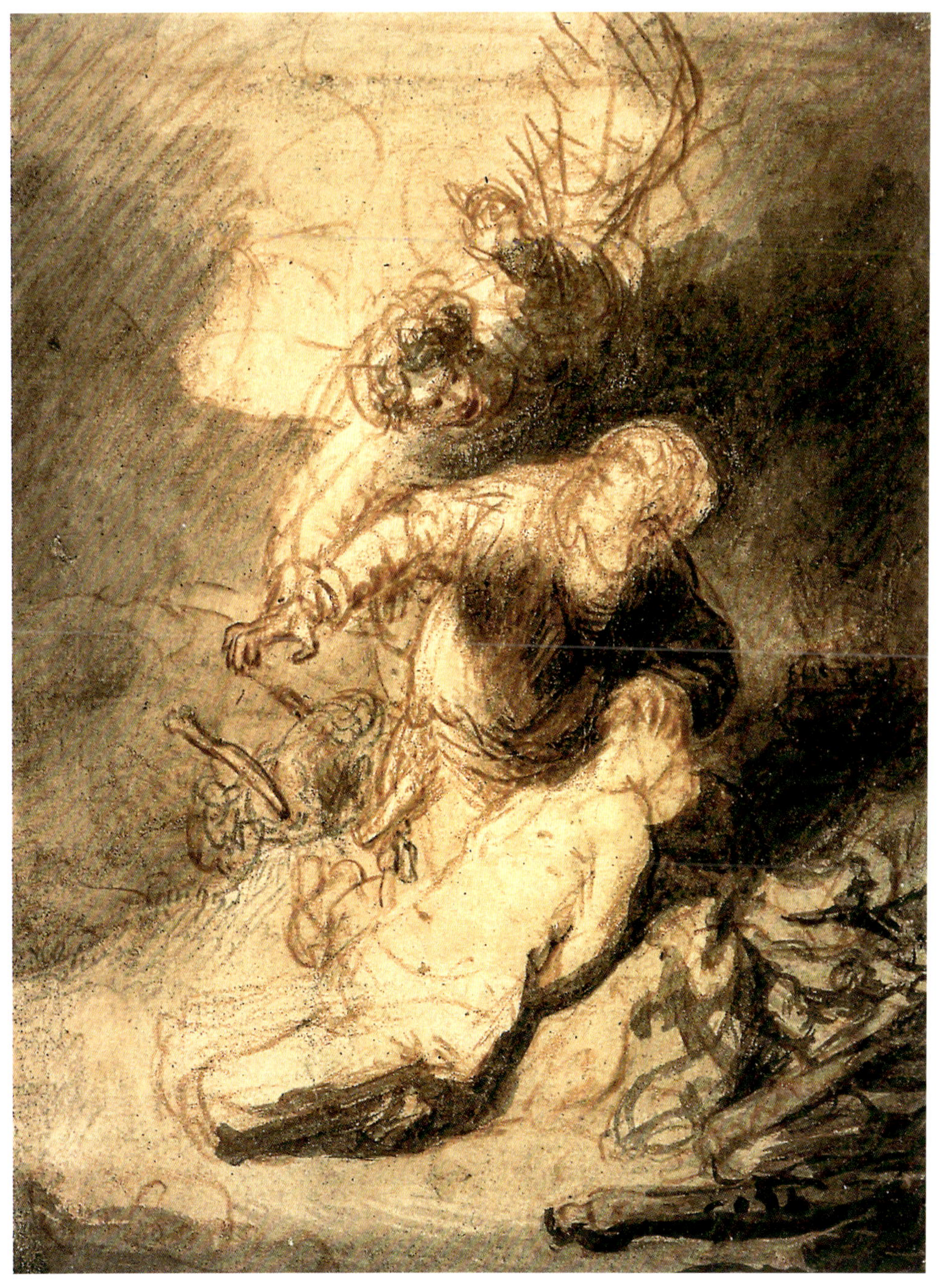

43 *Opferung Isaaks*, um 1634/35, rote über schwarze Kreide, grau laviert, 19,5 × 14,7 cm, London, British Museum

sammenzufassen und auszudrücken.[20] Das von Rembrandt inszenierte Geschehen wird in der Bibel berichtet, aber auch in den *Jüdischen Altertümern* von Flavius Josephus, die Rembrandt in einer von Tobias Stimmer illustrierten Ausgabe besaß.[21] Nach dieser Überlieferung fügen sich Vater und Sohn gleichermaßen in Gottes Entscheidung. Gott hatte Abraham auf die Probe gestellt, indem er ihn aufforderte, seinen geliebten Sohn zu opfern, und dessen Tod erst in letzter Minute verhinderte. Stärker als Künstler vor ihm konzentriert Rembrandt sich in seinem Bild auf die Affekte von Vater und Sohn. Durch den hell beleuchteten Körper des Knaben wird der Blick des Betrachters auf das schockierende Geschehen gelenkt. Der Vater drückt den Kopf des Sohnes mit Gewalt zurück und hält ihm dabei gleichzeitig die Augen zu, um seine Kehle bloßzulegen und ihn im nächsten Moment zu schächten. »Da rief ihn der Engel des Herrn vom Himmel und sprach: Abraham! Abraham! [...] Lege deine Hand nicht an den Knaben und tu ihm nichts; denn nun weiß ich, dass du Gott fürchtest und hast deines einzigen Sohnes nicht verschont um meinetwillen.«[22] Um dieses Wort des gottgesandten Engels in ein sprechendes Bild zu überführen, zeigt Rembrandt, wie auch andere Künstler vor ihm, einen Engel, der Abraham gleichsam in den Arm fällt. Man muss dieses Gemälde, wie die anderen erzählenden Bilder Rembrandts, im Kontext des in der Kunstliteratur geführten Diskurses über den Rang der Malerei betrachten, die selbstbewusst als eine der Literatur ebenbürtige, vielleicht sogar als ihr überlegene Kunst antrat. Dazu leistet Rembrandt mit malerischen Mitteln einen Beitrag, wobei sein Bild zugleich den Betrachter dazu auffordert, das Geschehen in Worte zu kleiden. Rembrandt konnte mit einem Publikum rechnen, das sich genau darum bemühte. So hatte beispielsweise Étienne Binet 1621 gefordert, dass man »beim Sprechen über reiche Bilder reden muss, als wären die Dinge wirklich und nicht gemalt«.[23]

Die Zeitgenossen wussten die von Rembrandt geleistete Vergegenwärtigung des biblischen Geschehens zu schätzen. Das wird nicht nur darin deutlich, dass sehr früh in der Werkstatt Rembrandts eine Kopie des Gemäldes entstand, sondern auch darin, dass seine Schüler sich ausführlich mit diesem bemerkenswerten Bild auseinandersetzten.[24]

Im Umkreis des Malers arbeiteten Künstler sehr intensiv an der kompositorischen Verdichtung von Bilderzählungen. Das ist an zahlreichen Zeichnungen ablesbar und mustergültig auch in einem Blatt umgesetzt, auf dessen Rückseite schriftlich Korrekturvorschläge notiert sind.[25] Im Falle der *Opferung*

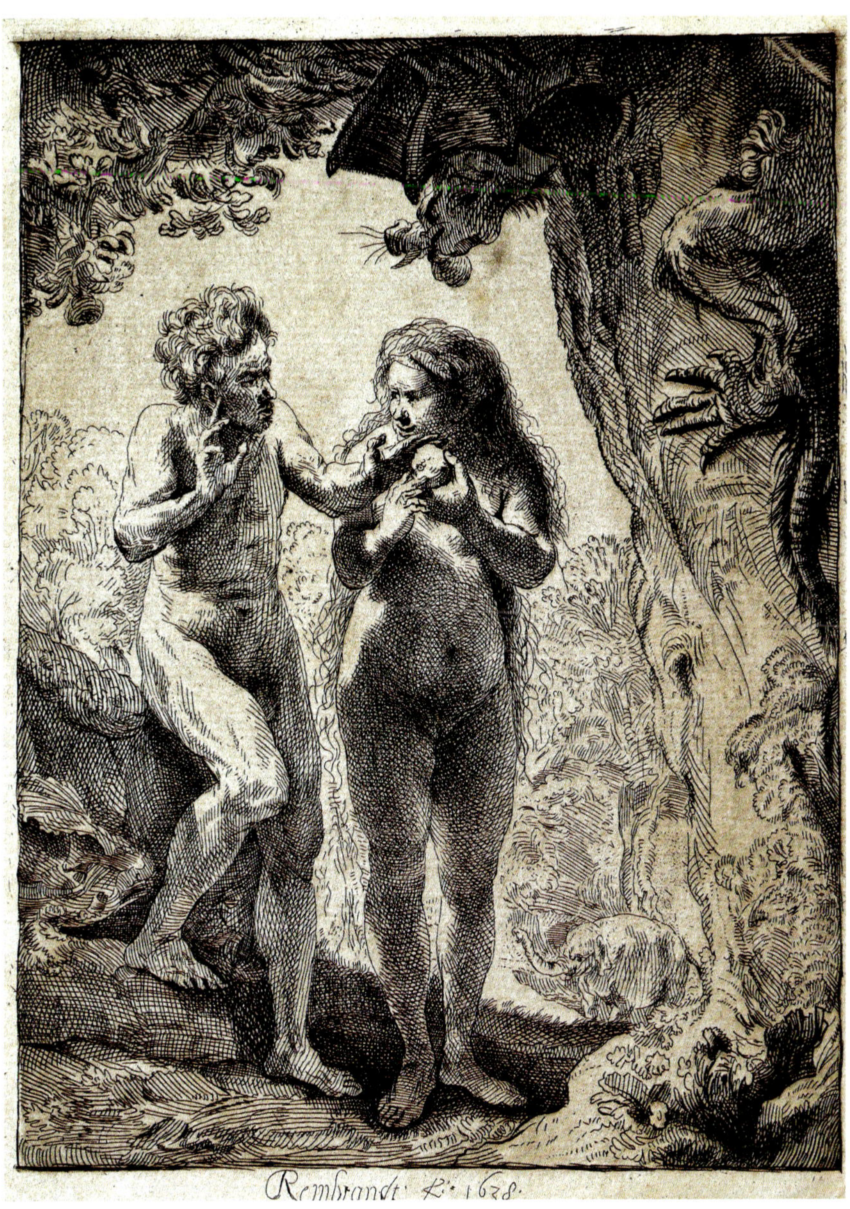

44 *Adam und Eva,* 1638, Radierung, 16,4 × 11,5 cm

Isaaks wird der Prozess des Arbeitens an einer Bilderzählung durch eine Zeichnung Rembrandts verdeutlicht, die unmittelbar von der von ihm beauftragten und überarbeiteten Werkstattkopie entstand (s. Abb. 43).[26] Um das Erschrecken Abrahams über das himmlische Eingreifen noch glaubwürdiger wirken zu lassen, nähert sich in dieser die Neufassung vorbereitenden Studie der Engel nicht von der Seite, sondern von hinten. Dass Rembrandt seine Bilderfindungen von Schülern wiederholen ließ, um diese Bilder dann nach einer abschließenden Retusche zu verkaufen, war unter Malern der Zeit gängige Praxis. Ein Beleg dafür ist auch, dass in dem 1656 aufgestellten Inventar von Rembrandts Haus einige Stücke explizit als von Rembrandt »retuschiert« verzeichnet wurden.[27] Er band seine Schüler und Werkstattmitarbeiter unmittelbar in den Arbeitsprozess ein, so dass sie die Bildsprache ihres Meisters erlernen konnten.

Mit gleicher Intensität wie im Medium der Malerei arbeitete Rembrandt auch an den Bilderzählungen seiner Radierungen. Ein eindrucksvolles Beispiel dafür ist das 1638 entstandene Blatt mit der Darstellung des Sündenfalls (s. Abb. 44).[28] Mit großer Eindringlichkeit hat der Künstler in dem kleinen Blatt Adams Gewissenskonflikt vorgeführt, der die eine Hand halb mahnend, halb abwehrend erhebt, während die andere bereits gierig nach dem Apfel ausgestreckt ist. Rembrandt hat die Radierung in mehreren kleinen Skizzen vorbereitet, in denen er vor allem die unterschiedlichen Reaktionen Adams erprobte.[29] Für den Elefanten im Hintergrund stand vermutlich jenes Exemplar Pate, das es unter dem Namen »Hansken« zu Berühmtheit gebracht hat (vgl. Abb. 16).[30] In dem Blatt wird auch die intensive Auseinandersetzung Rembrandts mit einem Werk Albrecht Dürers greifbar, dessen Graphik er sammelte. Rembrandt bezog sich dabei sowohl auf Dürers berühmten Stich mit dem ersten Menschenpaar als auch auf die *Höllenfahrt Christi* aus der kleinen Kupferstichpassion, wo der von Rembrandt gezeigte Drache sein Vorbild hat.[31]

Auch in der Radierung mit dem barmherzigen Samariter mag Rembrandt eine ältere Vorlage verarbeitet haben (s. Abb. 45).[32] Die monumentale Radierung illustriert eine Erzählung aus dem Neuen Testament.[33] Ungeachtet aller Vorurteile nahm sich der barmherzige Samariter eines Überfallenen an, den andere Passanten ignoriert hatten. Er brachte ihn in eine Herberge und kam für seine Pflege auf.

Rembrandt setzt die tätige Nächstenliebe des Samariters im wahrsten Sinn des Wortes ins Zentrum seiner Darstellung, wobei er mit der ebenfalls gezeigten Bezahlung des Wirts dem biblischen Text vorgreift, denn im Bibeltext wird

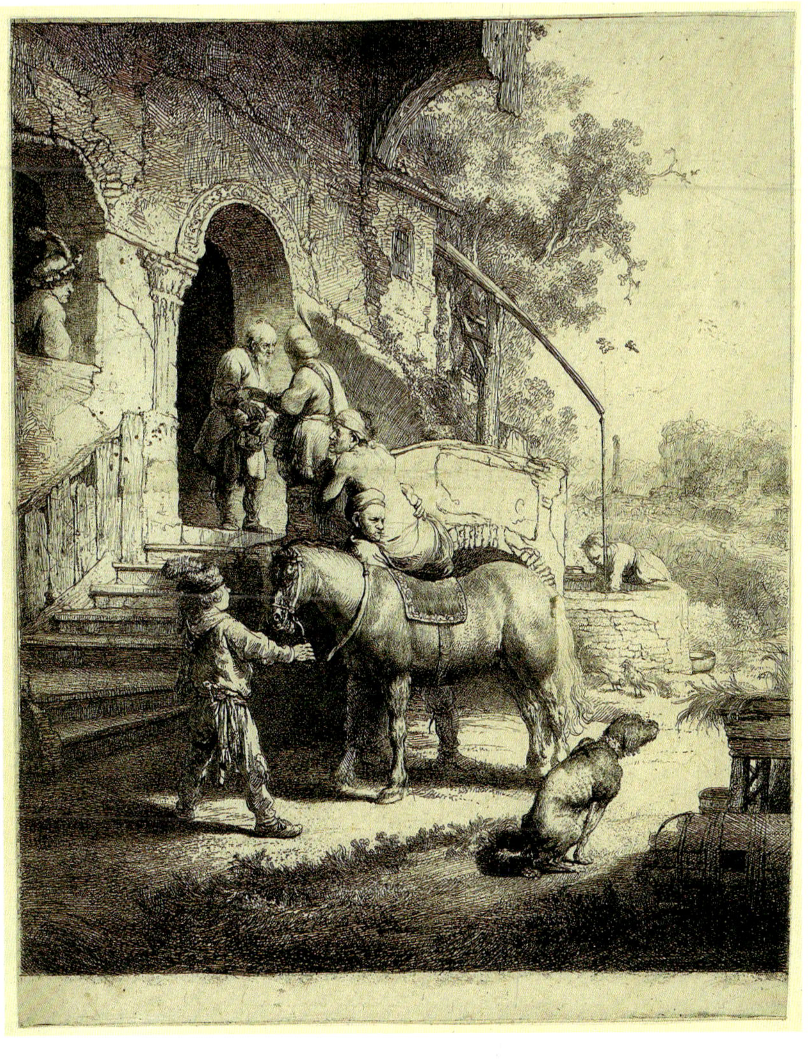

45 *Der barmherzige Samariter*, 1633, Radierung und Grabstichel, 25,7 × 20,8 cm

die Rechnung erst am folgenden Morgen beglichen. Rembrandt verdichtet die zeitlich aufeinanderfolgenden Ereignisse zu einem einzigen Bild, das die biblische Erzählung um zahlreiche illustrative Details bereichert. Dieser Reichtum und die subtile tonale Modellierung lassen verständlich werden, warum John Evelyn, als er 1662 den »particular spirit« von Rembrandts Radierungen lobte, ausdrücklich auf dieses Blatt verwies.[34] Es gibt vier leicht variierte Druckzustände, deren letzter mit der Jahreszahl 1633 und dem Hinweis »Rembrandt inventor et Fecit« versehen ist, »Rembrandt ist der Erfinder und hat es gemacht«.[35] Nur auf einer weiteren Radierung hat Rembrandt sich so ausdrücklich als Erfinder und Stecher bezeichnet.[36] In einem 1831 abgefassten Essay *Rembrandt der Denker* hat sich der deutsche Dichter Johann Wolfgang Goethe dem Blatt in einiger Ausführlichkeit gewidmet.[37] Allerdings lernt man aus dem Text weniger über das Denken Rembrandts als über die Ideale Goethes, der den Leser an seinen teils abwegig erscheinenden Gedanken teilhaben lässt. So zeigt er sich beispielsweise überzeugt, dass der Verletzte nicht nur von dem durchlittenen Schrecken, sondern von akuter Furcht gezeichnet sei, weil »er in jenem trotzigen Jüngling am Fenster den Räuberhauptmann derjenigen Bande wieder erkennt, die ihn vor kurzem beraubt hat, und daß ihn in dem Augenblicke die Angst überfällt, man bringe ihn in eine Räuberherberge, der Samariter sey auch verschworen ihn zu verderben«.[38]

Goethes Interpretation mag wenig überzeugen, doch illustriert sein Text neben der ungebrochenen Bewunderung für Rembrandts Kunst auch das reiche Vermögen des Malers, den Betrachter seiner Kunst zu sinnhaften Auslegungen anzuregen. Die den Betrachter einbindende Bilderzählung praktizierte Rembrandt nicht allein bei seiner Auseinandersetzung mit biblischen Geschichten, sondern auch und gerade bei seinen mythologischen Historien.[39] Sie machen insgesamt einen erstaunlich kleinen Teil seines Œuvres aus, obwohl das Publikum sich gerade für Themen und Motive der klassischen Literatur begeisterte. Zu den bemerkenswertesten Bildfindungen zählt dabei fraglos die 1635 entstandene *Entführung des Ganymed* (s. Abb. 46).[40] Die Idee für dieses Gemälde hatte Rembrandt in einer schnell hingeworfenen Kompositionsskizze festgehalten (s. Abb. 47).[41] Im Unterschied zum Gemälde sind auf dieser Zeichnung, der einzigen auf ein vollendetes Werk bezogenen aus der Zeit zwischen 1630 und 1640, die entsetzten Eltern des Knaben dargestellt. Unzählige Künstler hatten sich vor Rembrandt mit dieser von Ovid und anderen Autoren überlieferten Geschichte auseinandergesetzt.[42] Sie alle zeigten sich bemüht, Ganymed

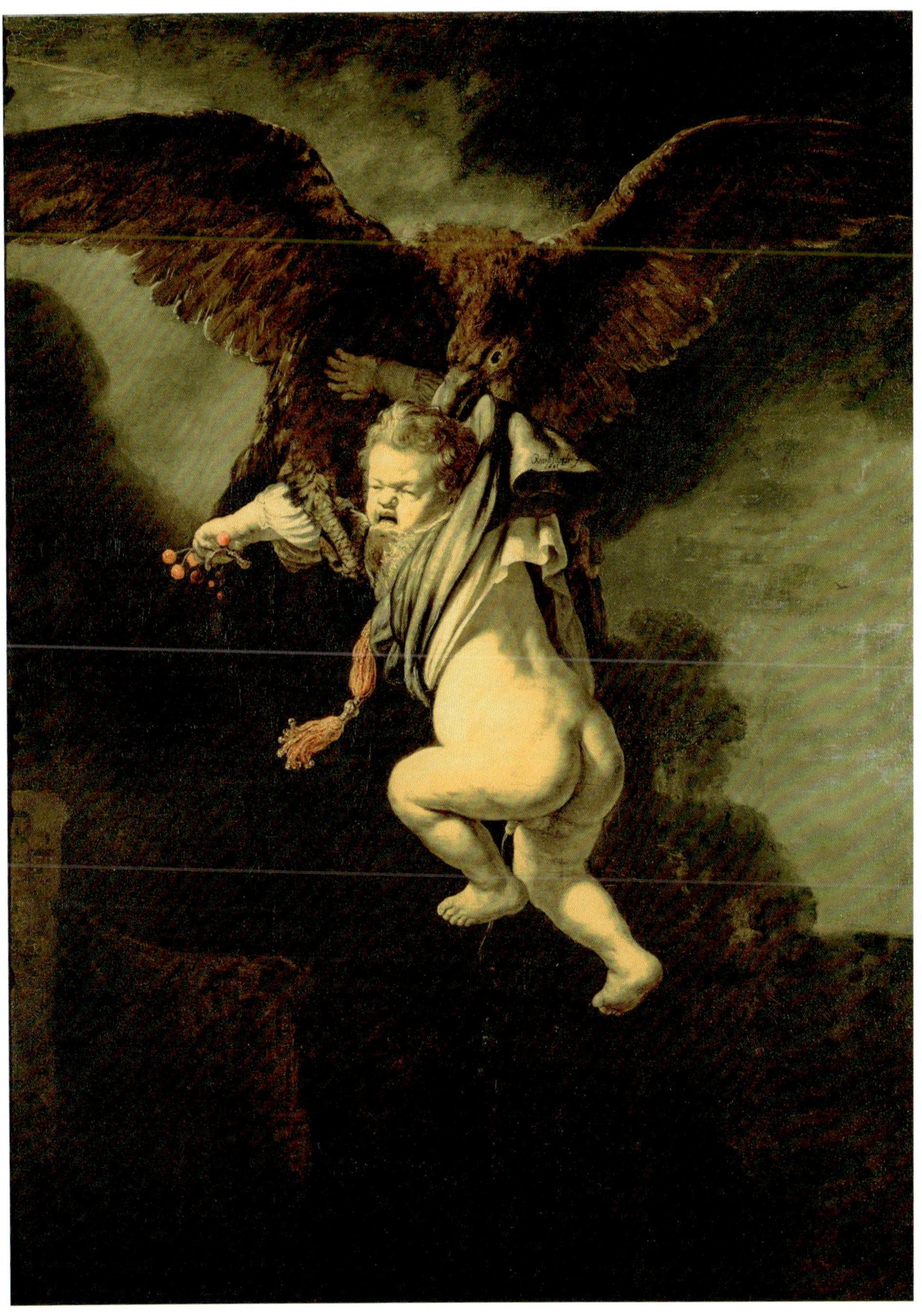

46 *Entführung des Ganymed*, 1635, Öl auf Leinwand, 177 × 130 cm, bezeichnet: »Rembrandt ft. 1635«, Dresden, Gemäldegalerie Alte Meister

als ansprechenden Jüngling ins Bild zu setzen, der Homer folgend »der schönste war der sterblichen Erdenbewohner«.[43] Rembrandt aber zeigt einen schreienden kleinen Jungen, der sich offensichtlich vor Angst in die Hosen macht, die er gar nicht anhat. Die Kirschen, die der Knabe in der Hand hält, geben dem Bild eine weitere Bedeutungsnuance. Auch mit diesem Kunstwerk tut sich die Forschung schwer in der Interpretation. Dabei steht das mythologische Thema außer Frage, das Rembrandts Zeitgenossen unmittelbar identifiziert haben dürften. Doch welchen Sinn sie dem Bild darüber hinaus beimaßen, war fraglos auch vom Kontext seiner Präsentation abhängig. Traditionell bemühte man sich, den antiken Erzählungen einen über ihre originäre Bedeutung hinausweisenden, meist christlichen Sinn zu geben. So hatte etwa Karel van Mander in seiner *Wtlegghinghe* die Geschichte von Ganymed als Gleichnis »aller aufrechten, weisen Menschen« interpretiert, »deren Seelen und Gedanken von der Erde abgehoben werden [...] denn Gott erwählt zu seinem Dienst, die aufrechten Geistes und ihm vollkommen zugeneigt sind«.[44] Es sind in den letzten Jahrzehnten unendlich viele Vorschläge zur allegorischen Ausdeutung und zur Aufdeckung symbolischer Details und Sinnbezüge in diesem Bild gemacht worden.[45] Und wie bereits erwähnt, war das schon zu Rembrandts Zeit ein beliebtes Gesellschaftsspiel. Doch unabhängig von der in diesem wie auch in anderen Bildern angelegten Deutungsvielfalt vermittelt Rembrandt überzeugend, wie ein kleiner Junge reagiert, der von einem Adler in die Lüfte gerissen wird. Selbst in der winzigen und schnell hingeworfenen Skizze ist der affektive Gehalt voll entwickelt (vgl. Abb. 47). Man mag sich hier daran erinnern, dass schon Arnold Houbraken an Rembrandts schnell hingeworfenen zeichnerischen Werken lobte, wie »die Gemütsstimmungen während unterschiedlichster Geschehnisse sich kunstvoll und deutlich in den Wesenszügen abzeichnen, dass es wirklich verwunderlich ist. Zorn, Hass, Traurigkeit, Freude und so weiter, alles ist so natürlich abgebildet, dass man aus den Federstrichen lesen kann, was jedes sagen will.«[46] Houbrakens Äußerung darf im Sinne der Kunsttheorie als großes Lob verstanden werden. Das Kunstpublikum zu Rembrandts Zeit verstand und beurteilte Werke der Bildenden Kunst – wie oben ausgeführt – nach den Regeln der Rhetorik. Und wenn Bilder ihre Betrachter zu belehren, zu unterhalten und emotional zu bewegen vermochten, war das ein Ausweis höchster Qualität. Besonders das dritte Gebot einer gelungenen Bildrhetorik hat Rembrandt wie kaum ein anderer beherrscht. Tatsächlich erweisen seine Werke, wie überzeugend und geschickt er als »Rhetoriker des Pinsels« die Gemütsregun-

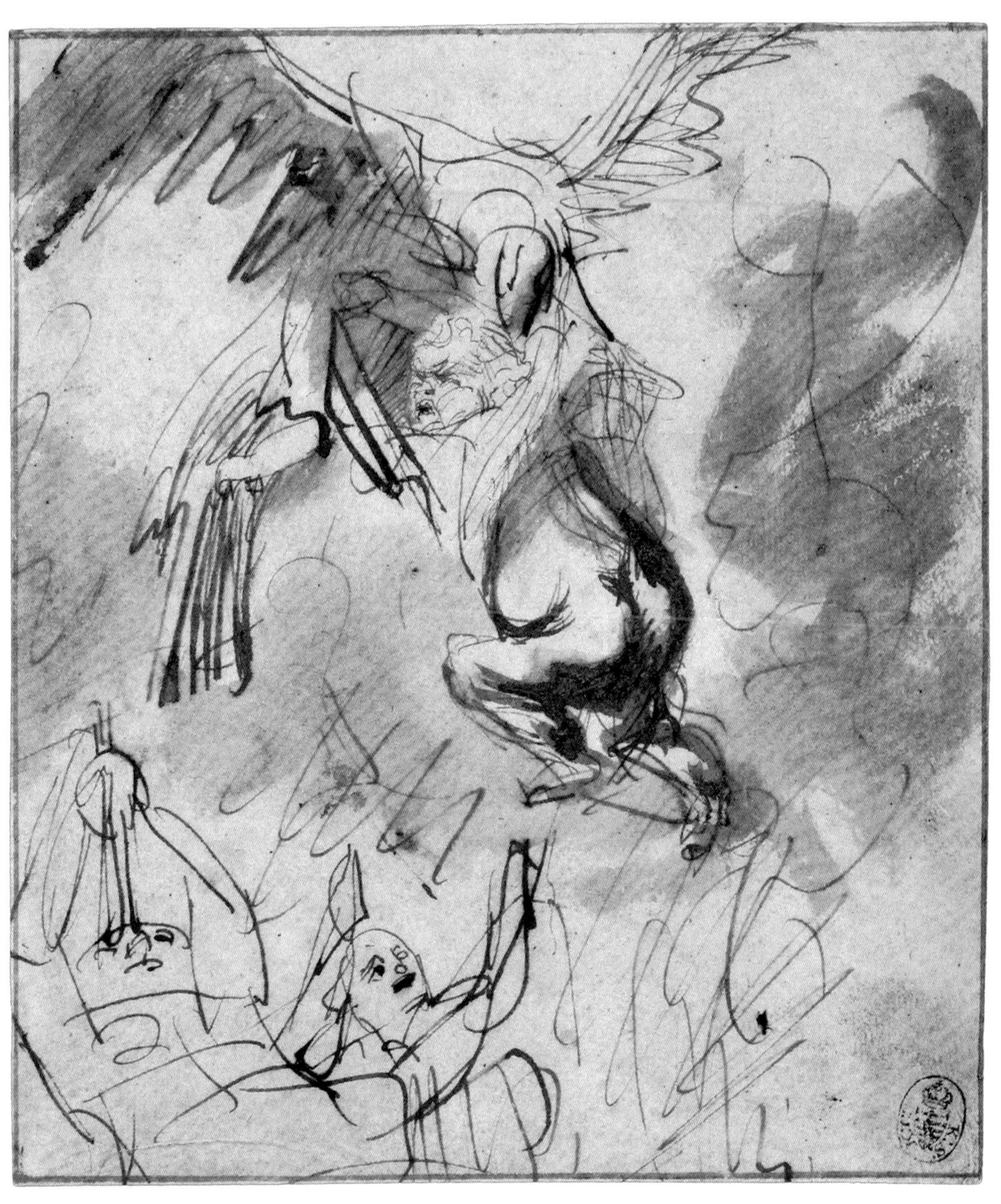

47 *Die Entführung des Ganymed*, 1635, Feder und Pinsel in Braun, 18,5 × 16,1 cm, Dresden, Staatliche Kunstsammlungen, Kupferstich-Kabinett

gen unterschiedlicher Figuren zum Ausdruck bringen konnte.[47] Das wird besonders in den dramatischen Szenen greifbar, wo die erwartbare Handlung durch unerwartete Ereignisse eine Peripetie erlebt. Mit diesem aus dem Griechischen abgeleiteten Begriff bezeichnete man schon zu Rembrandts Zeit die plötzliche Änderung im Handlungsablauf eines Dramas, die zum Wendepunkt menschlichen Schicksals wird. In seinem *Gastmahl des Belsazar* hat Rembrandt genau diesen Punkt getroffen (s. Abb. 48).[48] Gerade wegen ihrer Dramatik ist diese im apokalyptischen Buch Daniel berichtete Geschichte für Rembrandts Themenwahl typisch.[49] Der zugrundeliegende Text berichtet vom babylonischen König Belsazar, der auf einem rauschenden Fest die von seinem Vater aus dem jüdischen Tempel geraubten Geräte entweihte. Wie aus dem Nichts wurde plötzlich eine Hand sichtbar, die »Mene, mene, Tekel, U-pharsin« an die Wand schrieb. Die sofort herbeieilenden Schriftgelehrten konnten die gespenstische Schrift nicht lesen, die der herbeigerufene Daniel entzifferte: »Und sie bedeutet dies: Mene, das ist: Gott hat dein Königreich gezählt und vollendet. Tekel, das ist: man hat dich in einer Waage gewogen und zu leicht gefunden. Peres, das ist: dein Königreich ist zerteilt und den Medern und Persern gegeben.«[50] Die Prophezeiung erfüllte sich, und Belsazar starb noch in der gleichen Nacht. Rembrandt schildert den Kulminationspunkt der biblischen Geschichte und beweist in diesem Bild erneut, dass ein Gemälde ähnlich sukzessive erzählen kann wie ein Text. Die einzelnen Figuren verhalten sich ganz unterschiedlich, wobei der König die in der Schrift liegende Drohung zu ahnen scheint, ohne sie entschlüsseln zu können. Andere reagieren ebenso auf die Schrift von Geisterhand; wieder andere nehmen diese Reaktion anscheinend wahr, und weitere Gäste des Königs bekommen von alldem nichts mit und feiern weiter.[51] Eine exakte Vorlage für die hebräische Schrift an der Wand konnte Rembrandt in einem Buch seines Nachbarn Menasseh ben Israel finden.[52] Das Buch referiert auch die von der Kabbala gegebene Erklärung dafür, warum Daniel die Inschrift lesen konnte, die nicht wie im Hebräischen horizontal von rechts nach links gerichtet war, sondern von oben nach unten.[53] Den engen Kontakt und Austausch mit Menasseh ben Israel bezeugen die vier Illustrationen, die Rembrandt zu dessen *Piedra gloriosa* beigetragen hatte.[54] Rembrandt war für die gewünschten Darstellungen von der biblischen Tradition ausgegangen, musste aber auf Wunsch des Autors zahlreiche Änderungen anbringen.[55] Für wen Rembrandt das *Gastmahl des Belsazar* malte, ob im Auftrag oder aus freien Stücken, ist nicht dokumentiert. Auch weiß man nicht, ob es sich bei

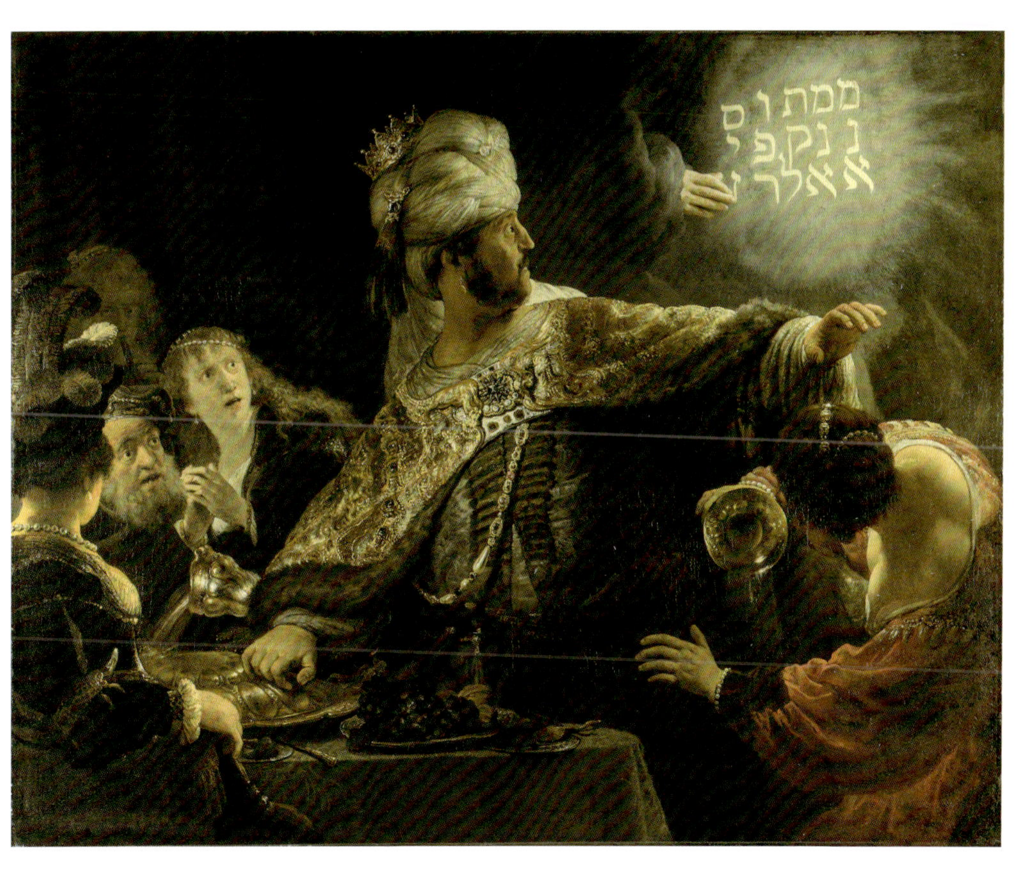

48 *Das Gastmahl des Belsazar*, um 1635, Öl auf Leinwand, 167 × 209 cm, bezeichnet: »Rembrandt fecit 163(?)«, London, National Gallery

jenem »stuck daer inne mene, mene tekel«, das am 28. April 1635 in einem Inventar verzeichnet wurde, um das Gemälde Rembrandts oder eine Kopie seiner Komposition handelte.[56]

Rembrandts Bilderfindungen waren beim Publikum ausgesprochen beliebt. Dafür sprechen schon die zu Lebzeiten verbreiteten Kopien seiner Bilder.[57] Die Betrachter wussten augenscheinlich nicht nur die erzählerische Qualität zu schätzen, sondern auch die biblischen Themen. Die alttestamentarischen Erzählungen wurden zu dieser Zeit weniger als Heilsgeschichte geschätzt als vielmehr im Sinne moralisierender Gleichnisse, als *exempla*, interpretiert. Daher bestellte das Kunstpublikum keine religiösen Andachtsbilder, sondern zunehmend Illustrationen der episch erzählenden und novellistischen Texte des Alten und Neuen Testaments. Diese Entwicklung spiegelt sich in der epischen Literatur der Zeit und in den Theaterstücken wider, zum Beispiel in den alttestamentlichen Dramen Joost van den Vondels. Auch in Rembrandts Œuvre hat – wie schon dargelegt – dieses Interesse seinen Niederschlag gefunden, wobei er auch Themen aus dem Alten Testament aufgriff, die vordem nur selten dargestellt worden waren. Er entwickelte Bilder für diese Stoffe, die in ihrer erzählerischen Konsequenz und in der Wiedergabe unterschiedlicher Gemütsbewegungen zu den unbestrittenen Höhepunkten der Historienmalerei seiner Zeit zählen. Elias Canetti hat in seiner 1982 publizierten Autobiographie eindringlich beschrieben, wie Rembrandts *Blendung Simsons* ihm »den Sinn für Schmerz vermittelt« habe (s. Abb. 49).[58] Vor diesem Bild habe er »erlernt, was Haß« und »gesehen, […] was Blendung« sei.[59] Wohl nie zuvor wurde der Höhepunkt der im *Buch der Richter* erzählten Geschichte Simsons eindringlicher dargestellt.[60] Dort wird berichtet, wie der durch Delilah überlistete und seiner Kraft beraubte Held überwältigt wurde: »Und sie sprach zu ihm: Philister über dir, Simson! Da er nun aus seinem Schlaf erwachte, gedachte er: Ich will ausgehen, wie ich mehrmals getan habe, ich will mich losreißen; und wusste nicht, dass der Herr von ihm gewichen war. Aber die Philister griffen ihn und stachen ihm die Augen aus und führten ihn hinab gen Gaza und banden ihn mit zwei ehernen Ketten.« Die sachliche Schilderung des biblischen Texts überführt Rembrandt in ein turbulentes Drama, dessen Brutalität man sich kaum entziehen kann. Die Betonung der Grausamkeit mag eine Erklärung in der rhetorischen Theorie finden, der zufolge besonders brutale Detailschilderungen geeignet sein können, das Publikum emotional zu ergreifen.[61] Rembrandt wählte starke Farb- und Lichtkontraste, um diesen Effekt zu unterstreichen, und kom-

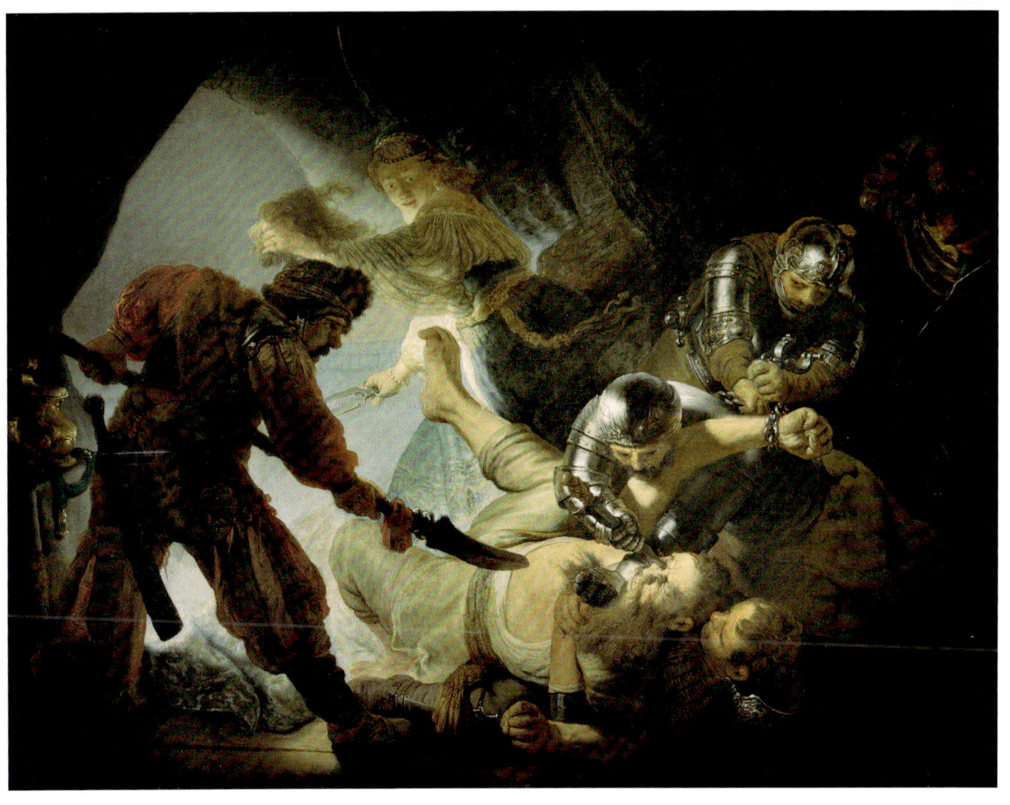

49 *Die Blendung Simsons*, 1636, Öl auf Leinwand, 205 × 275 cm, bezeichnet: »Rembrandt f. 1636«, Frankfurt am Main, Städelsches Kunstinstitut

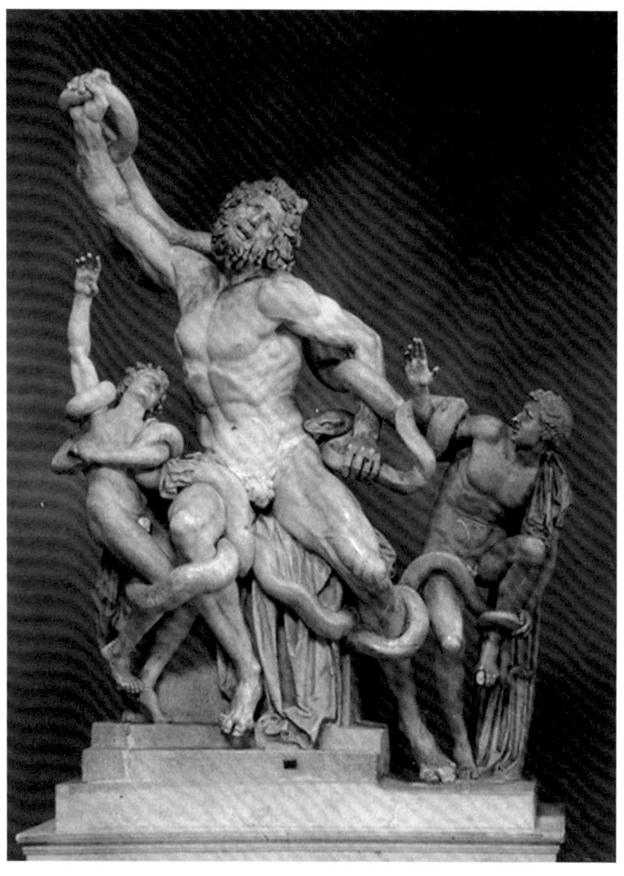

50 Laokoongruppe

ponierte das Gemälde sorgsam, wobei er auf ältere künstlerische Vorbilder zurückgriff.[62] Trotz der auffälligen Verkürzung ist augenfällig, dass Rembrandt die Figur des Simson in Anlehnung an die hellenistische Skulptur des Laokoon (s. Abb. 50) gestaltete, die man damals als stoisches Tugendmuster und *exemplum doloris* deutete, als vorbildhaften Ausdruck des Leidens.[63] Offensichtlich trat Rembrandt hier in einen Wettstreit mit Rubens, der von den Zeitgenossen für seine affektstarken, großformatigen Historienbilder bewundert wurde.

Es spricht einiges dafür, dass es sich bei der *Blendung Simsons* um das zehn Fuß lange und acht Fuß hohe Leinwandbild handelte, das Rembrandt in einem

Brief vom 12. Januar 1639 an Constantijn Huygens diesem in Aussicht gestellt hatte, da er sich für die Vermittlung des höfischen Auftrags der Passionsbilder bedanken wollte.[64] Die einstigen Maße des Simson-Bildes stimmen mit den in Rembrandts dritten Brief genannten überein, wobei das am 27. Januar an Huygens übersandte Geschenk die Stücke für den Statthalter nicht nur im Format bei weitem übertraf.[65] Rembrandt mag sich weitere Aufträge versprochen haben, indem er sich als Rubens ebenbürtig auszuweisen suchte. Allerdings traf er mit dem so opulenten wie grausamen Bild vermutlich nicht den Geschmack des feinsinnigen Diplomaten. Der hatte nämlich mit Blick auf ein von Rubens gemaltes Kabinettstück mit dem abgeschlagenen Medusenhaupt geäußert, dass er solche Bilder eher im Haus von Freunden als in seinem eigenen zu sehen wünsche.[66] Was Huygens an diesem Bild störte, war der spontane Schrecken, den der Anblick des Kunstwerks beim Betrachter unweigerlich auslöste. Auch Rembrandts *Blendung Simsons* kann unvermittelt Affekte auslösen und wirkt damit erzählerisch eindringlich wie selten ein Bild zuvor.

Rembrandt war nicht nur im Format des monumentalen Historienbildes ein unvergleichlicher Erzähler, sondern auch in seinen Kabinettstücken, beispielsweise in *Die hl. Familie mit dem Vorhang* (s. Abb. 51).[67] Die Szene mit den durch eine lange Bildtradition vertrauten Figuren lässt sich ungeachtet des zeitgenössischen Ambientes, das sich vor allem in der Kleidung der Familie zeigt, als biblisches Geschehen lesen. Was Rembrandt hier vollzieht, ist keine genrehafte Profanisierung, sondern eine auch von katholischen Malern praktizierte zeitgenössische Präsentation heilsgeschichtlicher Themen, die deren überzeitliche Gültigkeit betont.[68] Doch Rembrandts Gemälde zielt auf mehr als die Vermittlung von Glaubensinhalten. Der gemalte Rahmen weist die Szene explizit als gemachtes Bild aus, stellt damit eine Distanz zum sakralen Bildgehalt her und betont selbstbewusst das Kunstwerk als solches.[69] Oben wird die gemalte Rahmung vom materiell vorhandenen Rahmen überschnitten. Durch den illusionierten Rahmen wird der Bildraum zur Bühne. Dieser Effekt wird mittels eines gemalten, mit Schlaufen an Messingringen befestigten Vorhangs verstärkt. Im 35. Buch seiner 77 n. Chr. veröffentlichten *Naturalis historia* berichtet C. Plinius Secundus ganz nebenbei auch von den berühmten Malern der Vorzeit. Dabei erwähnt er auch jenen legendären Wettstreit zwischen Zeuxis und Parrhasios, der mit einem die Augen täuschenden Vorhang, dessen Natürlichkeit sogar die Vögel darauf zufliegen ließ, die von Zeuxis gemalten Trauben übertroffen habe.[70] Die 1604 auch von Karel van Mander berichtete

Anekdote war weithin bekannt, und wohl jeder Kunstkenner dürfte seinerzeit den Vorhang in Rembrandts Bild auf diese Anekdote bezogen haben.[71] Der gemalte Vorhang zeigt zugleich, dass Rembrandt für sein Kunstwerk eine private Sammlung als idealen Ort der Präsentation im Blick hatte. Dort konnte der Vorhang seines Bildes mit den realen Vorhängen in Konkurrenz treten.[72] In perfekter Illusion, wie von einer sanften Brise bewegt, weht der von Rembrandt gemalte Vorhang vor dem Bild zur Seite. Er gibt den Blick auf eine idyllische Szene frei. Die hellste Partie des Gemäldes, auf die unweigerlich der Blick gelenkt wird, ist links die leere Wiege, deren weiße Laken von einer außerhalb des Bildes gedachten Lichtquelle beleuchtet werden. Das Zentrum der Komposition bleibt leer und dunkel wie auch der Hintergrund, in dem sich schemenhaft ein Mann abzeichnet, der Holz für das im Vordergrund brennende Feuer zu bereiten scheint. Deutlicher sichtbar ist das neben ihm gezeigte Möbelstück, das nur dort zu stehen scheint, um der Signatur einen Ort zu geben – Rembrandt f[eci]t 1646: »Rembrandt hat das 1646 gemacht«.[73] Neben der vom Schein schwacher Flammen erhellten Feuerstelle ruht eine Katze. Davor steht ein Breitopf, dem der pastose Farbauftrag und plastisch hervortretende Lichtreflexe physische Präsenz verleihen. Erst beim Nähertreten an das Original enthüllen sich die maltechnischen Grundlagen der mimetischen Illusion. Dabei zeigt die Malschicht stellenweise eine so offene Textur, dass man meint, die Pigmente ohne jedes Bindemittel zu sehen.

Schon 1648 hatte der Dichter Jan Zoet die von der Brillanz der Farben hervorgerufenen Effekte der Bilder Rembrandts gelobt.[74] Und auch Joachim von Sandrart äußerte sich, bei aller Kritik an Rembrandts Lebensführung, über dessen Umgang mit Farben vorbehaltlos positiv. Der habe es nämlich ganz hervorragend verstanden, »die Farben sehr vernünftig und künstlich von ihrer eignen Art zu brechen«, um einen harmonischen und natürlichen Gesamteindruck zu erzielen. Diese Fähigkeit zur malerischen Naturnachahmung habe »allen denen die Augen eröfnet, welche, dem gemeinen Brauch nach, mehr Färber als Mahler sind, indem sie die Härtigkeit und rauhe Art der Farben ganz frech und hart neben einander legen, daß sie mit der Natur ganz keine Gemeinschaft haben, sondern nur denen in den Kram-Läden gefüllten Farben Schachtlen, oder aus der Färberey gebrachten Tüchern ähnlich und gleich sehen.«[75] In diesem Lob war sich Sandrart mit Samuel van Hoogstraten einig, der 1678 schrieb, dass Rembrandt die Tugend der harmonischen Farbstimmung auf die Spitze getrieben habe und es in einzigartiger Weise verstand, »befreundete Farben gut zu-

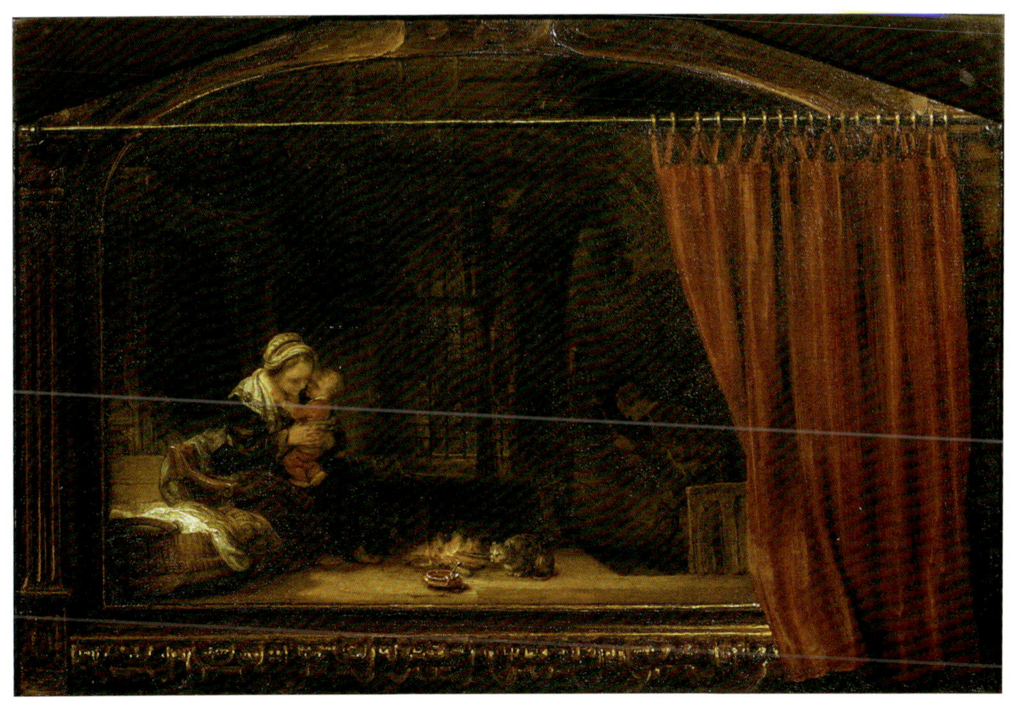

51 *Die hl. Familie mit dem Vorhang*, 1646, Öl auf Holz, 46,5 × 60,8 cm, bezeichnet: »Rembrandt ft. 1646«, Kassel, Gemäldegalerie

sammenzustellen«.[76] Das auch wegen der ungewohnten Wortwahl und Sprache nicht ganz leicht nachvollziehbare Lob von Rembrandts Maltechnik war damals an ein Publikum gerichtet, das sich nicht nur für die Inhalte der Bilder interessierte, sondern auch für deren spezifische Form. Pierre Lebrun hatte deshalb 1635 allen Kunstfreunden empfohlen, sich im Bereich der Malerei fortzubilden. »Um zu wissen, wie man sich über diese noble Tätigkeit unterhält, muss man die Ateliers besucht und mit den Meistern disputiert haben, muss man die magischen Effekte des Pinsels gesehen haben und das unfehlbare Urteil, mit dem die Details ausgearbeitet sind.«[77] Eine solche Fortbildung war nötig, da die an der Rhetorik orientierte zeitgenössische Kunsttheorie Form und Inhalt in engem Zusammenhang sah. Für ein Publikum, das die Regeln der Rhetorik auf Bilder anwandte, war deren motivische Lexik von ihrer gestalterischen Grammatik und Syntax genauso wenig zu trennen wie von Überlegungen zum Stil und dessen Angemessenheit. Dieses *aptum* oder *decorum* war eine der grundlegenden Forderungen der Rhetorik. Es galt, alle Elemente und Aspekte sorgsam zu bedenken, die für das Kunstwerk und seine Präsentation von Bedeutung waren, um ein harmonisches und so erst wirkmächtiges Ganzes zu schaffen. Die Rhetorik der Antike lieferte dem Reden über Kunst zu Rembrandts Zeit ein breites Repertoire an Vorstellungen und Begriffen, die den Blick gleichermaßen auf die inhaltlichen wie auf die formalen Aspekte von Bildern lenkte. Dabei war das Interesse am Gemachtsein der Bilder fraglos nicht allein der Rezeption der Antike zu verdanken. Vielmehr hatte es durchaus praktische Seiten, denn die Ausbildung in unterschiedlichen künstlerischen Techniken war zu einem festen Bestandteil jeder besseren Erziehung geworden. Constantijn Huygens zum Beispiel hatte nach eigenem Bekunden »mit natürlicher Neigung die Malerei studiert und unaufhörlich, mit Entschiedenheit und kindlicher Einfalt nachgezeichnet«, was immer er an Kupferstichen und Holzschnitten erhalten konnte, bevor er durch Jacques de Gheyn und Hendrick Hondius systematisch in Kunst unterrichtet wurde.[78] Entsprechend gut geschult war der Blick, mit dem er und andere, ähnlich ausgebildete Kenner seiner Zeit auf Werke der Kunst schauten.

Gezeichnet und geätzt

In den Jahren nach 1640 ging Rembrandts Gemäldeproduktion merklich zurück. Dafür nahm die Variationsbreite bemerkenswert zu, und zwar sowohl in bezug auf die Formate seiner Bilder als auch auf die Themen und den Stil der Ausführung.[1] Die druckgraphische Produktion wurde zu einem Schwerpunkt seines Œuvres, obwohl sich der Künstler selbst stets als Maler sah und in den überlieferten Dokumenten auch durchgängig als solcher angesprochen wird.[2] Vor allem das Zeichnen und Radieren von Landschaften rückte in den Mittelpunkt seines Schaffens. Schon zuvor hatte Rembrandt Landschaften gemalt, und Bilder mit landschaftlichen Sujets waren auf dem Kunstmarkt seiner Zeit besonders gefragt. Tatsächlich sind wohl nie irgendwann oder irgendwo mehr Landschaftsbilder gemalt worden als in Holland zur Zeit Rembrandts.[3] In seinem eigenen reichen Œuvre machen sie allerdings nur einen kleinen Teil aus. Dass nur ein Zwanzigstel seiner Gemälde dem Landschaftsfach angehören, mag damit zusammenhängen, dass derartige Bilder zwar beim Publikum gefragt waren, aber innerhalb des kunsttheoretischen Diskurses geringer geschätzt und vor allem schlecht bezahlt wurden. So konnte man seinerzeit auf dem Amsterdamer Kunstmarkt eine der massenhaft angebotenen Landschaften schon für ein bis zwei Gulden erwerben. Manche Maler mussten angesichts fallender Preise einem zweiten Erwerb nachgehen oder malten nur noch im Nebenberuf. Unter ihnen gab es Brauer und Bäcker, Zolleinnehmer und Schiffer, Kunst- und Strumpfhändler, Schulmeister, Ziegelbäcker und andere. Der vor allem für seine Nachtstücke bekannte Aert van der Neer beispielsweise arbeitete als *wyntapper*; er betrieb in Amsterdam eine Kneipe. Vielen Malern gelang es überhaupt nur durch die massenhafte Produktion eng umgrenzter und damit leicht zu reproduzierender Themen, zu ausreichendem Einkommen zu gelangen. Rembrandt, der Historienbilder und Porträts, Allegorien, Landschaften und anderes mehr malte, war unter den Zeitgenossen eine Ausnahme. Dabei wurden seine Landschaftsbilder von Sammlern augenscheinlich genauso geschätzt wie seine Historienbilder und Porträts. Denn während man sonst auf dem Amsterdamer Kunstmarkt ein kleines Landschaftsbild äußerst günstig erwerben konnte, wurde in einem 1644 aufgezeichneten Nachlassinventar »Een Lantschap van Reijnbrant« mit 166 Gulden bewertet.[4]

Im Unterschied zu den gezeichneten und radierten Landschaften Rembrandts, die wohl in unmittelbarer Naturbetrachtung entstanden, erscheinen die Motive seiner Gemälde gewöhnlich fiktiv, als habe er sie erfunden oder den Werken anderer Künstler entlehnt. Zumeist entwarf er phantastische Bergszenerien, die mehr auf die atmosphärische Wirkung als auf topographische Genauigkeit zielten. Wie seine Porträts und seine Tronies wertete Rembrandt auch seine Landschaftsbilder und -graphiken auf, indem er Geschichten erzählte. Ein typisches Beispiel dafür ist die in ihrer malerischen Finesse wie in ihrer Eindringlichkeit beeindruckende *Gewitterlandschaft* (s. Abb. 52).[5] Der Künstler entwarf ein weites Landschaftspanorama, über dem sich ein hoher, düster bewölkter Himmel wölbt. Das links gelegene Hochplateau ist dramatisch grell erleuchtet, während die Hänge, die zu der rechts sich ausbreitenden Ebene führen, im Dämmerlicht und tiefsten Dunkel liegen. Das Motiv einer aus der Vogelschau gezeigten Gebirgskulisse ist eher flämischen Vorbildern verwandt. Die Farbskala jedoch, die hier – wie in den meisten Landschaften Rembrandts – völlig auf helles Ocker, Braun und Schwarz reduziert ist, findet ihre Entsprechung in der holländischen Malerei. Wie in seinen Historienbildern folgte er mit der Farbmaterie der Verteilung des Lichts und trug die Farbe in den hellen Partien besonders pastos auf. Die dunklen Partien hingegen malte er eher dünn und lasierend, wobei an einigen Stellen der Bildgrund sichtbar blieb. Zu Beginn des 17. Jahrhunderts hatten Haarlemer Landschaftsmaler damit begonnen, den braunen Bildgrund in die Komposition einzubeziehen. In den in Haarlem zur gleichen Zeit entstandenen druckgraphischen Werken finden sich Staffagefiguren, die bei genauem Hinsehen auch in Rembrandts teils stark nachgedunkeltem Gemälde als solche zu erkennen sind. In der Verbindung von Alltagsszenen mit einer phantastisch und bedrohlich wirkenden Landschaft erhalten die Figuren eine überzeitliche Verweiskraft auf den beschwerlichen Lebensweg des Menschen.[6] Ungeachtet dessen wird die dramatisch in Szene gesetzte Landschaft zum Assoziationsraum für die innere Stimmung des Betrachters. Dabei kann die den Menschen umgebende Natur emblematisch interpretiert werden. Rembrandts Zeitgenossen bezogen Landschaften ebenso auf den göttlichen Heilsplan wie auf den eigenen Lebensweg.

Auch die radierten Landschaften Rembrandts bieten sich für eine allegorische Deutung an, auch und gerade wenn sie nichts anderes zeigen als etwa eine

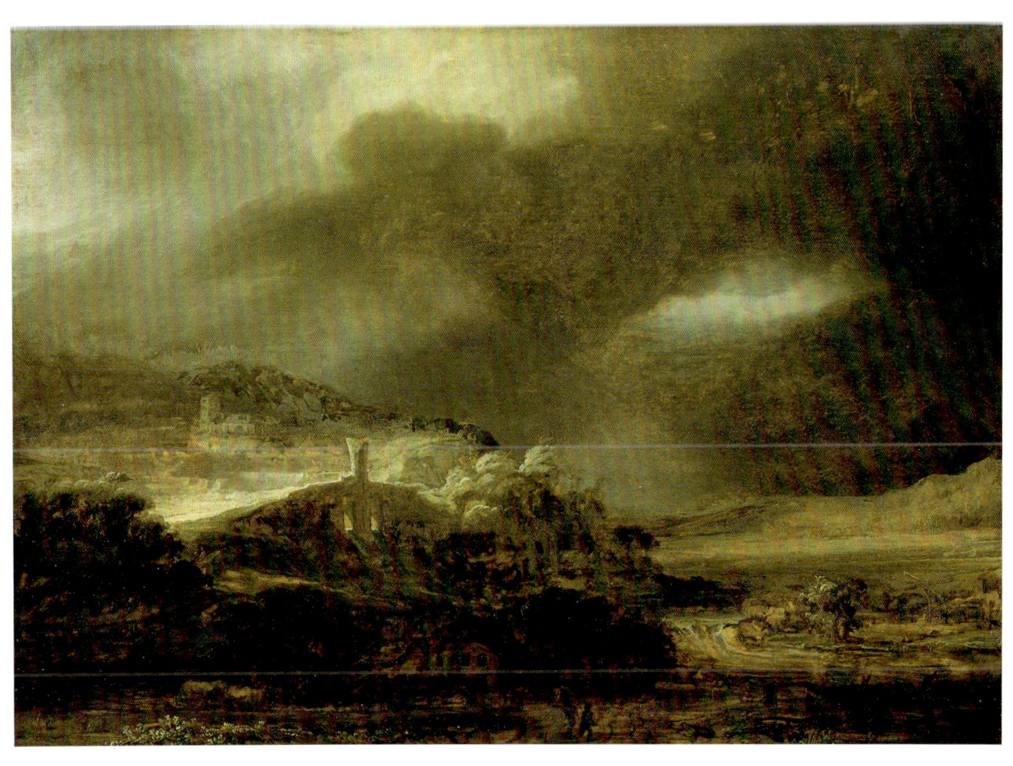

52 *Gewitterlandschaft*, um 1638, Öl auf Holz, 52 × 72 cm, Braunschweig, Herzog Anton Ulrich-Museum

Windmühle im Amsterdamer Umland (s. Abb. 53).[7] Die von Rembrandt monumental ins Bild gesetzte Mühle lag im Süden Amsterdams an der Stadtbefestigung und diente dem Walken und Weichmachen von gegerbtem Leder. Wegen der dabei verwandten Gerbstoffe wurde sie allgemein *kleine stink molen* genannt, »kleine Stinkmühle«. Der Spottname darf nicht darüber hinwegtäuschen, dass die Windmühlen Hollands im 17. Jahrhundert zu einem Symbol der sich formierenden niederländischen Nation geworden waren. Die meisten Mühlen trieben Maschinen an, vor allem aber wurden sie als Wasserpumpen gebraucht. Die Niederlande waren nämlich nicht nur an den Küsten vom Wasser bedroht, das durch den Tidenhub der Nordsee die Wassermassen in das großenteils unter Meeresniveau gelegene Land drückte. Mit hohem finanziellen Aufwand wurden die Küstendeiche gesichert, und zugleich vollbrachten Ingenieure mit der Entwicklung leistungsfähiger, windgetriebener Wasserpumpen die wohl größte technische Leistung des 17. Jahrhunderts. Die Holländer machten sich an die Trockenlegung der Feuchtgebiete, die rund ein Drittel des Landes ausmachten, und erschlossen durch Eindeichung und Trockenlegung neues Terrain. Das Wasser wurde mittels zahlreicher Poldermühlen aus kleinen, regelmäßig angelegten Drainagegräben in höher gelegene Kanäle gepumpt und ins Meer abgeleitet. Damals entstand die typisch holländische Landschaft mit ihren von Wassergräben durchzogenen Weideflächen, die für die Viehhaltung genutzt wurden. Die zahlreichen Windmühlen waren mithin ein Sinnbild für den Triumph des menschlichen Erfindergeistes über die Natur. Außerdem zeigten sie sinnfällig, dass die holländische Landschaft in ihrer spezifischen Erscheinungsform in weiten Teilen menschengemacht war.

Die gleichzeitige Heimsuchung des Landes durch Überflutungen und durch den Krieg war eine prägende Erfahrung im Entstehungsprozess der holländischen Nation. Selbst die Kühe auf den Weiden wurden zum Symbol nationaler Wohlfahrt, wie die Beischrift einer 1644 von Hendrick Hondius radierten Landschaft mit Kühen am Fluss expliziert; patriotisch ermahnt sie, doch gut achtzugeben, »dass uns die holländische Kuh [s. Abb. 54] nicht gestohlen wird«.[8] So gesehen werden auch die unscheinbaren Landschaften Rembrandts zum Ausdruck eines aus steter Bedrohung erwachsenen Patriotismus. Sie drückten aber auch die zunehmende Freude an der Natur aus, die der Bevölkerung aus den rasch anwachsenden Städten Abwechslung und angenehme Erholung bot. Unter den Holländern sei es ein verbreitetes Vergnügen, notierte der staunende Franzose Jean de Parival 1669, sommers wie winters

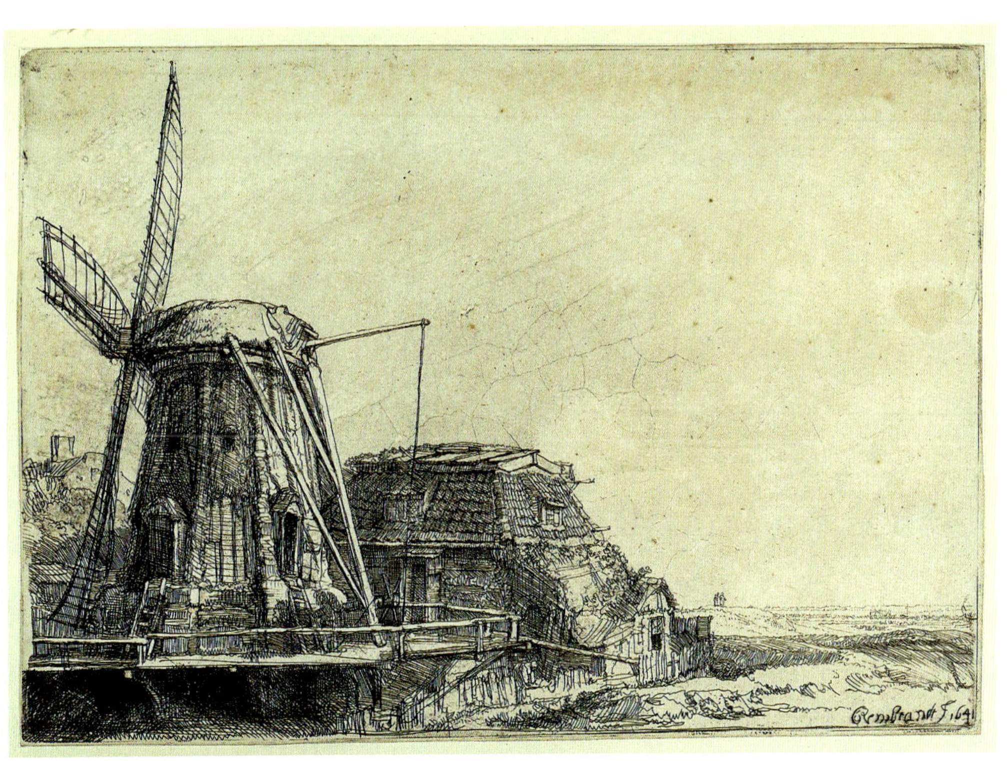

53 *Die Windmühle*, 1641, Radierung, 14,4 × 20,7 cm

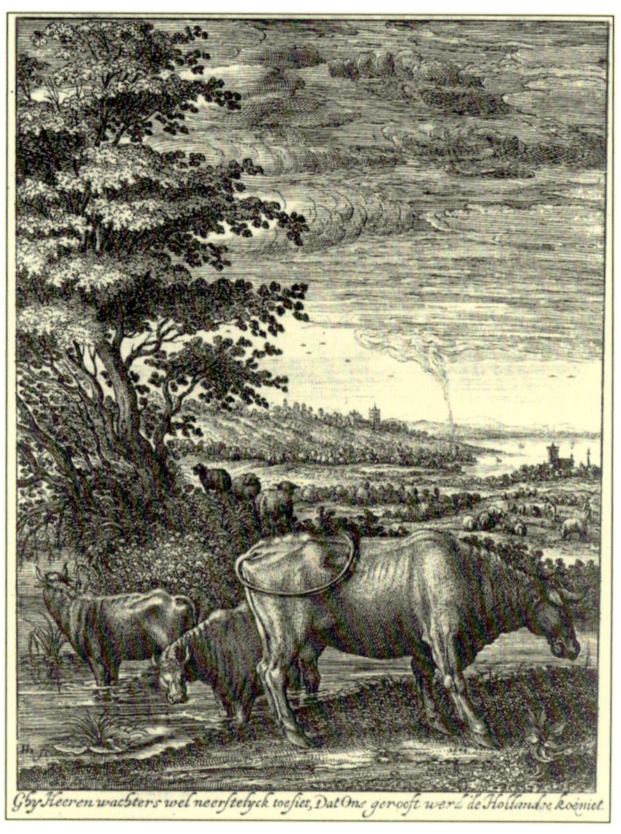

54 Hendrick Hondius, *Landschaft mit Kühen am Fluß*, 1644, Radierung, 20,3 × 15,2 cm
Inschrift: »Ghy Heeren wachters wel neersteyck toesiet, Dat ons gerooft werd de Hollandse Koé niet.« [Ihr Herren Wächter gebt fein acht, dass uns die holländische Kuh nicht gestohlen wird.]

Ausflüge aufs Land zu machen. Wer es sich leisten könne, miete ein Boot und kehre in einem Landgasthaus ein, andere gingen einfach nur spazieren, um die schöne Natur zu genießen.[9] Diese Wertschätzung der heimischen Natur wurde vor allem durch Haarlemer Künstler und Verleger publizistisch begleitet. Zum Beispiel durch Graphikserien, die nichts anderes zeigen als dörfliche Motive aus holländischem Umland. Allein schon wegen des dargestellten niedrigen Horizonts vermitteln sie glaubhaft den Eindruck unmittelbar vor der Natur

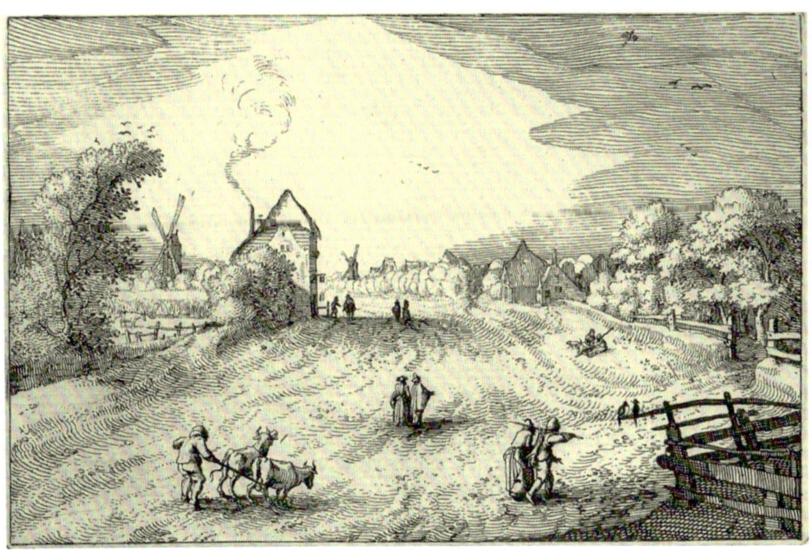

55 Claes Jansz. Visscher, *Am Weg nach Leiden*, um 1611, Blatt 6 aus der Serie *Plaisante plaetsen*, Radierung, 10,2 × 15,6 cm

entstandener Bilder, als habe der Künstler bei ihrer Anfertigung auf dem Boden gesessen. Eine dieser Serien trug den Titel *Plaisante plaetsen* (s. Abb. 55), »erfreuliche Orte«, und war, wie ihr Titelblatt besagt, für jene gedacht, »die keine Zeit zum Reisen haben«. Hier kommt die Vorstellung zum Ausdruck, die Schönheit Arkadiens liege vor der eigenen Haustür. Dieser Gedanke fand sich in Bildern ebenso wie in der holländischen Literatur des 17. Jahrhunderts, aber auch ganz praktisch im Nutzen, den die Menschen aus der Landschaft zogen, und zwar nicht nur wirtschaftlich.

Was das Publikum an den Landschaften Rembrandts fasziniert haben mag, waren aber vermutlich weniger die Motive als die bemerkenswerte Technik des Künstlers. Die Landschaft mit der Windmühle (vgl. Abb. 53) entstand 1641, im selben Jahr, als Jan Jansz Orlers in seiner Schilderung Leidens schrieb, dass Rembrandts »Kunst und Arbeit den Bürgern und Einwohnern von Amsterdam aufs höchste behagte und angenehm war«.[10] Zeitgleich lobte der Italiener Tomaso Garzoni in einem in Frankfurt erschienenen Werk über Künste und Handwerke unter den Radierungen, die »von vielen Liebhabern vnd verstandigen dem Stich gleich gehalten, auch offters wol gar vorgezogen« ausdrücklich auch

Rembrandts »Stucken, so jetzo mit Verwunderung herfür kommen«.[11] Diese Verwunderung zeigte auch Alexander Browne, der 1660 eine Art und Weise der handwerklichen Vorbereitung von Radierplatten als »den Grund von Rinebrant von Rine« beschrieb.[12] Tatsächlich besteht ein Geheimnis des Radierens darin, die Kupferplatte mit einer säureabweisenden Schicht zu überziehen, in die der Künstler mit der Radiernadel hineinritzt. Anschließend wird die Platte geätzt und es entstehen, von der Säure ausgefressen, jene Vertiefungen, die später das Druckbild bestimmen. Der Künstler kann durch die Dauer des Ätzprozesses, durch die Unterbrechung des Prozesses oder durch das zwischenzeitliche Abdecken einzelner Partien das Strichbild verändern. Rembrandt hat das fraglos getan und möglicherweise auch einen sehr speziellen Sperrgrund benutzt. Doch die von Browne beschriebene Methode hat er vermutlich gar nicht angewandt. Die frühe Erwähnung zeigt allerdings, wie eng Rembrandts Name als Markenzeichen mit dem Medium der Radierung verbunden war. Seine Radiertechnik wurde zum Mythos. »Er hatte eine ganz eigene Weise, seine geätzten Platten nachträglich zu bearbeiten und vorzubereiten«, schrieb Arnold Houbraken 1718, »die er seine Lehrlinge nicht sehen ließ. Es ist auch nicht bekannt, auf welche Weise er es gemacht hat, und so wurde diese Erfindung […] mit ihrem Erfinder zu Grabe getragen.«[13]

Die Begeisterung für die Radierkunst Rembrandts ist nicht nur durch vereinzelte Äußerungen dokumentiert, sondern vor allem durch die Vielzahl der heute noch erhaltenen Abzüge. Die großformatige Landschaft mit drei Bäumen beispielsweise erlebte seit dem ersten Druck 1643 sechs Auflagen (s. Abb. 56).[14] Das Blatt gibt den Blick frei auf drei Bäume vor einer weiten Landschaft, über der sich ein dunkler Himmel wölbt. Es ist die einzige reine Landschaftsradierung Rembrandts, die einen so dramatischen Wechsel von Licht und Schatten zeigt. Um diesen Eindruck einer sich verdichtenden Wolkenfront hervorzurufen, hat Rembrandt die oft tiefen Linien der Radierung stark geätzt. Den körnigen Plattenton, der die subtilen Licht- und Schattennuancen produziert, erreichte Rembrandt mittels Schwefelpulverätzung.[15] Der Vordergrund ist ausgesprochen dunkel gehalten. Durch den starken Einsatz der Kaltnadel und des Grabstichels erscheint er stellenweise beinahe schwarz. Aus ihm heraus erheben sich, vor dem noch hellen Himmel, die drei Bäume. Keine andere von Rembrandt radierte Landschaft wirkt ähnlich stark auf den Betrachter, keine andere erzählt Natur mit so viel Pathos. Der bemerkenswerte Stimmungsgehalt des Blattes hat zu einer wahren Flut von Interpretationen geführt, zu denen Rem-

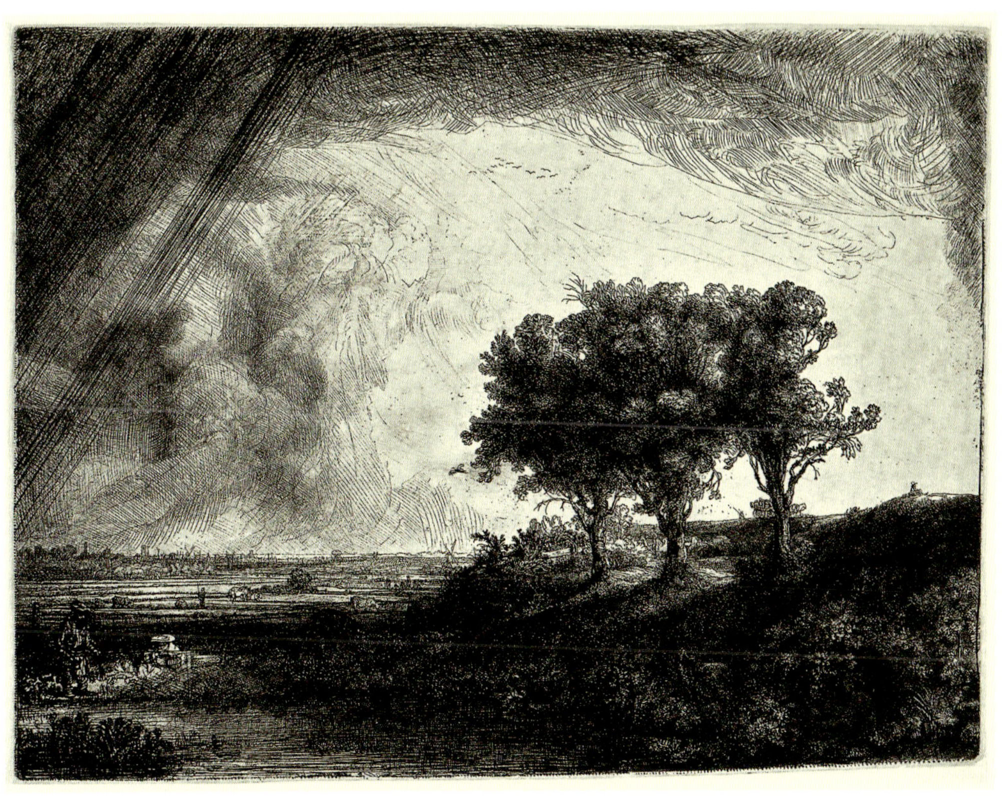

56 *Die drei Bäume,* 1643, Radierung mit Kaltnadel und Stichel, 21,3 × 27,9 cm

brandts Bilder zu allen Zeiten Anlass gaben. Das gilt auch für die sogenannte *Brücke des Jan Six* (s. Abb. 57)[16], deren Titel erstmals im 1731 erstellten Inventar des Amsterdamer Kunstsammlers Valerius Röver erwähnt wird. Edmé-François Gersaint übernahm die Bezeichnung dann in seinem 1751 postum publizierten Katalog der Radierungen Rembrandts und verband sie mit der Anekdote, Rembrandt habe die Platte radiert, während ein Diener den für ein Festmahl im Landhaus des Jan Six benötigten Senf aus einem nahe gelegenen Ort holte.[17] Die Ansicht wurde später als ein an der Amstel aufgenommener Blick auf Klein-Kostverloren identifiziert, dessen Kirchturm zwischen den beiden Bäumen zur Linken sichtbar wird. Im Jahre 1642, als die Radierung entstand, gehörte dieses Land Albert Coenraadsz Burgh, dem damaligen Bürgermeister von Amsterdam, ein Amt, das seit 1691 auch Jan Six innehatte. Womöglich wurden Burgh und Six miteinander verwechselt, was den überlieferten, aber wohl falschen Titel erklären mag. Auch diese von Gersaint erzählte Geschichte gehört eher in den Bereich der Künstleranekdote, die aber im skizzenhaften Charakter des Blattes eine Erklärung findet. Es sei nur auf die mit wenigen Linien umrissene Baumkrone und die schnell angedeuteten Spanten des Bootes rechts verwiesen. Auffällig ist, wie radikal Rembrandt den Standpunkt des Betrachters nach unten verlegt hat. Der Blickpunkt ist unter die Horizontlinie gesunken, so dass die Brücke in Untersicht erscheint, womit er die um 1600 bildwürdig gewordene heimische Natur um die Heroisierung eines alltäglichen Motivs bereicherte.

Nach zehn Jahren verminderter Produktivität schuf Rembrandt ab 1650 wieder deutlich mehr.[18] Dazu mag auch der Ausbildungsbetrieb in seiner Werkstatt beigetragen haben, denn der Künstler war in diesen Jahren auch als Lehrer sehr aktiv. Zu den namentlich bekannten Schülern und Mitarbeitern zählen unter anderen die später berühmt gewordenen Maler Carel Fabritius und Samuel van Hoogstraten. Dank des 1678 publizierten Buches von van Hoogstraten sind einige zwar indirekte, aber doch authentisch anmutende Zeugnisse über Rembrandts Kunstauffassung überliefert.[19] Vieles, was Schüler und Mitarbeiter im Umfeld schufen, galt lange Zeit als Rembrandts eigenhändige Kunst, und zwar nicht nur Gemälde, sondern auch Druckgraphik. Heute werden ihm noch knapp 290 Blätter zugeschrieben, die fast durchweg zwischen 1628 und 1661 entstanden.[20]

Ähnlich vielfältig und abwechslungsreich wie sein malerisches und sein druckgraphisches Werk ist Rembrandts zeichnerisches Œuvre. Es gibt vermut-

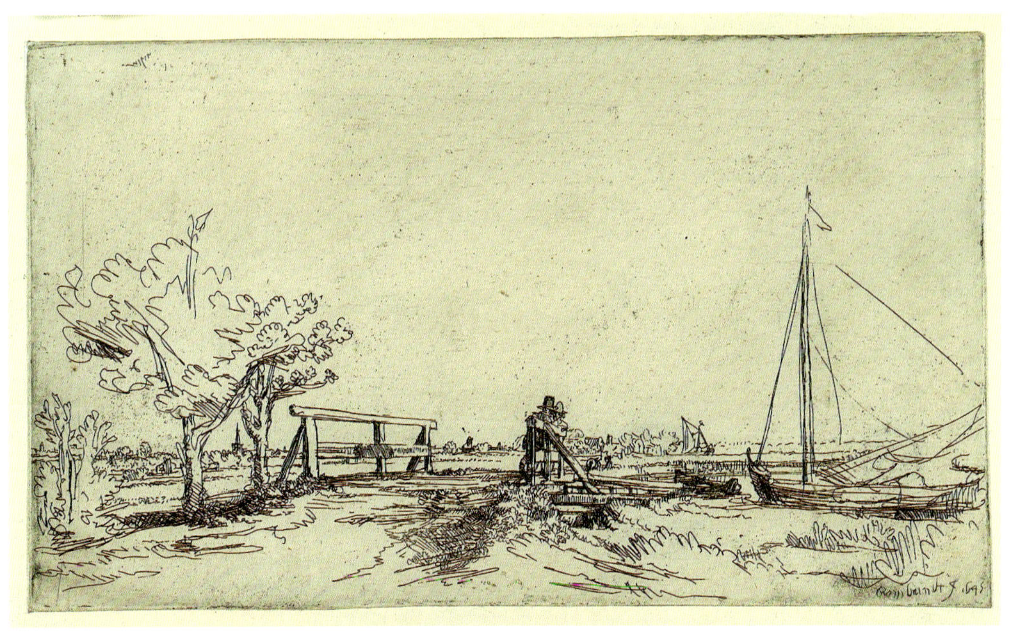

57 *Die Brücke des Jan Six*, 1645, Radierung, 13,1 × 23,5 cm

lich keinen zweiten Künstler, der sowohl hinsichtlich seiner zeichnerischen Mittel, seiner Stilhaltungen, aber auch, was die Themen und Zielsetzung seiner Blätter betrifft, dermaßen vielseitig und gleichzeitig ganz eigen war. Als Träger für seine Zeichnungen nutzte Rembrandt meist europäische Büttenpapiere, die größtenteils aus der Schweiz, aus Süddeutschland oder Frankreich stammten, selten aus Italien. Auch heimische Papiere fanden Verwendung, und manchmal zeichnete er auch auf schon gebrauchten Blättern, wie den schon linierten Seiten von Kassenbüchern oder den Rückseiten von Traueranzeigen. Er bevorzugte kleine und mittlere Formate, große Blätter bilden die Ausnahme. Zumeist nutzte er weißes Papier, auf dem beispielsweise die in Kreide ausgeführten Naturstudien und Skizzen für den Werkstattgebrauch ausgeführt wurden (vgl. Abb. 8).[21] Doch gerade zu Beginn seiner Karriere entstanden auch Zeichnungen auf zuvor getönten Blättern, eine Technik, die er bei Pieter Lastman gelernt haben mag.[22] Ebenfalls selten kamen asiatische Papiere zum Einsatz oder Pergament, das er beispielsweise für das 1633 entstandene Bildnis seiner Frau nutzte (vgl. Abb. 22).[23] Dieses Blatt ist mit dem Silberstift ausgeführt, doch Rembrandts bevorzugtes Zeichenwerkzeug war und blieb die Feder. In seinen frühen Jahren nutzte er dabei zumeist Gänse- oder Schwanenfedern, ab den 1640er Jahren aber auch Federn aus Schilfrohr, die ein weit spröderes Zeicheninstrument waren. Die mit der Rohrfeder möglichen breiten Striche erlaubte auch der Pinsel, der etwa in dem kleinen Blatt mit der schlafenden Hendrickje zum Einsatz kam (vgl. Abb. 39).[24] Die Tinten dürfte Rembrandt selbst hergestellt haben, wobei Holz- und Kaminruß genauso Verwendung fanden wie Bister, die bräunlichen Ablagerungen in Öfen und Kaminen. Die Farben dieser Tinten reichen von Lichtbraun bis zu dunklem Schwarzbraun. Alternativ nutzte er seit den späten 1630er Jahren die aus Gallnüssen und -äpfeln hergestellte Eisengallustinte. In dieser Zeit rundete er die Zeichnungen oft dadurch ab, dass er zusätzlich schwarze und rote Kreiden verwandte, wie beispielsweise in der *Opferung Isaaks* (vgl. Abb. 43).[25] Manchmal wurde auch eine in Kreide angelegte Zeichnung später mit Bistertinte laviert, wie in dem Bild seines Vaters, das zu den wenigen Porträts gehört, die Rembrandt zeichnete (vgl. Abb. 2).[26] Die Verbindung unterschiedlicher Zeichenmaterialien blieb allerdings die Ausnahme.

Genauso vielfältig wie die Zeichenmaterialien waren auch die Themen und Motive der Blätter. Das Spektrum reicht dabei von detailliert ausgeführten Natur- und Figurenstudien, über detailgenau ausgearbeitete Bilderzählungen bis hin zu minimalistischen Notizen von Figuren und Handlungen, wobei die Unterscheidung von Genreszenen, Modellstudien und Musterblättern nicht immer leicht ist.[27] Ein Beispiel dafür ist das in Berlin aufbewahrte Blatt, auf dessen Vorderseite die Figurenkonstellation für eine Beweinung erprobt ist, während die auf der Rückseite skizzierten Paare wohl im Zusammenhang des Gemäldes mit dem »verlorenen Sohn« stehen (vgl. Abb. 25).[28] Bei den meisten Blättern Rembrandts, bei denen offensichtlich kompositionelle Lösungen erprobt wurden, lässt sich deshalb nicht mehr feststellen, ob sie als Skizzen oder Entwürfe zu einem Gemälde angelegt wurden. Das gilt zum Beispiel für ein Blatt, das *Christus und die Ehebrecherin* zeigt (s. Abb. 58).[29] Da die Zeichnung auf der Rückseite einer Begräbnisanzeige ausgeführt ist, die auf eine am 14. Mai 1659 vollzogene Beisetzung verweist, ist eine Entstehung im Umfeld dieses Datums wahrscheinlich. Mit dem dargestellten Thema hatte Rembrandt sich bereits 1644 beschäftigt, wobei er bei seiner erneuten Auseinandersetzung kaum mehr auf die ältere Komposition Bezug nahm.[30] Die bemerkenswert lebendige Zeichnung erzählt eine Geschichte aus dem Neuen Testament.[31] Diese beschreibt, wie die Pharisäer eine beim todwürdigen Verbrechen des Ehebruchs überführte Frau zu Jesus bringen, die nach dem Gesetz gesteinigt werden müsste. »Aber Jesus bückte sich nieder und schrieb mit dem Finger auf die Erde. Als sie nun anhielten, ihn zu fragen, richtete er sich auf und sprach zu ihnen: Wer unter euch ohne Sünde ist, der werfe den ersten Stein auf sie. Und bückte sich wieder nieder und schrieb auf die Erde. Da sie aber das hörten, gingen sie hinaus (von ihrem Gewissen überführt), einer nach dem andern, von den Ältesten bis zu den Geringsten; und Jesus ward gelassen allein und das Weib in der Mitte stehend.«[32] Rembrandt zeigt den Moment, in dem Jesus mit der Frage konfrontiert wird, was er von dem Fall halte. Diesen Moment bezeichnet auch die unten angebrachte Beischrift: »Begierig, Christus durch die Antwort in die Falle zu locken, konnten sie eine schriftliche Antwort nicht erwarten.«[33] Um dort einen Kommentar anbringen zu können, wie das bei Kupferstichen der Zeit üblich war, ist auf dieser Zeichnung unten ein Streifen frei geblieben. Derartige Kommentare finden sich auf zahlreichen Zeichnungen von Rembrandt und seinen Schülern. Das Blatt ist zugleich auch ein typisches Beispiel für Rembrandts Zeichentechnik. Er nutzte die Feder, um die Komposition in groben Zügen anzulegen, und zeichnete dabei so schnell, dass sich der Federkiel manchmal spreizte. Wo es darum ging, die Plastizität von Figuren zu verdeutlichen, zarte Schattierungen oder harte Schlagschatten anzubringen, setzte er teils hauchzarte

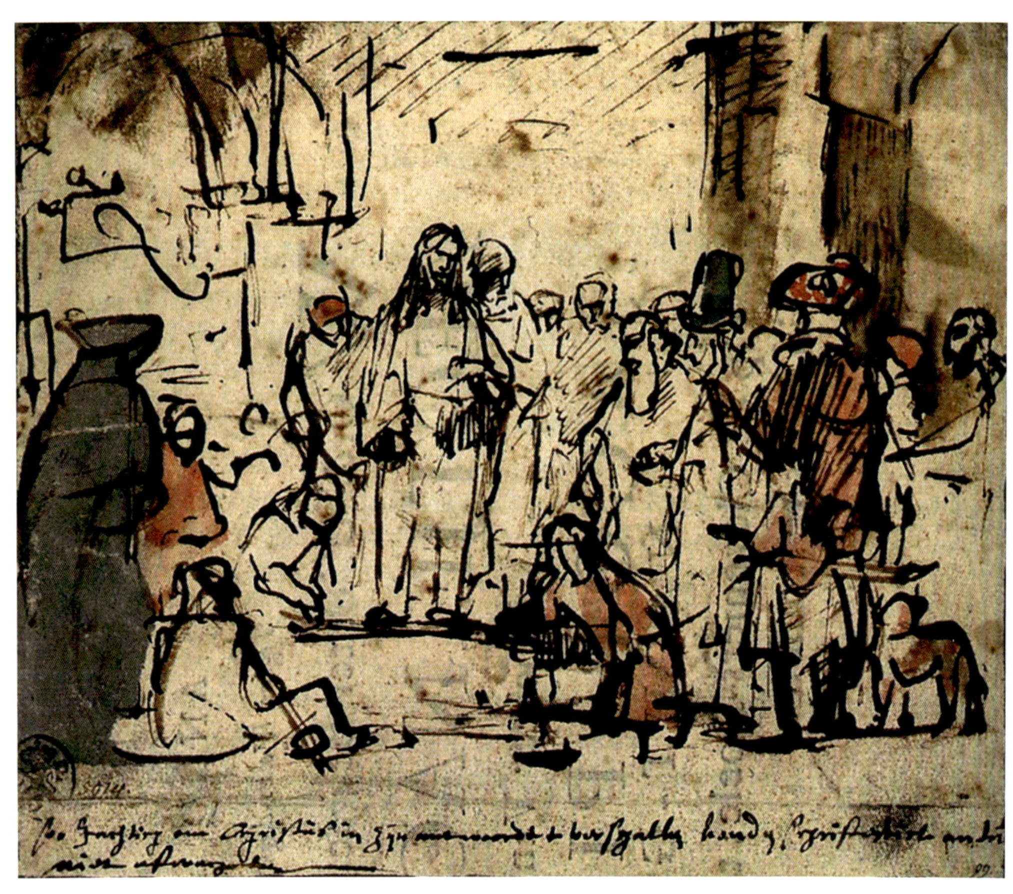

58 *Christus und die Ehebrecherin,* um 1659/60, Feder in Braun laviert und aquarelliert, 17 × 20,2 cm, München Graphische Sammlung

Schraffuren ein. Sie verlaufen parallel in diagonaler Richtung und gehen teils in – die Eile des Künstlers verratende – Zickzackschwünge über. Später konnte er mit dem Pinsel und ein wenig Wasser das kaum angetrocknete mit der Feder aufgebrachte Zeichenmaterial wieder lösen und somit zarte Lavierungen anbringen, die dem Blatt zusätzlich Tiefe verliehen. In der Zeichnung mit *Christus und der Ehebrecherin* wurde der so entstandene bildmäßige Eindruck noch verstärkt, indem – vermutlich erst im 18. Jahrhundert – eine zarte Kolorierung hinzutrat. In ihrer Komposition knüpft die Zeichnung an eine um 1652 entstandene Radierung an, die seit Gersaint als *La petite Tombe* bekannt ist (s. Abb. 59).[34] Der Titel basiert dabei auf einem Missverständnis. Da der Besitzer der Druckplatte und vermutlich auch deren Auftraggeber Nicolas de la Tombe hieß, wurde das Blatt in den Niederlanden *het Latombisch prentje* genannt, »der kleine Latombische Druck«. Der Franzose Gersaint interpretierte die Bezeichnung als Beschreibung und dachte, es handele sich bei der Erhöhung, auf der Jesus gezeigt ist, um ein Grab, französisch *tombe*. Rembrandts Radierung, die seit alters her für ihren harmonischen Aufbau gelobt wird, stellt keine spezifische Szene aus der biblischen Überlieferung dar. Der Betrachter wird eingeladen, den Inhalt der Predigt Christi zu imaginieren, wobei einem kunsthistorisch gebildeten Publikum auch die Nähe der gezeigten Christusfigur zu Raffaels *Disputà* in der Stanza della Segnatura des Vatikans aufgefallen sein mag. Das Blatt dokumentiert zugleich einen damals einsetzenden Wandel in Rembrandts Radiertechnik. Während er in seinen frühen Arbeiten vor allem mit dem Grabstichel gearbeitet hatte, brachte er nun zunehmend die Radiernadel zum Einsatz. Diese Technik, bei der die Linien nicht mittels Säure eingeätzt, sondern unmittelbar in die Platte geritzt werden, prägt auch sein Spätwerk.

Thematisch decken Rembrandts Radierungen ein großes Spektrum ab, wobei beinahe ein Viertel der umfangreichen Produktion aus Blättern mit biblischen oder religiösen Themen besteht. Diese Gruppe umfasst auch viele seiner vom Format her größten Drucke. Doch unabhängig vom Format der Darstellungen zeugen all diese Blätter von Rembrandts außerordentlicher Fähigkeit, bildlich Geschichten zu erzählen und in Blicken und Gesten die Emotionen der handelnden Figuren anschaulich zu machen (vgl. Abb. 44 und 45). Neben den biblischen Szenen bilden auch die zahlreichen Porträts einen bedeutenden Teil seines druckgraphischen Werkes. Dazu sind die zu großen Teilen am Beginn seiner Karriere entstandenen Ausdrucksstudien zu rechnen (vgl. Abb. 9), die zahlreichen im gesamten Verlauf seiner Karriere entstandenen

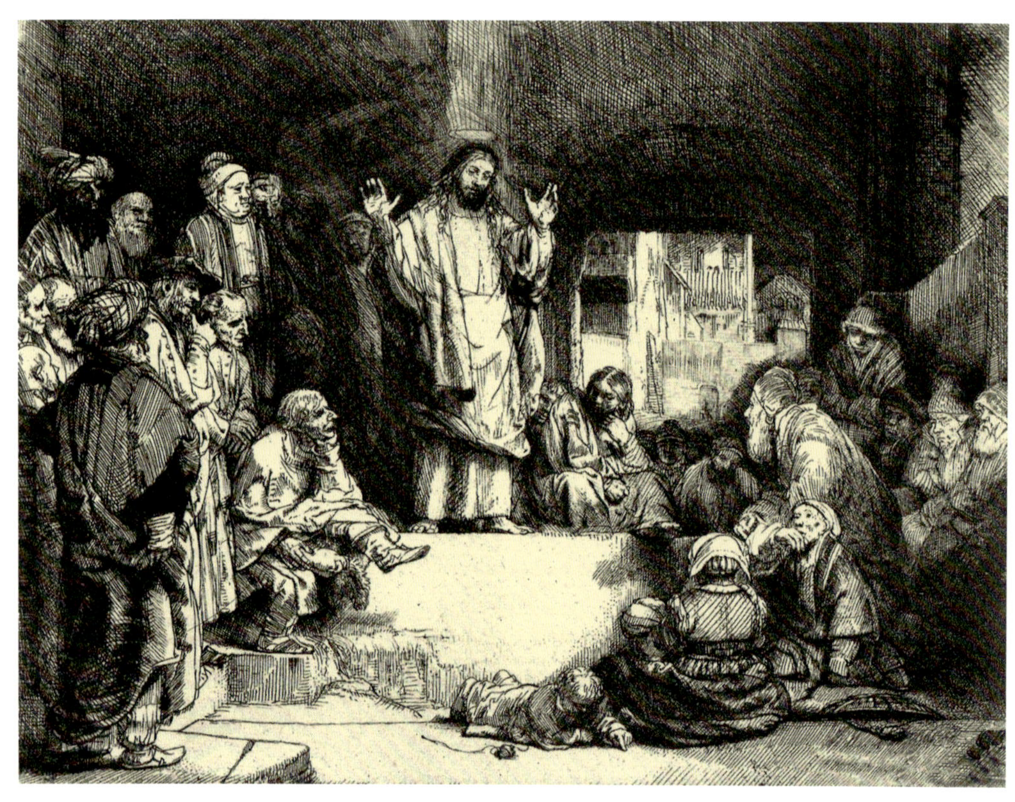

59 *Der lehrende Christus* (auch: *La petite Tombe*), um 1652, Radierung, 15,6 × 20,7 cm

Selbstbildnisse (vgl. Abb. 26 und 27), aber auch die teils im Auftrag entstandenen Porträts von Freunden und Bekannten (vgl. Abb. 30 und 31). Eine andere, so vielgestaltige wie umfangreiche Gruppe von Graphiken sind die Alltagsszenen (s. Abb. 60). Die zahlreichen, meist kleinen Darstellungen von Bettlern, Vagabunden und Straßenmusikanten zeigen, wie aufmerksam Rembrandt seine Umwelt visuell zu dokumentieren verstand. Solche Bilder waren beim Publikum offensichtlich gefragt, so dass einige Künstlerkollegen Rembrandts sich gänzlich auf Bilder aus dem Leben der Unterschicht konzentrierten. Der bemerkenswerte Alltagsrealismus, der Rembrandts Genreszenen auszeichnet, begegnet dem Betrachter auch in den Aktdarstellungen, die bewusst auf jede mythologische Einkleidung verzichten (vgl. Abb. 34). Dass bereits 1635 eine Kopie nach einem der sitzenden Frauenakte Rembrandts entstand, darf als Beleg ihrer einstigen Beliebtheit gelesen werden.[35] Zu seinen schon zu Lebzeiten gefragtesten Motiven gehörten dabei die Landschaftsdarstellungen (vgl. Abb. 53 und 56).[36] Rembrandts radierte Landschaften entstanden alle in nur elf Jahren, zwischen 1641 und 1652, während seine gezeichneten Landschaften in die Jahre von 1634 bis 1660 zu datieren sind. Auch die Zeichnungen Rembrandts wurden schon früh gesammelt, worauf ein im Jahr 1645 in Leiden dokumentierter Verkauf einen Hinweis gibt.[37] Dass Notare immer wieder beim Erstellen von Nachlassinventaren einzelne Zeichnungen Rembrandts dokumentierten, bezeugt eine sich auch monetär ausdrückende Wertschätzung Rembrandts.[38] Sie wurde aber auch schon früh den gedruckten Werken entgegengebracht, besonders einer Darstellung des predigenden Christus, die seit dem 18. Jahrhundert als das *Hundertguldenblatt* bekannt ist (s. Abb. 61).[39] Die besondere Bewunderung für dieses bemerkenswerte Blatt wird durch eine 1711 berichtete Anekdote illustriert, der zufolge einst bei einer Auktion 100 Gulden für dieses Blatt bezahlt worden seien.[40] Der lange nach Rembrandts Tod aufgezeichnete Bericht wird durch einen am 9. Juni 1654 verfassten Brief bestätigt, der aus Antwerpen an den Bischof der flämischen Stadt Brügge versandt wurde.[41] Der seltene Druck Rembrandts, »auf dem Christus die Kranken heilt«, heißt es darin, sei »in Holland diverse Male für 100 Gulden verkauft worden«. In Antwerpen, so fährt der Schreiber fort, dürfte das Blatt allerdings nicht mehr als 30 Gulden kosten, wobei er anbiete, dem Bischof ein Exemplar zu besorgen. Mit der in diesem Brief mitgeteilten Beschreibung ist das Thema des Blatts zutreffend umrissen: verschiedene Szenen, die im Matthäus-Evangelium nacheinander beschrieben werden, sind zeitgleich abgebildet.[42] Rembrandt hat die Darstel-

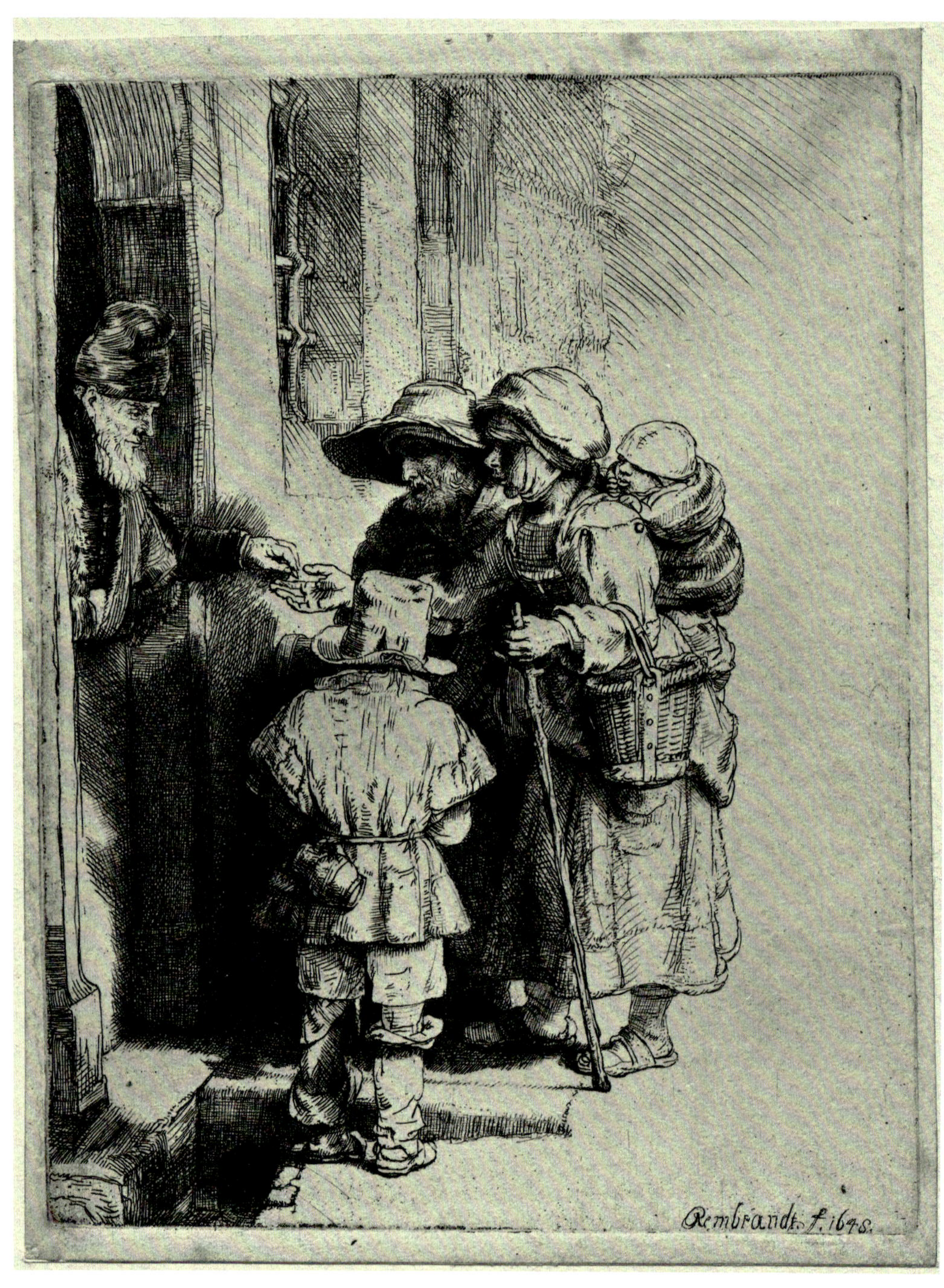

60 *Bettlerfamilie an der Haustür*, 1648,
Radierung mit Grabstichel und Kaltnadel, 16,4 × 12,9 cm

lung entgegen seiner üblichen Praxis nicht aus der intensiven Auseinandersetzung mit älteren künstlerischen Vorbildern entwickelt, sondern gänzlich neu geschaffen. Deutlich im Zentrum der Darstellung steht die Figur Christi, umgeben von Männern, Frauen und Kindern, darunter die Kranken, die ihm aus Galiläa gefolgt sind. Die bemerkenswerte Szene ist in ein fast magisches Licht getaucht, für dessen Darstellung Rembrandt seine ganze technische Virtuosität aufbot. Detailliert ausgearbeitete Bereiche stehen neben großflächig geätzten Partien und neben skizzenhafter Linearität. Die Arbeit an dieser sorgsam mit dem Grabstichel und der Kaltnadel nachbearbeiteten Platte wurde in mehreren Arbeitsgängen realisiert, wobei die Platte nach dem Drucken einer ersten Auflage mehrere Jahre liegengeblieben war. Einer alten Überlieferung zufolge, die zumindest bis in die Anfänge des 18. Jahrhunderts zurückreicht, soll Rembrandt Abzüge des *Hundertguldenblatts* (vgl. Abb. 61) an seine Vertrauten verschenkt haben.[43] Tatsächlich trägt ein auf Japanpapier gedruckter Abzug des ersten Druckzustandes im Rijksmuseum Amsterdam eine Inschrift des ersten Besitzers, die besagt, dass er dieses Blatt, »verehrt von meinem speziellen Freund Rembrandt, gegen ›Die Pest‹ von Marcanton Raimondi« erhalten habe.[44]

Roger de Piles erwähnte in seiner 1699 publizierten Lebensbeschreibung neben den bemerkenswert unterschiedlichen Druckzuständen der Radierungen auch Rembrandts Vorliebe für getönte, speziell »chinesische« Papiere.[45] Tatsächlich hat Rembrandt, um die Ausdruckswerte seiner Blätter zu steigern, mit unterschiedlichen Druckträgern experimentiert. Er gehörte beispielsweise zu den ersten, die das seit 1607 in die Niederlande importierte asiatische Papier für Abzüge nutzte.[46] Die zahlreichen unterschiedlichen Papierqualitäten, die er verwandte, lassen darauf schließen, dass Japanpapier nur in kleinsten Mengen verfügbar war. Darüber hinaus experimentierte Rembrandt auch mit Drucken auf Pergament, ein Material, das er gleichermaßen für Porträts wie für Andachtsbilder als Druckträger nutzte.[47] Von Sammlern wurden gerade diese Abzüge wegen der weichen Tonalität, »die wie Lavierung wirkt«, besonders geschätzt, wie das Zeugnis eines englischen Reisenden aus dem Jahr 1668 belegt.[48] Wie neuere Forschungen zeigen, lassen sich die für den Druck verwandten Papiere unterschiedlichen Käuferkreisen zuordnen.[49] Mit seiner Graphikproduktion zielte Rembrandt nämlich einerseits darauf, eine breite Käuferschicht mit seinen Bilderfindungen bekannt zu machen, andererseits wusste er selbst die fein modellierten, scharfgratigen frühen Druckzustände besonders zu schät-

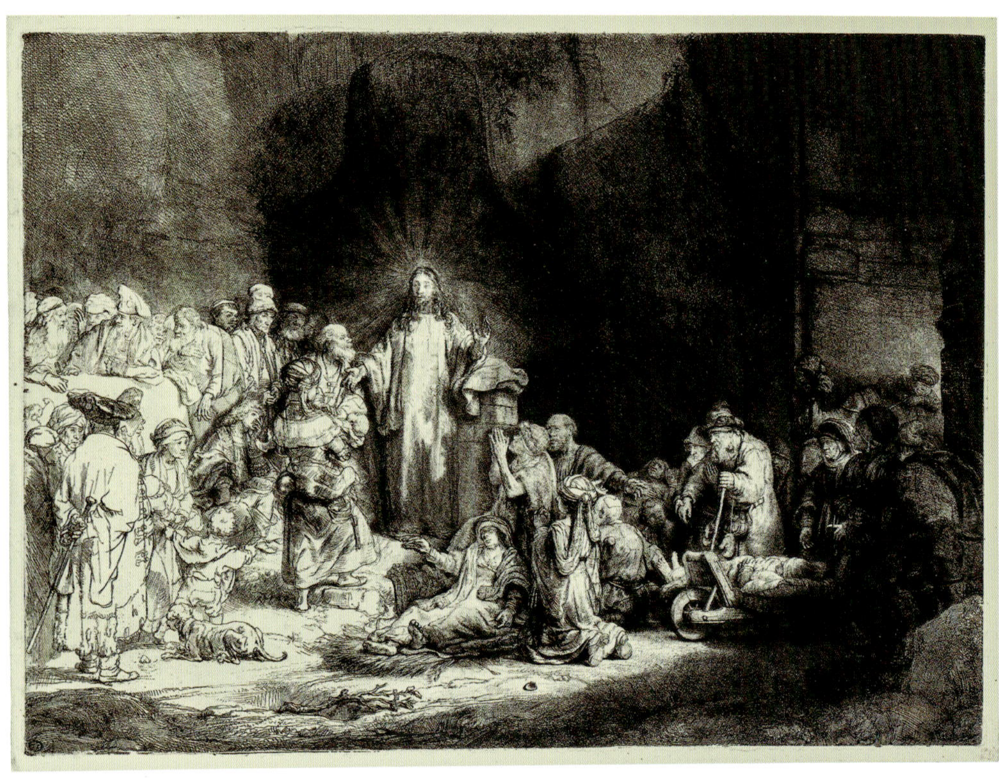

61 *Christus predigend* (auch: »Hundertguldenblatt«, »Christus, dem die kleinen Kinder gebracht werden« oder »Christus heilt die Kranken«), um 1643–49, Radierung mit Kaltnadel und Grabstichel, 27,8 × 38,8 cm

zen. Diese fertigte er von seinen Platten auch in winzigen Auflagen selbst, um damit einen kleinen Kreis von besonderen Kunden und interessierten Sammlern zu bedienen. Die Graphikkäufer der ersten Kategorie, die das besondere Druckbild eines frühen Abzugs vermutlich nicht sonderlich zu schätzen wussten, hängten die Drucke Rembrandts nicht selten gerahmt oder auf Holz aufgezogen an die Wand, was durch entsprechende Einträge in erhaltenen Nachlassinventaren bezeugt wird.[50] Ein kleines Genrebildchen, der *Bettlerfamilie an der Haustür* vergleichbar (vgl. Abb. 60), ist über einen zeitgenössischen Inventareintrag auch als Wandschmuck bezeugt.[51] Im Unterschied dazu bewahrten die echten Graphiksammler ihre Drucke in Mappen oder Alben auf, in denen die entlang der Kante des Druckes beschnittenen Abzüge auf leere Bögen geklebt wurden. Der wohl bedeutendste Vertreter dieser damals sich neu etablierenden Käuferschicht war fraglos Michel de Marolles, Abbé von Baugerais und Villeloin. Er hatte bis zu dem Verkauf dieser Drucke an den französischen König die vermutlich größte Sammlung graphischer Blätter zusammengetragen, die je ein Privatmann besaß. Im Jahr 1600 in eine der besten und berühmtesten Familien der Touraine geboren, hatte er von seinen Eltern ein gewaltiges Vermögen geerbt, das er einschließlich seiner Einkünfte allein auf die Erweiterung und Publikation seiner Sammlung verwandte. Im Jahre 1666 besaß er ausweislich des damals publizierten Kataloges ungefähr 125 000 Blätter von 6000 verschiedenen Meistern, darunter auch 224 Radierungen Rembrandts.[52] Zu den heute im Louvre aufbewahrten Spitzenstücken seiner Sammlung gehörte auch ein früher Abzug jener Radierung, die heute als Höhepunkt von Rembrandts Radierkunst gilt (s. Abb. 62).[53] Rembrandt entwickelte sein Passionsbild in der bewussten Auseinandersetzung mit älteren künstlerischen Vorbildern, wobei er die älteren Vorlagen durch seine revolutionäre Technik in etwas nie Dagewesenes überführte. Das monumentale Blatt ist gänzlich mit der Kaltnadel ausgeführt, wobei mit der Radiernadel unmittelbar in die Kupferplatte geritzt wurde. Nur an wenigen Stellen kam ein Grabstichel zum Einsatz, um Details zu akzentuieren. Von dem fieberhaften und intensiven Arbeiten an der Komposition zeugen vier stark voneinander abweichende Druckzustände, von denen der letzte das Blatt grundlegend veränderte. Die meisten frühen Exemplare sind auf Pergament gedruckt, auf dessen gelblichem Grundton das in unterschiedlichen Nuancen von Grau- und Schwarztönen erscheinende Liniengefüge ungemein eindringlich wirkt. Besonders in den frühen Druckzuständen dieses bemerkenswerten Blatts nutzte Rembrandt ganz bewusst den Plattenton, um die

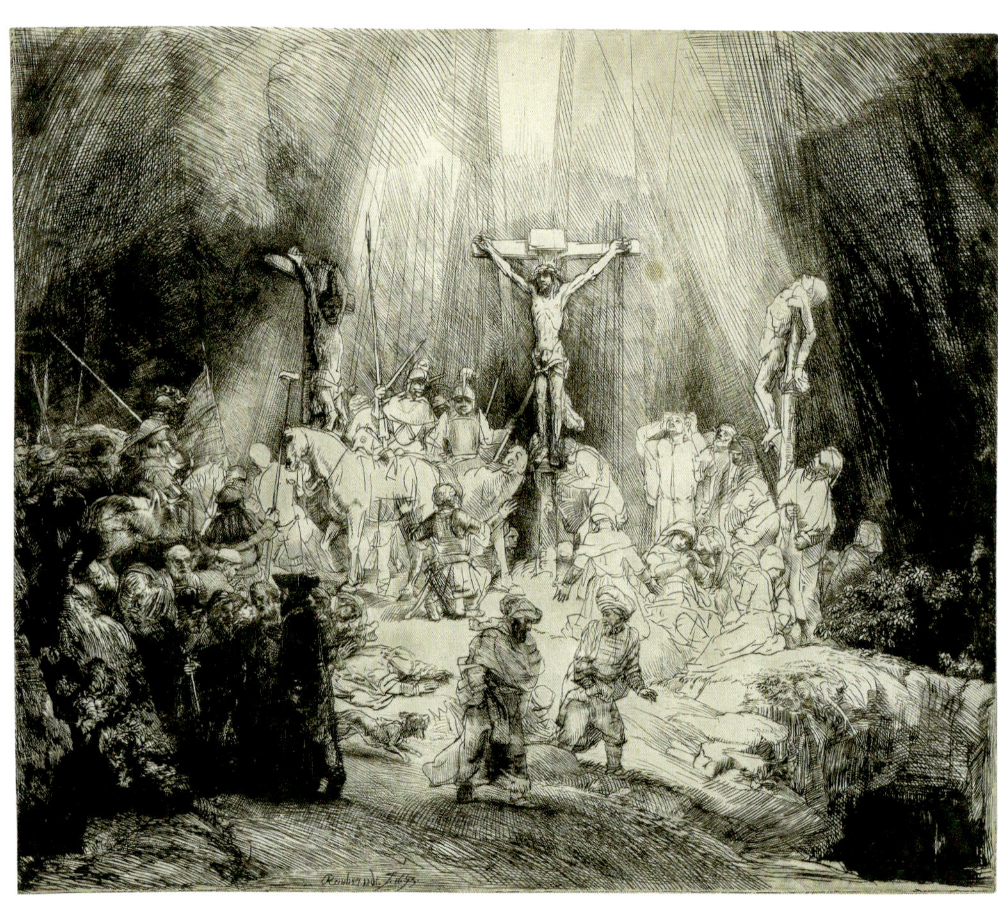

62 *Die drei Kreuze*, 1653, nur Kaltnadel und Grabstichel, 38,5 × 45 cm

gewünschte Lichtsituation zu erzielen. Bis dahin war es bei Radierungen üblich gewesen, dass nur die in den eingegrabenen Vertiefungen der Platte hängende Farbe das Druckbild bestimmte. Doch Rembrandt wischte nicht mehr alle Farbe aus. Dieses Modellieren der Wirkung durch den geschickten Einsatz der stehengebliebenen Druckfarbe wurde zwar erstmals zu Beginn des 19. Jahrhunderts von Adam Bartsch ausdrücklich beschrieben, doch mag der Effekt schon den Zeitgenossen aufgefallen sein. Tatsächlich unterscheiden sich nämlich bei Rembrandt die ersten Abzüge, die sich durch den die Wirkung steigernden Plattenton als eigenhändig erkennen lassen, deutlich von den späteren Drucken, die vermutlich von einem einfachen Drucker hergestellt wurden, der den Konventionen gemäß nur die vertieften Linien druckte.[54] Wer jemals einen frühen Abzug dieses Blattes genau studiert hat, weiß, dass Schwarz durchaus nicht gleich Schwarz ist. Die merklichen Qualitätsunterschiede zwischen den von Rembrandt selbst gedruckten Abzügen und denen, die einem Drucker übergeben wurden, machen sich besonders in den differenziert modellierten Nacht- und Kerzenlichtszenen bemerkbar, die Samuel van Hoogstraten als »bruine printjes« bezeichnete.[55]

Zwei Jahre nach den *Drei Kreuzen* (vgl. Abb. 62) begann Rembrandt die Arbeit an einer weiteren großformatigen Kaltnadelradierung, die ebenfalls im Rückgriff auf ikonographische Vorbilder ein Ereignis aus der Passionsgeschichte zeigt (s. Abb. 63).[56] Thema des Blattes ist die auch als »Ecce Homo« bezeichnete, von Pontius Pilatus verfügte öffentliche Zurschaustellung Jesu.[57] Genau wie die *Drei Kreuze* wurde auch dieses im Format entsprechende Blatt in zahlreichen Bearbeitungsstufen teils tiefgreifend verändert. Die große Zahl der überlieferten Druckzustände ist dabei nicht allein Rembrandts Experimentierfreude geschuldet, sondern liegt auch in der technischen Notwendigkeit begründet, die wegen der Beanspruchung beim Druck stark abgenutzte Platte immer wieder zu überarbeiten. Weil die einzelnen Linien nämlich nur mit einer Nadel in die Kupferplatte geritzt wurden, entstand ein scharfer Grat, der zwischen den Walzen der Druckpresse schon nach wenigen Abzügen verpresst wurde. Damit ist jedoch nur zu erklären, warum die Platte immer wieder nachbearbeitet werden musste, nicht aber, was Rembrandt veranlasste, im vierten Druckzustand das Format der Platte zu ändern und die vor dem Palast versammelte Volksmenge zu entfernen. Rembrandt wusste um die aus dem Druckprozess resultierenden Qualitätsunterschiede und reservierte die besten Drucke für besondere Kunden und Freunde. Einen in seiner Tonalität bemerkens-

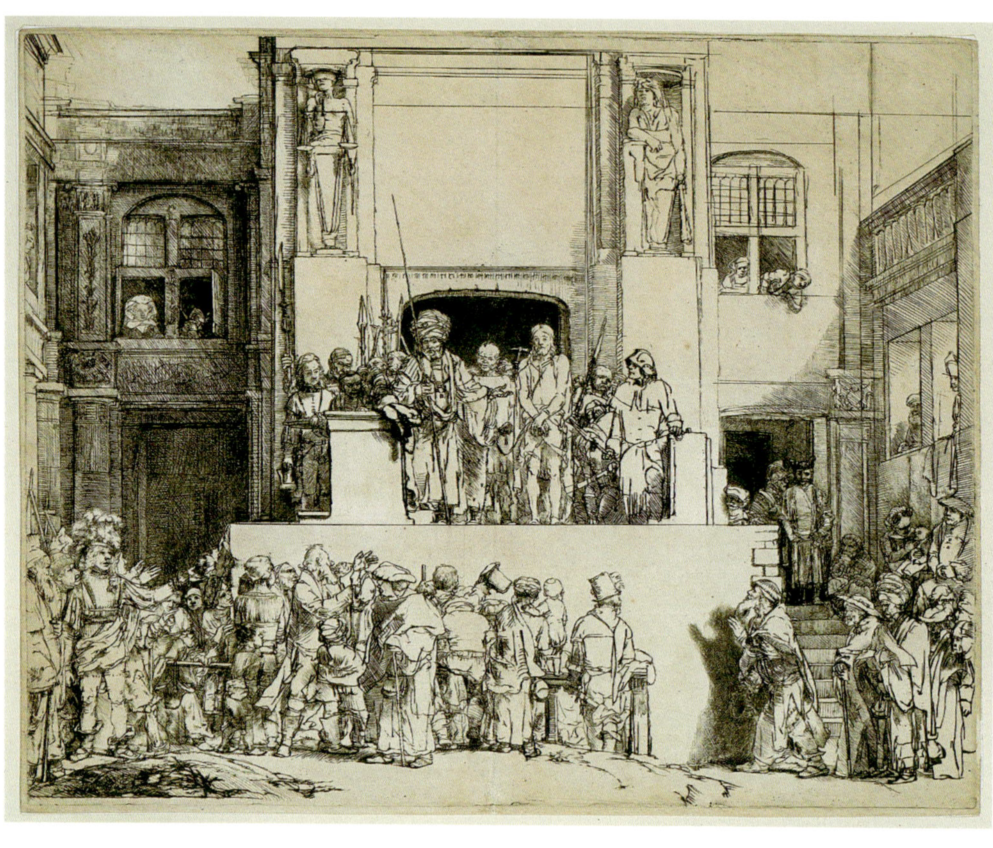

63 *Ecce Homo* (auch: »Christus vor Pilatus«), 1655, nur Kaltnadel, 35,8 × 45,5 cm

werten Abzug des ersten Druckzustands hat Rembrandt wohl nicht nur selbst gedruckt, sondern rückseitig mit »Kattenburgh« bezeichnet und ihn damit dem Kunsthändler Dirck van Kattenburgh oder seinem Bruder Otto zugeeignet.[58] Die großen Auflagen zu drucken blieb dann anderen überlassen, wobei gerade die vielen Abzüge eine weite Verbreitung und damit einhergehende Mehrung von Rembrandts Ruhm mit sich brachten. Ein Abzug des *Ecce Homo* muss 1647 in die Hände des Bürgermeisters von Danzig gelangt sein, der damals eine gemalte Kopie des Blattes als Altarstück einer neu errichteten Kirche auf der Halbinsel Hela in Auftrag gab.[59] Andere Blätter Rembrandts wurden in Holzschnitten und Kupferstichen kopiert, um sie als Buchillustrationen zu verwenden.[60] Dieses heute befremdlich anmutende Kopieren beliebter Bilderfindungen war damals kein Rechtsbruch, sondern gängige Praxis. Und das häufige Aufgreifen von Bilderfindungen Rembrandts darf als Beleg seiner Wertschätzung und seines internationalen Renommees gelesen werden. Seinem Ruhm arbeiteten auch die zahlreichen graphisch reproduzierten Selbstbildnisse zu (s. Abb. 64).[61]

Das letzte Porträt, das die lange Reihe seiner radierten Selbstdarstellungen abschloss, entstand 1648. Es zeigt den Künstler unmittelbar bei der Arbeit, wobei die Augen, mit denen er intensiv sein Spiegelbild studierend aus dem Bild schaut, im Zentrum der Darstellung stehen. Das Blatt vermittelt den Eindruck einer spontan aufgenommenen Atelierszene. Doch ausgerechnet dieses Selbstbildnis greift im Unterschied zu so vielen anderen Rollenbildern, die Rembrandt geschaffen hat, einen festen Typus des zeitgenössischen Porträts auf. Rembrandt zeigt sich so, wie Gelehrte und Dichter sich darstellen ließen und wie auch er sie dargestellt hat.[62] Insgesamt sind fünf unterschiedliche Druckzustände überliefert, wobei im zweiten Zustand Signatur und Datierung hinzutraten. Die unterschiedlichen Druckzustände wurden dabei, spätestens zu Houbrakens Zeit, zum Gegenstand eifriger Sammelbemühungen: »Man sieht von dem Porträt von Lutma (um eines für alle als Beispiel zu wählen) drei unterschiedliche Drucke: Einen, der grob skizziert ist, einen etwas weiter ausgeführten, unter Hinzufügung einer Glasscheibe und endlich eine ausführlich und kräftig ausgeführte Version. […] Dies Tun brachte ihm großen Ruhm und nicht weniger Vorteil ein, insbesondere durch die Kunst der Beleuchtungsänderung, durch kleine Variationen oder kleine und geringe Hinzufügungen, die er an seinen Drucken vornahm, und wodurch dieselben ein ums andere Mal als neu verkauft werden.«[63] Rembrandts Entscheidungen, seine Platten zu über-

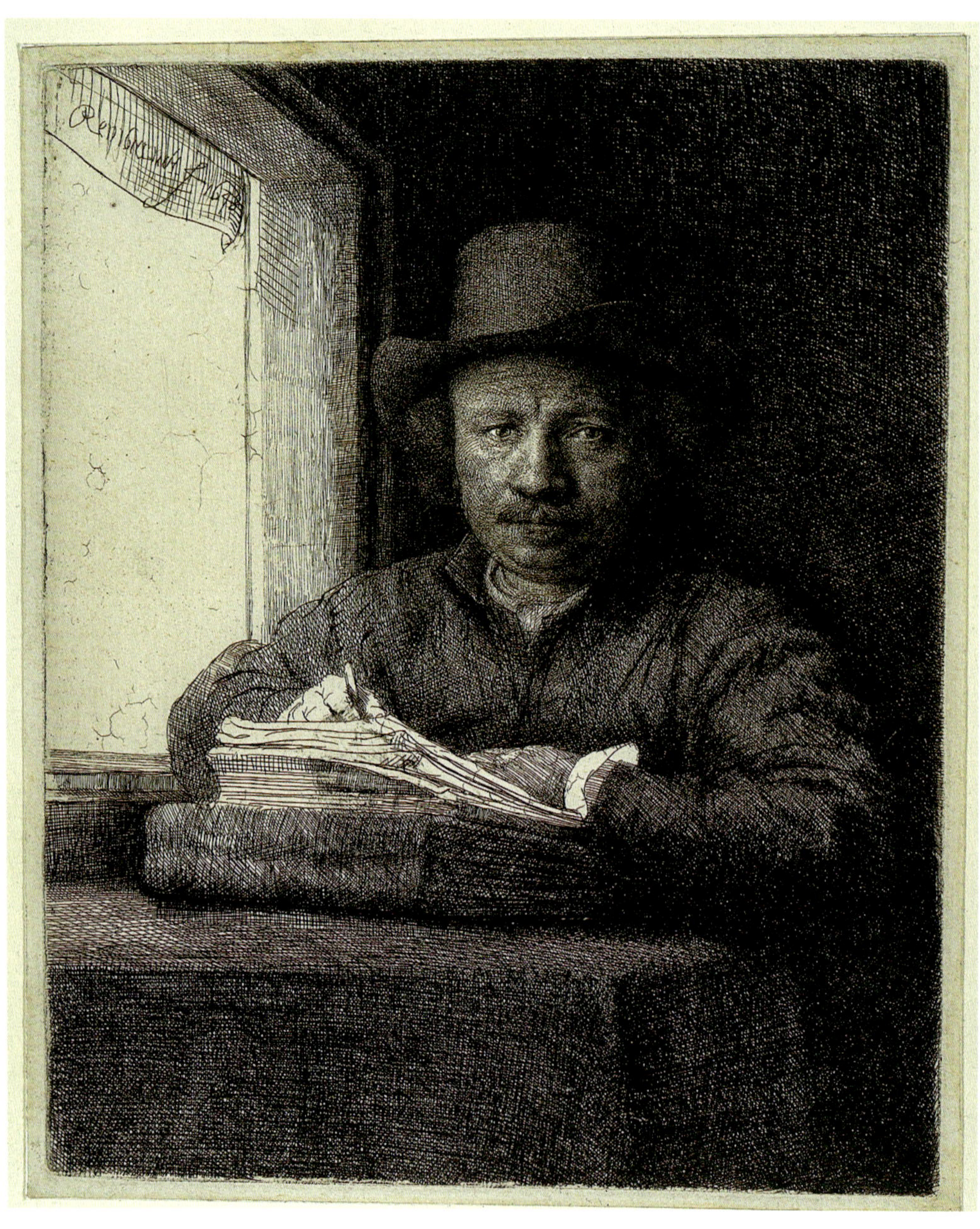

64 *Selbstbildnis am Fenster zeichnend,* 1648
Radierung mit Kaltnadel und Grabstichel, 16 × 14 cm

arbeiten, waren vermutlich nicht pekuniär motiviert, doch dürfte ihm die dadurch gesteigerte Nachfrage willkommen gewesen sein. Zumindest hatte er vermutlich aus finanziellen Erwägungen um das Jahr 1650 seine ertragversprechende Graphikproduktion wieder aufgenommen. Damals ließ er auch von alten Platten große Auflagen drucken. Doch mit dem Jahr 1653 endete diese fieberhafte Produktion, vielleicht weil Rembrandt die Druckplatten damals belieh und nicht mehr frei über sie verfügen konnte (s. Abb. 29).[64] 1656 gelangten die meisten Platten in den Besitz des Graphikhändlers Clement de Jonge, den Rembrandt 1651 auch porträtiert hatte.[65] Nach ihrer Veräußerung brachten die Platten noch bis ins 20. Jahrhundert zahlreichen Verlegern reichlichen Profit, die von den originalen Platten Rembrandts zunehmend schlechter werdende Abzüge druckten und verkauften.[66] Selbst diese kläglichen Schatten der graphischen Werke Rembrandts fanden und finden ihre Abnehmer. Rembrandt konnte allerdings nicht mehr von ihnen profitieren, und trotz seines auch in der stetig wachsenden Nachfrage seiner graphischen Werke ablesbaren Ruhms wuchsen seine wirtschaftlichen Schwierigkeiten. Das hinderte ihn allerdings nicht, für seine stetig wachsende Kunst- und Raritätensammlung viel Geld auszugeben.

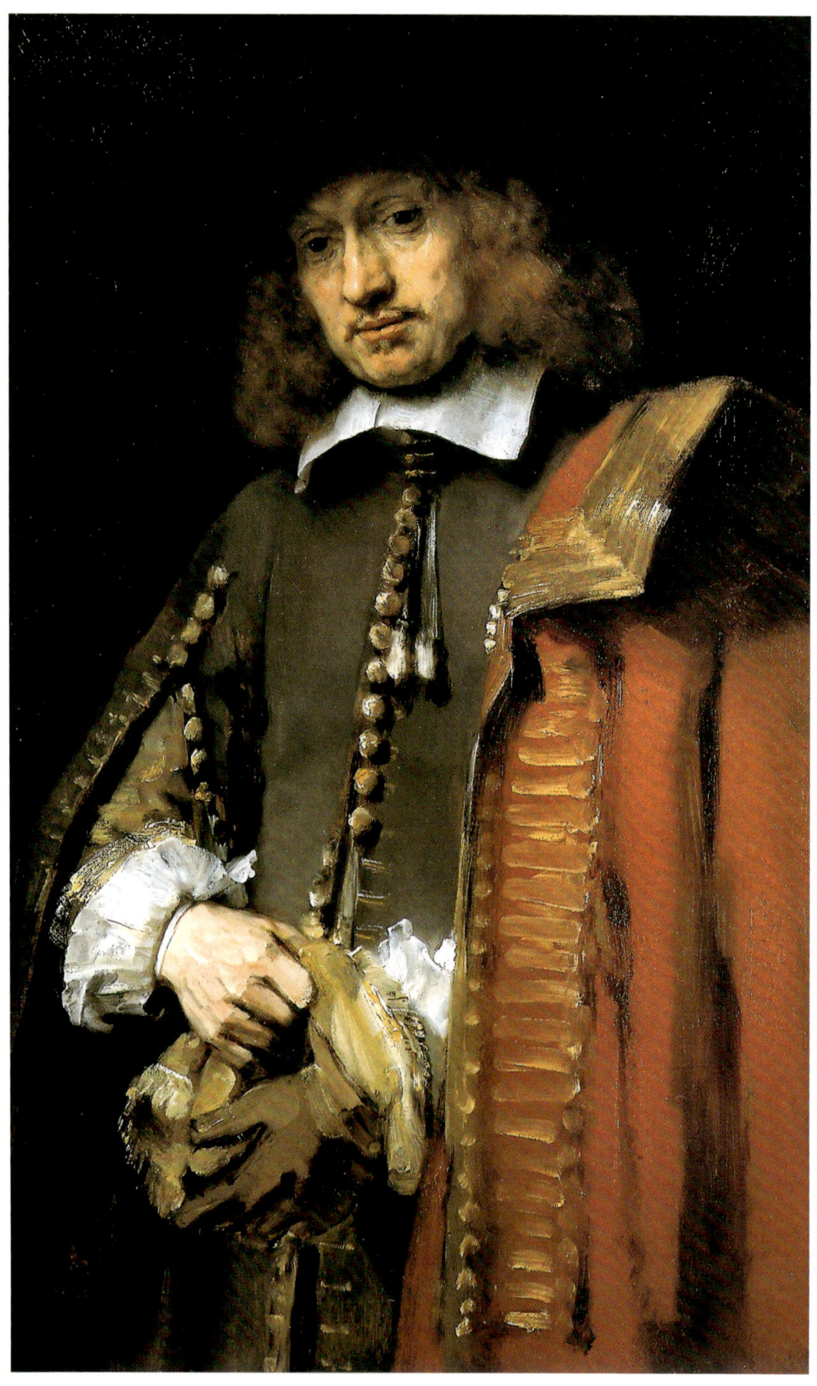

Sammler, Händler, Kunstliebhaber

Wie schon seine Zeitgenossen bezeugten, war Rembrandt ein fanatischer Sammler. Filippo Baldinucci wusste ebenso davon zu berichten wie Joachim von Sandrart.[1] Der schrieb 1675, Rembrandt sei »ein großer Liebhaber von allerley Kunststucken« gewesen, der »an Gemälden, Handrißen, Kupferstichen, und allerhand fremden Seltsamkeiten [...] eine große Mänge gehabt«.[2] Vor allem aber wird die Reichhaltigkeit und Vielfalt der Sammlung durch das Inventar seines Besitzes dokumentiert, das am 25. und 26. Juli 1656 aufgenommen wurde, weil Rembrandt insolvent war.[3] Er mag selbst an der Erstellung dieses Verzeichnisses mitgewirkt haben, das gleichermaßen seinen Statusanspruch wie seine Interessen als Sammler dokumentiert.[4] Da Frans Bruijningh, der von der Kammer entsandte Sekretär, die Gegenstände Raum für Raum verzeichnete, vermittelt dieses bemerkenswerte Dokument zugleich einen lebendigen Eindruck von Rembrandts Wohnsituation. Der Rundgang begann im *Vorhuis*, der großen Eingangshalle des Hauses. Nach links schloss sich hier die *Sijdelkamer* an, die mit einem Tisch und sieben Stühlen ausgestattet wohl dem Empfang von Kunden diente. Von dort aus gelangten die Bewohner in einen weiteren kleinen Raum und einen geräumigen *Sael*, der offensichtlich für die Verkaufsausstellung genutzt wurde. Insgesamt verzeichnete Frans Bruijningh in den vier Räumen des Erdgeschosses 120 Bilder, zu großen Teilen Werke Rembrandts. Über eine Wendeltreppe erreichte man das erste Obergeschoss, wo Bruijningh in dem Raum über dem großen Saal Rembrandts *Kunstcaemer* vorfand. Die Auflistung beginnt mit zwei Globen; darauf folgt ein wirres Durcheinander von Dingen unterschiedlichster Art und Herkunft: eine Dose mit Mineralien, Fossilien, »ein pissendes Kind«, Kaiser- und Philosophenbildnisse, asiatisches Geschirr, Muscheln, Schneckenhäuser, ausgestopfte Tiere, naturwissenschaftliche Präparate, getrocknete Pflanzen, europäische und ostasiatische Schilde und Waffen, unterschiedlichste Musikinstrumente, aber auch antike Stoffe, historische und exotische Kostüme. Die Sammlung war so umfangreich, dass sie in die angrenzenden Nebengelasse und Atelierräume ausgriff. Die eigenen Arbeiten bewahrte Rembrandt zusammen mit den Werken anderer Künstler auf. Selbst Arbeiten des kaum sechzehnjährigen Titus, den der Vater noch im Vorjahr an seinem Schreibpult gemalt hatte (s. Abb. 65), fanden Eingang in das detaillierte Inventar.[5]

Rembrandt besaß etwa sechzig Skulpturen und eine große Zahl alter und neuer Gemälde in- und ausländischer Maler sowie Sammelbände mit Zeichnungen und Druckgraphiken. Es gab 35 Alben, die Drucke enthielten, darunter ausdrücklich solche mit »Probedrucken« berühmter Künstler, 32 Alben mit Zeichnungen und drei, die gleichermaßen gedruckte und gezeichnete Werke enthielten. Zumeist waren sie, was damals alles andere als selbstverständlich war, nach den verfertigenden Künstlern geordnet.[6] Hinzu kamen eine Bibel, eine von Tobias Stimmer illustrierte Ausgabe der *Jüdischen Altertümer* von Flavius Josephus und einige andere Bücher.[7] Anders als zum Beispiel Rubens, der über eine gewaltige Bibliothek verfügte, war Rembrandt an Büchern weniger interessiert, als an »Papierkunst von verschiedenen der vornehmsten italienischen, französischen, deutschen und niederländischen Meister, und von demselben Rembrandt mit großer Kennerschaft zusammengetragen«, wie es in der späteren Ankündigung der Versteigerung heißt.[8] Rembrandts Kennerschaft und Begeisterung für Graphik bezeugt 1678 auch sein Schüler Samuel van Hoogstraten. Er habe selbst erlebt, wie Rembrandt für einen damals als *Uilenspiegel* bezeichneten Kupferstich von Lucas van Leyden 80 Reichstaler bezahlt habe.[9] Dass Rembrandt für dieses Blatt umgerechnet fast 200 Gulden bezahlte, wird durch die Aussage eines anderen Zeitgenossen bekräftigt, der 1642 vermerkte, Rembrandt habe die absurd hohe Summe von 179 Gulden für diesen Stich bezahlt, »weil dieser sonst nicht zu bekommen ist«.[10] Da auch andere die graphischen Werke Lucas van Leydens bewunderten und zum Teil sogar bereit waren, für einen einzelnen besonders schönen Abzug 400 Gulden zu zahlen, konnte Rembrandt 1669 für zwei Alben mit Zeichnungen und Druckgraphik von Lucas van Leyden, die er über seinen Konkurs gerettet oder später erworben hatte, ein Darlehen von 600 Gulden erhalten.[11] Doch nicht nur Werke von Lucas van Leyden waren in seiner Sammlung vertreten, sondern auch andere Graphiker des 15. und 16. Jahrhunderts wie Martin Schongauer, Hans Holbein oder Lucas Cranach, aber auch Blätter von und nach Raffael, Tizian, Mantegna und Michelangelo. Von Albrecht Dürer besaß Rembrandt neben unzähligen Druckgraphiken auch die *Vier Bücher von menschlicher Proportion*.[12] Was die neuere italienische Graphik angeht, reichte das Spektrum von Barocci und Tempesta über die Brüder Carracci bis zu Guido Reni, und auch Rubens, van Dyck und Jordaens waren selbstverständlich vertreten.

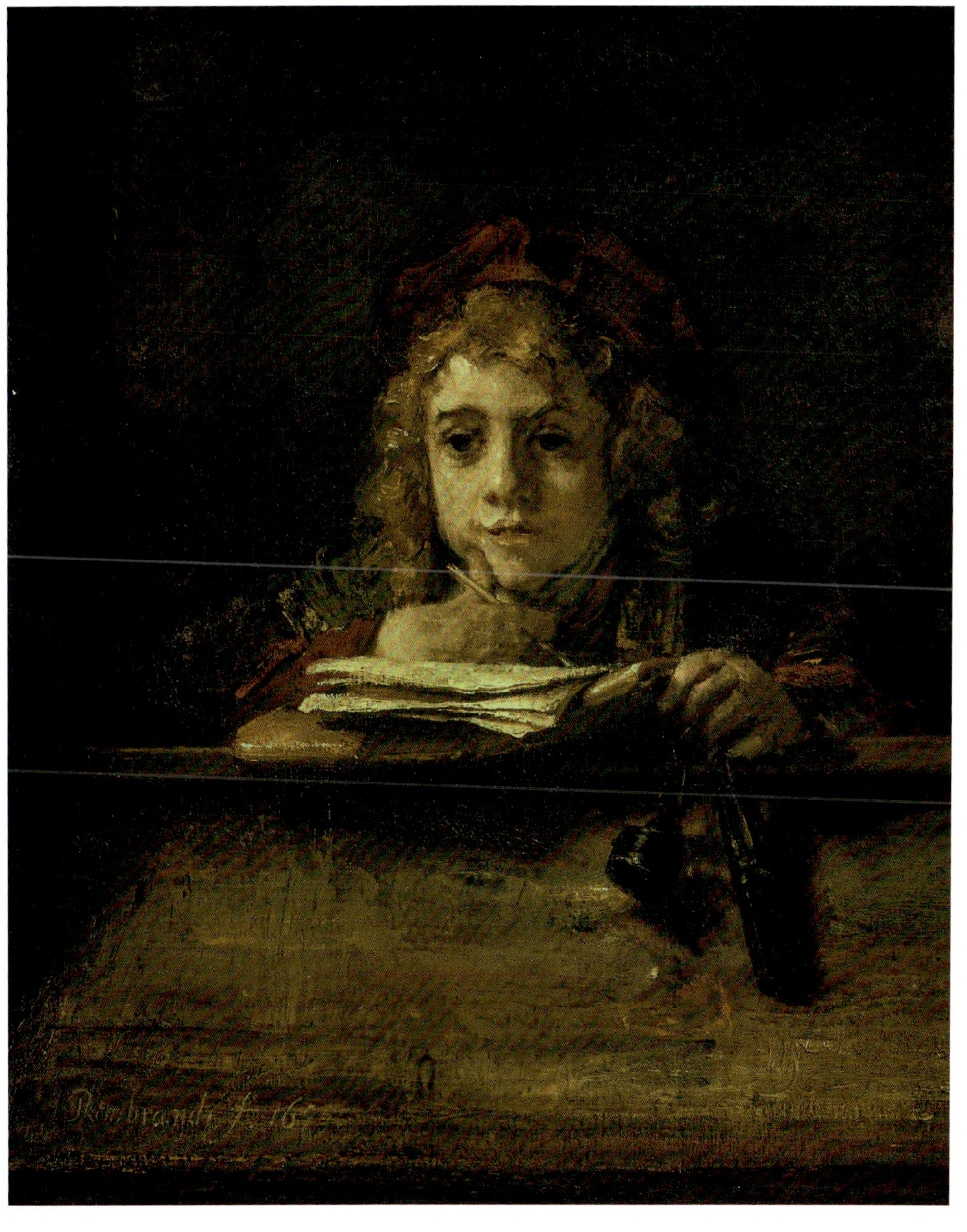

65 *Titus*, 1655, Öl auf Leinwand, 77 × 63 cm, bezeichnet: »Rembrandt f. 1655«,
Rotterdam, Museum Boymans-van Beuningen

Vereinzelt haben sich Hinweise darauf erhalten, wie und zu welchem Preis Rembrandt die Stücke für seine Sammlung erwarb. Am 10. März 1637 kaufte er zum Beispiel auf der Auktion des Sammlers Jan Basse diverse Konvolute mit Druckgraphik, Muscheln und Gipsfiguren, wofür er insgesamt fast 800 Gulden bezahlte.[13] Noch im gleichen Jahr kaufte er ein Landschaftsgemälde von Govert Jansz und ein frühes Gemälde von Peter Paul Rubens, eine wohl kurz nach dem Jahr 1600 entstandene Darstellung von Hero und Leander.[14] Aus dem Jahr 1646 ist dokumentiert, dass Rembrandt Marmorstatuen für seine Sammlung erwarb.[15] Für ein von Hans Holbein gemaltes Porträt hätte er dessen Besitzer 1000 Gulden gezahlt, wenn der sich denn vom Bildnis seines Ahnen hätte trennen wollen.[16] Rembrandts auch aus derartigen Kunstkäufen resultierender Mangel an Bargeld mag ihn schon einige Monate zuvor zu dem vergeblichen Versuch bewogen haben, sich in einem Prozess Anteile aus dem Erbe seiner Schwiegereltern zu sichern. Unter Verweis darauf, dass mit dem Tod seiner Frau alle Ansprüche erloschen seien, wurde dieses Ansinnen negativ beschieden, und der Maler musste fast 140 Gulden zahlen.[17] Es mag ihm deshalb gut zupass gekommen sein, dass Prinz Frederik Hendrik ihm am 29. November für zwei zur Ergänzung der Passionsserie an den Hof gelieferte Bilder 2400 Gulden auszahlen ließ.[18]

Die üppige Kunstsammlung, die zumindest im Bereich der graphischen Künste den Vergleich mit fürstlichen Kollektionen nicht zu scheuen brauchte, dürfte von den Zeitgenossen als eindringlich vorgeführter Statusanspruch des Malers wahrgenommen worden sein. Die angehäuften Kostbarkeiten waren für Rembrandt aber nicht nur eine Möglichkeit, sein Sozialprestige zu mehren, sondern ein unerschöpflicher Fundus für seine künstlerische Arbeit. Auch in seinen Werken hat die Sammelleidenschaft vielfältige Spuren hinterlassen. Ein besonders schönes Beispiel dafür ist eine auf 1650 datierte Radierung, die eine aus Ostindien stammende Kegelschnecke zeigt (s. Abb. 66).[19] Sie repräsentiert zugleich das einzige von Rembrandt überlieferte Stillleben, das in einigen Blättern Wenzel Hollars seinen Vorläufer hat. Rembrandt ging es dabei nicht um die Anfertigung einer präzise gefertigten naturwissenschaftlichen Illustration. Weder berücksichtigte er die durch den Druck bewirkte Seitenverkehrung, so dass das Gehäuse in der falschen Richtung gewunden erscheint, noch versuchte er, die für eine taxonomische Bestimmung wichtigen Details herauszustellen. Sein Bemühen war vielmehr darauf gerichtet, im zarten Spiel von Licht und Schatten etwas von der Faszination einzufangen, die auch seine Zeitgenossen beim

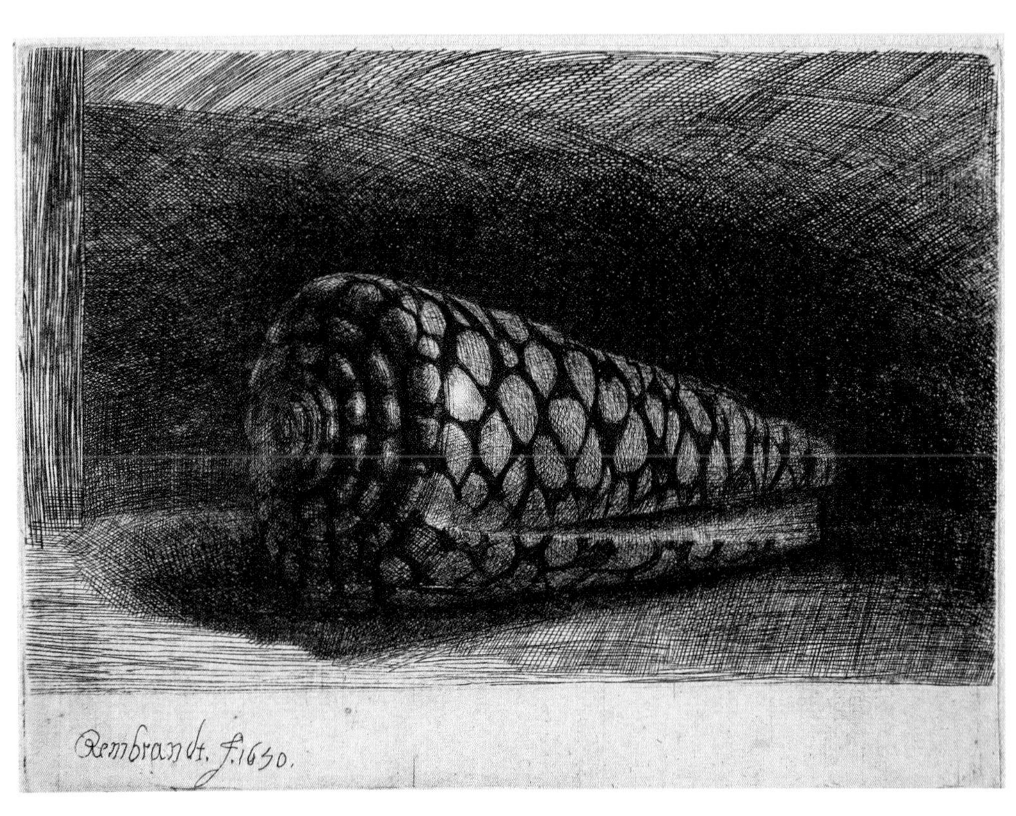

66 *Die Muschel* (Conus marmoreus), 1650,
Radierung mit Kaltnadel und Grabstichel, 9,7 × 13,1 cm,
bezeichnet: »Rembrandt f. 1650«

Anblick derartiger »Conchylien« empfanden.[20] Ein anderes exotisches Sammlungsstück war vermutlich ein Amulett, dessen als magisch verstandene Buchstabenfolge die Vorlage für die Lichterscheinung auf Rembrandts sogenannter *Faust*-Radierung lieferte (s. Abb. 67).[21] Ob Rembrandt diese Radierung im Auftrag fertigte oder aus eigenem Antrieb, ist nicht dokumentiert, und obwohl vermutlich kaum je eine Radierung zu mehr Spekulationen Anlass gab als dieses Blatt, ist die Bedeutung bis heute ungeklärt. Die Interpretation des Blattes ist auch deshalb so schwierig, als sein geläufiger Titel jeder objektiven Deutung im Wege steht.[22] Im Inventar von Rembrandts Zeitgenossen, dem Kunsthändler Clement de Jonge, wurde das Blatt 1679 als »de practiserende Alchimist« bezeichnet. Erst im 18. Jahrhundert, als auch die *Nachtwache* zu ihrem Namen kam, wurde das Blatt zum Porträt des *Doctor Faustus*. Rembrandt mag diese Figur der Volkssage, die auch im zeitgenössischen Theater begegnet, gekannt haben. Doch fehlt auf Rembrandts Graphik der im Kontext von Faust-Darstellungen eigentlich unverzichtbare Teufel. Stattdessen starrt der gezeigte Mann auf eine magische Lichterscheinung, die ein kabbalistisches Anagramm zeigt, das manchem in Rembrandts jüdischer Nachbarschaft bekannt gewesen sein dürfte. Weit exotischer waren die nach dem Jahr 1628 unter den persischen Mogul-Herrschern in Indien entstandenen Miniaturen, von denen Rembrandt ein ganzes Album besaß und die er eigenhändig kopierte (s. Abb. 68).[23] Auch von anderen Stücken fertigte Rembrandt Kopien und Nachzeichnungen an, als der Verkauf seiner Sammlung drohte. Diese zumeist gezeichneten Arbeiten dienten dabei nicht nur der Erinnerung an die vom Verkauf bedrohten Schätze, sondern wurden auch zur Anregung für eigene Arbeiten. Wenn er die Mogul-Miniaturen kopierte, dann auch, weil diese Darstellungen, in denen Kleidung und Sitten Vorderasiens festgehalten waren, nach damaliger Vorstellung einen ungebrochenen Einblick in die biblische Vorzeit gewährten.[24]

Schon in den Jahren, als Rembrandt diese Blätter erwarb, hatte sich die wirtschaftliche Situation der Niederlande zusehends verschlechtert. 1648 hatte der Westfälische Frieden den achtzigjährigen Krieg mit dem habsburgischen Imperium beendet, doch wurden die Hoffnungen auf Frieden und wirtschaftliche Konsolidierung schon bald enttäuscht. Mit Beginn des Jahres 1652 war nämlich ein Krieg mit England um die Vorherrschaft auf den Weltmeeren ausgebrochen, der den Seehandel empfindlich traf.[25] Die Auswirkungen auf die holländische Wirtschaft waren fatal. Vor allem der Markt für Luxusgüter und Gemälde hatte ungeheuer starke Einbußen zu verzeichnen. Rembrandts finan-

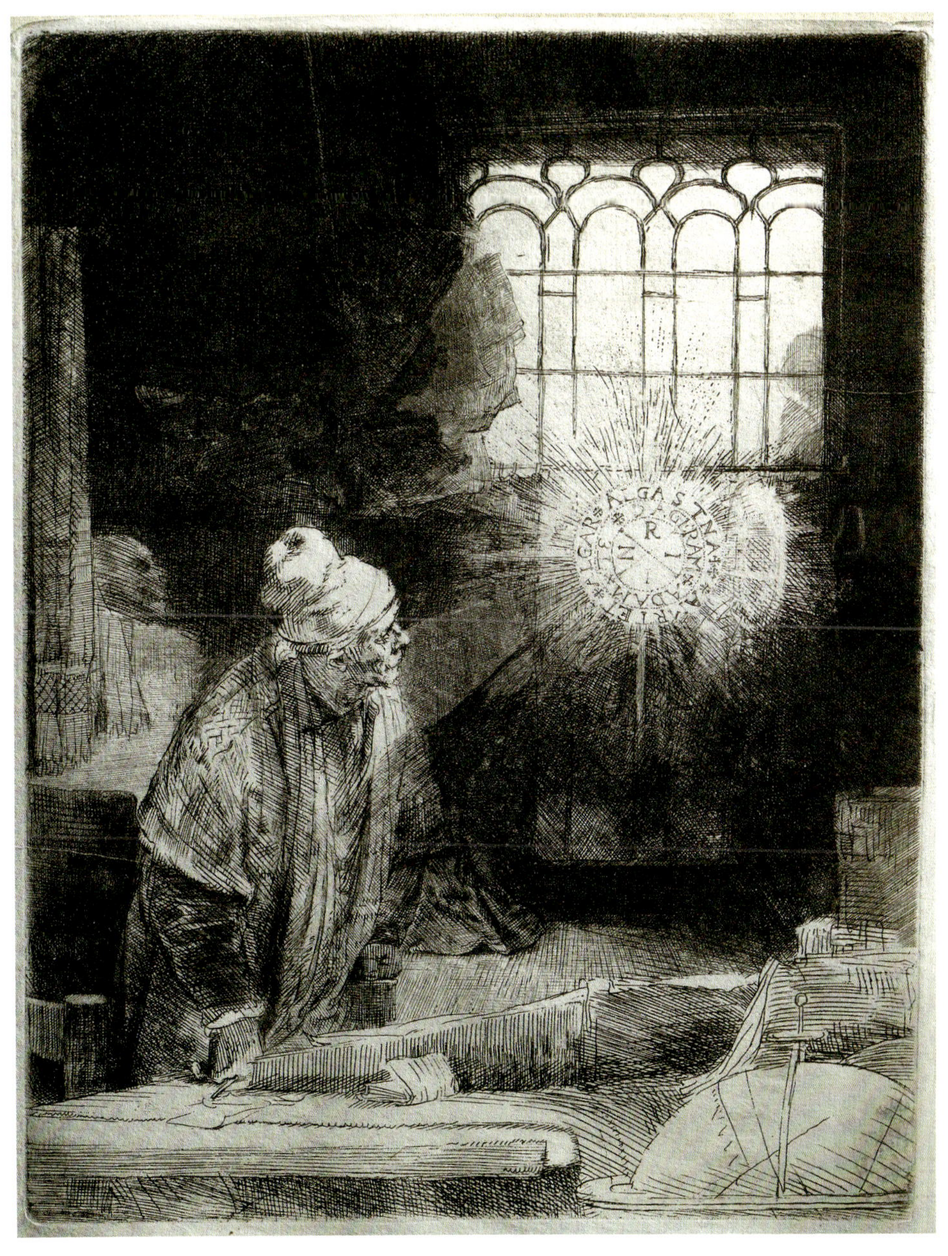

67 *Faust*, um 1652, Radierung mit Kaltnadel und Grabstichel, 21,2 × 16,2 cm

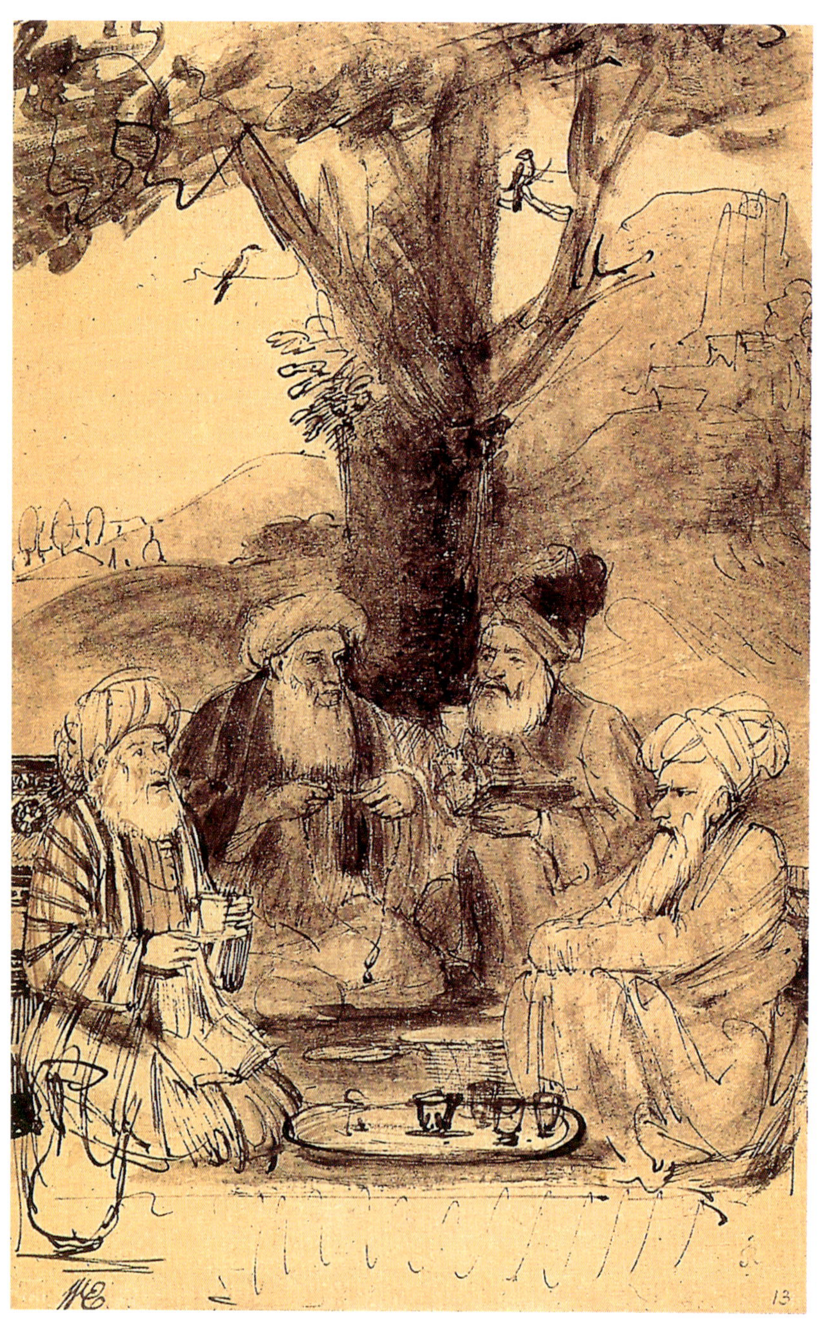

68 *Vier unter einem Baum sitzende Orientalen*, um 1656,
Kopie einer indischen Miniatur, Federzeichnung mit Bister, 19,4 × 12,5 cm,
London, British Museum

zielle Situation war schon zuvor desaströs gewesen, doch unter diesen Bedingungen konnte er selbst die Grundsteuer für sein Haus nur noch anteilig bezahlen, geschweige denn die Raten für dessen Abzahlung tilgen.[26] In dieser schwierigen Zeit gewann Rembrandt in Jan Six einen treuen Gönner und Mäzen, der als Textilkaufmann zu Reichtum gelangt war.[27] Six stammte aus einer wohlhabenden hugenottischen Patrizierfamilie. Er hatte in Leiden Jura studiert und heiratete 1655 die Tochter des Chirurgen Nicolaes Tulp, bevor er in der Amsterdamer Stadtverwaltung Karriere machte. Damals beauftragte er Rembrandt mit einem beeindruckenden Porträt (s. Abb. 69), das über ein von Six gedichtetes Distichon sicher zu datieren ist. »Solch ein Gesicht hatte ich Jan Six, der ich seit der Kindheit die Musen verehrt habe«, lautet es in deutscher Übersetzung, wobei sich im lateinischen Original die größer geschriebenen Buchstaben als Ziffern lesen und zur Jahreszahl 1644 addieren lassen.[28] In seinem Porträt spielt Rembrandt mit der Bereitschaft des Auges, sich täuschen zu lassen.[29] Während er die Physiognomie, Gesicht und Kragen in einer glatten Malweise wiedergab, legte er den Mantel, das Wams, die Hände und Handschuhe in einer über die Maßen lockeren Art und Weise an, so dass – aus einem gewissen Abstand betrachtet – die gezeigten Gegenstände perfekt illusioniert sind. Die Maltechnik ist dem im gleichen Jahr entstandenen Bildnis verwandt, das Titus, den Sohn des Malers, am Schreibpult zeigt (vgl. Abb. 65).[30] Äußerer Anlass für Six, sein Bildnis in Auftrag zu geben, mögen seine politischen Ambitionen gewesen sein, genauso aber die geplante Heirat mit der Tochter eines Exponenten der orthodoxen Calvinisten in der Amsterdamer Stadtverwaltung, die für sein öffentliches Ansehen ausgesprochen förderlich war. Den gesellschaftlichen Ambitionen des Porträtierten trägt Rembrandts Bildnis durch die gezeigte Kleidung Rechnung, denn Six trägt einen Reitermantel.[31] Da die Fortbewegung zu Pferd seinerzeit noch als aristokratisches Privileg galt, war die gezeigte Kleidung in den Augen der Zeitgenossen ein Statussymbol, das einem Reiterbildnis im Anspruch durchaus nahekam. Ob die von Six durch die Hochzeit erreichte gesellschaftliche Position auch zu der merklichen Distanzierung zu Rembrandt beitrug, muss offenbleiben.[32] Noch 1653 hatte er dem Maler 1000 Gulden geliehen, doch die wenig später erfolgte Weitergabe des Schuldscheins war für Rembrandt alles andere als hilfreich.[33] Im Januar 1653 wurde ihm der offizielle Bescheid zugestellt, der ihn auch steuerlich zum Besitzer des Hauses in der Sint Anthonisbreestraat machte, denn bislang hatten die einstigen Eigner sich an diesen Kosten beteiligt, obwohl noch 8470 Gulden der Kaufsumme aus-

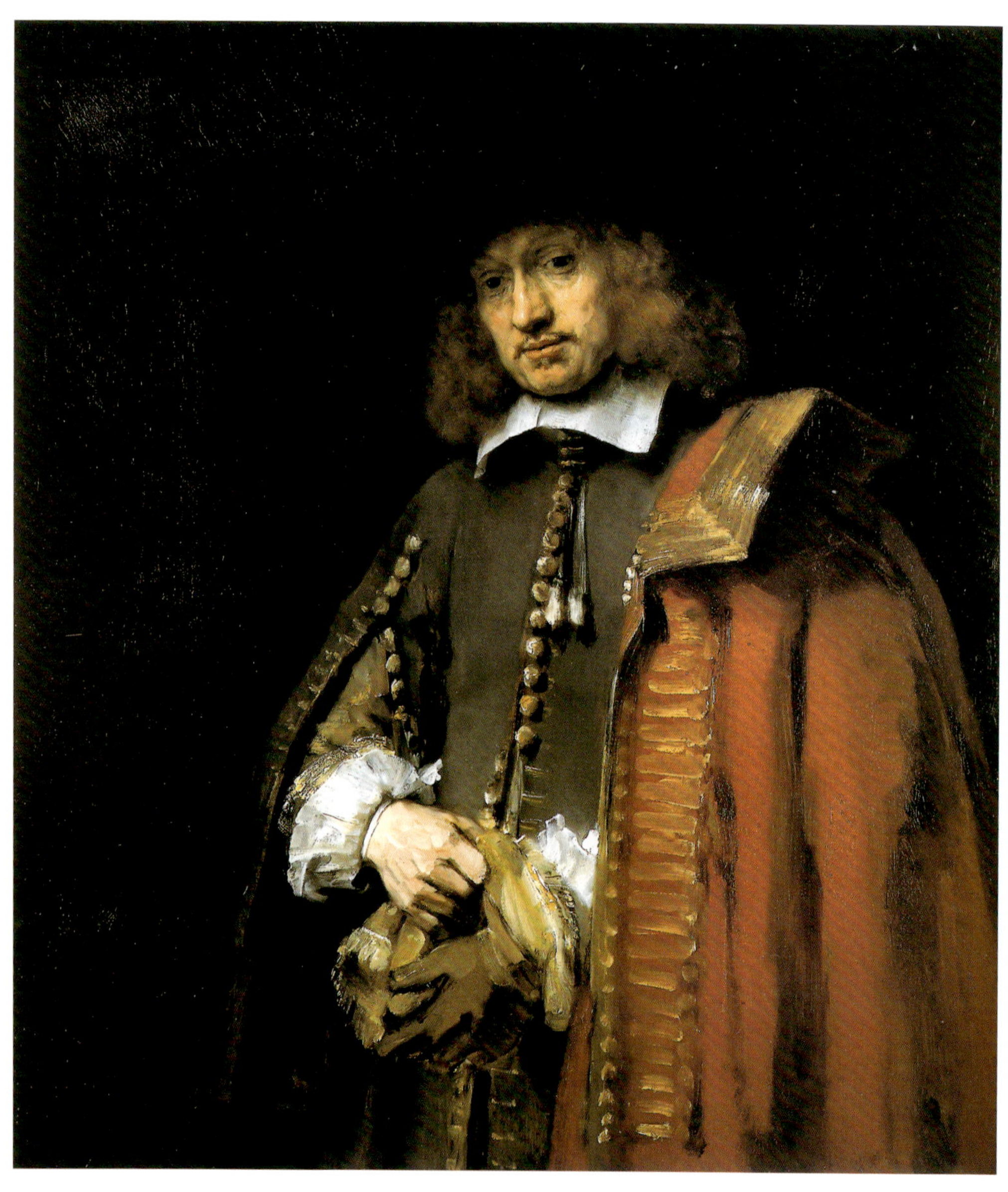

69 *Porträt des Jan Six*, 1654, Öl auf Leinwand, 112 × 102 cm, Amsterdam, Sammlung Six

standen.[34] Der Bescheid wurde »einer gewissen Dienstmagd dort zu Hause« ausgehändigt, denn Rembrandt war nicht da. Seine Verbindlichkeiten waren inzwischen so groß, dass er sich bereits am 29. Januar von Cornelis Jansz Witsen, der damals schon als nächster Bürgermeister Amsterdams im Gespräch war, 4180 Gulden lieh.[35] Doch selbst mit diesem enormen zinslosen Darlehen war sein Geldbedarf nicht gedeckt. Am 14. März unterzeichnete er einen weiteren Schuldschein und lieh sich von Isaac van Hertsbeeck zusätzlich 4000 Gulden, die er samt fünf Prozent Zinsen im Verlauf eines Jahres zurückzuzahlen versprach.[36] Rembrandt scheint diese Kredite nicht genutzt zu haben, um ältere Schulden zu tilgen, und trotz dieser üppigen Unterstützung konnte er nicht mehr allen Zahlungsverpflichtungen nachkommen.[37] So erteilte er am 10. November dem kunstsinnigen Apotheker Abraham Francen, bei dem er wohl in der Kreide stand, die Vollmacht, seine eigenen Außenstände einzutreiben.[38] Francen trat damit die Nachfolge des kurz zuvor verstorbenen Kaufmanns François de Coster an, dem Rembrandt im März desselben Jahres eine Vollmacht ausgestellt hatte.[39] Ein Jahr später, 1654, bemühte Rembrandt sich darüber hinaus um die Unterstützung eines Notars, um einen Schuldschein im Wert von 800 Gulden einzulösen, den er als Honorar für ein Gemälde erhalten hatte.[40] Offenbar waren auch zahlreiche Kunden des Malers von der in Folge des Krieges herrschenden finanziellen Not betroffen. Sie machte auch dem Apotheker zu schaffen, der deshalb bei Rembrandt auf Zahlung der Außenstände insistierte. Dessen Freundschaft mit Francen, der ihn noch Jahre später mit einem Porträt betraute, tat das keinen Abbruch.[41] Auch die freundschaftliche Beziehung zu Jan Six hatte 1647 mit einem Auftrag für Rembrandt begonnen: ein radiertes Porträt (s. Abb. 30), das in einer ganzen Reihe von Zeichnungen vorbereitet worden war.[42] Diese Radierung steht in einem bemerkenswerten Kontrast zu den anderen in jener Zeit entstandenen druckgraphischen Blättern Rembrandts, die einen lockeren zeichnerischen Duktus aufweisen (vgl. Abb. 30).[43] Wohl auf Wunsch des Auftraggebers bemüht Rembrandt sich in dem ungemein kontrastreichen Porträt, das den neunundzwanzigjährigen Six als lesenden Aristokraten präsentiert, um eine aufwendig differenzierte Skala von Grau- und Schwarztönen. Durch die vielfache Überlagerung feinster Kreuzschraffuren ist ein samtig schwarzer Grundton erreicht, dessen weiche tonale Modellierung stellenweise mit dem Grabstichel und der Kaltnadel akzentuiert wurde. Diese technische Raffinesse machte das Blatt zu einem gesuchten Sammlerstück. Auch Six wusste die von späteren Sammlern über alle

Maßen bewunderte Porträtradierung zu schätzen und bedachte den Maler gleich mit einem weiteren graphischen Auftrag. 1648 fertigte Rembrandt in Six' Auftrag eine Radierung, die dessen Trauerspiel *Medea* beigebunden wurde.[44]

Rembrandts finanzielle Situation scheint damals bereits in eine erhebliche Schieflage geraten zu sein. Er suchte angestrengt eine bescheidene Wohnung und bemühte sich gleichzeitig darum, ein kleines, neu erbautes Haus in der Handboogstraat zu kaufen.[45] Da er jedoch die notwendige Anzahlung auf den Kaufpreis von 7000 Gulden nicht leisten konnte, kam das Geschäft nicht zustande.[46] In der Weihnachtszeit des Jahres 1655 unternahm Rembrandt dann den wenig glücklichen Versuch, einen Teil seiner umfangreichen Sammlungen zu Geld zu machen. Doch die vom 4. Dezember bis über den Jahreswechsel hinaus wiederholten Verkaufsveranstaltungen in der Gaststätte »De Keizerskroon« in der Kalverstraat brachten nicht den erhofften Erfolg.[47] Die finanzielle Situation des Malers war und blieb schwierig, obwohl er durchaus lohnende Aufträge erhielt.

Vierundzwanzig Jahre nachdem Rembrandt die *Anatomie des Dr. Tulp* (vgl. Abb. 19) gemalt hatte, war eine neue Generation von Chirurgen an Rembrandt herangetreten, geführt von Jan Deyman, dem Nachfolger Tulps. Man wandte sich vermutlich weniger aus Bewunderung für den Meister Rembrandt an diesen, als deshalb, weil die Gilde nicht genug Geld hatte, um bei einem der besonders gefragten Maler ein Porträt in Auftrag zu geben. Wer es sich leisten konnte, ging in Amsterdam zu Bartholomeus van der Helst oder zu Govert Flinck und Ferdinand Bol, die in Rembrandts Werkstatt gelernt hatten und jetzt profitable Karrieren machten. Für den finanziell unter Druck stehenden Rembrandt dürfte der Auftrag, der ihm einige hundert Gulden einbringen konnte, ein Glücksfall gewesen sein. Das Bild, das er schuf, wurde 1723 bei einem Brand schwer beschädigt und ist nur noch fragmentarisch erhalten (vgl. Abb. 20).[48] Eine noch existierende Kompositionsskizze macht deutlich, wie tiefgreifend der Verlust ist (vgl. Abb. 70).[49] Der Auftrag wurde für Rembrandt zu einer Herausforderung, da er ein Gruppenbildnis schaffen musste, das Deymans besondere Bedeutung herausstellte. Der wollte nämlich sicher nicht weniger bedeutend wirken als sein Vorgänger, was Rembrandt dazu zwang, mit seinem älteren Bild in Wettstreit zu treten und es zu übertreffen. Wann die notwendigen Skizzen und Vorstudien entstanden, lässt sich genau datieren. Vom 29. Januar 1656 an hatte Deyman an drei Tagen die Anatomie des menschlichen Körpers vorgeführt. Anschauungsmaterial lieferte der Leichnam des bedauernswerten Jores Fonteijn

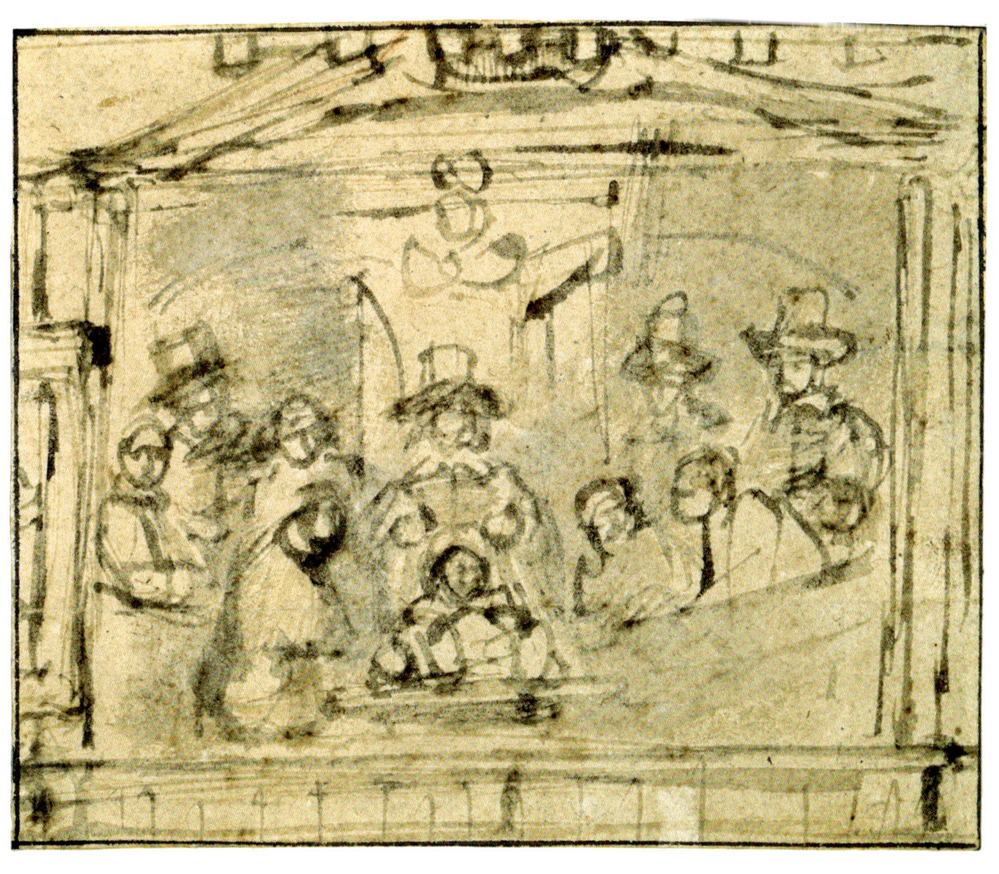

70 *Die Anatomie des Dr. Jan Deymann*, 1656, Feder in Bister, 11 × 13,3 cm, Amsterdam, Amsterdams Historisches Museum

aus Diest, der am Vortag öffentlich hingerichtet worden war. Die ebenfalls öffentliche Vorlesung, für die ein Eintrittsgeld zu entrichten war, gestaltete sich für die Gilde ausgesprochen einträglich und erbrachte einen Gewinn von 187 Gulden und 6 Stuiver.[50] Rembrandt hatte die Gelegenheit, allen Schritten der Sektion von der Öffnung des Bauchraumes bis zur Zergliederung einzelner Körperteile beizuwohnen. Die Perspektive, die er wählte, wirkt heute, wo der operierende Arzt gar nicht mehr zu sehen ist, besonders erschreckend. Man blickt unmittelbar in die Bauchhöhle und auf das freigelegte Gehirn, den Sitz des Geistes, der selbstverständlich auch nach Ansicht der Zeitgenossen bedeutender war als alles andere. Wohl um die Abfolge der Sektion zu verdeutlichen, zeigt Rembrandt den Kopf der Leiche – entgegen der Praxis einer Hirnsektion – als nicht vom Körper getrennt. Ausweislich der Zeichnung zeigten sich die abgebildeten Chirurgen in Haltung und Miene an der Operation höchst interessiert; sie wird dem Betrachter des Bildes mit nie dagewesener Deutlichkeit vorgeführt. Den gebildeten Zeitgenossen dürfte aufgefallen sein, dass Rembrandt mit dem verkürzt dargestellten Körper des Leichnams ein berühmtes Bildformular aufgriff, das von Andrea Mantegna und anderen zur Darstellung des toten Christus verwandt worden war. Allein dadurch erhielt die dargestellte Szenerie auch jenseits des Porträtcharakters und der interessanten anatomischen Details eine allegorische Dimension. Selbstverständlich ließ sich die Darstellung eines toten Körpers als *memento mori* lesen, als Erinnerung an den allgegenwärtigen Tod. Man mochte aber beim Blick auf den »kunstvollen Körperbau, der alle Künstler beschämt, […] über die Treppe der Selbsterkenntnis zur Erkenntnis von Gottes Thron aufsteigen«, wie Joost van den Vondel das 1633 in einem Gedicht empfohlen hatte.[51]

Im selben Jahr wie die *Anatomie des Dr. Deyman* malte Rembrandt ein beeindruckend großes Historienbild (s. Abb. 71).[52] Vermutlich wurde der *Jacobssegen* von einem wohlhabenden Kunden bei Rembrandt in Auftrag gegeben, um über dem Kamin im Salon eines großen Hauses seinen Platz zu finden. Schon mit Blick auf Rembrandts finanzielle Situation und das große Format des Bildes ist anzunehmen, dass es nicht für den freien Markt entstand, auch wenn der Auftraggeber nicht überliefert ist. Das Bild illustriert eine Szene aus dem Buch Genesis.[53] Diesem biblischen Text zufolge brachte Joseph seine beiden Söhne Menasse und Ephraim zu dem sterbenden Jacob, damit dieser seinen Erstgeborenen segne. Weil Joseph sich die bevorzugte Segnung Menasses wünschte, stellte er seinen Erstgeborenen zur Rechten des Vaters. Der aber

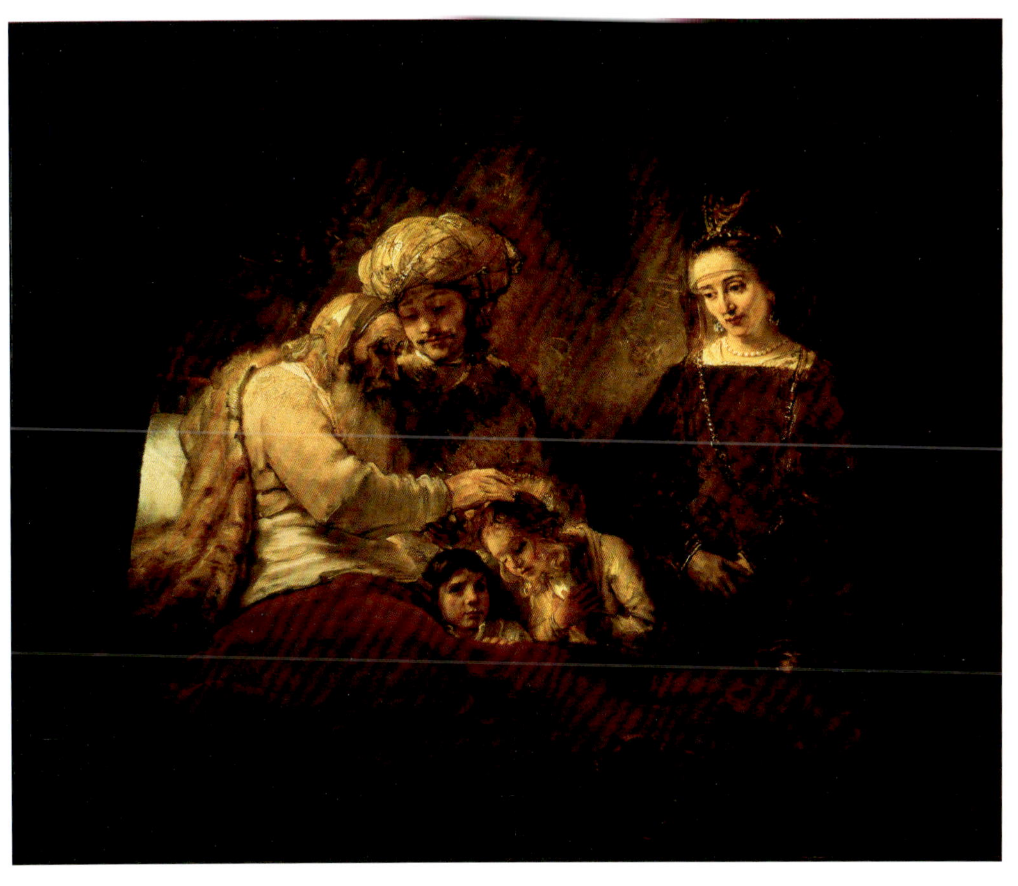

71 *Jacobssegen*, 1656, Öl auf Leinwand, 178 x 211 cm,
später bezeichnet: »Rimbran(dt) f 1656«, Kassel, Gemäldegalerie Alte Meister

missachtete wissentlich den Wunsch seines Sohnes, kreuzte die Hände und erteilte dem jüngeren Ephraim den Segen des Erstgeborenen. Joseph, dem das nicht gefiel, ergriff die Hand seines Vaters und wollte Menasse segnen lassen, doch der sterbende Alte setzte sich durch. Rembrandt zeigt im Zentrum seines von einem warmen Farbklang beherrschten Bildes den Moment der Segnung. Joseph hat die Hand seines sterbenden Vaters ergriffen, der aber bereits den mit geschlossenen Augen wartenden Ephraim segnet. In der christlichen Bibelexegese wurde die Szene typologisch gedeutet, wobei Menasse für das Judentum steht, das von Jakob zurückgesetzt wird, während der jüngere Ephraim die christliche Religion repräsentiert.[54] Entgegen dem biblischen Text und der bildlichen Tradition hat Rembrandt auch Josephs Frau Asnath dargestellt, von deren Gegenwart jüdische Legenden berichten. Das Abweichen Rembrandts von den bildlichen Konventionen findet seine Erklärung vermutlich weniger in apokryphen Schriften als in seinem auch in anderen Bildern ablesbaren Bemühen, im Kontext von Familienszenen stets auch die Ehefrauen abzubilden, selbst wenn diese in der Erzählung nicht vorkommen. Eine genaue technologische Untersuchung im Rahmen der Restaurierung nach einem 1977 verübten Säureattentat erwies, wie Rembrandt während des Malprozesses die Komposition entwickelt und verdichtet hat. So hat er die Position Josephs mehrfach modifiziert und erst ganz am Schluss die Figur Asnaths eingefügt.[55] Das Bild erhielt damit eine sehr persönliche Note, und statt des in der Bibel beschriebenen Zwistes zwischen Vater und Sohn dominiert der Eindruck einer generationenübergreifenden Harmonie, die von den einander zugeneigten Köpfen des erstgeborenen Jakob und seines Vaters Joseph unterstrichen wird.

Einige Monate bevor der *Jacobssegen* vollendet wurde, hatte Rembrandt den eigenen Sohn dazu angehalten, sein Testament zu machen. Am 24. November 1655, vielleicht als auch dessen Porträt entstand (vgl. Abb. 65), gab der damals vierzehnjährige Titus – »gesund an Körper, Urteilskraft und Verstand« – seinen letzten Willen zu Protokoll, in dem er Rembrandt zum Alleinerben einsetzte und die Verwandten der mütterlichen Linie vom Erbe ausschloss.[56] Ein halbes Jahr später, am 17. Mai 1656, begab Rembrandt sich dann zur Stadtverwaltung, um seinen Sohn Titus der behördlichen Aufsicht durch die *Waisen-Kammer* zu unterstellen.[57] Vor der *Weeskamer* ließ Rembrandt zugleich sein Haus auf seinen Sohn überschreiben und entzog es damit dem Zugriff seiner Gläubiger. Den gleichen Weg war zwei Monate zuvor schon Baruch Spinoza gegangen, der in Rembrandts Viertel lebte. Er hatte sich selbst unter die Aufsicht der *Weeskamer* begeben, damit sein mütterliches Erbteil nicht mit den Schulden seines Vaters verrechnet werden konnte. Etliche Gläubiger, teils Nachbarn Rembrandts, waren so um erhebliche Summen geprellt worden. Baruch Spinoza konnte zwar das mütterliche Erbe retten, war aber nach der Überschreibung des Erbes gesellschaftlich geächtet und wurde aus der jüdischen Gemeinde ausgeschlossen.[58] Wohl weil dieses Verfahren zunehmend Schule machte, wurde es am 31. Juli 1656 durch eine gesetzliche Neuregelung unmöglich gemacht.[59] Doch da war Rembrandt diesen als unlauter erachteten Weg bereits gegangen. Anscheinend ohne noch einmal den Kontakt zu seinen Geldgebern gesucht zu haben, hatte er am 14. Juli 1656 die sogenannte *cessio bonorum* beantragt.[60] Dieser allein vom hohen Rat von Holland in Den Haag gewährte Rechtstitel sollte unverschuldet in Geldnot geratene Bürger schützen. Durch die damit bekundete Bereitschaft zu einer freiwilligen Vermögensabtretung an seine Gläubiger konnte man der nicht selten lebensbedrohlichen Schuldhaft entgehen. Zwölf Tage nachdem Rembrandt seine Zahlungsunfähigkeit erklärt hatte, wurde sein Vermögen der Aufsicht der sogenannten *Insolvente Boedelskamer* unterstellt, der »Kammer für insolvente Vermögen«, durch die noch am gleichen Tag ein ausführliches Inventar des gesamten Besitzes erstellt wurde.[61]

Auch anderen machte die durch den Seekrieg mit England ausgelöste Krise zu schaffen. So beliefen sich beispielsweise Uylenburghs Mietschulden bis zum Jahr 1654 auf 1400 Gulden, und er tat sich mit der Rückzahlung schwer.[62] Doch Rembrandt hatte nicht nur Pech gehabt, sondern auch seine Gläubiger geprellt. Er mag mit dem seit 1653 geliehenen Geld unglücklich an der Börse spekuliert und auf Seehandelspapiere gesetzt haben, denn in der *cessio bonorum* heißt es, er habe zu Lande und zu Wasser Verluste erlitten.[63] Doch kann man nicht allein dem Krieg und den historischen Umständen die Schuld an der Misere geben. Durch die Überschreibung seines Hauses auf Titus haftete Rembrandts Konkurs der Ruch des Betrügerischen an. Und während sich die bloße Zahlungsunfähigkeit noch ehrenhaft regulieren ließ, zog jeder Verdacht des Betruges die soziale Ächtung nach sich. Wer sich mit seinen Gläubigern nicht gütlich zu einigen vermochte, floh in der Regel vor dieser Schande und verließ die Stadt. Rembrandt blieb, obwohl er sich mit den meisten seiner Gläubiger nicht um eine Übereinkunft bemühte.[64] Nur mit Abraham Francen und dessen Bruder Daniel, dem er eine »merquelijcke somma van penningen« schuldete, strebte er eine vertrauensvolle Einigung an.[65] Unterdessen wurde in mehreren Auktionen Rembrandts gesamter Besitz versteigert.[66] Die Verkäufe zogen sich über fast zwei Jahre hin, wobei 1658 schließlich auch das auf Titus überschriebene Haus verkauft wurde, an dessen Erlös einige der Gläubiger Rembrandts sich schadlos zu halten versuchten.[67] Die komplizierte und langwierige Geschichte der Abwicklung des Bankrotts ist bis in Details hinein gut dokumentiert.[68] Vor allem wird das Bemühen sichtbar, den Besitz von Titus und das Erbe der Mutter vor den Gläubigern zu bewahren.[69] Am 4. April 1658 übernahm Louys Crayers die Vormundschaft für Titus und erreichte nach zähen gerichtlichen Auseinandersetzungen schließlich, dass Titus seinen Erbteil aus der Konkursmasse zurückerhielt.[70] Die sich noch über Jahre hinziehenden Versuche von Isaac van Hertsbeeck, Titus für die Schulden seines Vaters haftbar zu machen, blieben ohne Erfolg.[71] Rembrandt kam weit weniger glimpflich davon. Beim Blick auf die Verkäufe kann man sich dabei des Eindrucks nicht erwehren, dass manches weit unter Wert verkauft wurde.[72] Auch die 1659 aufgezeichnete Erklärung zweier Sachverständiger, deren Schätzung des Wertes der Sammlung weit über dem tatsächlich erzielten Erlös lag, nährt den Verdacht, dass der als Betrüger geächtete Rembrandt vom Auktionspublikum betrogen wurde.[73]

Dem Ausverkauf der Sammlung und des Hauses in der Sint Anthonisbreestraat folgte 1658 der Umzug in ein Mietshaus an der Roozengracht, die den Jordaan durchzieht. In diesem eher einfachen Viertel hatte Rembrandt zahlreiche Künstler als Nachbarn, und fraglos pflegte er dort Umgang mit Leuten niedriger Herkunft, was sich manchmal, wie ein am 20. Oktober 1661 aufgezeichnetes Dokument erweist, gar nicht vermeiden ließ. Damals musste Hendrickje erleben, wie ihr volltrunkener Nachbar, ein Chirurg namens Albert, bis zu seiner Verhaftung »Mutwillen trieb, indem er mit einem Glas Wein in der Hand jeden vorbeigehenden Mann anrempelte und ihn zwang, mit ihm zu saufen oder zu kämpfen«.[74] In dieser nicht immer friedlichen Gegend, außerhalb des von der Elite bewohnten Grachtengürtels, mögen sich die Geschichten ereignet haben, die schon seine frühesten Biographen berichten. Rembrandts wohlhabende Kunden mag das genauso gestört haben wie seinen auf gepflegten Umgang bedachten Künstlerkollegen Joachim von Sandrart. Der zeigte sich den Idealen höfischer Lebensführung verpflichtet und tadelte Rembrandt: »Dann ob er schon kein Verschwender gewesen, hat er doch seinen Stand gar nicht wißen zu beobachten, und sich jederzeit nur zu niedrigen Leuten gesellet, dannenhero er auch in seiner Arbeit verhindert gewesen.«[75] Auch Roger de Piles kritisierte diese Neigung Rembrandts, sich mit Leuten niederer Herkunft zu umgeben.[76] Obgleich die neue Wohngegend und Rembrandts Nachbarn seinen Geschäften nicht zuträglich gewesen sein mochten, fanden immer noch Angehörige der besseren Gesellschaft den Weg in sein Atelier und ließen sich von ihm porträtieren.[77]

Auf einen durchaus florierenden Werkstattbetrieb lässt auch die von Arnold Houbraken verfasste Biographie schließen. Er schreibt, Rembrandt habe eine große Zahl Lehrlinge gehabt, »zu welchem Ende er ein Lagerhaus an der Bloemgraft mietete, wo jeder seiner Lehrlinge für sich einen Verschlag hatte (mit Papier oder Segeltuch abgeschirmt), damit sie nach dem Leben malen konnten, ohne einander zu stören«.[78] Diese Einrichtung, an die Houbraken eine Anekdote zu Rembrandts Sittenstrenge knüpft, wird auch durch die Aufzeichnungen über den Verkauf des Hauses in der Anthonisbreestraat bestätigt, ausweislich derer Rembrandt 1658 erlaubt wurde, zwei Öfen und Trennwände mitzunehmen, die einst im Dachgeschoss die Einzelateliers der Schüler gebildet hatten.[79] Das Dokument belegt dabei zugleich, dass Rembrandt auch nach seinem Bankrott eine große Werkstatt führte und Lehrlinge ausbildete. Nur zwanzig Namen von Schülern Rembrandts sind durch zeitgenössische Dokumente verlässlich bezeugt. Darüber hinaus erwähnt Houbraken sieben Maler, die bei Rembrandt gelernt hätten. Man darf seiner Auskunft vermutlich trauen, auch wenn sich keine unmittelbar zeitgenössischen Belege erhalten haben.[80] Man mag auch seinem deutschen Malerkollegen Joachim von Sandrart glauben, der 1675 schrieb, Rembrandt habe »seine Behausung in Amsterdam mit fast unzahlbaren fürnehmen Kindern zur Instruction und Lehre erfüllet / deren jeder ihme jährlich in die 100. Gulden bezahlt«.[81] Ob das tatsächlich alles Maler waren, die ihre Ausbildung bei Rembrandt abschlossen, oder vielleicht tatsächlich nur Kinder aus gutem Hause, die Zeichenunterricht erhielten, lässt sich mangels Quellen bislang nicht sagen. Zu den in jenen Jahren in Rembrandts Werkstatt tätigen Schülern, für die die Kunst nicht zu einem Hauptberuf wurde, mag 1662 der Landmesser und Kartograph Johannes Leupenius gehört haben, der in seiner Freizeit in der Art Rembrandts radierte und zeichnete.[82] In Rembrandts Atelier dürfte stets reger Betrieb geherrscht haben, und die in Romanen und Filmen inszenierte Einsamkeit des Malers ist sicher ein Mythos. Es sind auch aus Rembrandts letzten Jahren einige Schüler namentlich bekannt. Zu ihnen gehört Arent de Gelder, der 1661 in Rembrandts Werkstatt eintrat.[83] Einen sehr lebendigen Eindruck von dem, was die Schüler in Rembrandts Atelier lernten, vermitteln die erhaltenen Werke. Die Tatsache, dass Rembrandts Werkstattmitarbeiter auf die gleichen Materialien zurückgriffen wie ihr Meister, seine Bilderfindungen kopierten, variierten und vervielfältigten, stellt die moderne Forschung vor gewaltige Probleme. Der sogenannte *Mann mit dem Goldhelm* in Berlin ist ein Beispiel dafür.[84] Denn was zeichnet einen eigenhändigen Rembrandt aus und was unterscheidet ihn von einem Bild, das ein Mitarbeiter begonnen hat und das Rembrandt retuschierte? Sicher ist, dass sogar Selbstbildnisse Rembrandts von Schülern kopiert wurden. Es entstanden aber auch Porträts von Rembrandt, die zwar seine Physiognomie zeigen und seine Technik aufgreifen, die aber nicht von ihm gemalt wurden, etwa das umstrittene Bild in Stuttgart.[85] Zieht man auch all die in Rembrandts Werkstatt durch seine Schüler produzierten Arbeiten in Betracht, muss der Ausstoß an Bildern groß gewesen sein. Doch selbst wenn der Handel damit floriert haben mag, litt der Maler immer wieder unter Phasen akuten Bargeldmangels.

So darf es wohl weniger als Ausweis von Freundschaft als von finanzieller Not gedeutet werden, dass Rembrandt am 13. September 1658 Jan Six das Bildnis Saskias überschrieb (vgl. Abb. 23).[86] Auch ein Schuldschein, den Six weiterverkauft hatte, verfolgte den Maler noch Jahre später, wie eine am 28. August 1662 abgeschlossene Übereinkunft zwischen Rembrandt und seinem Gläubiger zeigt.[87] Seine finanzielle Situation war damals noch so angespannt, dass er sich Ende Oktober des Jahres 1662 gezwungen sah, Saskias Grab zu verkaufen.[88] Auch in den darauffolgenden Jahren musste er öfter auf das Geld seiner Tochter Cornelia zurückgreifen, um seinen Lebensunterhalt zu bestreiten.[89] Eine andere Finanzquelle fand Rembrandt in dem aus Riga stammenden Kaufmann Harmen Becker, der ihm seit Ende des Jahres 1662 immer wieder mit teils zinslosen Krediten unter die Arme griff, für die Becker als Sicherheit Gemälde akzeptierte.[90] Der Kaufmann erwarb auch den bis zu diesem Zeitpunkt immer noch nicht abgegoltenen Schuldschein von Jan Six, wobei der offene Betrag auch wegen der inzwischen angelaufenen Schulden bei 1082 Gulden lag.[91] Becker stellte sich aber auch schützend vor Rembrandt, wenn dessen Gläubiger allzu sehr drängten, und beschied beispielsweise Abraham Francen, sich mit der von Rembrandt versprochenen Zahlung zu gedulden, bis das nächste Gemälde fertig sei.[92] Am 6. Oktober 1665 gab Becker zu Protokoll, dass Rembrandt seine Schulden bei ihm durch Überlassung von Kunstwerken tilgen könne.[93] Doch auch dieser Verpflichtung kam Rembrandt nicht nach, so dass Becker sich im September 1667 gezwungen sah, wegen der noch immer offenen 1082 Gulden rechtliche Schritte gegen den Maler einzuleiten.[94] Erst im Juli 1668 gelangte man zu einer Einigung, die Becker eine große Zahl von Gemälden Rembrandts bescherte, die noch bei seinem Tode 1678 in seinem Besitz waren.[95]

»Sein Kunstruhm ist über den Gipfel der Alpen geflogen«

Durch seinen Bankrott war Rembrandt sozial stigmatisiert. Zudem waren seine Werke nicht mehr gleichermaßen gefragt wie zu Beginn seiner Karriere. Der Kunstmarkt war damals wie heute in schnellem Wandel begriffen. Die Erwartungen der Kunden und Sammler, die Rembrandt in seinen Anfängen selbst entscheidend mitgeprägt hatte, waren in den späten Jahren andere geworden.[1] Sammler investierten zunehmend in jüngere Künstler, die zum Teil in Rembrandts Werkstatt gelernt hatten und auf dem niederländischen Kunstmarkt zu Trendsettern wurden. Das änderte nichts daran, dass es immer noch zahlreiche Bewunderer Rembrandts gab. Sie zeigten sich auch weiterhin bereit, seinen immer noch enorm hohen finanziellen Forderungen zu entsprechen. Dieses spezielle Marktsegment scheint Rembrandt im Blick gehabt zu haben. Einerseits produzierte er weniger Bilder als in den Jahren in Uylenburghs Werkstatt und andererseits arbeitete er darauf hin, die besonderen Merkmale seines Stils noch stärker zu betonen, die im übrigen auch von seinen Schülern aufgegriffen wurden. Zunehmend verwendete er für große Partien der Bilder einen breiten Pinsel, manchmal gar ein Palettmesser oder einen Spachtel, mit dem er die Farbe in einem groben Impasto gleichsam modellierte (s. Abb. 72).[2] Er setzte Lichteffekte auf oder schabte weite Partien wieder aus, manchmal grub er auch mit der Pinselrückseite Furchen und Linien in die feuchte Farbmasse, die in manchen der späten Bilder eine fast haptische Qualität aufweist (vgl. Abb. 1). Rembrandts *non finito* und seine Maltechnik sind in ihrer Vielfältigkeit vor allem in den letzten Jahrzehnten zum Gegenstand einer umfangreichen Spezialforschung geworden. Dank der Erkenntnisse von Kunsttechnologie und Restaurierung vermittelt sie genaue Einblicke in Rembrandts Arbeitsweise.[3] Bei manchen Bildern lässt sich der Malprozess mit bloßem Auge nachvollziehen, wobei dieser Hinweis vor allem als Einladung verstanden sei, sich im Museum selbst in der Betrachtung der Originale zu üben. Als Rembrandt seine Bilder malte, konnte er mit Betrachtern rechnen, die einen genauen Blick für die Handschrift eines Künstlers hatten. Für dieses Publikum produzierte seine Werkstatt Bilder, die den Zeitgenossen nicht nur wegen der dargestellten Themen und Motive gefielen, sondern stets auch wegen ihrer unverwechselbaren Machart interessant erschienen. Die Werkstattkopien seiner Bilder zeigten deshalb nicht nur die gleiche Bilderzählung und die Komposition des Vorbildes, sondern auch die Farbpalette und den Stil des Vortrags. Um dessen Qualität und die Wiedererkennbarkeit zu garantieren, überwachte Rembrandt die Produktion und griff oft selbst in die Herstellung ein. Davon zeugen all jene Gemälde und Graphiken, auf denen der Hinweis angebracht ist, dass Rembrandt sie »retuschiert« habe.[4] Die künstlerische Handschrift wurde dadurch zu einer leicht wiedererkennbaren Marke, die durch eine Signatur als Markenzeichen bestätigt wurde. Ein leicht wiedererkennbares Kennzeichen war dabei das in zahlreichen Werken ablesbare Nebeneinander von detailliert ausgearbeiteten Partien und solchen Bereichen des Bildes, die eher malerisch offen gehalten waren und die bis heute zu Spekulationen Anlass geben, ob die entsprechenden Bilder vielleicht unvollendet seien. Die ins Wasser steigende Frau (vgl. Abb. 40) aus dem Jahr 1654 ist dafür ebenso ein Beispiel wie das im selben Jahr entstandene Bildnis des Jan Six (vgl. Abb. 69). Diesen gleichsam zur Signatur gewordenen Stil der Bilder Rembrandts charakterisierte zu Beginn des 18. Jahrhunderts auch Arnold Houbraken. Er habe, so schrieb er 1718, viele Bilder von Rembrandt gesehen, »wo Dinge bis zum äußersten ausgeführt waren und der Rest wie mit einem rauhen Teerpinsel angeschmiert war, ohne auf die Zeichnung achtzugeben. Und von solchem Tun war er nicht abzubringen und äußerte zu seiner Rechtfertigung, ›dass ein Stück dann vollendet ist, wenn der Maler erreicht hat, was er sich vorgenommen hat‹«.[5] Die nicht unbedingt wohlwollende Äußerung Houbrakens sei hier weniger wegen ihres kritischen Untertons zitiert, der sich aus einem anderen malerischen Ideal erklärt, als wegen der prägnant und nachvollziehbar formulierten Beobachtung. Denn tatsächlich werden viele Bilder Rembrandts von einem Mit- und Nebeneinander höchst detailliert durchgearbeiteter und weitgehend offener Partien bestimmt. Dabei handelt es sich, und auch diesen Aspekt betont schon Houbraken, um eine bewusste künstlerische Entscheidung. Sie zeichnete nicht allein Rembrandts Gemälde aus, sondern auch seine graphischen Arbeiten, die Houbraken über alle Maßen lobte. »Von diesen sind unter den Liebhabern der Druckkunst etliche Hundert bekannt, desgleichen auch keine geringere Zahl von Skizzen auf Papier.«[6] Gerade die Drucke waren dabei weit verbreitet und trugen dazu bei, seinen Namen bekannt zu machen. Rembrandts Zeitgenosse Joachim von Sandrart galten die ihm bekannten Graphiken Rembrandts als Beweis für dessen Fleiß, und er konnte es sich nicht anders

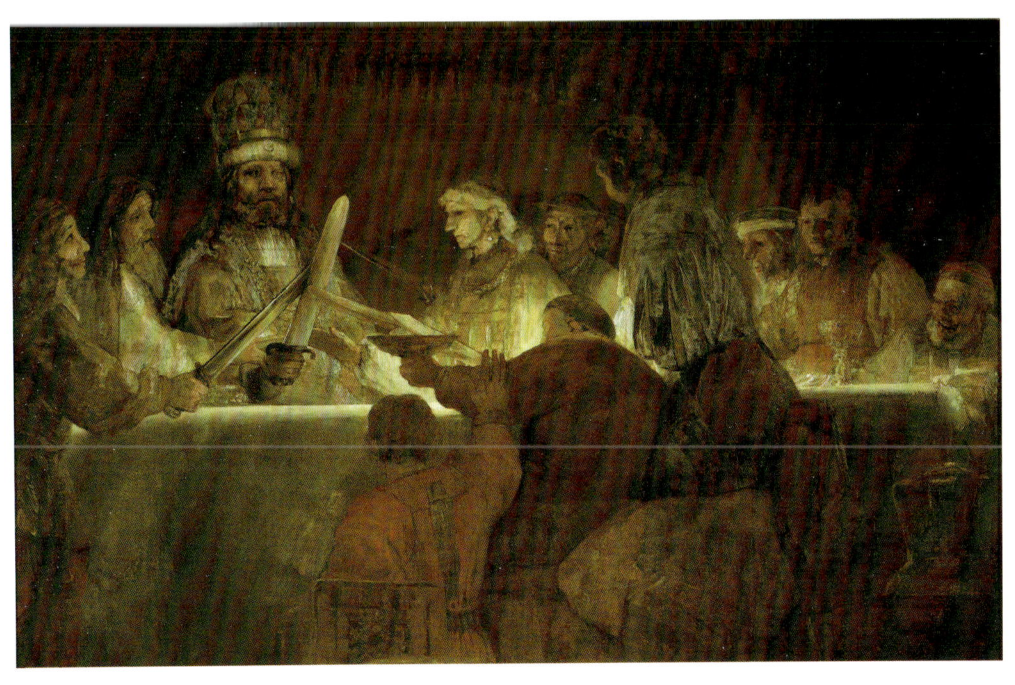

72 *Die Verschwörung des Claudius Civilis*, um 1661, Öl auf Leinwand, 196 × 309 cm (ursprünglich ca. 550 × 550 cm), Stockholm, Nationalmuseum

denken, als dass »dannenhero ihme das Glück große baare Mittel zugetheilt«.[7] Als Sandrart 1675 diese Schlussfolgerung niederschrieb, scheint er Rembrandts finanzielle Situation weniger gekannt zu haben als die seinerzeit üblichen Preise für dessen Graphik. Seine Radierungen, die Rembrandt international bekannt machten, wurden nämlich von Sammlern außerordentlich geschätzt und hoch gehandelt. Die weite Verbreitung der Blätter wird durch zahlreiche Quellen bezeugt. So ist zum Beispiel dokumentiert, dass der Pariser Kunsthändler François Langlois 1642 Radierungen Rembrandts an den italienischen Radierer Stefano della Bella verkaufte.[8] Und dass im Jahr darauf Krzysztof Opaliński aus dem polnischen Sieraków Rembrandt-Blätter an seinen Bruder sandte, von denen zur gleichen Zeit der französische Maler Claude Vignon ein ganzes Bündel besaß.[9] Und solch ein Bündel Rembrandt-Graphik wurde schon zu Lebzeiten des Künstlers als Wertgegenstand angesehen. Einen Hinweis darauf gibt ein Inventar aus dem Jahre 1644, in dem die sorgsam durchgezählten Konvolute von Rembrandts Radierungen erfasst wurden.[10] Von ihrer besonderen Wertschätzung auch jenseits des materiellen Wertes zeugt das 1662 publizierte Lob des Engländers John Evelyn, der »Reinbrand« als »unvergleichlich« würdigte.[11] Und der gelehrte Benediktiner Gabriel Bucelinus, aus dem oberschwäbischen Kloster Weingarten, bezeichnete Rembrandt etwa zwei Jahre später als »Wunder unseres Zeitalters«, *nostrae aetatis miraculum*.[12] Ein ebenso eindringlicher Beleg für die Wertschätzung Rembrandts sind die niederländischen Verse in der von Lambert van den Bosch verfassten lyrischen Beschreibung der Kunstkammer des Amsterdamer Sammlers Maerten Kretzer:

»Ich sollte es nicht wagen, oh Rembrandt,
Euren Ruhm, zu malen mit der Feder.
Welche Ehre ihr verdient, weiß jeder,
Wenn ich euren Namen nur genannt.«

»Ick sal niet poogen uwe roem
O Rembrant met mijn pen te malen,
Elck weet wat eer dat ghy kont halen
Wanneer ick slechts u name noem.«[13]

Ebenso drollig und in ihrem Lob für Rembrandt eindeutig sind die Verse, die der Dichter Jan Vos der niederländischen Muse »abgewaltsamt« hat, um die

Sammlung Kretzers zu preisen, der sich seinerzeit bemühte, die Dichter und Maler Amsterdams miteinander zu vereinen.[14] Diese Verse müssen hier ebensowenig zitiert werden wie die Lobgedichte, die Joost van den Vondel und andere zu einer 1660 unter dem Titel *Hollantsche Parnas* publizierten Anthologie beigetragen haben.[15] Stattdessen soll Jeremias de Decker zu Wort kommen, um einen lebendigen Eindruck von der zur gleichen Zeit in Blüte stehenden niederländischen Poesie zu vermitteln. Folgende Verse aus seinem 1668 publizierten *Dankbeweis an den ausgezeichneten Rembrandt van Rhijn* mögen genügen:

»Der brave Pinsel braucht nach niemands Lob zu fragen,
Er ist durch sich selbst bekannt,
Hat seines Meisters Namen auch fast soweit getragen,
Wie unsere Seefahrt das Niederland;
Sein Kunstruhm ist über den Gipfel der Alpen geflogen,
Bis ins berühmte Rom,
Sieht selbst Italien stehn da wie aufgezogen
An seinem Tiber-Strom.
Wo sie zu Tausenden die Flagge vor ihm streichen,
Da macht er Pinselstriche frei,
Um Raffeael und Angelo sie zu vergleichen,
An denen strebt er vorbei,
[...].«

»Dat braaf pinceel en hoeft na niemands lof te vragen;
't Is door zichzelf vermaard,
En heeft zijns meesters naam misschien zo wijd gedragen,
Als 't vrije Neêrland vaart.
Zijn kunst-faam over 't spits der Alpen heengevlogen
Tot in 't roemruchtig Room,
Doet zelfs Italiën staan zien als opgetogen
Aan zijnen Tiberstroom.
Daar doet 't duizenden de vlagge voor hem strijken;
Daar mag 't zijn streken vrij
Bij die van Rafaël en Angelo verlijken,
Ja streeft ze bei verbij.
[...].«[16]

Deckers Behauptung, Rembrandt habe dank seiner Pinselführung Raffael und Michelangelo überflügelt, dürfte unter Kennern Stoff für Diskussionen gewesen sein. Doch sein poetisches Lob war dahingehend zutreffend, dass Rembrandts Gemälde tatsächlich auch an den Ufern des Tiber bekannt und schon bald ebenso weit verbreitet waren wie seine Graphiken. Gemälde des Meisters aus Amsterdam waren in Schottland genauso zu finden wie in Paris oder in Rom, wo prominenten Sammlern wie Leopoldo de' Medici oder Kardinal Mazarin Gemälde Rembrandts angeboten wurden.[17] Seinem Agenten gelang es damals, das halbfigurige Bildnis eines Mannes in orientalischer Tracht zu erwerben.[18] Ein weiterer aussagekräftiger Beleg für Rembrandts internationale Anerkennung ist, dass im Inventar der Wiener Residenz des habsburgischen Erzherzogs Leopold Wilhelm gleich mehrere Gemälde als von Rembrandts Hand verzeichnet waren. 1660, gerade einmal zwölf Jahre nachdem der militärische Konflikt des Hauses Habsburg mit den sieben nördlichen Provinzen der Niederlande ein Ende gefunden hatte, fanden sie auch in dem in Brüssel publizierten Katalog der Sammlung Leopold Wilhelm Erwähnung.[19] Selbst die kritische Bemerkung des damals in Rom tätigen flämischen Kunsthändlers Abraham Brueghel, dass die Kunst Rembrandts »hier in Rom nicht sehr in Ansehen steht«, kann durchaus als Hinweis darauf gelesen werden, dass der Amsterdamer Maler tatsächlich, wie Deckers Lobgesang behauptet, auch jenseits der Alpen berühmt war.[20] Zu seiner Bekanntheit dürfte dabei die große Zahl seiner Schüler maßgeblich beigetragen haben. Samuel van Hogstraaten beispielsweise, der 1651 am Hof Ferdinands III. in Wien mit seiner augentäuschenden Malerei reüssiert hatte, mag dort durchaus von seinem einstigen Lehrer gesprochen haben.[21] Er mag dessen Ruf als bedeutender Maler auch nach Rom getragen haben, wo ein anderer Schüler Rembrandts, Bernhard Keil, den Künstlerbiographen Filippo Baldinucci mit Informationen aus erster Hand über Rembrandt versorgte.[22] Die enorm große Zahl der Schüler Rembrandts sorgte dafür, dass sich auch mittels ihrer Erfolge sein Name in der Kunstwelt verbreitete. Und wer einmal den Namen Rembrandt kannte, dem dürfte auch schon bald das eine oder andere graphische Blatt begegnet sein, das gut lesbar mit ihm beschriftet war. Denn nicht allein dem Hörensagen verdankte sich Rembrandts Ruhm, sondern wohl vor allem der weiten Verbreitung seiner zahlreichen, zu großen Teilen signierten Radierungen. Wie bekannt sie auch jenseits der Alpen waren, bezeugt ein Brief, den der Bologneser Maler Giovanni Francesco Barbieri, genannt Guercino, im Sommer des Jahres 1660 an den Sammler Don Antonio

Ruffo in Messina sandte.[23] Er habe, so schrieb er, von »Reimbrant« verschiedene geschmackvolle Radierungen zu Gesicht bekommen, die sehr schön ausgeführt gewesen seien. Und weil er ihn für einen großen Virtuosen halte, müsse wohl auch das halbfigurige Bild von ihm, das Ruffo besitze, perfekt sein. Ruffo, der selbst 189 Radierungen Rembrandts besaß, hatte Guercino gebeten, zu dem aus Amsterdam importierten Gemälde ein passendes Gegenstück zu malen, weshalb er ihm eine Kopie des Bildes schicken ließ.[24] Guercino interpretierte Rembrandts Darstellung als einen Philosophen und änderte deshalb seinen schon begonnenen »hl. Joseph« in einen Kosmographen, wobei sein auf Kupfer ausgeführtes Gemälde heute nur noch durch den erhaltenen Briefwechsel und ein 1661 aufgestelltes Inventar dokumentiert ist.[25] Genau wie ein weiteres später durch Ruffo bei Rembrandt bestelltes Gegenstück ging Guercinos Gemälde verloren.[26] Doch neben einem weiteren, später bei Rembrandt beauftragten *Homer* blieb auch das wohl zuerst bestellte Gemälde bis heute erhalten (s. Abb. 73).[27] Aus erhaltenen Dokumenten weiß man, dass die darüber hinaus bei Rembrandt beauftragte, dem *Aristoteles* im Format entsprechende Darstellung Alexanders des Großen 1661 in Messina eintraf, zusammen mit einer ersten Skizze des *Homer*.[28] Ruffo regten die Kunstwerke dazu an, sich bei dem Maler Mattia Preti erfolgreich um weitere Stücke zur Ergänzung seiner Galerie zu bemühen.[29] Rembrandts *Homer* gab aber auch Anlass zu Auseinandersetzungen, denn Rembrandt erhielt statt der geforderten 500 Gulden nur 300, obwohl er das Gemälde überarbeitet hatte.[30] Ende 1662 hatte ihm Ruffo nämlich den *Homer* und den *Alexander*, letzteren honorierte er mit 500 Gulden, zwecks Überarbeitung wieder nach Amsterdam geschickt.[31] Den *Homer* sollte Rembrandt vollenden, wobei nach Ruffos Einschätzung noch viel Arbeit nötig war, um ihn wunschgemäß auszuführen. Mit dem *Alexander* hatte Ruffo sich anfangs sehr zufrieden gezeigt, doch später bemerkt, dass die Leinwand an drei Seiten durch Anstückungen vergrößert worden war. Als Ende des Jahres 1662 der holländische Konsul von Messina nach Amsterdam reiste, gab Ruffo ihm ein Memorandum für den Kunsthändler Isaac Just mit auf den Weg, in dem er sich über Rembrandt beschwerte. Er sei mit dem *Alexander* wegen der störenden Nähte höchst unzufrieden, ebenso mit dem Preis des Bildes. Rembrandt fordere völlig unangemessen das Achtfache dessen, was angesehene italienische Maler verlangten. Und weil wegen der Nähte ja eigentlich nur der Kopf akzeptabel sei, könne Ruffo auch nur die Hälfte zahlen. So alles wunschgemäß überarbeitet würde und auch der *Homer* den Erwartungen genüge, sei mit weiteren Bestellungen zu rechnen, weshalb er schon einmal um Entwürfe bat, aus denen er sich dann das Passende aussuchen wollte. Auf die Bitte Ruffos, ihm doch Weiteres zur Ansicht zu senden, reagierte Rembrandt nicht. Stattdessen verfasste er eine Rechtfertigung in italienischer Sprache, die jede Diplomatie vermissen ließ, auf Höflichkeitsfloskeln gänzlich verzichtete und zu ihrer Zeit als infame Unverschämtheit gelten musste: »Ich wundere mich sehr über die Weise«, schrieb er, »in der man über den Alexander geschrieben hat, der so außerordentlich gut gemalt ist. Ich glaube, es gibt nicht viele Kunstliebhaber in Messina.«[32] Anschließend erklärte er, die Vergrößerung der Leinwand sei während der Arbeit notwendig geworden und wenn man das Bild nur richtig ins Licht hänge, sei davon nichts zu sehen. Rembrandts aus diesen Zeilen ablesbare Wut mag ihn auch gehindert haben, die geforderten Überarbeitungen umgehend in Angriff zu nehmen. Doch knapp zwei Jahre später, im Mai 1664, waren beide Bilder dann endlich zurück in Messina. Inzwischen waren zehn Jahre vergangen, seit dort die Darstellung von *Aristoteles mit der Büste des Homer* eingetroffen war (s. Abb. 73).[33] Die Reise dieses ersten von Ruffo bestellten Bildes mit dem Schiff »Bartolomeo«, das am 19. Juni 1654 mit dem Ziel Neapel in Amsterdam ausgelaufen war, ist urkundlich bezeugt.[34] Rembrandt stellte für das Bild 500 Gulden in Rechnung. Darüber hinaus erfährt man aus diesem Dokument, dass sich die Frachtkosten, einschließlich Ausfuhrzoll und gültiger Schiffspapiere sowie der Überführung zu dem bei Texel auf Reede liegenden Schiff, auf 15 Gulden beliefen. Am 1. September 1654 hatte das Gemälde seinen Bestimmungsort in Messina erreicht, wo es von seinem neuen Besitzer inventarisiert wurde: »Die Halbfigur eines Philosophen, die in Amsterdam von einem Maler namens Rembrandt gemacht wurde (entweder Aristoteles oder Albertus Magnus)«.[35] Erst am 8. Januar 1657 verzeichnete Ruffo die Ausgabe für die Anfertigung »eines Rahmens für das Bild von Albertus Magnus«. Er scheint sich dabei weder über den dargestellten Philosophen noch über die Identität der Büste im klaren gewesen zu sein, denn bei einer erneuten Inventarisierung beschrieb er das Bild einige Jahre später als »Aristoteles, der eine Hand auf eine Büste legt«.[36] Bei dieser gezeigten Büste handelt es sich vermutlich um jenen *Homerus*, der als Nummer 163 im Inventar von Rembrandts Kunstkammer verzeichnet ist und dem als Nummer 164 ein *Aristoteles* zur Seite stand.[37] Auch ein weiteres Bildnis dürfte Rembrandt besessen haben, das bei der Ausführung des Bildes Verwendung gefunden haben mag. An der Ehrenkette, die der Philosoph um die Schultern trägt, hängt nämlich ein kleines Medaillon, das Rembrandt als

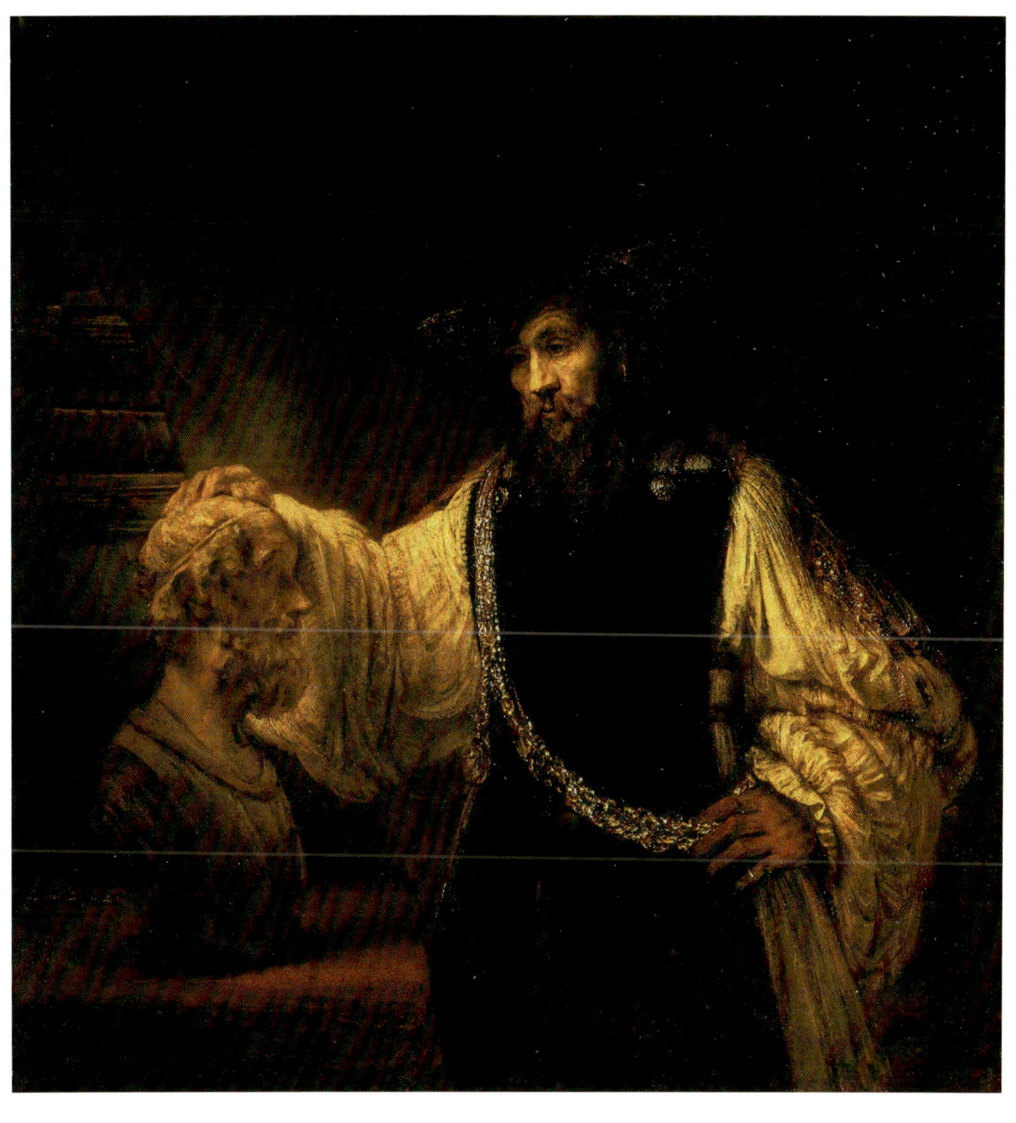

73 *Aristoteles mit der Büste des Homer*, 1653, Öl auf Leinwand, 143,5 × 136,5 cm, bezeichnet: »Rembrandt. f. 1653.«, New York, the Metropolitan Museum of Art

Bildnis Alexanders verstanden haben mag und das vermutlich auch nach einem realen Vorbild entstanden ist.

Schon in dem ersten Bild, das die Porträts von Aristoteles, Homer und Alexander in sich vereinte, war mithin das Programm der später gelieferten Serie im kleinen angelegt. Die Bewunderung, die Aristoteles für den Dichter der *Ilias* hegte, wurde durch die *Aporemata Homerica* bezeugt.[38] Zwar waren von diesem Werk nurmehr vierzig Fragmente erhalten, doch wurde der Titel dieser mehrbändigen Schrift von Diogenes Laertios erwähnt. Dank dessen Vitensammlung und anderer antiker Biographen war man auch über den Lebensweg des viel bewunderten Aristoteles gut informiert, der den dreizehnjährigen Alexander den Großen unterrichtet hatte. Will man Plutarch glauben, schenkte der Philosoph seinem berühmten Schüler eine von ihm verbesserte Abschrift der *Ilias* Homers, die Alexander als *Lehrbuch der Kriegskunst* gelesen und stets – zusammen mit seinem Dolch – unter dem Kopfkissen aufbewahrt haben soll.[39] Die Bewunderung für Homer einte mithin den Philosophen und den Feldherrn, der in dem Bildnis an der Ehrenkette in Rembrandts Gemälde ebenfalls gegenwärtig ist. Man konnte beim Blick auf dieses Bild trefflich über den Wert geistiger Werte und weltlicher Erfolge nachdenken oder über den Rang der *Ilias* als literarisches Zeugnis streiten.[40] Rembrandt hatte das Thema selbst bestimmt, mag aber darüber informiert gewesen sein, dass Ruffo eine Galerie von Gelehrtenporträts vorschwebte. Bei der angemessenen Ausgestaltung eines aristokratischen Wohnambientes folgte man dabei überall in Europa dem Vorbild der Antike. In der alten Zeit war es Brauch gewesen, neben den Schriften großer Geister auch die Porträts der Autoren zu präsentieren, damit man beim Lesen deren Bildnis vor Augen hatte. Der zu Rembrandts Zeit vielgelesene Gelehrte Justus Lipsius hatte diesen antiken Brauch referiert und dabei ausdrücklich auf Seneca verwiesen, der das Betrachten von Bildern großer Männer als Ansporn für den eigenen Geist empfahl.[41] Rembrandt, der genau einen solchen Akt der Kontemplation illustrierte, mag das gewusst haben. Er zeigt den Philosophen Aristoteles in der andächtigen Betrachtung einer Büste Homers und macht damit anschaulich, was Aristoteles zum Thema der Veranschaulichung niedergeschrieben hatte. Der Philosoph hatte nämlich den Dichter für seine Fähigkeit gepriesen, seinem Publikum Ereignisse bildhaft vor Augen zu stellen und sie auf diese Weise emotional zu überzeugen.[42] Aristoteles verwandte in diesem Zusammenhang ausdrücklich den Begriff *energeia*, der in niederländischen Ausgaben von Quintilians Handbuch der Rhetorik mit *beweechgelickheijt* übersetzt wurde. In seinem Bild veranschaulichte Rembrandt mithin eine Idee, der er sich in seiner eigenen Bildrhetorik ausdrücklich verpflichtet zeigte. Diese Anschaulichkeit war mit malerischen Mitteln erreicht, die ein in der antiken Literatur bewanderter Betrachter als im Medium der Malerei ausgesprochene kunsttheoretische Stellungnahme verstehen konnte. In seinem *Aristoteles*, wie in fast allen in jenen Jahren entstandenen Bildern, hatte Rembrandt seine Palette auf nur vier Farben beschränkt, auf Weiß, Ocker, Rotbraun und Schwarz. Das waren genau die vier Farben, von denen Plinius in seiner *Naturalis historia* sagte, dass aus ihnen allein die »ausgezeichneten Maler Apelles, Aetion, Melanthius, Nicomachus« ihre »unsterblichen Meisterwerke« ausgeführt hätten.[43] Mit dem auch von Quintilian gelobten Apelles war Rembrandts Gemälde auch noch durch den warmen, dunklen Grundton verbunden.[44] Denn wie man ebenfalls bei Plinius lernen konnte, hatte Apelles einen dünnen, fast nicht sichtbaren schwarzen Firnis über seine Werke gelegt, der den grellen Glanz der Farben milderte und sie aus der Distanz harmonisch miteinander verbunden erscheinen ließ.[45] Zwar verwendete Rembrandt vermutlich keinen »schwarzen Firnis«, doch bemühte er sich augenscheinlich, mit der sorgfältig verdünnten Farbe, deren Ton auch den Hintergrund des Gemäldes bestimmte, die hellen Partien des Bildes durch feine Lasuren im Ton anzupassen. Auch mochte man sich beim Blick auf das virtuose Impasto von Rembrandts Bild, in dem die Pinselspuren sichtbar blieben, an die Kritik des Apelles erinnern, die den akribischen, mühevollen Malstil von Protogenes betraf. Der wisse nämlich nicht, so zitiert Plinius, wann man aufhören müsse, wann »die Hand vom Pinsel nehmen«.[46] Rembrandts Malweise wurde als ein Wetteifern mit Apelles und mit den Idealen der Antike interpretiert, als *aemulatio*, um es mit dem Begriff der Rhetorik zu beschreiben, und so fand der grobe Malstil Rembrandts eine theoretische Begründung. Gerade die auf den ersten Blick fast unfertig wirkende Behandlung einzelner Partien des Bildes regte die Betrachter zum Nachdenken über die Anschaulichkeit an, über die zu sprechen auch der dargestellte Philosoph und die Büste des Dichters Anlass gaben. Und es waren vor allem die hinreißenden malerischen Details, aus denen man lernen konnte, wie sich etwas anschaulich machen und »vor Augen stellen« ließ: der große Ärmel beispielsweise. Mit scheinbar größter Leichtigkeit ist dort in breiten, schnell hingeworfenen Pinselstrichen die Farbe so präzise gesetzt, dass mit nur wenigen Schritten Abstand vom Bild eine perfekte Illusion textilen Materials entsteht, während sich im Nähertreten durch die sichtbare Faktur und virtuose Offenheit der Pinselführung die Illusion der

Wiedergabe des Gegenstands enthüllt. Es ist mit Blick auf dieses Gemälde nur zu leicht verständlich, dass Ruffo sich weitere Bilder Rembrandts wünschte. Doch das war, wie gezeigt, nicht ganz einfach.

Allein das gut dokumentierte Verhältnis zu diesem einen italienischen Auftraggeber sollte Anlass genug sein, die kritischen Bemerkungen der frühen Biographen Rembrandts ernst zu nehmen.[47] Wenn Baldinucci und andere Rembrandt als einen Maler schildern, der nichts auf Umgangsformen gab und sich die Pinsel an seiner Kleidung abwischte, wollten sie damit fraglos auch dessen als ordinär charakterisierte Malerei in Misskredit bringen.[48] Doch wenn man diesen Schritt nicht nachvollzieht, die Kunst aus dem Leben zu erklären, bleiben literarische Topoi, denen durchaus einige Wahrheit innezuwohnen scheint. »Doch überschlägt man dies alles«, schreibt beispielsweise Arnold Houbraken, »war seine Kunst seinerzeit doch so hoch geachtet und nachgefragt, *dass man ihn* (wie das Sprichwort sagt) *bitten und noch Geld nachwerfen* musste. Viele Jahre lang hatte er mit dem Malen so viel zu tun, dass die Menschen lange auf ihre Stücke warten mussten.«[49] Auch andere Aussagen von Zeitgenossen deuten auf einen ungebührlichen Umgang mit seinen Kunden, die er bei Porträtaufträgen stundenlang Modell sitzen ließ.[50] Baldinucci berichtet, dass diese jedes Maß übersteigenden Dauersitzungen die Kunden abhielten, sich von Rembrandt malen zu lassen.[51] Auch ließ Rembrandt seine Kunden maßlos lange auf bestellte Bilder warten. Es sei hier nur an den fürstlichen Auftrag aus Den Haag erinnert. Sechs Jahre musste Frederik Hendrik auf die bestellten Passionsbilder warten, bis Rembrandt sich zur Fertigstellung bequemte, weil er für seinen Hauskauf Geld brauchte. Bezeichnend ist, wie eifrig Rembrandt mit Huygens korrespondierte, als er 1639 eine Rate für sein Haus bezahlen musste. Huygens hatte ihn aufgefordert, die längst überfälligen Bilder für den Statthalter zu liefern. Von seinem Geldmangel beflügelt, stellte Rembrandt die beiden Bilder umgehend fertig. In dem im Januar 1639 als Begleitschreiben aufgesetzten vierten Brief gab er dann – unter Verweis auf die Qualität der Bilder – ihren Wert mit 1000 Gulden an.[52] Nachdem er am 27. Januar noch kein Geld erhalten hatte, schrieb er gleich noch einen Brief an Huygens, der die Lieferung der *Blendung Simsons* begleitete (vgl. Abb. 49).[53] In dem Brief berichtet er dann von einem Gespräch mit dem Steuereinnehmer Jan Uyttenbogaert, der zufällig beim Verpacken der Bilder zugegen gewesen sei. Auch weil er Rembrandts Werk sehr schätze, habe Uyttenbogaert angeboten, mit Zustimmung des Prinzen die Rechnung zu bezahlen. Als Huygens ihm antwortete, dass er nicht mit 1000 Gulden pro

Bild rechnen dürfe, gab Rembrandt nach.[54] Er wolle sich auch mit 600 Gulden zufriedengeben, wenn die nur schnellstmöglich angewiesen würden. Nur wenige Tage später griff er wieder zur Feder, um noch Uyttenbogaert ins Spiel zu bringen, von dem er um die großen Steuereinnahmen wisse, weshalb doch bitte der Schatzmeister ihm das Geld für die Bilder aushändigen könne.[55] Da die Auszahlung von 1244 Gulden an Rembrandt bereits am 17. Februar 1639 verbucht wurde, war dieses letzte Schreiben gänzlich überflüssig. Durch seine wiederholte Berufung auf Uyttenbogaert stand Rembrandt nun in dessen Schuld und mag sich verpflichtet gefühlt haben, dessen Bildnis zu radieren.[56] Ohne mehr gewonnen zu haben als seinen vorher vertraglich vereinbarten Lohn, hatte Rembrandt in größter Hektik zwei längst überfällige Bilder vollendet, ein großes Historiengemälde verschenkt und eine Radierung angefertigt.[57] Zumindest was seine Saumseligkeit in der Fertigstellung bestellter Bilder angeht, scheint Rembrandt aus diesem Vorfall nichts gelernt zu haben. Und Harmen Becker, der sich immer wieder geduldig gezeigt hatte, musste Rembrandt 1667 erst verklagen, eh der sich bemüßigt fühlte, seine vertraglichen Verpflichtungen zu erfüllen.[58] Auch im Rahmen des Auftrages, den er im Jahr zuvor von einem italienischen Adeligen erhalten hatte, erwies sich Rembrandt im Umgang als schwierig.[59] Der Edelmann Francesco Maria Sauli plante damals, der Kirche Santa Maria Assunta di Carignano in seiner Heimatstadt Genua zwei Altarstücke zu stiften, für die Rembrandt die Entwürfe liefern sollte. Über zwei Handelsagenten Saulis in Amsterdam kam der von ihm bevollmächtigte Kapitän Giovanni Lorenzo Viviano mit dem Maler in Kontakt. Die beiden Agenten berichteten über den Fortgang der Verhandlungen und konnten gleich zu Beginn mitteilen, dass Rembrandt begeistert war, ein großes religiöses Werk zu schaffen, das an einem öffentlichen Ort zu sehen wäre und ihn dort berühmt machen würde. Man einigte sich auf einen Preis von 1200 Gulden für die beiden Modelle, doch forderte Rembrandt bald schon 3000 Gulden, noch bevor er mit der Arbeit begonnen hatte, um sich später doch mit nur etwas mehr als 1000 Gulden zufriedenzugeben. Die Agenten hatten aber nicht nur mit Rembrandts Preispolitik ihre liebe Not, sondern vor allem mit seiner Unzuverlässigkeit. Er lehnte es nämlich ab, sich terminlich unter Druck setzen zu lassen. Als Erklärung für die achtmonatige Verspätung gab er an, nicht zur Eile gewillt zu sein und eine Arbeit hastig zu vollenden, die er »mit äußerstem geistigen Einsatz« betrieben habe und mit der er »Ruhm und Ehre zu erwerben« trachte.[60] Er ließ jede Frist verstreichen, die Modelle wurden nicht zum vereinbarten Zeitpunkt fertig. Allein das Wetter kam ihm zugute. Eine Schiffspassage war wegen des Eisgangs bis zum Februar 1667 nicht möglich, so dass Kapitän Viviano nicht auslaufen konnte. Kurz vor seiner Abreise gelangten Rembrandts Entwürfe vermutlich noch an Bord, wobei dieser Auftrag unter keinem guten Stern stand. Ob die Entwürfe keinen Gefallen fanden oder ob sie den Auftraggeber gar nicht erreichten, ist nicht dokumentiert. Allerdings weiß man aus einem Brief vom 2. Dezember 1677 von einer Havarie von Vivianos Schiff, das vor der englischen Küste unterging – vielleicht sind die beiden Entwürfe Rembrandts so verloren gegangen.

Einen lebendigen Eindruck von Rembrandts Geschäftsgebaren vermittelt ein Rechtsstreit, der am 23. Februar 1654 aufgezeichnet wurde. Damals hatte der jüdische Kaufmann Diego d'Andrada einen Notar aufgesucht, da das bei Rembrandt beauftragte Porträt seiner Tochter nicht ähnlich genug geraten sei.[61] Er forderte die geleistete Anzahlung von 60 Gulden zurück. Rembrandt weigerte sich allerdings, ohne eine weitere Zahlung noch einmal Hand an das Bild zu legen, und rief die Obleute der Lukasgilde als Zeugen an, die eine ausreichende Ähnlichkeit bescheinigen sollten. Leider ist weder das zur Rede stehende Porträt erhalten noch dokumentiert, wie diese Auseinandersetzung zu Ende ging. Es ist mehr als wahrscheinlich, dass dieser zufällig dokumentierte Fall nicht die einzige Auseinandersetzung war, die Rembrandt mit einem Kunden austrug. Zumindest sind verschiedene Hinweise darauf erhalten, mit welcher Hartnäckigkeit er sich darum bemühte, den ihm angemessen erscheinenden Lohn für seine Arbeit zu bekommen. Nicht immer erfolgreich und manchmal sogar zu seinem Nachteil hat er versucht, seine Honorarvorstellungen durchzusetzen.[62] Was seine Preise angeht, überflügelte Rembrandt nämlich tatsächlich die meisten seiner Konkurrenten. Möglicherweise war auch sein der höflichen Politesse widersprechender Umgang mit seinen Kunden dem Versuch geschuldet, sie von seiner Einzigartigkeit und Bedeutung zu überzeugen.[63] Denn der Wert seiner Werke basierte nicht – wie damals durchaus noch üblich – auf der von ihm aufgewandten Arbeit, sondern allein auf der spezifischen Qualität der Werke und vor allem auf Rembrandts Reputation. Seine Kunden kauften nicht nur ein Bild mit einem ihnen genehmen Motiv und Thema, sondern stets auch einen Rembrandt.[64] Manchen, zum Beispiel Ruffo, war ganz offensichtlich das spezifische Sujet weit weniger wichtig als die Tatsache, ein Werk eben dieses einen Amsterdamer Malers besitzen zu wollen. Diese sehr spezifische Nachfrage führte dazu, dass Rembrandt seine damals noch nicht selbstverständlichen Vorstellungen von der Preisgestaltung unmittelbar mit seinen Kunden aushandelte. Rembrandt verlangte außerordentlich hohe Preise, die in vielen Fällen auch klaglos gezahlt wurden.[65]

Rembrandts fehlender gesellschaftlicher Rückhalt in der Amsterdamer Führungsschicht war und blieb unterdessen ein Problem. Vor allem seine Auseinandersetzungen mit Cornelis Witsen sollten ihm auch nach der am 15. Dezember 1660 testierten Schlussrechnung seines Bankrotts Schwierigkeiten machen, zumal längst nicht alle Schulden abgegolten waren.[66] Bereits zwei Jahre zuvor hatten Titus und Hendrickje die geschäftlichen Angelegenheiten übernommen. Nachdem Rembrandts Bankrott nun juristisch als abgeschlossen galt, gründeten sie gemeinsam eine Kunsthandlung für »Gemälde, Papierkunst, Kupferstiche und Holzschnitte, item Drucke derselben, Raritäten und alles, was damit zusammenhängt«.[67] Rembrandt, der bei Abschluss des Vertrages als Titus' Vormund auftrat, war ausdrücklich von allem Eigentum an dieser Kunsthandlung ausgeschlossen und wurde von Titus und Hendrickje als Angestellter in Dienst genommen. Von nun an arbeitete Rembrandt wieder, wie seinerzeit in Uylenburghs Atelier, als unselbständiger Maler. Nur ging es bei dieser geschäftlichen Konstruktion in erster Linie darum, Rembrandts Einkünfte den Gläubigern zu entziehen. Deshalb trat Rembrandt seinem Sohn Titus beispielsweise am 5. Februar 1665 eine Erbschaft ab, die dem Vater nach dem Tod einer Tante in Leiden zugefallen war. Die Tante war mit einem gewissen Pieter Claesz van Meedenblick verheiratet gewesen.[68] Verwandtschaft galt viel in Amsterdam zu Rembrandts Zeit, in einer Stadt, deren administrative Geschicke in der Hand einiger weniger Familien lagen. Da die politisch einflussreichen Regenten-Familien auch untereinander verwandt und verschwägert waren, war auch große Politik beinahe so etwas wie eine Familienangelegenheit. Es sich mit den wenigen mächtigen Männern zu verderben, war keine gute Idee. Die zahlreichen in der Stadt ansässigen Kaufleute engagierten sich zumeist eher finanziell als persönlich in der städtischen Administration, indem sie ihre politischen Vorstellungen durch gezielte Zahlungen an die politischen Vertreter zum Ausdruck brachten. Obwohl die Kaufmannschaft also allen Grund hatte, an der Unbestechlichkeit und Integrität ihrer politischen Vertreter zu zweifeln, war sie doch in der Regel mit dem Erfolg ihrer Zahlungen und der Politik des Magistrats zufrieden, vermutlich weil die bestehenden Machtstrukturen ihren Geschäften in jeder Weise zuträglich waren. Der größte Teil der Amsterdamer Bevölkerung, die unzähligen einfachen Arbeiter also, Tagelöhner und ihre Familien, hatten politisch überhaupt keinen Einfluss. Auch die vielen ortsansässigen Handwerker hatten eigentlich nichts zu sagen, konnten aber von der wirtschaftlichen Blüte profitieren.

Ausdruck des allgemeinen Wohlstands der in nur wenigen Jahrzehnten auf mehr als 150 000 Einwohner angewachsenen Stadt war das als »achtes Weltwunder« gepriesene Rathaus. Vier Tage nachdem im Oktober 1648 der in Münster und Osnabrück ausgehandelte Friedensvertrag unterschrieben wurde, der den Niederlanden nach achtzig Kriegsjahren endlich den Frieden gebracht hatte, wurde in Amsterdam der Grundstein zu einem neuen Rathaus gelegt, dem heutigen Palast auf dem Dam. Der Neubau war lange geplant und dringend nötig geworden, nachdem in einer Hochsommernacht des Jahres 1652 das alte Rathaus bis auf die Grundmauern niedergebrannt war. Rembrandt hatte diese Katastrophe in einer Zeichnung festgehalten und dürfte den Neubau aufmerksam verfolgt haben.[69] Schließlich versprach das ambitionierte Projekt den Künstlern der Stadt Arbeit. Nach Plänen von Jacob van Campen wurde ein gewaltiger Vierflügelbau errichtet, dessen zum Platz vorgelagerter Portikus von einer überkuppelten Laterne bekrönt wurde (s. Abb. 74). Um dem riesigen Bauwerk im schlammigen Amsterdamer Untergrund Halt zu geben, wurden 13 659 Kiefernstämme in den Boden gerammt.[70] 4000 Kubikmeter deutscher Sandstein wurden verbaut, der – in Amsterdam nachbearbeitet – den Stadtkämmerern Geld brachte, indem größere Splitter als Schotter und der Staub als Scheuerpulver verkauft wurden.[71] Am 29. Juli 1655 wurde das neue Rathaus feierlich eingeweiht. Genauer: das architektonische Äußere, denn die reiche skulpierte und gemalte Ausstattung des Inneren sollte sich noch über Jahre hinziehen. Es versteht sich, dass die Dekorationen, dem Anspruch der Stadt Amsterdam gemäß, die Bedeutung Hollands und die Autorität und Legitimität seiner Metropole untermauern sollten. Bewusst wählte man für diese visuelle Argumentation biblische, mythologische und historische Themen, aber auch allegorische Bilder, in denen der Triumph Amsterdams und seiner Regierung gefeiert wurde. Mit der Ausführung des Skulpturenschmucks hatte man den aus Antwerpen berufenen Bildhauer Artus Quellinus beauftragt, der zwischen 1650 und 1665 den marmornen Skulpturenschmuck des Rathauses fertigte. In seiner zur Einweihung des Gebäudes verfassten Festschrift pries Vondel ihn als neuen Phidias.[72] Unter den Malern hatte 1659 Rembrandts einstiger Schüler Govaert Flinck den besten Schnitt gemacht, der zwölf riesige Bilder aus der von Tacitus überlieferten Geschichte des Bataver-Aufstandes zur Ausstattung beitragen sollte, die für die den Ehrenhof umlaufende Galerie gedacht waren. Den üppigen und

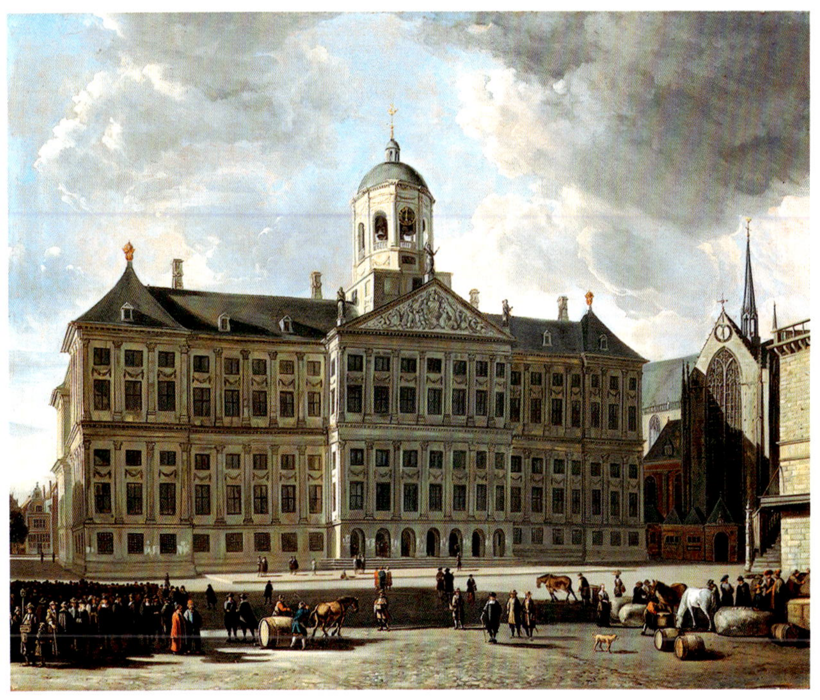

74 Gerrit Adriaensz Berckheyde, *Het stadhuis op de Dam te Amsterdam*, Öl auf Leinwand, 1672, 33,5 × 41,5cm, Amsterdam, Rijkmuseum

mit 12 000 Gulden dotierten Auftrag, die Lünettenbilder der großen Galerie zu malen, hatte Flinck vermutlich seinen guten Beziehungen zur Familie de Graeff zu verdanken, die damals die Geschicke Amsterdams entscheidend mitbestimmte, und der Tatsache, dass er sich der Gunst von Johan Maurits und Amalia von Solms erfreute.[73] In den folgenden sechs Jahren sollte er je zwei Bilder liefern, doch nur zwei Monate nach Beginn der Arbeiten war Flinck tot. Hendrick Uylenburgh übernahm die Werkstatt, der allerdings selbst starb und am 22. März 1661 in der Westerkerk beigesetzt wurde.[74] Offensichtlich wollte man die Bilder nach Flincks Tod nicht mehr allein von einem Maler ausführen lassen und verteilte die geforderten acht Bildthemen an mehrere Amsterdamer Maler. Und nun durfte auch Rembrandt als erstes Bild der Galerie die *Verschwörung des Claudius Civilis* malen (vgl. Abb. 72).[75] Claudius Civilis hatte 67 v. Chr. die Bataver in einen Aufstand gegen das mächtige Rom geführt, den man in patriotischen Schriften gerne der Erhebung der Niederlande gegen das Haus Habsburg verglich. Claudius Civilis war im Holland des 17. Jahrhunderts eine nationale Identifikationsfigur.[76] Die zugrundeliegende Geschichte wird in den *Annalen* des Tacitus berichtet, der in seiner *Germania* proklamiert hatte, dass die Bataver allen anderen germanischen Völkern überlegen seien.[77] Dem vornehmsten Geschlecht der Bataver gehörte Claudius Civilis an, der Tacitus zufolge ein über das bei Barbaren übliche Maß hinaus kluger Kopf war.[78] Zusammen mit seinem Bruder Julius Paulus wurde er zu Unrecht beschuldigt, an dem Aufstand gegen Nero beteiligt gewesen zu sein. Man tötete seinen Bruder und schleppte Civilis in Ketten nach Rom, wo er von Galba freigelassen wurde, nachdem Nero gestürzt worden war. In seine Heimat zurückgekehrt, wurde er wieder Zeuge römischen Unrechts und der brutalen römischen Truppenaushebung, »durch die man die Kinder von den Eltern losreißt, die Brüder von den Brüdern, wohl auf Nimmerwiedersehen«.[79] Er versammelte deshalb die vornehmsten Stammesangehörigen um sich, rief sie in einem heiligen Hain zu einem Festgelage zusammen und forderte sie zum Aufstand gegen die Römer auf. »Nach seiner sehr beifällig aufgenommenen Ansprache vereidigte Civilis die Gesamtheit der Zuhörer nach dem bei den Germanen üblichen Brauch und mit den altheimischen Schwurformeln.«[80]

Genau diesen Moment setzte Rembrandt auftragsgemäß ins Bild, wobei er die von Tacitus im Wald angesiedelte Szene in einen monumentalen Innenraum verlegte. Einen frühen Entwurf der Komposition zeichnete er wiederum auf die Rückseite einer Einladung, mit der er »als Freund des Hauses« gebeten wurde, an der für den 25. Oktober 1661 angesetzten Trauerfeier für Rebecca de Vos teilzunehmen.[81] Die Skizze (s. Abb. 75) deutet an, was im ausgeführten Gemälde wegen dessen späterer Verkleinerung heute nicht mehr zu sehen ist. Einst sah man in einem großen dunklen Raum, dessen hohe Gewölbe die Rückwand überhöhten, den Tisch auf einem Podium aufgebaut, zu dem Treppen hinaufführten. Während die links und rechts angedeuteten Balustraden schon im Dunkel versanken, war der Tisch, an dem sich die Verschwörer versammelt hatten, in helles Licht getaucht. Das Bild ist beinahe durchgängig sehr pastos gemalt. Die gedämpften rötlich-ocker gehaltenen Pinselspuren, mit einigen weißen, gelben, sandfarbenen und grünen Akzenten, lassen die kräftigen, dunklen Töne vermissen, die Rembrandts andere Arbeiten auszeichnen. Der daraus resultierende Eindruck eines *non finito* mag gewollt und eine bewusste künstlerische Entscheidung gewesen sein. Möglicherweise hatte Rembrandt

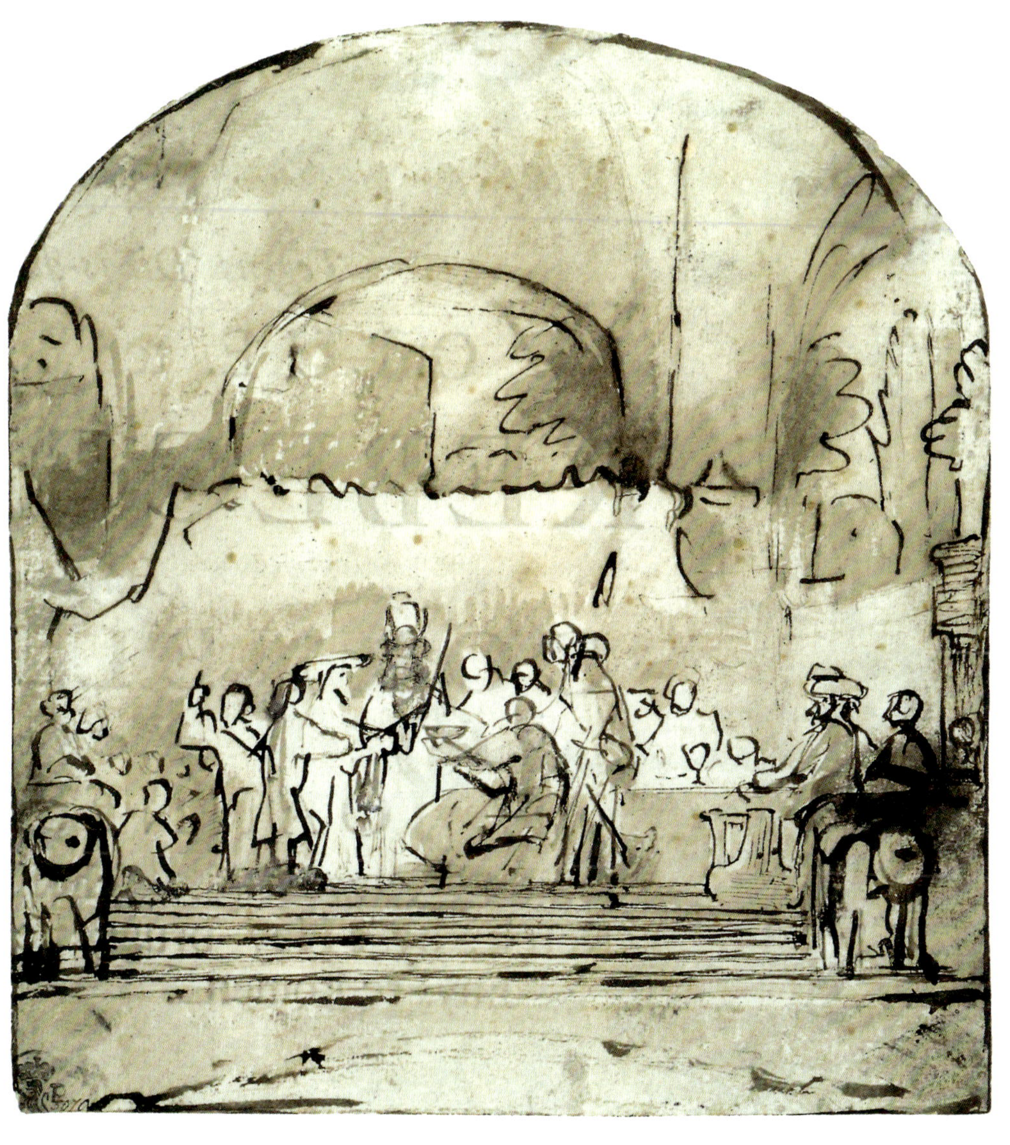

75 *Die Verschwörung des Claudius Civilis*, 1661, Feder in Braun, laviert, 19,6 × 18 cm, München, Staatliche Grafische Sammlung

aber auch vor, die sonst in seinen Werken so prägnante Akzentuierung der dunklen Partien erst mit Rücksicht auf die reale Beleuchtungssituation *in situ* vorzunehmen, doch dazu ist es offensichtlich nicht gekommen.[82] Zumindest hatte Rembrandt in seiner Komposition sehr die Untersicht berücksichtigt, genauso die große Distanz, aus der dieses Werk in der Galerie des Rathauses wahrgenommen wurde. Heute ist nurmehr ein Fragment erhalten, doch selbst dieses Überbleibsel gehört noch zu den größten Werken, die Rembrandt je geschaffen hat. Als es im Rathaus seinen Platz fand, war es um einiges größer als die *Nachtwache* (Abb. 41). Das ursprünglich mehr als fünf Meter breite und entsprechend hohe Gemälde hing im Sommer 1662 an seinem Platz. Dort sah es Melchior Fokkens, der es 1662 in seiner *Beschreibung der weitberühmten Kaufstadt Amsterdam* ausführlich würdigte.[83] Doch schon als man am 24. September 1662 den Erzbischof und Kurfürsten von Köln empfing, war Rembrandts Gemälde nicht mehr an seinem Platz.[84] Denn Cornelis Witsen hatte sich gemeinsam mit Cornelis de Graeff und anderen so vehement wie erfolgreich gegen den Ankauf von Rembrandts Gemälde eingesetzt, das sich nicht zu den anderen füge. Wohl weil Rembrandt sich weigerte, die als notwendig empfundenen Änderungen kostenlos durchzuführen, beauftragte man Jürgen Ovens, der in der von Uylenburghs Sohn weitergeführten Firma arbeitete, für nur 40 Gulden das von Govert Flinck entworfene Bild auszuführen.[85] Für Rembrandt mag nicht nur die harsche Kritik bitter gewesen sein, sondern auch die Tatsache, dass er die in Aussicht gestellten 1000 Gulden nicht erhielt. Die Regenten, deren Freundschaft Rembrandt verspielt hatte, bewiesen ihre Macht, und die Stadt sparte viel Geld. Das war vermutlich ein gewichtiges Argument, da angesichts des teuren Rathausbaus zunehmend Kritik an der Überheblichkeit und Verschwendungssucht der Stadtväter laut wurde.

Wohl auch dank der Vermittlung von Titus übernahm Rembrandt auch wieder mehr Porträtaufträge als in den vorangegangenen Jahrzehnten.[86] Leider lassen sich nur wenige Auftraggeber dieser Porträts auch namentlich identifizieren. Die Kunden mögen aus der Nachbarschaft an der Rozengracht gekommen sein, doch auch aus anderen Teilen der Stadt wurden ihm Aufträge zugetragen. Er porträtierte den Dichter Jeremias de Decker und den Maler Gerard de Lairesse (s. Abb. 76), aber auch Angehörige der wirtschaftlichen Elite Hollands. Dazu gehören die Bildnisse von Jacob Trip (s. Abb. 77) und seiner Ehefrau Margaretha de Geer (s. Abb. 78). Ihr Bruder, Louis de Geer, den seine Zeitgenossen »den Großen« nannten, hielt das Exportmonopol für schwedisches Eisen

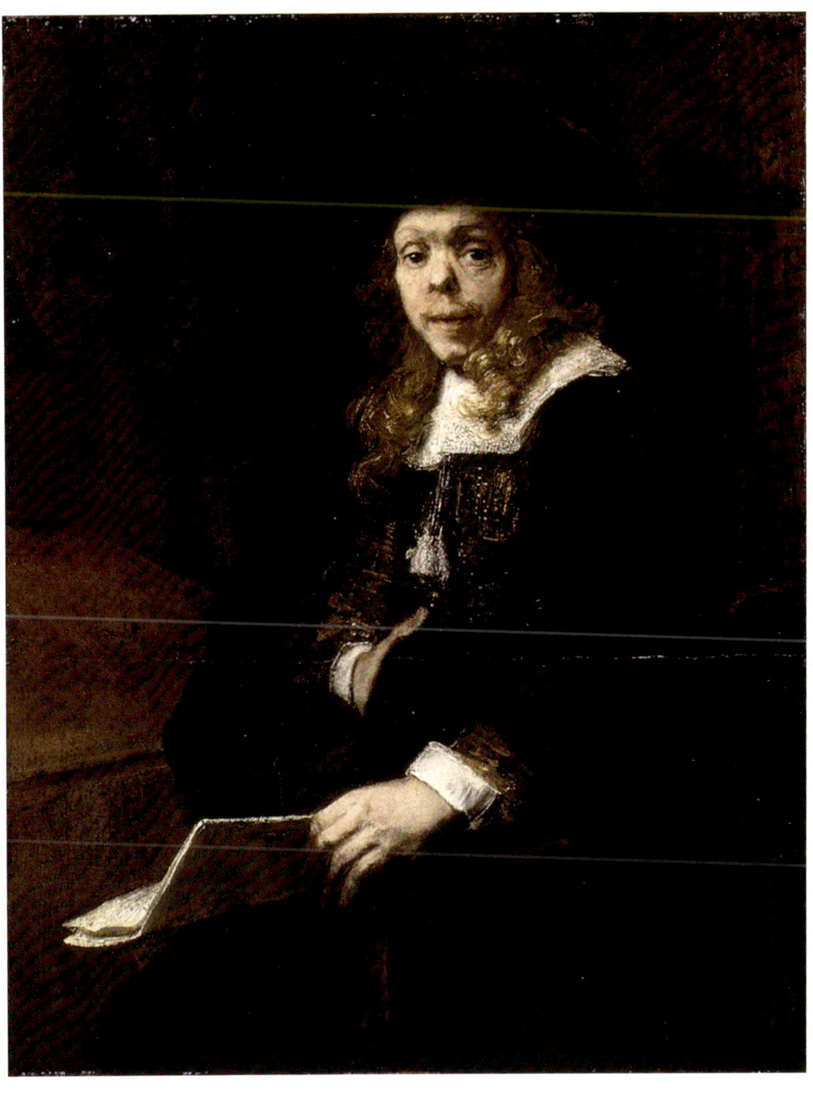

76 *Bildnis des Malers Gerard de Lairesse*, um 1650, Öl auf Leinwand, 112,7 × 87,6 cm, New York, Metropolitan Museum of Art

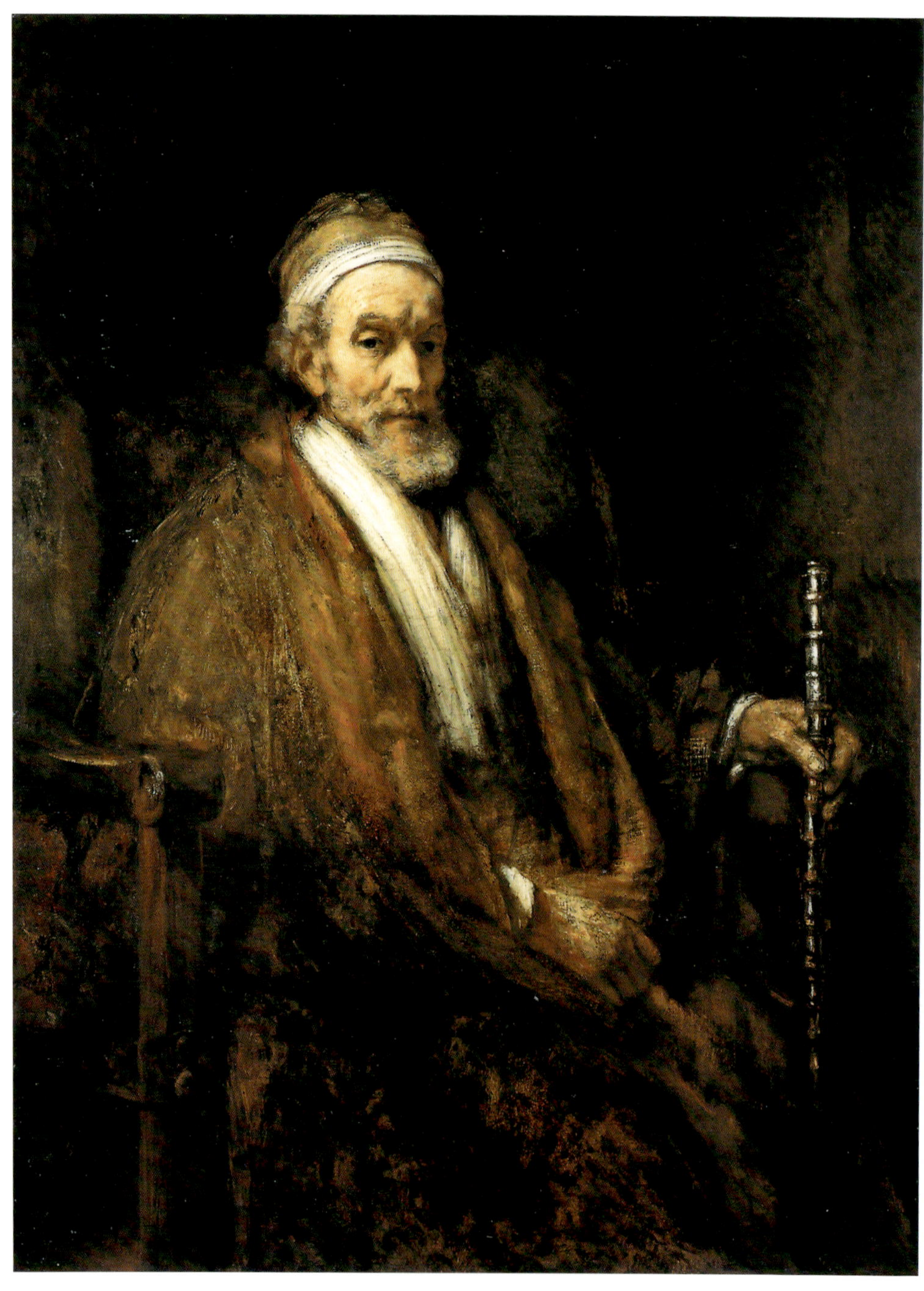

77 *Bildnis Jacob Trip*, um 1661, Öl auf Leinwand, 130,5 × 97 cm, London, The National Gallery

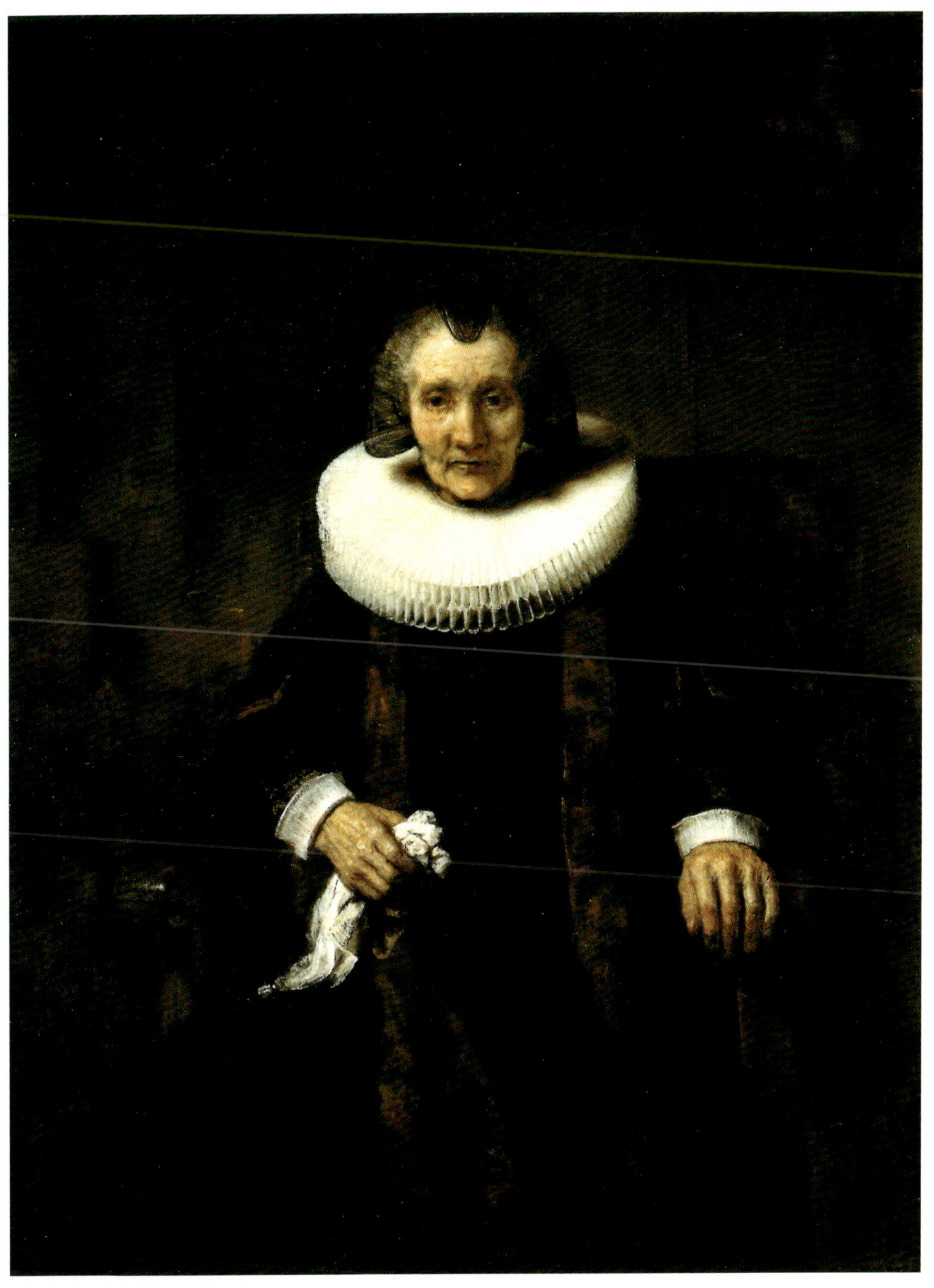

78 *Bildnis Margaretha de Geer*, um 1661, Öl auf Leinwand, 130,5 × 97,5 cm, London, The National Gallery

und Kupfer, das der Familie bis zum Ende des Krieges 1648 einen märchenhaften Reichtum bescherte.[87] Die Vermarktung der von de Geer exportierten Geschütze wurde über die Handelskompanie von Elias und Pieter Trip betrieben, die ein Vorkaufsrecht für alle Waren de Geers besaßen und den Verkauf seiner Exportprodukte in Amsterdam übernommen hatten. Pieter Trip war mit der Witwe Christina de Graeff verheiratet, sie entstammte einer anderen bedeutenden und weitverzweigten Familie, für die Rembrandt einst gearbeitet hatte. Wirtschaft und Politik waren im Holland des 17. Jahrhunderts stets auch eine Familienangelegenheit und auch die Verbindung der Familien Trip und de Geer war nicht nur geschäftlicher Natur. Elias Trip zum Beispiel war mit Maria de Geer verheiratet, der Schwester Louis' und Margarethas. Auch in den kommenden Generationen wurden diese verwandtschaftlichen Bande weiter gestärkt, indem noch in der Generation der Enkel Vettern und Cousinen aus beiden Familien einander heirateten. In dieser Generation ließen dann die Brüder Louis und Hendrik Trip, inzwischen Firmeninhaber, zwischen 1660 und 1662 in Amsterdam eine neue Familienresidenz errichten. Bei der Dekoration dieses palastartigen Hauses scheint Rembrandt allerdings als Maler zweite Wahl gewesen zu sein, denn die meisten Aufträge für die Ausstattung des Trippenhuis wurden an seinen einstigen Schüler Ferdinand Bol vergeben.

Ein bedeutender Auftrag wurde Rembrandt 1662 zuteil (s. Abb. 79).[88] Damals entstand in Rembrandts Atelier das vielleicht wichtigste Gruppenbild einer Amsterdamer Vereinigung, seit der Westfälische Frieden dem Malen von Schützenstücken ein Ende gesetzt hatte. Aus leichter Untersicht sind die Herren aus dem Vorstand der Amsterdamer Tuchmachergilde gezeigt, die sogenannten Staalmeesters. Das Bild entstand für den Staalhof, jenen Gebäudekomplex im Zentrum Amsterdams, in dem die Tuchmachergilde ihren Sitz hatte und wo das großformatige Gemälde auch seinen Platz fand. Von der Aufgabe der von Rembrandt porträtierten Herren und dem Ort, an dem das Bild einst hing, vermittelt die 1765 in seiner Geschichte Amsterdams publizierte Beschreibung von Jan Wagenaar einen lebendigen Eindruck. Sie ist als ein Rundgang aufgefasst, dem in ähnlicher Form auch interessierte Reisende gefolgt sein dürften. Der Staalhof-Komplex bestand demnach aus einer Seidenhalle, einer Tuchhalle und einer Halle, in der als *Saai* bezeichnete glatte Wollstoffe gehandelt wurden. Außerdem gab es Räume für die notwendige Administration der Prüfverfahren. Nach einigen allgemeinen Worten zu Geschichte und Funktion des Gebäudes beginnt die Beschreibung unten im Staalhof, neben der

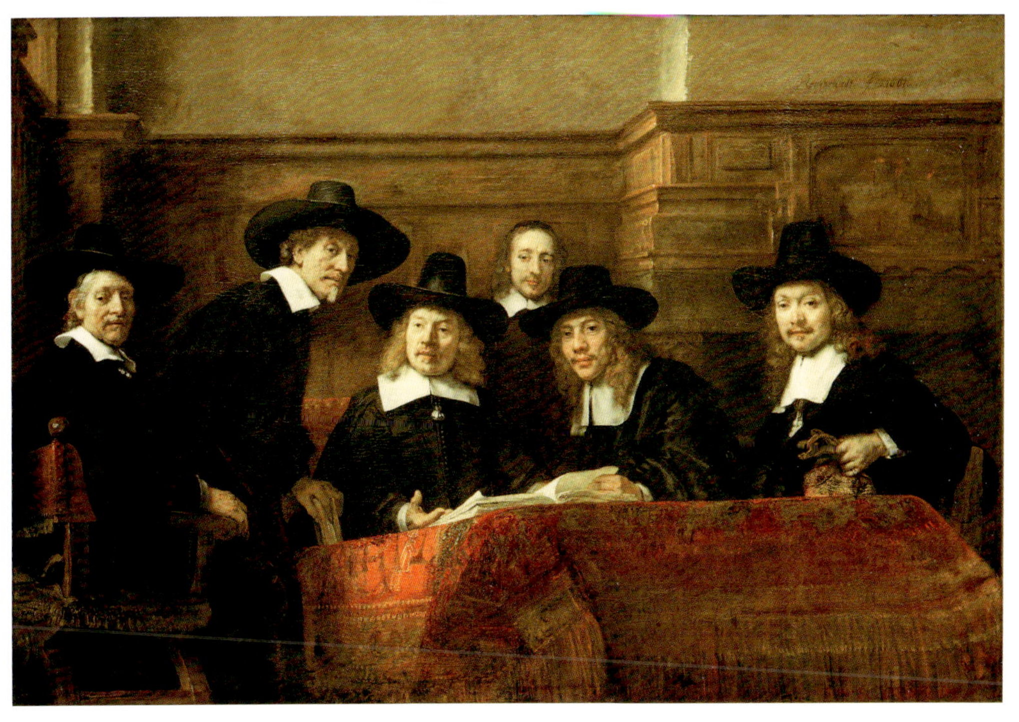

79 *Porträt der Vorsteher der Tuchmacherzunft* (auch: *De Staalmeesters*), 1662,
Öl auf Leinwand, 191,5 × 279 cm,
bezeichnet: »Rembrandt f. 1662«, Amsterdam, Rijksmuseum

Wohnung des Dieners, wo das Tuch geprüft werde, im Niederländischen *gestaald*, oder ein Bleisiegel erhalte, *gelood*. Es gab dort einen Innenhof, wo die Tuche zur genauen Untersuchung aufgehängt wurden, »weiter ein Zimmer, wo die fünf *Waardyns der Lakenen*, auch *Staalmeesters* genannt, abwechselnd, immer einer nach dem anderen, dreimal die Woche, jeweils Dienstag, Donnerstag und Samstag, um die blauen und schwarzen Stoffe, denn nur diese Sorte wird zum *Staalhof* gebracht, zu prüfen und zu siegeln. In diesem Raum hängen sechs Gemälde von *Waardyns* aus dem 16. und 17. Jahrhundert. Das älteste ist mit der Jahreszahl 1559 versehen. Auf jedem dieser Bilder sind die fünf *Waardyns* sitzend und der Knecht des *Staalhofs* stehend abgebildet. Darüber hinaus sieht man dort Tafeln mit den Namen der *Waardyns*. Das älteste beginnt mit dem Jahr 1539.«[89] Rembrandt hatte mit seinem Bild eine klare Aufgabe zu erfüllen und die vorgegebenen Darstellungstraditionen zu berücksichtigen. Dementsprechend zeigte er zwischen den fünf Waardyns, die durch ihre Hüte als Herren von Stand ausgewiesen sind, im Hintergrund, mit einem schwarzen Käppchen auf dem Kopf, stehend den Gildendiener. Das gezeigte Kollegium wurde jedes Jahr am Karfreitag für ein Jahr angestellt, um anhand von »stalen«, das waren handliche Muster oder Stoffproben, die ihnen vorgelegten Tuche zu prüfen und in ihrer Qualität zu bewerten. Auch in seinem letzten Gruppenbild inszeniert Rembrandt die lebensgroßen Figuren außerordentlich lebendig. Dies findet seinen Ausdruck nicht nur in den aus dem Bild gewandten Blicken der Männer, sondern auch in der Bewegung des links gezeigten Mannes, der anscheinend gerade im Begriff ist aufzustehen oder sich zu setzen. Das Röntgenbild erweist, dass Rembrandt diese Figur ursprünglich stehend angelegt hatte. Man kann sich gut vorstellen, warum von Seiten der Auftraggeber an dieser Stelle Änderungsbedarf bestand, da ja in den anderen Gruppenbildnissen die Herren standesgemäß sitzen und nur die Diener stehen. Rembrandts erster Entwurf dürfte demnach zu Protesten geführt haben. Die Tatsache, dass Volckert Jansz, so der Name des halb sitzenden Mannes, selbst Kunstfreund und Sammler war, mag zu dem heute noch sichtbaren Kompromiss geführt haben. Was die Herren insgesamt zu dem Bild sagten, ist nicht bezeugt. Doch mag man sich vorstellen, dass der Vorstand des Gremiums, der hinter dem Buch sitzende Willem van Doeyenburg, diesen Kunstgriff nicht zu schätzen wusste, der ihn in den Hintergrund der Komposition rückte. Doch mag die kunstvolle Lebendigkeit das Bild vor der Zerstörung bewahrt haben, der die anderen zur Raumausstattung gehörenden Gemälde zum Opfer fielen.

Rembrandts Gruppenbildnis ist nicht nur als Kunstwerk, sondern auch als kulturhistorisches Zeugnis hochinteressant, weil es anschaulich einen Einblick in die Sozialgeschichte Amsterdams vermittelt. Das gemalte Gremium wies nämlich eine interessante konfessionelle Zusammensetzung auf: Zwei der dargestellten Männer waren Katholiken, einer war Anabaptist, einer Remonstrant und einer Calvinist.[90] Auch 1662, als das Bild entstand, war immer noch ein bedeutender Prozentsatz der Bevölkerung Amsterdams katholisch, wobei die Katholiken im kulturellen Leben der Stadt eine bedeutende Rolle spielten, besonders in Literatur und Kunst. Das Amsterdamer Theater zum Beispiel stand unter dem Einfluss des katholischen Dichters Jan Vos und des ebenfalls katholischen Malers Claes Cornelisz Moeyaert. Auch Joost van den Vondel war 1641 vom Remonstranten zum Katholiken konvertiert und hatte seine Feder in den Dienst des Glaubens gestellt. Das verhinderte nicht, dass man ihm die Stelle eines Buchhalters bei der Stadsbank van Lening zuerkannte, der städtischen Kreditbank Amsterdams. Zwar blieben katholische Messen und Prozessionen verboten, doch die polizeiliche Aufsicht beschränkte sich auf die Verhängung von Ordnungsgeldern, von denen der englische Reisende William Temple berichtet, dass sie nicht sonderlich hoch seien.[91] Ähnlich tolerant zeigte sich Amsterdam gegenüber den Juden. Während sie fast überall in Europa verfolgt wurden, konnten sie in Amsterdam 1672 die größte Synagoge der damaligen Welt errichten, die 1675 in Anwesenheit von Magistratsvertretern eingeweiht wurde. Zwischen den verschiedenen reformierten Glaubensrichtungen war damals ein weitgehender Religionsfrieden hergestellt, der sich noch zu Rembrandts Lebzeiten abzuzeichnen begann. Deshalb lockten die religiöse Freiheit und der blühende Handel auch weiterhin Tausende in die zur Weltmetropole aufgestiegene Stadt, so dass die Stadtväter 1662 eine vierte Stadterweiterung beschlossen und begonnen hatten, das Gebiet östlich der Amstel zu bebauen. Die Arbeiten am neuen Stadtquartier machten gute Fortschritte. Doch im Spätsommer 1663 war in Amsterdam ein Schiff mit Baumwolle entladen worden, das man in der Folge für die im Herbst sich mit rasender Geschwindigkeit ausbreitende Pest-Epidemie verantwortlich machte. Bis zum Sommer des Jahres 1664 waren 50 000 Menschen der Seuche zum Opfer gefallen.[92] Hendrickje Stoffels wurde am 24. Juli 1663 zu Grabe getragen.[93] Sie war bereits drei Jahre zuvor so ernstlich erkrankt gewesen, dass sie einen Notar aufgesucht und ihr Testament gemacht hatte.[94] Doch von dieser Krankheit hatte sie sich noch einmal erholt. Als sie nun starb, war Rembrandt noch immer in wirtschaftlichen Schwierigkeiten. Den-

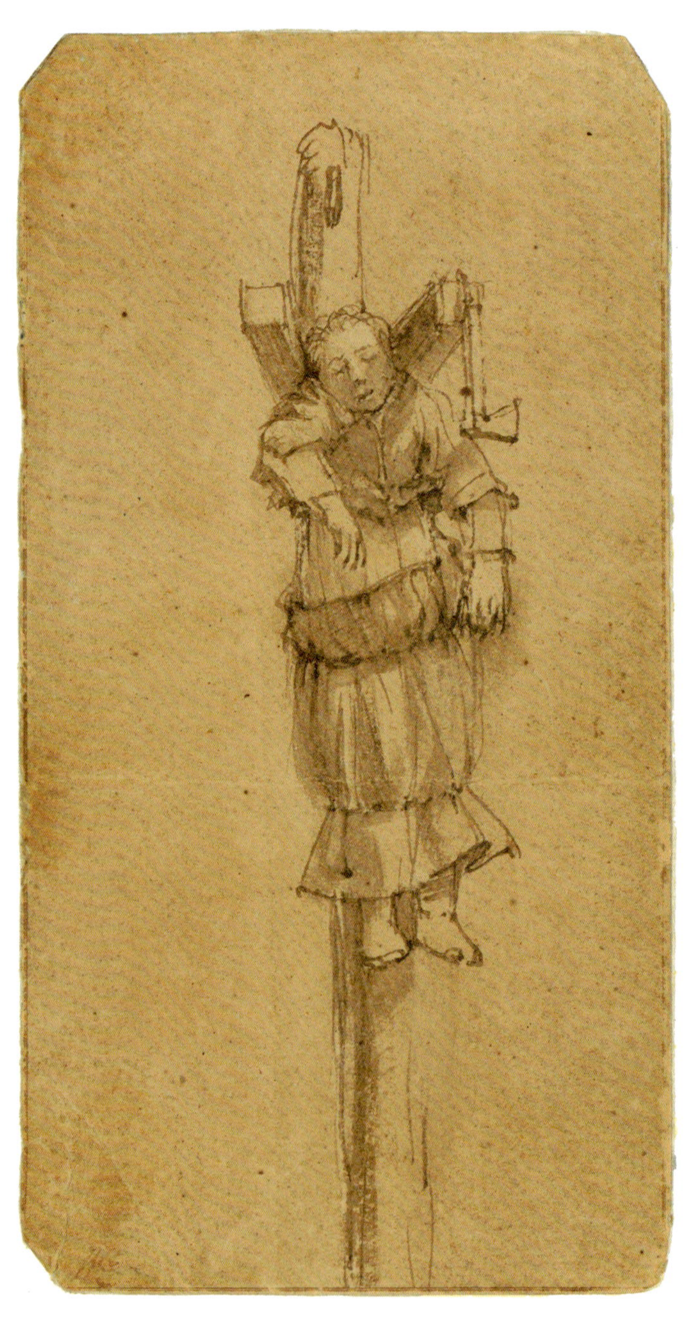

80 *Elsje Christiaens*, 1664, Feder in Braun, laviert, 17,1 × 9,1 cm, New York, Metropolitan Museum

noch wurde Hendrickje nicht auf dem Armenkirchhof begraben. Rembrandt mietete eine Grabstätte in der Westerkerk für sie an. Für Titus und Rembrandt, der zwei Tage nach der Beerdigung seinem Vermieter vor Gericht als Zeugen beistand, ging das Leben weiter.[95]

Zu den aus den folgenden Jahren dokumentierten Ereignissen gehört ein etwas makaberer Ausflug, den Rembrandt zusammen mit einigen Schülern unternahm. Gemeinsam besuchten sie die Hinrichtung von Elsje Christiaens, einem jungen Mädchen, das im April 1664 aus Jütland nach Amsterdam gekommen war.[96] Sie hatte eine Stellung als Dienstmädchen gefunden, geriet jedoch bei dem Versuch, ihren ersten Lohn ausgezahlt zu bekommen, am 27. April mit ihrer Herrin in Streit. Als sie mit einem Besenstil attackiert wurde, wollte Elsje sich wehren, griff zu ihrer Verteidigung nach einer Axt und wurde zur Mörderin. Das nach kurzem Prozess verkündete Todesurteil wurde am 1. Mai öffentlich vollstreckt und Elsje mit jener Axt zu Tode gebracht, mit der sie ihre Herrin umgebracht hatte. Das Mordwerkzeug und der tote Körper des Mädchens wurden dem Urteil gemäß auf dem Galgeveld an einem Pfahl zur Schau gestellt, und der Leichnam damit den Vögeln zum Fraß überlassen. Rembrandt und seine Schüler hielten das Opfer in verschiedenen Zeichnungen fest (s. Abb. 80).[97] Die Skizzen und der in den Gerichtsakten dokumentierte Fall vermitteln einen so tiefen wie erschreckenden Einblick in die frühneuzeitliche Lebenswirklichkeit; deren Rechtsbegriffe muten aus historischer Distanz archaisch und grausam an. Die seinerzeit geläufigen Vorstellungen von Recht und Unrecht haben dabei nicht nur in Kunstwerken ihre Spuren hinterlassen, die sich unmittelbar auf die zeitgenössische Kriminalpraxis beziehen. Sie können auch für das Verständnis eines Historienbildes von Bedeutung sein, das ein Ereignis aus der alten Geschichte schildert. Ein Beispiel dafür ist Rembrandts 1664 entstandene Darstellung vom Selbstmord der Lukretia (s. Abb. 81).[98] Die dem Bild zugrundeliegende Erzählung wird erstmals am Schluss des ersten Buches der römischen Geschichte des Titus Livius geschildert.[99] Später wurde die Geschichte nicht nur von Ovid aufgegriffen, sondern fand auch Eingang in die *Gesta Romanorum*, das seit Erfindung des Buchdrucks in unzähligen Auflagen verbreitete Geschichtenbuch über die Taten der Römer.[100] Mit nur leichten Abwandlungen wird die im Kern immer gleiche Geschichte erzählt: Sextus Tarquinius verliebte sich bei einem Besuch im Hause seines Freundes in dessen viel gelobte Gattin. Nachts, als alle schliefen, schlich er mit gezücktem Schwert zu Lukretia, um sie zu vergewaltigen. Er drückte ihr die Klinge an die Kehle, drohte ihr, sie zu ermorden, sie danach zu entkleiden und einen nackten, toten Sklaven auf sie zu legen, um sie über den Tod hinaus zu entehren. Als nicht nur der Tod, sondern auch die Schande drohte, »überwand diese Drohung den Widerstand«. Gleich am nächsten Tag erzählte sie ihrem Vater und ihrem Mann weinend, was geschehen war, und wurde von jeder Schuld freigesprochen. Aber »Lukretia erwiderte: ›Sorgt, dass er sein Recht erfährt! Ich spreche mich zwar von der Sünde rein, aber ich weiche der Strafe nicht aus. Keine Frau nach mir soll bei Unkeuschheit das Leben behalten, weil sie sich auf Lukretia beruft.‹ Dann stieß sie sich den Dolch ins Herz.«[101] Ihr Mann riss daraufhin das blutige Schwert aus der tödlichen Wunde und schwor, nicht nur am Peiniger seiner Frau Rache zu nehmen, sondern auch dessen Familie aus Rom zu vertreiben und auszurotten, was auch geschah. Und weil Sextus Tarquinius dem Kaiserhaus angehört hatte, stürzten die Rächer mit der Vertreibung seiner Familie zugleich die Monarchie und machten Rom zur Republik.[102]

Die blutrünstige Geschichte, die in der Antike als Tugendbeispiel galt, brachte den Kirchenvater Augustinus in ein Dilemma, da der Freitod Lukretias in der christlichen Ethik als Selbstmord, als Frevel galt. Augustinus unterstellte Lukretia daher eine Mitschuld an ihrer Vergewaltigung und mithin ein anderes Motiv für ihren Freitod, denn sie habe insgeheim an der Unkeuschheit Gefallen gefunden und sich umgebracht, um dies zu vertuschen.[103] Diese extrem misogyne Deutung wurde in späteren Interpretationen abgeschwächt, so dass schon in den mittelalterlichen *Gesta Romanorum* die Figur der Lukretia zum weiblichen Tugendvorbild der idealen Ehefrau wurde.[104] Was die Bewertung dieses von Künstlern immer wieder aufgegriffenen Sinnbildes weiblicher Keuschheit so interessant macht, ist die fehlende Infragestellung der männlichen Gewalt. In einer Vielzahl von Texten und Bildern werden, oft mit misogynen Zwischentönen, die Fragen weiblicher Keuschheit verhandelt, während die männliche Gewalt kaum am Rande erwähnt wird. Und das galt nicht nur auf dem Gebiet der literarischen Fiktion und künstlerischen Imagination. Auch im Alltag des Rechtslebens spielte Vergewaltigung zu dieser Zeit als spezifisches Delikt kaum eine Rolle. Zumeist wurden die Taten als Notzucht geahndet. Wie auf jeden anderen Akt der Unzucht oder des außerehelichen Geschlechtsverkehrs mit »ehefrawen, witwenn oder jungkfrawen« stand darauf die Todesstrafe.[105] Die niederländische Rechtspraxis des 17. Jahrhunderts erweist, dass in den wenigen Fällen einer versuchten oder vollzogenen Vergewaltigung, die überhaupt zur Verhandlung kamen, die Opfer minderjährig waren. Verheirateten Frauen, die ihre Un-

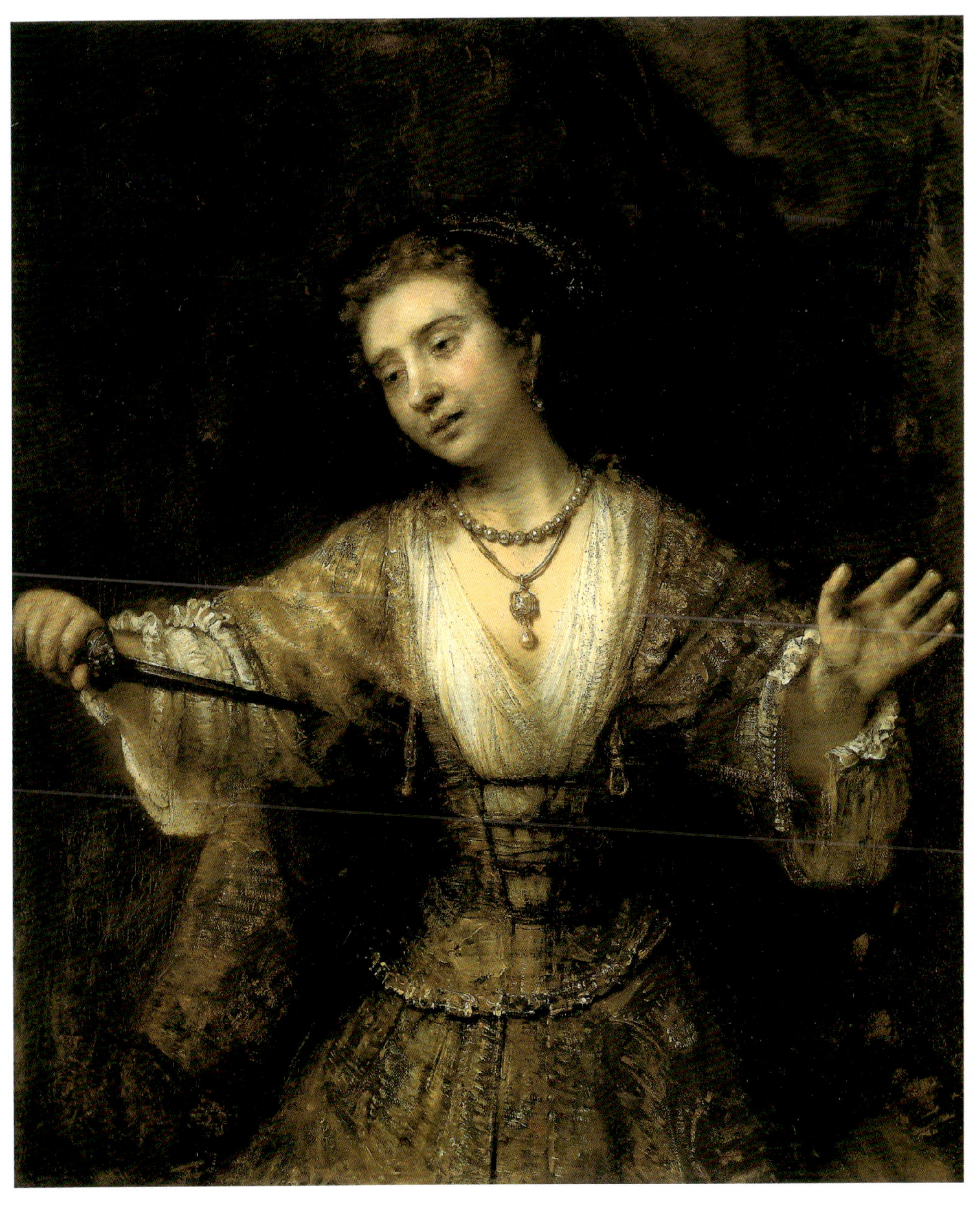

81 *Lukretia*, 1664, Öl auf Leinwand, 120 × 101 cm,
bezeichnet: »Rembrandt f 1664«, Washington, National Gallery of Art

schuld nicht mehr verlieren konnten, wurde in solchen Fällen in der Regel eine Mittäterschaft unterstellt. Die aus heutiger Sicht absurd anmutende Unterstellung wurde auch von Literaten der Zeit gestützt. Jacob Cats zum Beispiel teilte die Vorbehalte des heiligen Augustinus gegen Lukretia und bemühte sich, diese Zweifel durch das Referieren einer anderen Geschichte aus den *Gesta Romanorum* zu untermauern. Er erzählt die Geschichte von Tryphose und Jokaste, die beide in einer Nacht von ein und demselben Mann vergewaltigt wurden. Seiner Taten überführt, wird er vor Gericht gestellt.[106] Dort beteuert der Mann erfolgreich seine Unschuld und rechtfertigt seine »närrische Tat« damit, dass er verführt worden sei, selbst Opfer geworden sei, bevor er die Jungfräulichkeit rauben konnte.[107] Während in der Geschichte Lukretias der Täter bestraft wurde, endete die von Jacob Cats erzählte Geschichte mit einer glücklichen Verheiratung des von jeder Schuld freigesprochenen Mannes.

Rembrandt hat sich mit der Geschichte der Lukretia mindestens dreimal in Gemälden auseinandergesetzt. Eine erste Version muss dabei schon vor dem Jahr 1658 entstanden sein, in dem das Inventar eines Hauses in der Amsterdamer Keizersgracht aufgezeichnet wurde, zu dem unter anderem »Ein großes Stück Malerei von Lukretia, von R. van Rijn« gehörte.[108] Die älteste erhaltene Auseinandersetzung Rembrandts mit dem klassischen Thema entstand 1662 (vgl. Abb. 81). Ihr folgte zwei Jahre später eine weitere Fassung, die vermutlich ebenfalls ohne einen bestimmten Auftrag für den freien Markt entstand. Dort mag man sich für das auch von anderen Malern der Zeit dargestellte Thema besonders interessiert haben. Es war ein brisantes Thema, das zu leidenschaftlicher Anteilnahme und intellektueller Auseinandersetzung einlud. Rembrandt wählte für seine Darstellung den Moment, in dem Lukretia den bislang verborgenen Dolch zückt. Noch hat sie nicht zugestoßen, doch holt sie schon aus. Würdig steht sie da und bewahrt Haltung, ganz wie von Ovid beschrieben. Demzufolge ist ihr letzter Gedanke allein darauf gerichtet, in Anstand sterbend niederzusinken. Beim Blick auf Rembrandts heroische Lukretia ließ sich nicht nur trefflich über eheliche Moral räsonieren, sondern auch eine politische Deutung an das Bild herantragen. Jan Vos zum Beispiel hatte auf eine von Govert Flinck gemalte *Lukretia* in der Sammlung von Joan Huydecoper gedichtet, Lukretia schreibe mit dem Rot ihres Blutes, »was Freiheit ist«.[109] Ob als Sinnbild des Beginns der römischen Republik, ob als Tugendvorbild oder Beispiel weiblicher Unmoral, auch dieses Bild Rembrandts dürfte sein Publikum gefunden haben.

Rembrandts Alltag blieb trotz manch erfolgreicher Verkäufe weiterhin von seiner finanziellen Misere überschattet. Er war nun allein mit seinen beiden Kindern, ohne Geld, um seinem Sohn ein Studium ermöglichen zu können oder seiner Tochter eine lohnende Mitgift zu finanzieren. Am 21. Juli 1664 verfügte er, Cornelia solle im Falle seines Todes einen Vormund erhalten, der ihre Interessen wahrnehmen sollte.[110] Seiner Tochter eine Ausbildung zuteil werden zu lassen, fiel ihm dagegen zu keinem Zeitpunkt ein. Rembrandt scheint in ihr stets nur das Kind einer Dienstbotin gesehen zu haben, denn er ließ sie nicht einmal die Schule besuchen, so dass sie kaum des Schreibens mächtig war.[111] Auch sind keine Zeichnungen oder Gemälde erhalten, die Cornelia zeigen, die ihre Mutter viel zu früh verloren hatte. Als uneheliches Kind hatte sie keinen Anspruch auf einen Anteil aus dem Erbe ihres Vaters, durfte nur das Leinen und den Schrank behalten, die ihre Mutter aus Rembrandts Konkursmasse gerettet hatte.[112] Sie war gerade fünfzehn Jahre alt, als sie durch ihre gesetzlich bestellten Betreuer an den Maler Cornelis Suythof verheiratet wurde, der Ende des Jahres 1670 mit ihr nach Batavia zog, dem heutigen Jakarta, um in der Ferne sein Glück zu suchen.[113] Er brachte es zum angesehenen Porträtisten und wurde 1688 sogar Direktor des Frauengefängnisses. Das erste Kind wurde am 1. Januar 1673 auf den Namen Rembrandt getauft, starb aber früh, wie auch alle anderen Nachkommen des 1690 kinderlos verstorbenen Paares.[114]

Seinen Sohn Titus bildete Rembrandt anscheinend zum Maler aus.[115] Doch offensichtlich ließ er das Talent des Vaters vermissen, weshalb er sich, genau wie Uylenburghs Sohn, auf den Kunsthandel verlegte.[116] Dank des Einsatzes seines Vormunds Louis Crayers erhielt Titus am 20. Juni 1665 von einem Gläubiger seines Vaters den ihm zustehenden Anteil am Verkauf des Hauses in der Sint Anthonisbreestraat.[117] Nachdem ihm am Vortag bereits das Dokument ausgestellt worden war, das seine Volljährigkeit bestätigte, konnte er nun sein Erbe antreten.[118] Es sollte sich sogar noch vermehren durch das kurze Zeit später in Leiden anzutretende Erbe von Pieter Claesz van Meedenblick.[119] Vor allem und zuerst aber waren in Amsterdam die Geschäfte des Vaters zu führen. Nach Hendrickjes Tod oblag es Titus, Aufträge zu akquirieren und Kundenkontakte zu pflegen. Von den teils nicht unerheblichen Schwierigkeiten, mit denen das verbunden war, zeugen verschiedene Rechtsurkunden. Ein Konflikt ergab sich etwa, weil Titus zugesagt hatte, sein Vater werde das als Buchillustration vorgesehene Porträt des im Vorjahr verstorbenen Arztes Jan Antonides van der Linden stechen.[120] Vorlage für Rembrandts letztes gedrucktes Porträt war ein

Gemälde von Abraham van den Tempel.[121] Statt eines für die notwendig hohe Auflage geeigneten Kupferstichs lieferte Rembrandt im März 1665 eine mit der Kaltnadel übergangene Radierung, die nur in einer winzigen Auflage ästhetisch befriedigend gedruckt werden konnte und die deshalb vom Auftraggeber nicht akzeptiert wurde.[122] Mehr Erfolg brachte die Wahrnehmung der Erbschaftsangelegenheiten in Leiden, wo Titus am 22. August 1665 den Empfang von »882 Gulden, 16 Stuiver und 10 Penningen« quittierte.[123]

An der finanziellen Misere des Vaters änderten diese Einkünfte nichts. Dieser war Mitte des Jahres 1666 offensichtlich nicht Willens oder in der Lage, die jährliche Miete von 225 Gulden für das Haus in der Rozengracht zu zahlen.[124] Sein Vermieter hatte deshalb bereits rechtliche Schritte eingeleitet, war aber verstorben, ehe er einen Rechtstitel gegen Rembrandt erwirken konnte.[125] Seine Erben beschlossen daraufhin, das Anwesen in einer öffentlichen Auktion verkaufen zu lassen. Das Haus, in dem Rembrandt wohnte, wechselte für 3906 Gulden den Besitzer. Rembrandts Mietvertrag wurde danach offenbar zu den gleichen Konditionen verlängert. Es sind keine Hinweise darauf erhalten, dass Rembrandt dem neuen Vermieter gegenüber Zahlungen schuldig blieb, nachdem Titus im März 1668 ausgezogen war, um einen eigenen Hausstand zu gründen.

Titus' Braut war Magdalena van Loo, die Tochter des Silberschmieds Jan van Loo. Dieser war ein Bruder von Titus' Onkel Gerrit, dem Rechtsanwalt, in dessen Haus Titus' Mutter einst gelebt hatte. Am 10. Februar 1668 wurde das Aufgebot bestellt und kaum drei Wochen später fand in der Nieuwe Kerk die Hochzeit statt.[126] Das junge Paar zog bald danach in das am Singel, gegenüber dem Apfelmarkt gelegene Haus der Schwiegermutter, das den Namen »Im vergoldeten Heringsboot« trug, *In de Vergulde Haring-buys*.[127] Doch das Glück währte nicht lange. Wohl um sich der Erbschaftsangelegenheiten von Pieter Claesz van Meedenblick anzunehmen, die sein Vater ihm übertragen hatte, war Titus im Spätsommer des Jahres 1668 nach Leiden gereist, wo er bald nach seiner Ankunft schwer erkrankte.

In der Nacht vom 31. August zum 1. September machte er in Anwesenheit eines Arztes sein Testament.[128] Die vielen Durchstreichungen und Korrekturen erweisen, wie schwierig es war. Doch wollte er offensichtlich um jeden Preis verhindern, dass sein Erbteil an die Gläubiger des Vaters fiel. Sechs Tage später wurde Titus in Amsterdam in der Westerkerk begraben.[129] Die Tatsache, dass dabei eine von 16 Trägern begleitete Bahre mit einem Baldachin zum Einsatz kam, lässt auf eine standesgemäß aufwendige Trauerfeier schließen.[130] Ein halbes Jahr nach dem Tod ihres Vaters kam Rembrandts Enkeltochter Titia zur Welt, die am 22. März 1669 getauft wurde.[131] Sie war noch kein Jahr alt, als am 21. Oktober 1669 auch ihre Mutter starb.[132] Magdalena van Loo wurde im gleichen Grab beigesetzt wie ihr Mann. Ihre Tochter Titia van Rijn blieb der letzte Nachkömmling Rembrandts in Amsterdam und wurde später seine Erbin. Mütterlicherseits war sie ein reiches Mädchen, dem 1686 seitens der Weeskamer 16 000 Gulden zugeschrieben wurden.[133] Im Alter von 17 Jahren heiratete sie 1686 den Juwelier François van Bijler, doch blieb sie kinderlos, bis sie 1715 im Alter von 46 Jahren verstarb.[134]

Rembrandts Sohn Titus und dessen Tochter Titia hatten es zu einem beträchtlichen Vermögen gebracht. Und was Rembrandt selbst betrifft, so gibt es entgegen allen anders lautenden Behauptungen keinen Hinweis darauf, dass er zu irgendeinem Zeitpunkt völlig verarmt gewesen ist. Selbst seiner Sammelleidenschaft ging er bis ins hohe Alter nach. Zwar ging nach 1650 die Zahl der dokumentierten Ankäufe für seine Sammlung zurück, doch scheint er auch weiterhin Kunst und Raritäten gekauft zu haben.[135] Das geht aus den Tagebüchern des Amsterdamer Genealogen Pieter van Brederode van Wieringen hervor, der am 2. Oktober 1669 die »Antiquitäten und Raritäten« sah, »die Rembrandt über lange Zeit gesammelt« hatte.[136] Dazu gehörten neben einem römischen Helm und anderen Antiquitäten auch anatomische Präparate, darunter »vier stück gehäutete Arme und Beine, durch Vesalius anatomisch präpariert«.[137] Diese bemerkenswerten Anschauungsobjekte mag Rembrandt schon besessen haben, als er 1632 die *Anatomie des Dr. Tulp* (vgl. Abb. 19) malte.[138] Insgesamt war, wie dem am 5. Oktober 1669 aufgezeichneten Inventar zu entnehmen ist, die Sammlung von »Gemälden, Zeichnungen, Raritäten, Antiquitäten und anderem in drei besonderen Zimmern« untergebracht, deren Inhalt leider nicht detailliert dokumentiert ist.[139] Zumindest lässt dieses Verzeichnis des Nachlasses auf einigen Wohlstand schließen, und fraglos dürfte es viel Sehenswertes gegeben haben, nicht zuletzt Rembrandts eigene Bilder. Für sie interessierte sich beispielsweise Prinz Cosimo III. de' Medici, der am 29. Dezember 1667 den »berühmten Maler« Rembrandt aufsuchte und die Begegnung mit dem »pittore famoso« in seinem Reisetagebuch vermerken ließ.[140] Der Verleger Pieter Blaeu hatte den jungen Fürsten zu Rembrandt geführt, und der Prinz mag bei einem zweiten Besuch im Sommer 1669 Rembrandts letztes Selbstbildnis gekauft haben, das sich noch heute in Florenz befindet.[141]

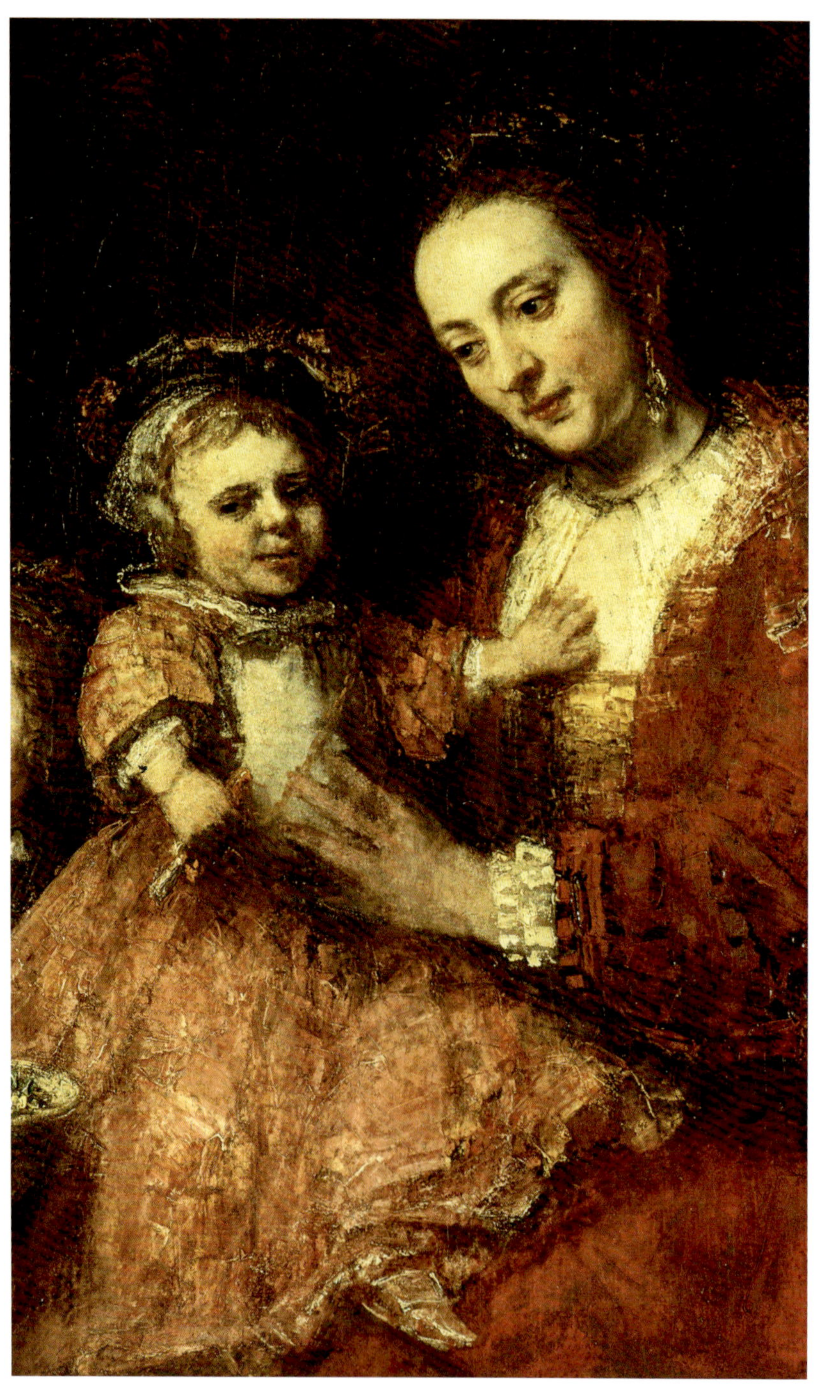

Die Rembrandt-Legende

In dem Jahrzehnt nach Saskias Tod hatte Rembrandt kaum mehr Selbstbildnisse gemalt. Doch in den letzten Jahrzehnten seines Lebens entstand dann fast jedes Jahr eines. Insgesamt schuf er in den Jahren zwischen 1652 und 1669 noch fünfzehn Selbstporträts. Der Vergleich dieser Bildnisse zeigt, dass Rembrandt sich stets von neuem intensiv mit der eigenen Physiognomie auseinandergesetzt hat. Immer wieder hat er sich dazu im Spiegel betrachtet, »denn es kann«, wie Cornelis de Bie schon 1661 anmerkte, »merklich geschlussfolgert werden, dass jemand, der sich selbst darstellt, dazu einen Spiegel nötig hat«.[1] Gleich zwei Spiegel sind 1656 in seinem Besitz nachgewiesen, deren einer im Inventar sogar als »groß« charakterisiert wird, und auch 1669 gab es in seinem Hause noch zwei Exemplare.[2] Die Tatsache, dass Rembrandt bei der Anfertigung seiner Porträts lange in den Spiegel geschaut haben muss, veranlasste spätere Interpreten dazu, in den Selbstporträts stets auch einen Akt der Selbstreflexion zu sehen. Doch gibt es im Niederländischen den Begriff Selbstporträt erst seit dem 19. Jahrhundert und erst seit dieser Zeit hat man in den von Rembrandt verfertigten Werken dieses Typs auch eine starke Konzentration auf das eigene Selbst bemerken wollen.[3] Im Rückblick und aus der Haltung eines neuzeitlichen Künstlerselbstverständnisses heraus versuchte man die Entstehung der Selbstbildnisse allein aus dem inneren Antrieb des Malers zu erklären. Überzeugender ist es aber, als Grund für die wachsende Zahl von Selbstporträts Rembrandts den zunehmenden Ruhm des Malers und die damit einhergehende größere Nachfrage von Sammlern anzunehmen. Die Anzahl der Selbstbildnisse entwickelt sich in dieser Zeit proportional zu den Aufträgen für Porträts.[4] Gerade Selbstporträts waren bei Sammlern besonders gefragt, weil sich allmählich eine Kunstkennerschaft herausbildete. 1782 formulierte der italienische Historiker Luigi Lanzi eine Begründung für diese Vorliebe: Gerade das Abbild eines Künstlers sei stets zugleich ein »überzeugendes Beispiel seines Stils«.[5] Eine ähnliche Überlegung mag schon zu Rembrandts Lebzeiten den Amsterdamer Französischlehrer Abraham Bartjes bewogen haben, sein Haus mit »zwei Porträts des kunstreichen Malers Rembrandt und seiner Frau« zu schmücken.[6] Die Bedürfnisse von Kunden und Sammlern mögen für

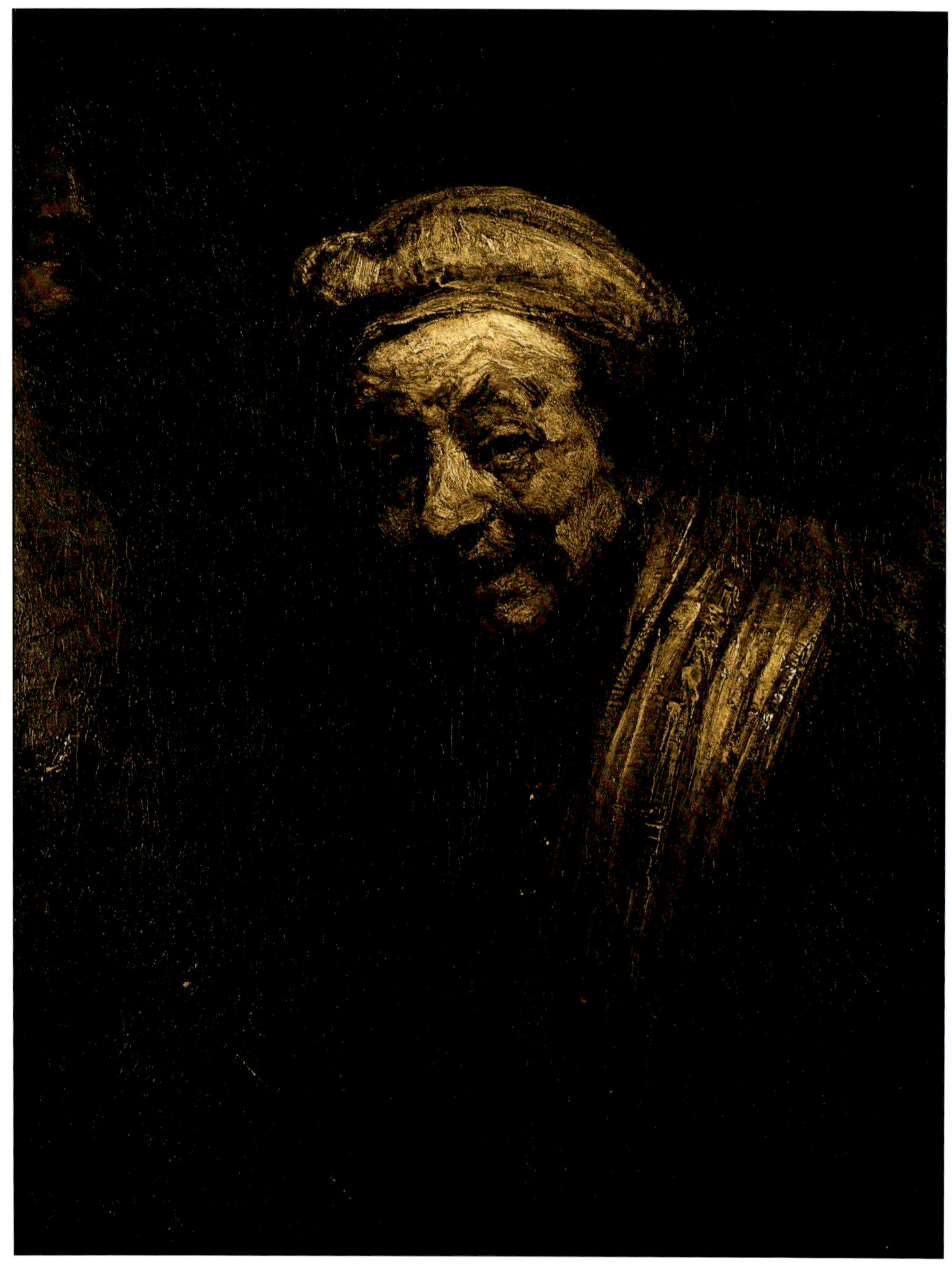

82 *Selbstbildnis als Zeuxis,* um 1668, Öl auf Leinwand, 82,5 × 65 cm,
Köln, Wallraf-Richartz-Museum

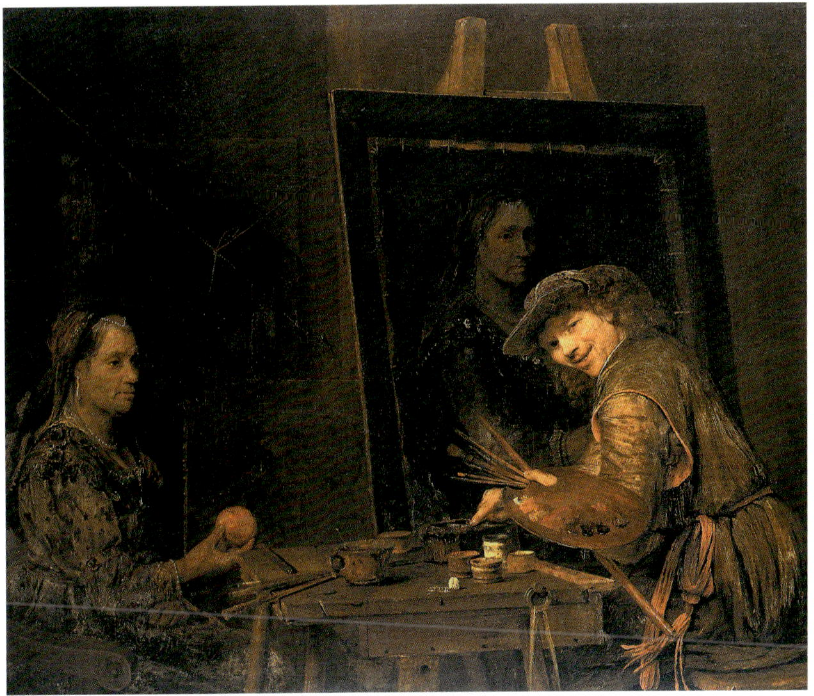

83 Aert de Gelder, *Selbstbildnis als Zeuxis*, 1685, Öl auf Leinwand, 142 × 169 cm, Frankfurt am Main, Städelsches Kunstinstitut

Rembrandt ein gewichtiges Motiv gewesen sein, sich immer wieder von neuem zu malen.

Zu den bemerkenswertesten Selbstbildnissen aus Rembrandts letzten Jahren zählt ein Gemälde, das den Maler in Halbfigur zeigt, wie er lächelnd auf den Betrachter blickt (s. Abb. 82).[7] Als deutlichen Hinweis auf seine Profession hält er Pinsel und Malstock in der Hand. Das wohl um 1662 entstandene Gemälde ist über einem gelblich-ockerfarbenen Quarzgrund aufgebaut, wobei die Farbe ungewöhnlich rauh und pastos aufgetragen ist. Der warme Schimmer des Bildes rührt nicht nur von dem dunklen, vielleicht sogar bräunlich getönten Firnis, sondern auch von einer rötlichen Farbschicht, die an vielen Stellen sichtbar ist. Lange Zeit rätselten Interpreten, ob dieses Bild eine Botschaft transportiert, die über das dargestellte Porträt hinausgeht. Die älteste urkundlich dokumentierte Beschreibung charakterisierte das Bild als »Rembrandt, eine alte Frau malend«.[8] Tatsächlich ist links im Hintergrund deutlich ein Kopf zu erkennen, dessen Anwesenheit sich im Vergleich zu einem Gemälde von Rembrandts Schüler Arent de Gelder erklärt.[9] Der hatte sich 1685 lachend beim Malen einer alten Frau gezeigt (s. Abb. 83) und damit auf die auch von Karel van Mander überlieferte Anekdote Bezug genommen, der zufolge der berühmte Maler Zeuxis mit unmäßigem Lachen gestorben sein soll, wobei er sich verschluckte, während er eine runzlige alte Frau nach dem Leben malte.[10] Auf welche Szene Rembrandts Gemälde anspielte, auf dem er lächelnd eine alte Frau malte, dürfte den literarisch gebildeten Zeitgenossen auch ohne das explizit gezeigte Modell deutlich gewesen sein. Denn Rembrandt lebte in einer Zeit, da Antonius Sander seinem Erzherzog Albrecht durch die Behauptung, dass der nur schwer zum Lächeln zu bringen sei, ein Lob aussprechen konnte.[11] Das Porträt eines schmunzelnden Malers bot deshalb fraglos reichlich Gesprächsstoff.

Indem er sich immer wieder in anderen Rollen inszenierte, wurde für Rembrandt das Atelier zur Bühne. Die für seine Kunst bezeichnende Theatralität ist immer wieder beobachtet und beschrieben worden.[12] Sie lässt sich in seinen Bildern ablesen und, dem zeitgenössischen Verständnis gemäß, in den Begriffen der Rhetorik beschreiben. In seinem Lehrbuch der Redekunst hatte Quintilian dazu das Stichwort gegeben: »das Geheimnis der Kunst, Gefühlswirkungen zu erregen, liegt nämlich, wenigstens nach meinem Empfinden, darin, sich selbst der Erregung hinzugeben.«[13] Dass diese antike Theorie in Rembrandts Zeit praktisch umgesetzt wurde, bezeugt Constantijn Huygens, der sich in der lateinischen Sprache übte, indem er »immer wieder eine andere Rolle annahm, wann immer ich mich im Sinne Quintilians wie Proteus verstellte, um meinen jungen Geist auf allen erdenklichen Bühnen zu schulen«.[14] Ganz diesem Ideal gemäß ist Rembrandt immer wieder in die unterschiedlichsten Rollen geschlüpft, die er so intensiv zu verkörpern wusste, dass einem aus den zahlreichen Selbstbildnissen ganz unterschiedliche Charaktere entgegenblicken. Als anspielungsreiches Rollenspiel ist auch ein Selbstbildnis zu lesen, das sich heute in Kenwood House befindet (s. Abb. 84).[15] Es zeigt den Maler in einem pelzgefütterten Mantel mit Pinseln, Palette und Malstock in der linken Hand in leichter Untersicht. Die Monumentalität der Figur, die von der Hüfte an gezeigt unverwandt auf den Betrachter blickt, wird noch durch den für Rembrandt ungewöhnlichen hellen Hintergrund gesteigert. Auf der Wand im Hintergrund zeichnen sich deutlich zwei gebogene Linien ab, deren rechte wie der Ausschnitt eines exakten Kreises wirkt. Die rätselhaften Linien haben moderne In-

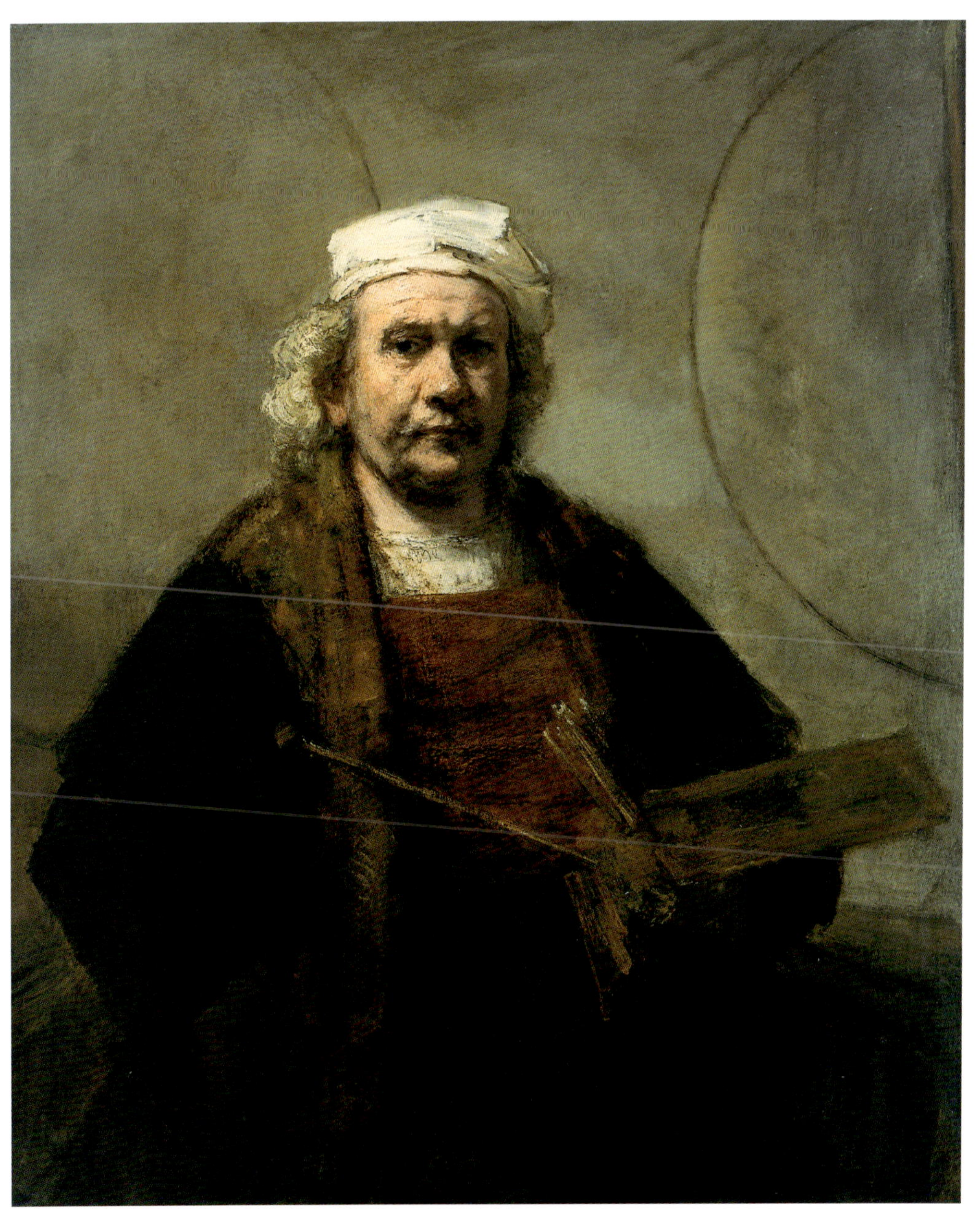

84 *Selbstbildnis*, um 1665/69, Öl auf Leinwand, 114,3 × 94 cm, London, Kenwood House

terpreten zu zahlreichen Interpretationen inspiriert. Man hat sie als »kabbalistische Zeichen« gedeutet, eine stark abstrahierte zeitgenössische Weltkarte darin erkannt, eine Illustration der *rota Aristotelis*, einen symbolischen Ausdruck von Theorie und Praxis und weil all das nicht wirklich überzeugen konnte, gelangte man zur ebenso wenig überzeugenden Annahme, dass die Kreise eine rein ästhetische Funktion erfüllen.[16] Die meisten Interpreten suchten zu ergründen, was Rembrandt sich bei diesem Motiv gedacht hat. Diese Frage bleibt wohl unbeantwortet. Sicher ist: Der Maler konnte davon ausgehen, dass die beiden Formen, die er vor dem hellen Hintergrund so explizit vorführte, einem gebildeten Betrachter zahlreiche Assoziationen eröffnen. Ein kunstsinniger Zeitgenosse dürfte beim Blick auf die Formen beinahe unmittelbar an die auf den italienischen Kunstschriftsteller Giorgio Vasari zurückgehende Anekdote von Giottos »O« gedacht haben.[17] Die auch von Karel van Mander überlieferte Legende berichtet davon, dass Giotto, von Papst Benedikt XI. durch einen Boten um eine Arbeitsprobe ersucht, freihändig und ohne irgendwelche Hilfsmittel einen perfekten Kreis auf ein Blatt Papier gezeichnet habe.[18] Dieses Meisterstück, das den Papst und seine Kunstberater zutiefst beeindruckte, verband sich mit den beiden kreisrunden Buchstaben in Giottos Namen, so dass »l'O di Giotto«, »Giottos O«, im Italienischen auch heute noch eine wunderbare Wirkung hat und etwas Vollendetes bezeichnet. Wie lebendig diese Legende von der sich in einem Kreis präsentierenden künstlerischen Perfektion in den Niederlanden des 17. Jahrhunderts war, bezeugt Jan van de Velde, der auf einem offiziellen Dokument einen Kreis zeichnete, den er mit dem Hinweis versah, er habe ihn ohne Zirkel gezogen.[19] 1605 publizierte er dieses Motiv auch in seinem *Spieghel der Schrijfkonste*. Auch Rubens kannte dieses Motiv, denn in einer anspielungsreichen Zeichnung spielte er zugleich mit der theologischen Bedeutung der Kreismetaphorik.[20] Sie war wohl auch den gebildeten Betrachtern von Rembrandts Selbstporträt vertraut, wobei der Kreis unter diesem Blickwinkel als Sinnbild der universellen Anwesenheit Gottes gelesen werden konnte oder als Hinweis auf das Paradoxon des ewigen Kreislaufes. Diese Deutung war nachweislich auch Joost van den Vondel vertraut, der in einem dem Schreib- und Rechenmeister Willem Bartjens zugeeigneten *Lof-zangh* 1632 reimte, ein Ring stelle die Ewigkeit vor Augen.[21] Die Ringform war aber nicht nur ein Symbol für die Ewigkeit, sondern auch für den Jahreslauf, wobei schon Isidor von Sevilla auf die etymologische Nähe von *annulus*, Ring, und *annus*, Jahr, hingewiesen hatte.[22] Mit Blick darauf konnte man vor dem Bild über die Lebensspuren im Gesicht des Künstlers räsonieren oder sich auf die alte kunsttheoretische Einsicht besinnen, dass ein Bild die Erinnerung an einen Menschen verewigen kann. Man mochte auch darüber philosophieren, wie sich die in den Kreisen versinnbildlichte Perfektion zu der so offenen und bei genauer Betrachtung fast unfertig wirkenden Malweise verhält. Schaut man genau hin, fällt nämlich auf, dass etwa die Pinsel und Palette haltende Hand des Malers kaum angedeutet ist. Auch sie illustriert wieder die von Houbraken überlieferte Äußerung Rembrandts, »dass ein Stück dann vollendet ist, wenn der Maler erreicht hat, was er sich vorgenommen hat«.[23] Wenn sich also Rembrandt in einem malerisch so virtuosen und fast unvollendet wirkenden Bild vor den beiden »O« zeigte, war diese Bezugnahme auf einen literarischen Gemeinplatz im Kontext des zeitgenössischen Kunstdiskurses unmittelbar als eine im Medium der Malerei vorgetragene Stellungnahme zur Frage der Vollkommenheit und Vollendung der Malerei verständlich. Rembrandt mag sich damit neben Apelles gestellt haben, der seinen peniblen Zeitgenossen Protogenes übertrifft, da »er nämlich verstünde ›die Hand vom Pinsel zu nehmen‹, nach der bemerkenswerten Regel, dass übermäßige Sorgfalt schade«.[24] Außerdem hat Rembrandt aus dem ursprünglichen Abbild eines konkreten Moments eine anspielungsreiche und malerisch ausgewogene Gesamtkomposition geschaffen. Die Röntgenaufnahme zeigt nämlich, dass er sich ursprünglich mit Palette und Malstock in der Rechten zeigte, während die Linke erhoben war und einen Pinsel führte. Das zuerst gemalte Bild zeigte mithin genau das, was Rembrandt während des Malens im Spiegel sah. Später hat er diese Komposition dann in jenes monumental wirkende Porträt überführt, das bis heute seine Betrachter in den Bann schlägt.

Die Faszination, die von Rembrandts Malerei ausgeht, resultiert vor allem aus der Form der malerischen Umsetzung, aus den Farben und ihrer Verwendung. Die *Judenbraut*, für die sich nicht nur der Maler Vincent van Gogh über die Maßen begeisterte, ist dafür ein beeindruckendes Beispiel (vgl. Abb. 1).[25] Selten ist ein Gemälde mehr bewundert worden. Und wohl kaum eines hat mehr unterschiedliche Deutungen erfahren als die *Judenbraut*. Zu Beginn des 19. Jahrhunderts gehörte das Gemälde dem englischen Kunsthändler John Smith, der den Konventionen seiner Zeit gemäß darin eine Genreszene sah. Er hatte die heute merkwürdig anmutende Idee, das Bild stelle die Überreichung eines Geburtstagsgeschenkes dar. Nur wenig später kam der Name »die *Judenbraut*« auf, denn man erkannte in dem Bild fälschlich den Abschied eines jüdischen Vaters von seiner Tochter, die sich anschickt, in das Haus des Bräutigams zu gehen. Es ist aus heutiger Perspektive kaum mehr nachvollziehbar, wie man die sinnliche Umarmung des Paares in dieser Weise missverstehen konnte. Die meisten modernen Interpreten schlugen mit Blick auf Rembrandts Vorliebe für das Alte Testament vor, das Paar dem biblischen Themenkreis zuzuordnen; es könnten Abraham und Sara oder Boas und Rut sein. Einige überlegten sogar, ob es sich bei dem Gemälde um ein Porträt im Gewand eines Historienbildes handeln könne, ein sogenanntes *portrait historié*. Doch keine der vorgeschlagenen Identifizierungen überzeugte oder war belegbar. Mittels einer Zeichnung des Künstlers gelang es dann, eine tatsächlich überzeugende Interpretation vorzulegen.[26] Wegen einer Hungersnot hatten Isaak und Rebekka ihr Land verlassen und waren nach Gerar an den Hof von Abimelech geflohen, des Königs der Philister. Dort gab Isaak seine Frau als seine Schwester aus, weil er fürchtete, sie sonst nicht vor den Männern von Gerar beschützen zu können. Eines Tages jedoch beobachtete Abimelech, wie »Isaak scherzte mit Rebekka, seinem Weibe«.[27] Genau diesen Moment hat Rembrandt in einer Zeichnung festgehalten, die sich durch das zentrale Motiv unmittelbar auf das Gemälde beziehen lässt. Die Kommentatoren der calvinistischen »Staatenbijbel« waren sich dabei mit den katholischen Exegeten der Zeit Rembrandts einig, dass dieses »Scherzen« ein liebevolles und dabei doch anständiges eheliches Miteinander beschrieb. Das biblische Ehepaar konnte damit zum *exemplum* für die Beziehung zweier Ehegatten werden, vor dessen Darstellung sich das Publikum über die Grenzen und die fließenden Übergänge von irdischer und geistiger Liebe in der christlichen Ehe austauschen konnte. Rembrandt mag zu diesem Thema, wie die Zeichnung nahelegt, durch Reproduktionsstiche nach einem Fresko Raffaels im fünften Joch der Loggien des Vatikans angeregt worden sein. Als er die Szene in ein Gemälde umsetzte, verzichtete er jedoch darauf, den König wiederzugeben, vielleicht weil er den emotionalen Gehalt der Szene stärker betonen wollte. Vielleicht versuchte Rembrandt aber auch ein Bild zu schaffen, an das seine Betrachter unterschiedliche Deutungen herantragen konnten. Mit Blick auf die wechselvolle Rezeptionsgeschichte lässt sich feststellen, dass in diesem wie in vielen Bildern Rembrandts eine weitgehende Deutungsvielfalt angelegt ist.

Was die Betrachter dieses Bildes zu allen Zeiten am meisten beeindruckt hat, ist die unglaublich reiche und vielfältige Behandlung, die er der Farbe angedeihen ließ. Die Farbe ist greifbar plastisch auf die Gemäldeoberfläche aufgetragen – ein Phänomen, das sich in Abbildungen kaum reproduzieren lässt, das aber vor den Originalen unmittelbar ins Auge fällt. Besonders gut lässt es sich im Falle der *Judenbraut* am Ärmel des Mannes studieren, wo die mit dem Palettmesser aufgespachtelte Farbmasse in dicken Schollen und Klümpchen aufsitzt (vgl. Abb. 1). Man mag sich beim Blick auf diesen visuellen Befund an Houbrakens Charakterisierung von Rembrandts Malweise erinnern, der bezeugt, »er habe einst ein Porträt gemalt, wo die Farbe derartig dick aufgetragen war, dass man das Gemälde an der Nase vom Boden aufheben konnte. So sieht man auch Edelsteine und Perlen auf Brautschmuck und Turbanen, die er so erhaben gemalt hat, dass sie wie geschmiedet wirkten, durch welche Art der Behandlung seine Stücke selbst aus weiter Entfernung sehr kraftvoll erscheinen.«[28] Ähnlich kritisch sah das auch Gerard de Lairesse, der sich, nur wenige Jahre bevor die *Judenbraut* entstand, von Rembrandt hatte porträtieren lassen.[29] Auch er war der Meinung, dass Gemälde kraftvoll erscheinen sollten, *krachtig geschilderd*. »Allerdings nicht auf die Art von Rembrandt oder Lievens, dass es matschig wie Dreck an dem Stück runterläuft, sondern gleichmäßig und zart, dass seine Darstellung allein durch die Kunst plastisch und erhaben erscheinen und nicht durch Schmiererei.«[30]

Die Äußerungen von Arnold Houbraken und Gerard de Lairesse verdeutlichen noch einmal den tiefgreifenden Geschmackswandel hin zu einer geschmeidig glatten Malerei, der sich im Verlauf des 17. Jahrhunderts vollzog. Zugleich aber bezeugen die etwas abschätzigen Bemerkungen sehr eindringlich, wie stark man Rembrandt zu Beginn des 18. Jahrhunderts mit der so locker und spontan wirkenden pastosen Malweise seiner letzten Jahre assoziierte. Sowohl in der Farbstimmung wie in dem pastosen Auftrag, der den Gemälden eine plastisch wirkende Textur verleiht, findet die *Judenbraut* eine Entsprechung in dem heute in Braunschweig bewahrten *Familienbild* (s. Abb. 85).[31] Auch dieses Gemälde ist ganz aus warmen Ocker-, Braun- und Rottönen aufgebaut. Dem Amsterdamer Bild ist es aber nicht nur durch den warmen Farbklang verbunden, sondern auch durch die ganz auf den vorderen Bildplan orientierte Komposition. Ganz so wie die *Judenbraut* den Maler van Gogh zu Begeisterungsstürmen hinriss, zeigten sich Lovis Corinth und Max Beckmann von dem Braunschweiger Gemälde beeindruckt, wobei Beckmanns Gefühle vor diesem Bild nach eigenem Bekunden so stark waren, »dass ich beinahe in Ohnmacht gefallen wäre. Ich musste mich auf eine Bank setzten und warten, dass mein Schwindel verging«.[32] Das großformatige Familienbildnis (vgl. Abb. 85), das vermutlich 1669 entstand, darf als Hinweis darauf gelesen werden, dass Rembrandt bis zu seinem Tod als Maler gefragt war und mit Bildern beauftragt wurde. Denn in diesem monumentalen Werk sind nicht, wie man früher fälschlich annahm, Verwandte Rembrandts gezeigt, sondern eine bislang nicht identifizierte Familie, die den im Bild ablesbaren Statussymbolen nach der Oberschicht angehörte. Eine Familie mit ihren Kindern in einem Park oder Garten abzubilden – ein Garten ist in dem stark nachgedunkelten Hintergrund zu sehen –, entsprach den höfischen Konventionen von Familienbildnissen der Zeit. So ließen sich Familien im Umkreis des Hofes in Den Haag von Jan Mijtens malen oder in Antwerpen von Theodoor van Thulden, dessen Bilder dem Gemälde Rembrandts auch in ihrem Helldunkel verwandt sind.[33] Dort findet auch der von einem Mädchen herangetragene Blumenkorb eine Entsprechung, der in Rembrandts Gemälde den Blick auf sich zieht, weil die Blüten im Licht zu funkeln scheinen, die durch den extrem pastosen Farbauftrag in einzelnen Tropfen nachmodelliert sind. Einen aristokratischen Anspruch des Auftraggebers legt auch das monumentale Format des Bildes nahe. Denn die von der Hüfte aufwärts gezeigten Figuren sind lebensgroß wiedergegeben. So fordert das Bild schon durch seine Größe und den Maßstab der Figuren einigen Abstand ein, der einst auch durch seine Hängung hergestellt worden sein könnte. So wenig man sonst darüber weiß, war das beeindruckende Familiengemälde doch fraglos eins der letzten Bilder Rembrandts.

Den Aufzeichnungen eines Verwandten folgend, starb der Maler am 4. Oktober 1669, vier Tage später wurde er beigesetzt.[34] Genau wie sechs Jahre zuvor auch für Hendrickje wurde für Rembrandt ein Grab in der Westerkerk gemietet.[35] Wo die Gräber lagen, ist nicht dokumentiert. Sicher scheint nur, dass sie schon wenige Jahre später geräumt wurden, um für andere Minderbegüterte Platz zu schaffen.[36] Drei Jahre nach seiner Beerdigung schien der berühmte Maler dem Stadtchronisten von Leiden gerade noch einer knappen Bemerkung wert. »Rembrand van Rijn in Leiden geboren am 15. Juli 1606, unlängst verstorben«, heißt es 1672 lakonisch in Simon van Leeuwens *Beschreibung von Leiden*.[37] Die Kürze der Mitteilung mag daraus resultieren, dass Rembrandts Ruhm vor allem an die Weltstadt Amsterdam geknüpft war. Die literarischen Traditionen des Städtelobs verhinderten allerdings, dass Rembrandt, der ja nicht aus Amsterdam stammte, in den zu seinen Lebzeiten publizierten Beschreibungen der Stadt Erwähnung fand. Er wird nicht einmal in einer diesen Konventionen nicht mehr ganz so treuen Stadtbeschreibung aus dem Jahre 1693 erwähnt, in die beispielsweise sein in Dordrecht geborener Schüler Ferdinand Bol aufge-

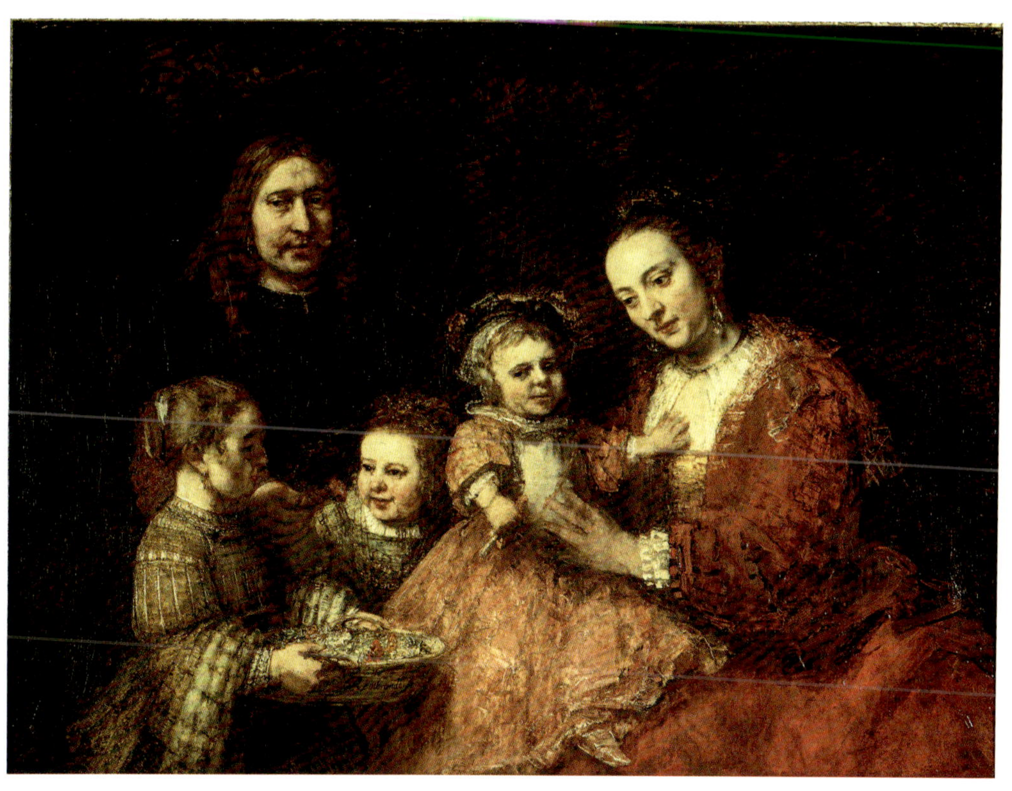

85 Familienbildnis, 1668/69, Öl auf Leinwand, 126 × 167 cm, bezeichnet: »Rembrandt f«, Braunschweig, Herzog Anton Ulrich-Museum

nommen wurde.[38] Zahlreicher sind die Hinweise auf Rembrandt in der Kunstliteratur, bei Joachim von Sandrart, Samuel van Hoogstraten oder Roger de Piles. Letzterer hatte Rembrandt nicht nur ausführlich in seiner 1699 publizierten Sammlung von Künstlerviten gewürdigt, sondern auch in seinem erstmals 1708 publizierten *Cours de peinture par principes*. Dort stilisierte er den Holländer schon in der Einleitung gleichsam zum Inbegriff der im Medium der Malerei zu erreichenden Natürlichkeit. Um das zu belegen, berichtet er, Rembrandt habe eines Tages den Einfall gehabt, das Porträt seiner Magd zu malen und an ein Fenster zu stellen, um dadurch die Vorübergehenden zu täuschen. Erst Tage später habe man den Betrug bemerkt, was de Piles bewog, anlässlich eines Aufenthaltes in Holland dieses Gemälde zu erwerben. Er entdeckte eine schöne Pinselführung und eine große Stärke des Ausdrucks, so dass dieses Stück in seiner Sammlung einen Ehrenplatz erhielt.[39] Der *Cours de peinture* war in zahllosen Neuauflagen und Raubdrucken verbreitet und gehörte im 18. Jahrhundert fest zum Kanon der von Künstlern und Kennern gelesenen Schriften. Besonders unter Kunstliebhabern war das Buch beliebt, weil es nicht nur eine Anleitung zum Genuss von Kunstwerken lieferte, sondern darüber hinaus einen leicht erlernbaren Kriterienkatalog für deren kritische Beurteilung. Dazu diente auch die im Anhang des Buches abgedruckte »Balance des Peintres«. Diese »Maler-Waage«, die unter den Zeitgenossen aufmerksam wahrgenommen wurde, verteilte nach den damals schon etablierten Kategorien Komposition, Zeichnung, Farbe und Ausdruck Zensuren an all jene herausragenden Maler, die de Piles der Beachtung für wert befand. Das Notenspektrum reicht von 0 bis 20, wobei die Höchstnote, die 20, dem unerreichten und wohl auch unerreichbaren Ideal vorbehalten blieb. Auch die 19 wurde als höchster erreichbarer, aber bislang unerreichter Gipfel nicht vergeben. Die höchste zu erzielende Punktzahl lag mithin bei 18 und auch sie wurde von de Piles nur selten vergeben. Raffael ist der einzige Künstler, der sie gleich in zwei Kategorien zuerkannt bekam, nämlich sowohl in der Zeichnung als auch im Ausdruck. Wenn man nun, wie in der Schule seit alters her Brauch, das Gesamtergebnis errechnet – was de Piles übrigens nicht tat! – so ergibt sich eine Hierarchie, die unangefochten und mit 65 Punkten gleichauf – von Raffael und Rubens angeführt wird. Und wo Raffael in Zeichnung und Ausdruck punktet, triumphiert Rubens in Kolorit, Komposition und Ausdruck. Den beiden deutlich in Führung liegenden Größen folgen mit 58 Punkten Carracci, darauf Le Brun und Domenichino mit 56, Poussin mit 53, Tizian mit 51 und schließlich Rembrandt mit 50 Punkten. Dass Rembrandt zu den besten Malern der Welt zählte, stand für de Piles außer Frage, dem es vermutlich weniger um die Gesamtpunktzahl ging als vielmehr um die griffige Bewertung der künstlerischen Leistungen auf den zentralen Feldern Komposition, Zeichnung, Farbe und Ausdruck. Mit den Bewertungskriterien lieferte die »Maler-Waage« von de Piles zugleich eine Künstlerliste, die das ideale Inventar einer höfischen Kunstsammlung des 18. Jahrhunderts repräsentiert. Dort nahm Rembrandt – ganz wie bei de Piles vorgegeben – einen herausragenden Platz ein. Die Bedeutung der Kunstliteratur darf sicher nicht dahingehend überschätzt werden, dass sie unmittelbar auf die Kunstentwicklung eingewirkt habe. Das hat sie vermutlich zu keiner Zeit getan. Doch darf sie als verlässlicher Indikator des jeweiligen Zeitgeschmacks gelten. Im Falle Rembrandts wird zum Beispiel die bei de Piles und anderen Theoretikern ausgedrückte Wertschätzung durch die Inventare von zeitgenössischen Kunstsammlungen bestätigt und durch Quellen, die Rückschlüsse auf den Kunstmarkt und den Bilderhandel erlauben. Sie sind zumal aus dem 18. Jahrhundert in großer Zahl überliefert. Damals war der Bedarf an Gemälden Rembrandts nicht mehr mit Originalen zu decken, obschon man durchaus bereit war, alles Mögliche als »Rembrandt« zu akzeptieren. Darunter waren Arbeiten niederländischer Zeitgenossen, die noch heute Museen zur Ehre gereichen, wenn auch unter anderem Namen, aber auch grauenhafte Machwerke, deren Verfertiger aus guten Gründen niemand mehr kennt. Zudem war man durchaus bereit, wenn man der Originale nicht habhaft werden konnte, auch gute zeitgenössische Kopien zu akzeptieren. Einer dieser professionellen Kopisten hieß Christian Wilhelm Ernst Dietrich, den seine Zeitgenossen Dietricy nannten. Der Maler, Radierer und Kupferstecher, später Professor an der Kunstakademie in Dresden, übte sich zu Beginn seiner Karriere im Kopieren. Er wurde auch dem Herzog von Mecklenburg wärmstens empfohlen, der ein Freund der niederländischen Malerei war und dessen erlesene Sammlung den Grundstock des Museums in Schwerin bildet. Der Herzog unterhielt enge Kontakte in die sächsische Kunstmetropole Dresden, von wo ihm 1742 auch Neuigkeiten über den für diverse Aufträge in Aussicht genommenen Dietricy zugetragen wurden. Der sei nämlich durchaus in der Lage, hieß es, »alles zu machen, was man verlangt. […] Er kann fast alle Maiters der Mahlerey vorstellen, als zum Exemble den Rembrand imitirt er so stark, dass Kein Mensch nicht anders glauben soll es wehre Rembrandt.«[40] Dass nicht alle derartigen Kopien auch als solche verkauft wurden, ist naheliegend, auch wenn der Begriff »Fälschung« in diesem Zusammenhang sicher problematisch wäre.

Der deutsche Dichter Goethe schätzte Dietricy und bewunderte Rembrandt, den er zu genau der Zeit als Denker feierte, als der holländische Maler im Kontext der nationalstaatlichen Neuordnung Europas zu einer Identifikationsfigur für das neu gegründete Königreich der Niederlande wurde. Am 2. Dezember 1813 hatten die Niederlande ihre Unabhängigkeit von französischer Herrschaft proklamiert, in den folgenden Jahren wurde das Land zur Monarchie. Die Abspaltung Belgiens in Folge der Revolution von 1830 hatte die Konsequenz, dass man auf allen Gebieten die kulturellen Differenzen zwischen dem Norden und dem Süden der Niederlande suchte und fand. Zu Rembrandts Zeit hatte Constantijn Huygens noch über die Maler in »unseren Niederlanden« geschrieben, in Belgio nostro, womit er das gesamte Gebiet der heutigen Niederlande, Belgiens und einiger Teile Nordfrankreichs meinte, die traditionell als gemeinsamer Kulturraum aufgefasst wurden. Rubens und Rembrandt waren für Huygens gleichermaßen Meister der niederländischen Malerei, die Gefühle nationalen Stolzes hervorrief. Erst die Kunst- und Geschichtswissenschaft zu Beginn des 19. Jahrhunderts, die sich an der Kategorie des Nationalen orientierte, sollte das jeweils Eigene der flämischen und der holländischen Kunst proklamieren. In diese Zeit der Formierung nationaler Identitäten fällt die erste systematische Beschäftigung mit den Zeugnissen zu Rembrandts Leben und Werk. Deren kunsthistorische Erforschung begann 1851 mit der Publikation von Quellen zu seiner Jugend in Leiden und wenig später zu seiner Zeit in Amsterdam.[41] Gleichzeitig, um die Mitte des 19. Jahrhunderts, begann der Aufstieg Rembrandts zu einem weltberühmten Künstler auch in Frankreich. Von einer Wiederentdeckung kann dabei nicht die Rede sein, denn Rembrandt war ja nie vergessen.[42] Die Begeisterung der Franzosen für Holland war eine politische Reaktion auf die Revolutionen von 1830 und 1848, denn in der zeitgenössischen Wahrnehmung erschien die holländische Kunst als zutiefst bürgerlich.[43] Ein Motor dieser Entwicklung war der französische Journalist und Politiker Étienne-Joseph-Théophile Thoré.[44] Unter dem Pseudonym W. Bürger, das er nutzte, seit er wegen seines revolutionären Einsatzes 1848 Frankreich verlassen musste, publizierte er systematisch seine Entdeckungen auf dem Gebiet der Malerei, zu denen unter anderem der tatsächlich vergessene Maler Jan Vermeer van Delft gehörte. Die intensiven Bemühungen um die systematische Erforschung von Rembrandts Leben und Werk mündeten 1886 in die erste, von Carel Vosmaer verfasste Monographie, die ein Verzeichnis der Rembrandt-Bestände bedeutender Museen und Sammlungen enthielt. Wilhelm von Bode, der damals als

Generaldirektor des Berliner Kaiser-Friedrich-Museums in Berlin tätig war, bemühte sich intensiv darum, die Bestände zu ergänzen. Er zählte 1883 insgesamt 377 eigenhändige Gemälde Rembrandts. Kaum zwei Jahre später kam Eugène Dutuit schon auf 452; und 1905, als der achtbändige, von Bode und Hofstede de Groot publizierte Gesamtkatlog der Gemälde vorlag, meinte man 595 Werke Rembrandts zu kennen. Dazu zählte unter anderem *Der Mann mit dem Goldhelm*, der 1897 mit Mitteln des Kaiser-Friedrich-Museums-Vereins angekauft werden konnte und der mit seiner martialischen Aufmachung und der trübsinnigen »Bismarck-Physiognomie« bald zum nationalen Symbol aufstieg.[45] Rembrandt wurde im deutschen Kaiserreich zum festen Bestandteil nationaler Selbstvergewisserung. »Unter allen deutschen Künstlern aber ist der individuellste – *Rembrandt*. Der Deutsche will seinem eigenen Kopfe folgen, und niemand tut es mehr als Rembrandt. In diesem Sinne muß er geradezu der deutscheste aller deutschen Maler und sogar der deutscheste aller deutschen Künstler genannt werden.«[46] Und weil sich Deutschland in einem Zustand »des langsamen, einige meinen auch des rapiden Verfalls« befinde, empfahl der anonyme Verfasser 1890 *Rembrandt als Erzieher*. Dass der zum deutschen Vorbild erhobene Maler »von Geburt ein Holländer« war, galt dem Verfasser dabei als bezeichnend »für den exzentrischen Charakter der Deutschen, daß ihr nationalster Künstler ihnen nur innerlich, nicht auch politisch angehört; der deutsche Volksgeist hatte sozusagen den deutschen Volkskörper aus den Fugen getrieben«.[47] Das »von einem Deutschen« verfasste Buch kostete nur zwei Mark und erlebte in nur zwei Jahrzehnten über fünfzig Auflagen.[48] Auch wenn es in dieser kulturpessimistischen Schrift am allerwenigsten um den holländischen Maler aus dem 17. Jahrhundert ging, hatte Julius Langbehn, so hieß der Verfasser, den seine Verehrer den »Rembrandtdeutschen« nannten, doch dafür gesorgt, dass Rembrandts Name in Deutschland in aller Munde war.

Auch im 19. Jahrhundert sorgte die allgemeine bürgerliche Verunsicherung gegenüber künstlerischen Produkten und ästhetischen Werturteilen für eine große Empfänglichkeit für autoritativ formulierte Kunsturteile. Eine stetig wachsende Zahl von Publikationen trug dem allgemeinen Interesse Rechnung, wobei die rasante Entwicklung auf dem Gebiet der Drucktechnik und moderne Reproduktionsverfahren der Popularisierung Rembrandts zuarbeiteten. Neben aufwendigen Bildbänden und Mappenwerken wurden erstmals massenhaft Postkarten in Umlauf gebracht, mit denen die Meisterwerke der Museen bekannt gemacht wurden. Dass bald ganz Europa mit einem flächendeckenden Eisenbahnnetz überzogen war und die Museen, genau wie in Amerika, zu Tourismuszielen wurden, vergrößerte auch den Ruhm Rembrandts. Seine Werke nahmen die künstlerischen Bestrebungen des ausgehenden 19. Jahrhunderts anscheinend vorweg. Die Rembrandt-Begeisterung, die in der Zahl der ihm gewidmeten Publikationen ablesbar ist, erlebte aus Anlass des vierhundertsten Geburtstages 1906 einen ersten Höhepunkt, und zwar genau in der Zeit, als sich freiere Formen der Alla-Prima-Malerei auch auf dem Kunstmarkt durchzusetzen begannen. Sowohl Rembrandts ehedem als »grob« gescholtene Malweise wie seine skizzenhaften Radierungen begeisterten die Künstler am Ende des 19. und zu Beginn des 20. Jahrhunderts – es sei hier nur noch einmal an Vincent van Gogh oder Max Beckmann erinnert. Maler und Radierer der Zeit erhoben die gestische Handschrift der expressiven Malerei Rembrandts zu einem Ideal und mehrten damit auch seinen Ruhm.[49] Erstaunlicherweise trug dabei gerade die klassizistische Kunstkritik des 18. Jahrhunderts dazu bei, dass Rembrandt im 19. Jahrhundert umso interessanter erschien.[50] Auch die in stetig wachsender Zahl erscheinenden literarischen Auseinandersetzungen mit Rembrandt trugen dazu bei, ihn zu einem Künstler für Künstler zu machen, der nicht nur als ästhetisches Ideal, sondern auch als Rollenvorbild herhalten musste. Der Kunsthistoriker Cornelius Gurlitt entdeckte 1899 auch darin eine Nachwirkung von Langbehns *Rembrandt als Erzieher*, denn es sei »das erste Buch seit Jahrzehnten, das von Künstlern wirklich gelesen wurde. Vielleicht nicht bis zur letzten Seite, aber sicher bis zur dritten: bis zu dem Absatze Individualismus.«[51] In der Rezeption gab es auch eine extrem nationalistische Deutung des Malers im Film, die zugleich eine pathetische Eloge an seinen Nonkonformismus war. Der 1942 in Deutschland produzierte »volkstümliche« Rembrandt-Film entstand nicht zufällig in der Zeit, als das nationalsozialistische Deutschland sich in dem von ihm entfesselten »totalen Krieg« befand und seinem Untergang entgegenmarschierte.[52] In weiten Teilen lebte der Film von tradierten Rembrandt-Mythen und trug noch zu deren Fortleben bei, da er im deutschen Fernsehen noch bis in die 1970er Jahre lebendig gehalten wurde. In dieser Zeit wurde dann in der populären Berichterstattung auch wieder auf die topischen Elemente der Rembrandt-Biographik zurückgegriffen, als eine zunehmend auch technologisch unterstützte Stilkritik, die sich an die Revision des eigenhändigen Œuvres gemacht hatte. Bis in die 1930er Jahre waren immer wieder neue Werke aufgetaucht und in die Œuvre-Kataloge aufgenommen worden. Als zu Rembrandts 300. Geburtstag im

Jubiläumsjahr 1906 die zweite Auflage von Adolph Rosenbergs Katalog von Rembrandts malerischem Werk in der Reihe »Klassiker der Kunst« erschien, waren darin 565 Bilder abgebildet. Die von Wilhelm R. Valentiner publizierte dritte Auflage aus dem Jahr 1909 enthielt 643 Werke, denen der Autor 1921 in einem Zusatzband noch einmal 120 »Wiedergefundene Gemälde« hinzufügte. Ihren Höhepunkt erreichte die Zahl der Zuschreibungen in den 1930er Jahren, wo man Rembrandt mehr als 750 Gemälde zuschrieb. Die kritische kennerschaftliche Analyse von Abraham Bredius reduzierte diese Zahl 1935 auf nurmehr 630 Bilder, deren Anzahl Horst Gerson 1968 in der Neuausgabe des bis heute unverzichtbaren Werkes auf 420 berichtigte. Damals hatte sich in Holland eine Gruppe von Forschern zusammengefunden, die auch mit Hilfe naturwissenschaftlicher Technologien zu einem objektiven und sachlich fundierten Katalog gelangen wollten. Zwanzig Jahre lang haben Wissenschaftler des Rembrandt Research Project die drei ersten, streng chronologisch geordneten Teilbände erarbeitet. Danach übernahm das jüngste Mitglied dieser Forschergruppe die Neukonzeption und legte 2005 einen thematisch geordneten Band zu den Selbstbildnissen vor, in den Werke Aufnahme fanden, die in den ersten Teilbänden mit durchaus überzeugend anmutenden Argumenten als nicht von Rembrandt selbst stammend abgeschrieben worden waren. Die von der Forschung geführten Debatten zu den Zu- und Abschreibungen fanden nicht selten ein enormes Medienecho, so etwa, als der *Mann mit dem Goldhelm* zum Werk eines unbekannten Schülers erklärt wurde. Dass es nicht irgendein Bild Rembrandts traf, sondern eine tausendfältig reproduzierte nationale Ikone, machte die Sache besonders spannend. Die teils hitzig geführten Diskussionen in der Forschung der letzten Jahre und Jahrzehnte haben die Frage in den Mittelpunkt gestellt, was eigentlich einen Rembrandt zum Rembrandt mache. Es scheint, als müsse diese Antwort vor den überlieferten Werken immer wieder von neuem ausgehandelt werden. Dazu leisten die zahlreichen grundlegenden Untersuchungen über Rembrandts Werk, sein künstlerisches Umfeld, seine Auftraggeber und seine Lebensumstände im Kontext der Sozial- und Wirtschaftsgeschichte einen Beitrag; sie lassen immer neue Facetten des niederländischen Meisters erkennen. Rembrandt ist ein noch lange nicht abgeschlossenes Thema der europäischen Kunstgeschichte.

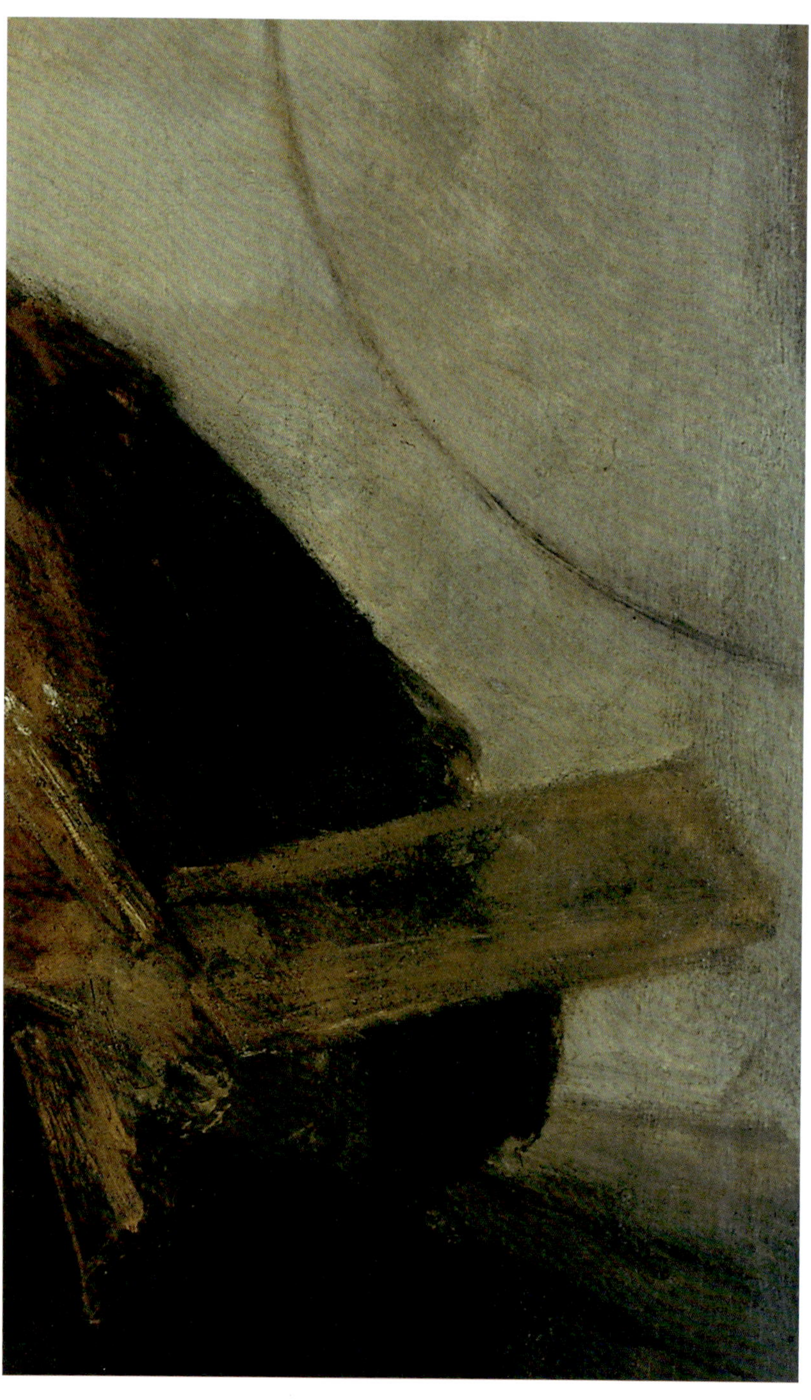

Anmerkungen

Eine Art Einleitung

1 Gogh/Jansen u. a. 2009, III, Nr. 534.
2 Bredius/Gerson 416.
3 Hecht 2006, 11.
4 Wetering 1997, 155–159.
5 Genet 1995, 33.
6 Slive 1953; Seelig 2010.
7 Emmens 1979–80, II, 10 f.; Müller 1999, 131.
8 Bie 1661, 250; RD 1661/17.
9 Weisbach 1926, 2 f.
10 Bal 1990, 7.
11 RRP-Corpus.
12 Koselleck 1995, 153.

Vom Lateinschüler zum Maler

1 RD 1574/1 & 2.
2 Israel 1995, 572.
3 RD 1574/2.
4 RD 1575/1.
5 RD 1575/2.
6 RD 1575/4.
7 RD 1575/3.
8 RD 1581/3.
9 Benesch 56; Gemälde: RD 1644/1.
10 Orlers 1641, 375 (RD 1641/8); dagegen: RD 1620/1; 1634/2 & 1653/16.
11 RD 1599/1.
12 RD 1589/2 & 3.
13 Dudok van Heel 2000, 7.
14 RD 1601/1; 1605/1; 1610/1; 1614/1.
15 Baar/Moerman 1991, 31.
16 RD 1630/1.
17 Baar/Moerman 1991, 29.
18 Roberts 1998, 100.
19 Orlers 1641, 375; soweit nicht anders vermerkt, stammen alle Übersetzungen vom Verfasser.
20 RD 1620/1.
21 Roberts 1998, 108.
22 Deursen 1996, 235; Roberts 1998, 124.
23 RD 1611/1 & 1617/1.
24 RD 1621/1.
25 Dudok van Heel 2006, 180.
26 Orlers 1641, 375.
27 RD 1622/1.
28 Gerbrandt Korevaar, in: Kat. Kassel 2001, 13.
29 Slatkes 2001.
30 Arnulf von Ulman, in: Kat. Nürnberg 2001, 15–21.
31 Bomford 1991, 27 f.
32 Orlers 1641, 375.
33 Seifert 2011, 36 f.
34 Dudok van Heel 2006, 16.
35 Mander 1604, f.293v.
36 Rodenburgh 1618, f.11r.
37 Vondel, IX, 290.
38 Kat. Amsterdam 1991; Kat. Hamburg 2006.
39 RD 1630/5.
40 Bol 1993/94.
41 Seifert 2011, 62, 119–127, 320–323.

42 Bok 1993, 573.
43 Bredius/Gerson 531A; RRP-Corpus, I, A1.
44 NRD 2.
45 Dudok van Heel 2006, 232, Anm. 51.
46 RRP-Corpus, I, A1.
47 Apg 7, 57 f.
48 Kat. Amsterdam 1991, 56, Abb. 2.
49 Dudok van Heel 2006, 34, 185 f.
50 Vondel, III, 117.
51 Dudok van Heel 2006, 16.
52 Bredius/Gerson 486; RRP-Corpus, I, A3.
53 Statenvertaling 1637, [f.†1v].
54 Statenvertaling 1637, [f.†4r].
55 Luther-WA, DB 12, 2, 1–4.
56 Tob 2, 20–23.
57 Tob 3, 1–6.
58 Broos 1977, 50; Schwartz 1991, 44 f.
59 Schwartz 1991, 44 f.
60 Broos 2000.
61 Kris/Kurz 1980, 29–51.
62 RD 1630/5.

In Leiden entdeckt

1 Orlers 1641, 375.
2 Dudok van Heel 2006, 194.
3 M. L. Wurfbain, in: Kat. Leiden 1976/77, 111–119.
4 Baar/Moerman 1991, 36.
5 Orlers 1641, 376; Straten 2006, 22.
6 Peter Schatborn, in: Kat. Leiden 1991/92, 61–63.
7 Baldinucci 1686, 169.
8 Vgl. RD 1631/1 & 2; 1632/2.
9 Hinterding 2006, I, 85–91.
10 Kat. Amsterdam 1985, 4.
11 Peter Schatborn, in: Kat. Amsterdam 1985, Nr. 2.
12 Kat. Amsterdam 1997, Nr. 17.
13 B 150–154, 162–175.
14 B 1–17, 316–320, 338, 363.
15 Ernst van de Wetering, in: Kat. Berlin 2006, 24.
16 Schwartz 1991, 150.
17 Peter Schatborn, in: Kat. Leiden 1991/92, 62.
18 B 320.
19 B 363.
20 Peter Schatborn, in: Kat. Leiden 1991/92, 76.
21 Alberti/Bätschmann/Schäublin (III, 41), 269.
22 Hor. ars 101 f. Vgl. auch Cic. Lael. XIV, 50.
23 Leonardo/Ludwig, 126, Art. 246.
24 Junius 1637, 184; Hoogstraten 1678, 108–112.
25 Hoogstraten 1678, 110.
26 B 286–288.
27 Hirschfelder 2008, 353.
28 Hoogstraten 1678, 79.
29 NRD 3.
30 RD 1629/1.
31 RD 1658/22.
32 RRP-Corpus, I, A21; IV, Corr.
33 Hellmold 2001, 303.
34 Kat. Nürnberg 2001, 15–21.
35 Raupp 1984, 181–219.
36 Vgl. Kat. Braunschweig 2000.
37 Ulrich Heinen, in: Kat. Braunschweig 2000, 118.
38 Bredius/Gerson 601; RRP-Corpus, I, A11.
39 2 Kor. 1, 8; Phlm. 1, 12; Apg. 16, 23.
40 Schwartz 1991, 53; Straten 2006, 70 f.
41 RD 1630/2 & 4.

42 Bredius/Gerson 419; RRP-Corpus, I, A18.
43 Benesch 1171; RD, 614; Winkel 2006, 148 f.
44 Chapman 1990; Kat. London/Den Haag 1999/2000, bes. 66, 120 f.
45 Bredius/Gerson 539; RRP-Corpus, I A16.
46 Lk. 24, 30 f.
47 Schwartz 2006, 339.
48 Houbraken 1718–21, I, 257 f.
49 Quint. inst. II, 13, 13; Val. Max. VIII, 11 u. a.
50 RD 1628/1.
51 Dudok van Heel 2006, 194.
52 Huygens/Worp 1892–99, III, 168.
53 Bredius/Gerson 539A; RRP-Corpus, I, A15.
54 RD 1630/5; Übersetzung: Haak 1968, 44.
55 Houbraken 1718–21, I, 255 & 277.
56 Christiaan Vogelaar, in: Kat. Leiden 1991/92, 12 f.
57 Übersetzung: Tümpel 2003, 26.
58 Kat. Amsterdam 2003, 31–40.
59 Fock 1990, 3–36.
60 Baar/Moerman 1991, 36 f.; RD 1630/3.
61 Baar/Moerman 1991, 38.
62 Dudok van Heel 2006, 192; Straten 2006, 39.
63 Baar/Moerman 1991, 36 f.
64 RD 1631/1.
65 RD 1631/4.
66 Kat. London/Amsterdam 2006, 43 f.

Uylenburghs Akademie

1 RD 1640/16; Schama 1988, 405 f.
2 Montchrestien/Funck-Brentano, 142 f.
3 Roscam Abbing 2006, 174 f.
4 Benesch 457; Kat. Wien 2009, Nr. 73.
5 Regin 1976, 120 f.
6 Benesch 451; Bisanz-Prakken 2004, Nr. 8.
7 Dudok van Heel 2006, 194.
8 Dudok van Heel 2006, 197.
9 Wetering 1983, 59–69.
10 Wetering, in: RRP-Corpus, II, 60–76.
11 Dudok van Heel 2006, 203 f.
12 Baldinucci 1686, 511.
13 Kat. London/Amsterdam 2006.
14 RD 1632/2.
15 Bredius/Gerson 17; RRP-Corpus, II, A58.
16 Bredius/Gerson 403; RRP-Corpus, II, A51.
17 Schwarz 2006, 164.
18 Bredius/Gerson 414.
19 Volkenandt 2004; Kat. Den Haag 1998/99; Schupbach 1982; Heckscher 1958.
20 Volkenandt 2004, 99.
21 Tümpel 2003, 45.
22 Hansen 1996, 64.
23 RD 1646/8.
24 Bredius/Gerson 173; RRP-Corpus, II, A80; RD 1633/2.
25 RD 1633/1; Bredius/Gerson 162; RRP-Corpus, II, A56.
26 Bredius/Gerson 99; RRP-Corpus, II, A61.
27 Bredius/Gerson 550; RRP-Corpus, II, A65; RD 1667/7.
28 Huygens/Worp 1897, 118.
29 RD 1639/4.
30 RD 1636/1, 2, 1639/2, 3, 4, 5 & 6.
31 RD 1639/3–6.
32 RD 1639/4.
33 RD 1639/2.

34 Quint. Inst. VI, 2, 32, Übersetzung: Helmut Rahn.
35 Junius 1637 (1.4.4), 31.
36 Plut. glor. Ath. 346F.
37 Hor. ars 361.
38 Junius 1637 (I, 3, 12), 23.
39 Hoogstraten 1678, 347 f.
40 Weststeijn 2008, 118.
41 Weststeijn 2008, 69 & 111.
42 Benesch 152.

Als Meister in Amsterdam

1 Dudok van Heel 2006, 199 f.
2 Dudok van Heel 2006, 205.
3 Benesch 427, Kat. Berlin 2006/Z, Nr. 5.
4 RD 1633/3.
5 Dudok van Heel 2006, 205 f.
6 RD 1634/5.
7 RD 1634/3.
8 RD 1634/5.
9 RD 1634/10.
10 Bredius/Gerson 101; RRP-Corpus, II, A85.
11 Bredius/Gerson 30; RRP-Corpus, III, A111.
12 Hanfstaengl 1939, 8.
13 Lk. 15, 11–32.
14 Benesch 100v; Kat. Berlin 2006/Z, Nr. 9.
15 B 28; Mander, 1604, f.209v.
16 Tümpel 2003, 54 f.
17 Hegel/Moldenhauer/Michel, XIII, 222 f.
18 Mander 1604, f.123v; Hoogstraten 1678, 89 f.
19 Hoogstraten 1678, 90.
20 Brune 1681, 231; Poirters 1649, 231 f.
21 Brune 1681, 231.
22 RRP-Corpus, IV.
23 B 19.
24 Kat. Haarlem 1986, 58; RRP-Corpus, IV, 188.
25 B 21.
26 Schwartz 2006, 214 f.
27 Müller u. a. 2011.
28 Bredius/Gerson 34; RRP-Corpus, III, A139.
29 Kat. London / Den Haag 1999/2000, 68.
30 Schwarz 2006, 215.
31 Decker 1668, II, 34–36. RD 1667/10 & 11.
32 Raupp 1984, 190 f.
33 Dudok van Heel 2006, 205.
34 RD 1634/6.
35 Dudok van Heel 2006, 206.
36 RD 1635/6.
37 RD 1638/8 & 9.
38 RD 1640/5 & 6.
39 Dudok van Heel 2006, 207.
40 B 280; Schwartz 1991, 185 f. RD 1646/8.
41 B 251, B 273, B 228; Dickey 2004, 112–119, 142–149.
42 RD 1655/1; B 269, Hinterding 2006, II, 313 f.
43 B 278.
44 Rauschenbach 2012, 118 f.
45 Bredius/Gerson 409; RRP-Corpus, III, A143.
46 Schwarz 1993, 217.
47 Benesch 758; B 271.
48 Dudok van Heel 2006, 316 f.
49 Tümpel 1986, 120.
50 Schwartz 1993, 217–219.
51 Vondel, IV, 209; RD 1644/6.
52 Dickey 2004, 55.
53 Schuss 2006, 225–246.
54 RD 1646/9.

55 Busch 1971, 199.
56 Preimesberger u. a. 1999, 297–305.
57 Paleotti/Barocchi 1961, 337. Übersetzung: Hannah Bader.

Rembrandts Frauen

1 Genet 1995, 69.
2 RRP-Corpus, III, A119; Verhaeren/Zweig 1912, 102.
3 Sluijter 2006, 221–249.
4 Bal 1990, 26 f.
5 Verhaeren/Zweig 1912, 21.
6 Ov. met. VI, 103–128.
7 Ov. met. VI, 113; Schwartz 1991, 129 f.
8 RD 1644/4.
9 Lairesse 1712, II, 155.
10 Bredero/Daan, 173.
11 Cats 1712, I, 480.
12 Sluijter 2006, 223.
13 Cats 1712, I, 387.
14 Beverwyck 1643, 238.
15 Vos 1662, 541.
16 Sluijter 2011, 11.
17 Hollander 1993, 85–89.
18 Mander 1604, f.175v.
19 Sluijter 2011, 22 f.
20 Slive 1953, 9.
21 Pels 1681.
22 Pels 1681, 35 f.
23 B 191, B 186, B 187.
24 B 192; Kat. Wien 2004, Nr. 61.
25 Broos 1977, 92.
26 Ov. met. X, 243–297.
27 Sandrart 1675, II/3, 326.
28 Houbraken 1718–21, I, 268 f.
29 Kat. Edinburgh/London 2001, 11–18.
30 Kat. Edinburgh/London 2001, 51 f.
31 RD 1639/1.
32 RD 1653/1.
33 Sandrart 1675, II/3, 327.
34 RD 1639/11.
35 RD 1640/3.
36 RD 1640/8, 9, 11 & 14.
37 RD 1640/12, 13 & 1647/3.
38 RD 1647/6 & 1662/14.
39 Dudok van Heel 2000, 23; Dudok van Heel 2006, 208 f.
40 RD 1653/9 & 1654/3; NRD 34 & 35.
41 NRD 37.
42 Bok 2003, 169.
43 Houbraken 1718–21, I, 271.
44 RD 1638/7.
45 RD 1638/7.
46 Benesch 441.
47 RD 1640/5, 6 & 8.
48 RD 1641/4.
49 Benesch 314; Dudok van Heel 2006, 210.
50 RD 1649/6.
51 Benesch 413.
52 Tümpel 2003, 89 f.
53 RD 1642/2.
54 RD 1642/3, 9 & 1642/4.
55 RD 1642/5.
56 RD 1642/8.
57 RD 1649/6.
58 Dudok van Heel 2000, 27.
59 RD 1648/2.
60 RD 1649/6 & 7.
61 RD 1649/3 & 4.
62 RD 1649/4.
63 RD 1649/6.
64 RD 1648/2.
65 RD 1649/8.
66 RD 1649/9.
67 RD 1650/3.
68 RD 1656/4.
69 RD 1650/5 & 1656/4.
70 RD 1652/4.
71 RD 1655/2 & 1656/5.

72 RD 1656/4 & 17.
73 RD 1656/2.
74 RD 1656/16 & 17.
75 Benesch 314.
76 Benesch 1103.
77 RD 1658/9; Dudok van Heel 2000, 27.
78 RD 1654/11 & 12.
79 Dudok van Heel 2006, 221 f.
80 Baldinucci 1686, 165 f.
81 Rogier 1945/46, II, 685.
82 RD 1654/15.
83 RD 1654/18.
84 Dudok van Heel 2000, 28.
85 Bredius/Gerson 437.
86 Dan. 13, 1–64.
87 Ov. met. III, 131–252.
88 Schwarz 1991, 295.
89 Van Hout 2010, 64.
90 Houbraken 1718–21, I, 269.
91 Piles 1699, 438.
92 Hoogstraten 1678, 237.

Rembrandt als Erzähler

1 Dudok van Heel 2006, 315.
2 Huygens/Worp 1911–17, II, 313.
3 Baerleus 1638.
4 Dazu demnächst: Cordula van Wyhe, York.
5 Schwartz 1991, 210.
6 RRP-Corpus, III, A146.
7 NRD 15.
8 Wetering 1997, 185, 197, 193–203.
9 Baldinucci 1686, 165 f.
10 Haverkamp-Begemann 1982, 10, Anm. 2 & 26, Anm. 13.
11 RD 1642/11.
12 RD 1659/16 & 19.
13 Vgl. RD 1642/11.
14 Haverkamp-Begemann 1982, 111 f.
15 Hoogstraten 1678, 174.
16 Bok 2003, 167.
17 Angel 1642, 47.
18 Bredius/Gerson 1890; Wetering 1997, 268.
19 RRP-Corpus, III, A108.
20 Tümpel 2006, 481 f.
21 Gen. 22, 1–19; Ios. Ant. Iud. I, 223–236; RD 1656/12, Nr. 284.
22 Gen. 1, 22.
23 Binet 1621, 322.
24 Tümpel 2006, 504.
25 NRD 17.
26 Benesch 90.
27 RD 1656/12, Nrn. 25, 27, 120, 122.
28 B 28; Gen. 3, 1–7.
29 Benesch 163 & 164.
30 Benesch 457.
31 B 1; B 16.
32 B 90; Broos 1977, 84.
33 Lk. 10, 25–37.
34 Evelyn 1662, 82; RD 1662/16.
35 Hinterding 2006, I, 49, 56.
36 B 51.
37 Goethe 1831.
38 Goethe 1831, 919 f.
39 Grohé 1996.
40 RRP-Corpus, III, A113.
41 Benesch 92; Dittrich/Ketelsen 2004, Nr. 102.
42 Hom. Il. XX, 231–235; Verg. Aen. V, 252 f.; Ov. met. X, 155 f.
43 Hom. Il. XX, 233. Übersetzung: Johann Heinrich Voss.
44 Mander 1604 (Wtlegghingh), f.87r.
45 Schwartz 2006, 341.
46 Houbraken 1718–21, I, 270.
47 Schwartz 2006, 373 f.
48 RRP-Corpus, III, A110.
49 Dan. 5, 1–30.

50 Dan. 5, 26–28.
51 Tümpel 1986, 144, 164.
52 Menasseh ben Israel 1639, 160; RD, 593.
53 Hausherr 1963.
54 RD 1655/1; B 269, Hinterding 2006, II, 313 f.
55 Tümpel 1986, 145.
56 Montias 2002, 204.
57 RD 1646/10; 1647/7.
58 RRP-Corpus, III, A116; Kat. Kassel 2005/06.
59 Canetti 1982, 114.
60 Ri 16, 20–21.
61 Quint. Inst. VI, 2, 31.
62 Kat. Kassel 2005/06, 47 f.
63 Müller 2006 (Imitatio), 238.
64 RD 1639/2.
65 RD 1639/4.
66 Huygens/Worp 1897, 119.
67 Bredius/Gerson 572.
68 Kemp 1986, 15.
69 Stoichita 1998, 79–82.
70 Plin. nat. XXXV, 65.
71 Mander 1604, f.67v.
72 Kemp 1986, 40.
73 Stoichita 1998, 82.
74 RD 1648/9.
75 Sandrart 1675, II/3, 327.
76 Hoogstraten 1678, 306.
77 Merrifield 1846, II, 769.
78 Huygens/Worp 1897, 63 f.

Gezeichnet und geätzt

1 Wetering 1997, 289.
2 Vgl. RD 1631/1, 2 & 1632/2.
3 Büttner 2006, 171–213.
4 RD 1644/2.
5 Corpus, III, A137; Kat. Kassel/Leiden 2006, 54–63.
6 Büttner 2006, 191, 202–210.
7 B 233; Marian Bisanz-Prakken, in: Kat. Wien 2009, Nr. 76.
8 Büttner 2006, 188.
9 Parival 1669, 213–228.
10 Orlers 1641, 375; RD 1641/8.
11 Garzoni 1641, 366; RD 1641/10.
12 RD 1660/29.
13 Houbraken 1718–21, I, 271.
14 B 212; Hinterding 2006, II, 298 f. & I, 51 f.
15 Marian Bisanz-Prakken, in: Kat. Wien 2009, Nr. 75.
16 B 208.
17 Marian Bisanz-Prakken, in: Kat. Wien 2004, Nr. 57.
18 Wetering 1997, 289.
19 Hoogstraten 1678, 13.
20 Holm Bevers, in: Kat. Berlin 1991/92, II, 160.
21 Kat. Amsterdam 1985, 4.
22 Holm Bevers, in: Kat. Berlin 2006/Z, 10.
23 Benesch 427; Kat. Berlin 2006/Z, Nr. 5.
24 Benesch 1103.
25 Benesch 90.
26 Benesch 56; Gemälde: RD 1644/1.
27 Holm Bevers, in: Kat. Berlin 2006/Z, 17.
28 Benesch 100v; Kat. Berlin 2006/Z, Nr. 9.
29 Benesch 1047; Kat. München 2001/02, Nr. 64.
30 Bredius/Gerson 566.
31 Joh. 8, 1–9.
32 Joh. 8, 6–9.
33 Übersetzung: Thea Vignau-Wilberg, in: Kat. München 2001/02, 235.

34 B 67; Erik Hinterding, in: Kat. Weimar 2011, Nr. 64.
35 Erik Hinterding, in: Kat. Weimar 2011, 19.
36 Erik Hinterding, in: Kat. Weimar 2011, 19.
37 RD 1645/1.
38 RD 1654/2.
39 B 74.
40 Erik Hinterding, in: Kat. Weimar 2011, 62–64.
41 NRD 38.
42 Mt. 19, 1–30.
43 Zell 2011.
44 HdG 266.
45 Piles 1699, 434.
46 Stijnman 2012, 263 f.
47 Stijnman 2012, 264 f.
48 NRD 83.
49 Hinterding 2006, I, 118–124, 144 f.
50 RD 1647/4 & 1665/23.
51 RD 1647/4.
52 Marolles 1666, 54; RD 1666/7.
53 B 78; Erik Hinterding, in: Kat. Weimar 2011, 18; Nr. 54.
54 Stijnman 2012, 314 f.
55 B 46, B 53, B 113; Hoogstraten 1678, 268.
56 B 76.
57 Mt. 27, 21–23.
58 Kat. London/Amsterdam 2000, Nr. 78; Crenshaw 2006, 175, Anm. 102.
59 RD 1647/7.
60 RD 1641/1; NRD 16, 40.
61 B 28.
62 Vgl. B 271.
63 Houbraken 1718–21, I, 271.
64 Dudok van Heel 2006, 213.
65 B 272; NRD 85.
66 Hinterding 1995.

Sammler, Händler, Kunstliebhaber

1 Baldinucci 1686, 168.
2 Sandrart 1675, II/3, 326 f.
3 RD 1656/12; Kat. Amsterdam 1999, App. II.
4 Benesch A96a.
5 Bredius/Gerson 120. RD 1656/12; Nr. 298, NRD 48.
6 Kat. Amsterdam 1999, 58.
7 Golahny 2003.
8 RD 1658/29.
9 Hoogstraten 1678, 212; Kat. Amsterdam 1999, 40.
10 RD 1642/10.
11 RD 1649/5a (Addenda), 1668/5.
12 RD 1656/12, Nr. 273.
13 RD 1637/2; HdG 51.
14 RD 1637/3 & 1659/20. Kat. Braunschweig 2004, 126 f.
15 RD 1646/5 & 1637/6.
16 RD 1666/3.
17 RD 1646/1.
18 RD 1646/6; Schwartz 1991, 238 f.
19 B 159.
20 Tümpel 2003, 110 f.
21 B 270; RD, 606–608.
22 Büttner 1993.
23 Benesch 1187.
24 Tümpel 2003, 112.
25 Israel 1995, 716 f.
26 RD 1652/1.
27 RD 1652/7 & 11.
28 RD 1654/21. Übersetzung: Tümpel 1986, 413.
29 Schwartz 2006, 90.
30 Bredius/Gerson 120.
31 Winkel 2006, 93–106.
32 Dudok van Heel 2006, 213 f.
33 RD 1653/11, 1657/3 & 1659/15.

34 RD 1653/2, 3 & 6.
35 RD 1653/5; Crenshaw 2006, 51–53.
36 RD 1653/12; Crenshaw 2006, 70 f.
37 RD 1653/6 & 1653/7.
38 RD 1653/17; Crenshaw 2006, 70.
39 RD 1653/14.
40 RD 1654/6 & 1654/7.
41 B 273; Kat. London/Amsterdam 2000, 84; RD 1656/8.
42 Benesch 768.
43 B 285; Kat. London/Amsterdam 2000, 235–243.
44 RD 1648/8.
45 RD 1655/8.
46 Dudok van Heel 2006, 214.
47 RD 1655/7.
48 Bredius/Gerson 414; Middelkoop 2004.
49 Benesch 1175; Middelkoop 2004, 100.
50 Schwartz 2006, 167.
51 Vondel, III, 406 f.
52 Bredius/Gerson 525; Kat. Kassel 2005/06.
53 Gen 48, 17–20.
54 Kat. Kassel 2005/06, 71.
55 Kat. Kassel 2005/06, 65 f.
56 RD 1655/6.
57 RD 1656/6.
58 Nadler 2001, 25 f.
59 Dudok van Heel 2006, 214.
60 RD 1656/10 & 13.
61 RD 1656/11 & 12.
62 Dudok van Heel 2006, 218.
63 RD 1656/10.
64 Bok 2003, 170–174.
65 RD 1656/18 & 19.
66 RD 1656/15.
67 RD 1658/1, 3 & 4.
68 RD 1688/1–31.
69 RD 1659/19, Kom.
70 RD 1658/11, 1665/2.
71 RD 1662/14; NRD 56, 63–67, 72–74, 76.
72 Vgl. z. B. RD 1658/29.
73 RD 1659/14.
74 RD 1661/12.
75 Sandrart 1675, II/3, 327.
76 Piles 1699, 435.
77 RD 1659/10.
78 Houbraken 1718–21, I, 256.
79 RD 1658/3.
80 Montias 2002, 164.
81 Sandrart 1675, II/3, 327.
82 RD, 496, Sumowski 1979–92, VII.
83 Kat. Dordrecht/Köln 1998/99.
84 Bredius/Gerson 128.
85 RRP-Corpus, IV, 17.
86 RD 1658/18.
87 RD 1653/11, 1657/3, 1659/15 & 1662/6.
88 RD 1662/9 & 10.
89 HdG 315; RD 1669/5, Kom.
90 RD 1662/13, 1663/1 & 1665/20.
91 RD 1664/3 & 6.
92 RD 1665/17.
93 RD 1665/19 & 20.
94 RD 1667/4.
95 RD 1668/6.

»Sein Kunstruhm ist über den Gipfel der Alpen geflogen«

1 Bok 2003, 168 f.
2 Bredius/Gerson 482.
3 Wetering 1997; Kat. Nürnberg 2001, Kat. Braunschweig 2006.
4 RD 1656/12, Nrn. 25, 27, 120, 122; B 286–288.
5 Houbraken 1718–21, I, 259.
6 Houbraken 1718–21, I, 270.

7 Sandrart 1675, II/3, 327.
8 NRD 11.
9 NRD 12, 14.
10 RD 1644/5.
11 Evelyn 1662, 81; RD 1662/16.
12 NRD 70.
13 RD 1650/6.
14 RD 1654/17.
15 RD 1660/22–26.
16 RD 1667/11.
17 NRD 23, 71, 53 & 54.
18 Bredius/Gerson 179.
19 RD 1659/5; RD 1660/27. Teniers 1660, 8, 12, 16.
20 Gerson 1969, 140; Emmens 1979–80, II, 77 f.
21 Weststeijn 2008, 32 f.
22 Emmens 1979–80, II, 95.
23 RD 1660/7.
24 RD 1660/9; NRD 88.
25 RD 1660/14; 1661/5.
26 Bredius/Gerson 483.
27 Bredius/Gerson 286; Giltaij 1999; Liedtke 2007, II, bes. 629–654.
28 RD 1661/5; NRD 60 & 81.
29 RD 1661/9 & 15.
30 NRD 64, 69.
31 RD 1662/11 & 12; NRD 60 & 64.
32 RD 1662/12; Übersetzung: Haak 1968, 241 f.
33 RD, Kom. 293; NRD 39.
34 RD 1654/10.
35 RD 1654/16; NRD 81.
36 RD 1654/16, Kom.
37 RD 1656/12; Kat. Amsterdam 1999, 119.
38 Diog. Laert. V, 26.
39 Plut. de Alex. I, 4; Strabo XIII, 1, 27.
40 Schwartz 2006, 218 f.
41 Lipsius 1675 [Bibl. Synt. X], Bd. 3, S. 1137 f.; Sen. tranqu. IX, 7; Plin. nat. XXXV, 9–11; Sen. epist. 64, 9.
42 Arist. Rhet. 1411b–1412a.
43 Plin. nat. XXXV, 50.
44 Quint. inst. XII, 10, 6.
45 Plin. nat. XXXV, 97.
46 Plin. nat. XXXV, 80.
47 Bok 2003, 171 f.
48 Baldinucci 1686, 168.
49 Houbraken 1718–21, I, 269.
50 Alpers 1989, 201.
51 Baldinucci 1686, 167.
52 RD 1639/3.
53 RD 1639/4.
54 RD 1639/5.
55 RD 1639/6.
56 B 281.
57 Tümpel 2003, 67.
58 RD 1667/4.
59 Magnani 2007, 2–17.
60 Sluijter 2008, 15.
61 RD 1654/4.
62 Crenshaw 2006, 110–135.
63 Alpers 1989, 201.
64 Sluiter 2008, 13–16.
65 Bok 2003, 174 f.
66 RD 1660/19 & 1662/6.
67 RD 1660/20.
68 RD 1665/3 & 4.
69 Benesch VI; 1278.
70 Kuyper 1980, 74, Anm. 74.
71 Vondel, V, 879, Anm. 584.
72 Vondel, V, 896.
73 Dudok van Heel 2006, 215; Waal 1952, I, 221.
74 RD, 480.
75 Bredius/Gerson 482.
76 Waal 1952, I, 97 f.
77 Tac. germ. 29.
78 Tac. an. IV, 13; V, 26.
79 Tac. an. IV, 14.
80 Tac. an. IV, 15. Übersetzung: Joseph Borst.
81 RD 1661/13; vgl. Benesch 1047.
82 Van Hout 2010, 60 f.
83 Fokkens 1662, 159–165; RD 1662/15.

84 Franken 2004, 76.
85 Franken 2004, 80 f.
86 Tümpel 1986, 315.
87 Klein 1965.
88 Bredius/Gerson 415.
89 Wagenaar 1760–67, II, 42.
90 RD 1662/20.
91 Méchoulan 1992, 162.
92 Haeser 1839–41, I, 174.
93 RD 1663/4.
94 RD 1661/6.
95 RD 1663/5.
96 RD 1664/1.
97 Benesch 1105, ad 1105 & 1106.
98 Bredius/Gerson 484.
99 Liv. I, 57–60.
100 Ov. fast. I, 685–855; Gesta Romanorum, 135.
101 Liv. I, 58. Übersetzung: Josef Feix.
102 Schwartz 1991, 330.
103 Aug. civ. I, XIX.
104 Hammer-Tugendhat 2009, 55–98.
105 Carolina, art. 119.
106 Cats 1712, II, 82–87.
107 Cats 1712, II, 83.
108 RD 1658/8.
109 Schwartz 1991, 330.
110 RD 1664/4.
111 Dudok van Heel 2006, 221.
112 RD 1658/9 & 1669/5.
113 HdG 317.
114 Dudok van Heel 2006, 221.
115 NRD 48.
116 Dudok van Heel 2006, 219.
117 RD 1665/2, 7, 13, 14, 15, 18 & 22.
118 RD 1665/11 & 1665/12.
119 RD 1665/3 & 4.
120 RD 1665/5.
121 B 264.
122 RD 1665/6.
123 RD 1665/16.
124 RD 1666/2.
125 RD 1666/5.
126 RD 1668/1 & 2.
127 RD 1668/2, Kom.
128 NRD 82; Prins 1997.
129 RD 1668/8.
130 HdG 301.
131 RD 1669/1.
132 RD 1668/8 & 10, Kom.
133 HdG 312.
134 Dudok van Heel 2006, 231.
135 RD 1660/1.
136 RD 1669/3; Wolleswinkel 2006.
137 RD 1669/3.
138 RRP-Corpus, II, 187.
139 RD 1669/5.
140 RD 1667/6; Wetering 1997, 291.
141 RRP-Corpus, IV, 28.

Die Rembrandt-Legende

1 Bie 1661, 398.
2 RD 1656/16, Nrn. 72 & 126; 1669/5, Nrn. 7 & 50.
3 Ernst van de Wetering, in: Kat. London/Den Haag 1999/2000, 18 f.
4 Wetering 1997, 290; Ders., in: RRP-Corpus, IV, 89–317.
5 Lanzi 1782, 90.
6 RD 1648/7.
7 RRP-Corpus, IV, 25.
8 RRP-Corpus, IV, 25/6 (Prov.).
9 Sumowski 1983–94, II, Nr. 749.
10 Mander 1604, App., f.301r.
11 Kat. Braunschweig 2004, 19.
12 Alpers 1989, 85.
13 Quint. Inst. VI, 2, 26.
14 Huygens/Blom 2003, 70; Übersetzung: Schwartz 2006, 373.

15 RRP-Corpus, IV, 26.
16 Kat. London/Den Haag 1999/2000, Nr. 83.
17 Vasari/Milanesi, I, 383.
18 Mander 1604, Ital., f.96v.
19 Broos 1971, 163.
20 Muller 1983.
21 Vondel, I, 138.
22 Isid. orig. V, 36, 1.
23 Houbraken 1718–21, I, 259.
24 Plin. nat. XXXV, 80; Übersetzung: Roderich König.
25 Bredius/Gerson 416.
26 Tümpel 1986, 392 f.
27 Gen. 26, 8.
28 Houbraken 1718–21, I, 269.
29 Bredius/Gerson 321.
30 Lairesse 1712, V, 324.
31 Bredius/Gerson 417; Kat. Braunschweig 2006.
32 Kat. Braunschweig 2006, S. 86, Anm. 3.
33 Kat. Haarlem 1986, Nr. 52; Van der Stighelen 2008, 151.
34 RD 1669/4.
35 RD 1669/6.
36 Dudok van Heel 2006, 219.
37 Leeuwen 1672, 190.
38 Commelin 1693, 867–869.
39 Piles 1708, 10 f.
40 Schlie 1886, 22. Für den Hinweis danke ich Gero Selig, Schwerin.
41 Rammelman Elsevier 1851; Scheltema 1853.
42 Stückelberger 1996, 21.
43 Stückelberger 1996, 30.
44 Stückelberger 1996, 21.
45 Warnke 2013.
46 Langbehn 1890, 8 f.
47 Langbehn 1890, 9.
48 Behrendt 1984, 41–52.
49 Müller 2006 (Erzieher).
50 Vgl. Emmens 1979–80, II, 10 f.
51 Gurlitt 1907, 470.
52 Müller 2009.

Abbildungsnachweis

akg-images: Abb. 1, 2, 6, 11, 16, 20, 29, 30, 31, 39, 42, 49, 60, 65, 71, 73, 79, 82, 85; akg-images / Erich Lessing: Abb. 7, 17, 24, 46, 72; akg-images / André Held: Abb. 10, 12, 51, 52; akg-images / CDA / Guillot: Abb. 14; The National Gallery, London / akg-images: Abb. 28, 48

Der Verlag Philipp Reclam jun. dankt den Rechteinhabern für die Reproduktions- und Abdruckgenehmigungen. Nicht nachgewiesene Abbildungen entstammen den Archiven des Verlags und des Autors. In einigen Fällen konnten die Rechteinhaber nicht ermittelt werden. Hier ist der Verlag bereit, nach Anforderung rechtmäßige Ansprüche abzugelten.

Literaturverzeichnis

Alberti, Leon Battista: Das Standbild – Die Malkunst – Grundlagen der Malerei. Hrsg. eingeleitet, übers. und kommentiert von Oskar Bätschmann und Christoph Schäublin. Darmstadt 2000.

Alpers, Svetlana: Rembrandt als Unternehmer. Sein Atelier und der Markt. Köln 1989.

Angel, Phlips: Lof der Schilder-konst. Leiden 1642.

[**B**] Bartsch Nummer. – Sie bezieht sich auf den von Adam Bartsch 1797 in Wien publizierten »Catalogue raisonné de toutes les estampes qui forment l'œuvre de Rembrandt, et ceux de ses principaux imitateurs«, der bis heute das gültige Referenzwerk für die Graphiken Rembrandts ist, auch wenn knapp 90 der von Bartsch gezählten 375 Radierungen Rembrandts heute nicht mehr als eigenhändig gelten. Der Numerierung folgt auch → Schwartz 1978.

[**Baar/Moerman 1991**] Baar, P. J. M. de / Moerman, Ingrid W. L.: Rembrandt und Lievens, inwoners van Leiden. In: Rembrandt & Lievens in Leiden. Ausstellungskatalog: Leiden, Stedelijk Museum De Lakenhal te Leiden, 4. Dezember 1991 – 1. März 1992. Hrsg. von Christiaan Vogelaar, P. J. M. de Baar, Ingrid W. L. Moerman [u. a.]. Zwolle 1991, 24–38.

Barlaeus, Caspar: Medicea Hospes, sive Descriptio Pvblicæ Gratvlationis, qua Serenissimam, Augustissimamque Reginam, Mariam De Medicis, excepit Senatvs Populvsqve Amstelodamensis. Amsterdam 1638.

Bal, Mieke: Verf en verderf lezen in Rembrandt. Amsterdam 1990.

Baldinucci, Filippo: Cominciamento, e progresso dell'arte dell'intagliare in rame, colle vite di molti de' più eccellenti maestri della stessa professione (1686). Bearb. von Domenico Maria Manni. Florenz 1767.

Behrendt, Bernd: Zwischen Paradox und Paralogismus. Weltanschauliche Grundzüge einer Kulturkritik in den 90er Jahren des 19. Jahrhunderts am Beispiel August Julius Langbehn. Frankfurt a. M. [u. a.] 1984.

[**Benesch**] Benesch, Otto: The drawings of Rembrandt. 6 Bde. Oxford/London 1973.

Beverwyck, Johan van: Schat der Gesontheyt, verçiert met Historyen, kopere platen. Amsterdam 1643.

Bie, Cornelis de: Het gulden cabinet van de edel vry schilderconst. Antwerpen 1661.

Binet, Étienne: Essai des merveilles de nature et des plus nobles artifices, pièce très nécessaire à tous ceux qui font profession d'éloquence, Rouen 1621.

Bok, Marten Jan: Biographies and documents. In: Roethlisberger, Marcel Georges: Abraham Bloemaert and his sons: Paintings and prints, Bd. 1, Doornspijk 1993, 551–587.

– Rembrandt's Fame and Rembrandt's Failure. The Market for History Paintings in the Dutch Republic. In: Rembrandt and Dutch history painting in the 17th century. International Symposium. Hrsg. von Akira Kofuku. Tokyo 2003, 159–180.

Bode, Wilhelm von / Hofstede de Groot, Cornelis: Rembrandt. Beschreibendes Verzeichnis – Gemälde mit den heliographischen Nachbildungen. 8 Bde. Paris 1897–1905.

Bomford, David: Rembrandt. Art in the Making. London 1991.

Bredero, Gerbrandt Adriaensz: Kluchten. Hrsg. von Jo Daan. Culemborg 1971.

Bredius, Abraham: Rembrandt Schilderijen. 630 Afbeeldingen. Utrecht 1935.

[**Bredius/Gerson**] Bredius, Abraham: Rembrandt. The Complete Edition of the Paintings. Revised by Horst Gerson. London 1969.

Broos, Ben P. J.: The ›O‹ of Rembrandt. In: Simiolus 4, 1971, 150–184.

– Index to the formal sources of Rembrandt's art. Maarssen 1977.

– Rembrandts eerste Amsterdamse periode. In: Oud Holland 114, 2000, 1–6.

Brune, Jan de: Alle volgeestige werken. Amsterdam 1681.

Busch, Werner: Zu Rembrandts Anslo-Radierung. In: Oud Holland 86, 1971, 196–199.

Büttner, Nils: Vom Aussehen eines Negromanten. Die Faustsage in der Bildenden Kunst vor Goethe. In: Katalog der Ausstellung: Faust – Annäherung an einen Mythos. Hrsg. von Frank Möbus und Friederike Schmidt-Möbus. Göttingen 1995, 187–208.

– Geschichte der Landschaftsmalerei. München 2006.

Canetti, Elias: Die Fackel im Ohr. Lebensgeschichte 1921–1931. Frankfurt a. M. 1982.

[Cats, Jacob] Alle de Wercken van den Heere Jacob Cats; Ridder, Oudt Raadtpensionaris Van Hollandt. & c. De laatste Druk, 2 Bde. Amsterdam 1712.

Chapman, H. Perry: Rembrandt's self-portraits. A study in seventeenth-century identity. Princeton, NJ, 1990.

Clark, Kenneth: Rembrandt and the Italian Renaissance. London 1966.

– Rembrandt's ›Good Samaritan‹ in the Wallace Collection. In: Burlington Magazine 118, 1976, 806–809.

Commelin, Caspar: Beschryvinge van Amsterdam, desselfs eerste oorspronk uyt den Huyse der Heeren van Aemstel en Aemstellant met een Verhaal Van haar Leven en dappere Krijgsdaden. Amsterdam 1693.

Crenshaw, Paul: Rembrandt's bankruptcy. The artist, his patrons, and the art world in seventeenth-century Netherlands. Cambridge [u. a.] 2006.

Decker, Jeremias de: Lof der Geldsucht ofte Vervolg der Rijm-oeffeningen. 2 Bde. Amsterdam 1668.

Deursen, Arie Th. van: De hartslag van het leven. Studies over de Republiek der Verenigde Nederlanden. Amsterdam 1996.

Dickey, Stephanie S.: Prints, portraits and patronage in Rembrandt's work around 1640. Ph. D.-thesis, University of New York, 1994.

– Rembrandt. Portraits in Print. Amsterdam 2004.

Dudok van Heel, S[ebastian] A[braham] C[orneille]: Rembrandt van Rijn (Leiden 1606 – Amsterdam 1669). De schilder, zijn leven, zijn vrouw, de min en het dienstmeisje. Amsterdam 2000.

– De jonge Rembrandt onder tijdgenoten. Godsdienst en schilderkunst in Leiden en Amsterdam. Nijmegen 2006.

Emmens, Jan Ameling: Verzameld werk. 2 Bde. Amsterdam 1979–80.

Evelyn, John: Sculptura, or, The history, and art of chalcography and engraving in copper; with an ample enumeration of the most renowned masters and their works. London 1662.

Fock, Cornelia Willemijn: Kunstbezit in Leiden in de 17de eeuw. In: Het Rapenburg. Geschiedenis van een Leidse Gracht. Hrsg. von Lunsingh Scheurleer [u. a.]. 6 Bde. Leiden 1986–92, hier: Bd. 5a. Leiden 1990, 3–36.

Fokkens, Melchior: Beschrijvinge der wijdt-vermaarde Koop-stadt Amstelredam. Amsterdam 1662.

Franken, Michiel: Changing Direction. The Reconstruction of the Genesis of Rembrandt's Conspiracy of the Batavians under Claudius Civilis Reconsidered. In: Art Bulletin of Nationalmuseum Stockholm 11, 2004, 75–82.

Garzoni, Tommaso: Piazza Universale: Das ist: Allgemeiner Schawplatz, Marckt vnd Zusammenkunfft aller Professionen, Künsten, Geschäfften, Händeln vnnd Handt-Wercken, [et]c., Franckfurt a. M. 1641.

Genet, Jean: Rembrandt: ›Rembrandts Geheimnis‹ und ›was von einem Rembrandt übriggeblieben ist, der säuberlich in kleine, viereckige Fetzen zerrissen und ins Klo geschmissen wurde‹. Gifkendorf 1996.

Gerson, Horst: Rembrandt. Gemälde. Gesamtwerk. Gütersloh 1969.

Giltaij, Jeroen: Ruffo en Rembrandt. Over een Siciliaanse verzamelaar in de zeventiende eeuw die drie schilderijen bij Rembrandt bestelde. Zutphen 1999.

Goethe, Johann Wolfgang von: Rembrandt der Denker (1831). In: Sämtliche Werke, Briefe, Tagebücher und Gespräche. Hrsg. von Friedrich Apel [u. a.]. Abt. 1, Bd. 22: Ästhetische Schriften 1824–32. Frankfurt a. M. 1999, 919 f.

Gogh, Vincent van: The letters. Hrsg. von Leo Jansen, Hans Luijten und Nienke Bakker. 6 Bde. London 2009.

Golahny, Amy: Rembrandt's reading: the artist's bookshelf of ancient poetry and history. Amsterdam 2003.

Grohé, Stefan: Rembrandts mythologische Historien. Köln [u. a.] 1996.

Gurlitt, Cornelius: Die deutsche Kunst des neunzehnten Jahrhunderts: Ihre Ziele und Taten. 3., umgearb. Aufl. Berlin 1907.

Haak, Bob: Rembrandt. Zijn leven, zijn werk, zijn tijd. Amsterdam [1968].

– Rembrandt. Leben und Werk. Köln 1976.

Haeser, Heinrich: Historisch-pathologische Untersuchungen, als Beiträge zur Geschichte der Volkskrankheiten. 2 Bde. Dresden 1839–41.

Hammer-Tugendhat, Daniela: Das Sichtbare und das Unsichtbare: zur holländischen Malerei des 17. Jahrhunderts. Köln [u. a.] 2009.

Hanfstaengl, Eberhard: Rembrandt. Selbstbildnisse und Bildnisse seiner Familie. Burg 1939.

Hansen, Julie V.: Galleries of life and death. The anatomy lesson in Dutch art, 1603–1773. Standford 1996.

Hausherr, Reiner: Zur Menetekel-Inschrift auf Rembrandts Belsazarbild. In: Oud Holland 78, 1963, 142–149.

Haverkamp-Begemann, Egbert: Rembrandt. The nightwatch. Princeton 1982.

[**HdG**] Hofstede de Groot, Cornelis: Die Urkunden über Rembrandt: 1575–1721. ’s-Gravenhage 1906.

Hecht, Peter: Vincent van Gogh en Rembrandt. Zwolle [u. a.] 2006.

Heckscher, William S.: Rembrandt’s anatomy of Dr. Nicolaas Tulp: an iconological study. New York 1958.

Hegel, Georg Wilhelm Friedrich: Werke in zwanzig Bänden. Hrsg. von Eva Moldenhauer und Karl Markus Michel. Frankfurt a. M. 1983.

Hellmold, Martin: Rembrandts Einsamkeit. Diskursanalytische Studien zur Konzeption des Künstlersubjekts in der Moderne. Bochum 2001.

Hinterding, Erik: The history of Rembrandt’s copperplates. With a catalogue of those that survive. Zwolle 1995.

– Rembrandt as an etcher. The practice of production and distribution. (Studies in prints and printmaking, 6.) 3 Bde. Ouderkerk aan den Ijssel 2006.

– Rembrandt etchings from the Frits Lugt Collection. 2 Bde. Bussum 2008.

Hirschfelder, Dagmar: Tronie und Porträt in der niederländischen Malerei des 17. Jahrhunderts. Berlin 2008.

Hofstede de Groot, Cornelis: Beschreibendes und kritisches Verzeichnis der Werke der hervorragendsten holländischen Maler des XVII. Jahrhunderts. Bd. 6. Esslingen 1915.

Hollander, Anne: Seeing through clothes. Berkeley 1993.

Hoogstraten, Samuel van: Inleyding tot de hooge schoole der schilderkonst: anders de zichtbaere werelt. Verdeelt in negen leerwinkels, yder bestiert door eene der zanggodinnen. Rotterdam 1678. – Neudruck: [Utrecht] 1969.

Houbraken, Arnold: De groote schouburgh der nederlantsche konstschilders en schilderessen. 3 Bde. Amsterdam 1718–21.

Huygens, Constantijn: Mijn leven verteld aan mijn kinderen in twee boeken. 2 Bde. (Text und Kommentar.) Hrsg. von Frans R. E. Blom. Amsterdam 2003.

[Huygens, Constantijn:] De gedichten van Constantijn Huygens. Hrsg. von Jacob Adolf Worp, 9 Bde., Groningen 1892–99.

[Huygens, Constantijn:] De briefwisseling van Constantijn Huygens. Hrsg. von Jacob Adolf Worp. 6 Bde. Den Haag 1911–17.

[Huygens, Constantijn:] Worp, Jacob Adolf: Fragment eener Autobiographie van Constantin Huygens. In: Bijdragen en Mededeelingen van het Historisch Genootschap 18, 1897, 1–122.

Israel, Jonathan I.: The Dutch Republic. Its rise, greatness, and fall 1477–1806. Oxford 1995.

Junius, Franciscus: De Pictura veterum libri tres. Amsterdam 1637.

[**Kat. Amsterdam 1985**] Schatborn, Peter: Tekeningen van Rembrandt, zijn onbekende leerlingen en navolgers; Drawings by Rembrandt, his anonymous pupils and followers: Rijksprentenkabinet. Amsterdam 1985.

[**Kat. Amsterdam 1991**] Pieter Lastman, Leermaster van Rembrandt. Ausstellungskatalog: Amsterdam, Het Rembrandthuis. Hrsg. von Astrid Tümpel und Peter Schatborn. Zwolle 1991.

[Kat. Amsterdam 1997] Mirror of everyday life. Genreprints in the Netherlands 1550–1700. Ausstellungskatalog: Amsterdam, Rijksprentenkabinet, Rijksmuseum, 8. Februar – 4. Mai 1997. Hrsg. von Eddy de Jongh und Ger Luijten. Gent 1997.

[Kat. Amsterdam 1999] Rembrandt's Treasures. Ausstellungskatalog: Amsterdam, 25. September 1999 – 9. Januar 2000. Hrsg. von Bob van den Boogert. Zwolle 1999.

[Kat. Amsterdam 2003] Nederland in de Gouden Eeuw. Hrsg. von Nelleke Noordervliet. Ausstellungskatalog: Amsterdam, Rijksmuseum (Philipsvleugel), ab 20. Dezember 2003. Zwolle 2003.

[Kat. Berlin 1991/92, I] 1., Rembrandt. Der Meister und seine Werkstatt, Gemälde. Ausstellungskatalog: Berlin, Gemäldegalerie SMPK, 12. September 1991 – 10. November 1991; Amsterdam, Rijksmuseum, 4. Dezember 1991 – 1. März 1992; London, The National Gallery 26. März 1992 – 24. Mai 1992. Hrsg. von Christopher Brown [u. a.]. Berlin 1991.

[Kat. Berlin 1991/92, II] 1., Rembrandt. Der Meister und seine Werkstatt, Zeichnungen und Radierungen. Ausstellungskatalog: Berlin, Kupferstichkabinett SMPK im Alten Museum, 12. September 1991 – 27. Oktober 1991. Hrsg. von Holm Bevers [u. a.]. Berlin 1991.

[Kat. Berlin 2006] Rembrandt. Genie auf der Suche. Ausstellungskatalog: Amsterdam, Rijksmuseum, 1. April – 2. Juli 2006; Berlin, Gemäldegalerie, Staatliche Museen, 4. August – 5. November 2006. Köln 2006.

[Kat. Berlin 2006/Z] Rembrandt. Die Zeichnungen im Berliner Kupferstichkabinett. Ausstellungskatalog: Berlin, Kupferstichkabinett, Staatliche Museen, 4. August – 5. November 2006. Hrsg. von Holm Bevers, Ostfildern 2006.

[Kat. Braunschweig 2000] Der Krieg als Person. Herzog Christian d. J. von Braunschweig-Lüneburg im Bildnis von Paulus Moreelse. Ausstellungskatalog: Braunschweig, Herzog Anton Ulrich-Museum, 16. März – 14. Mai 2000. Hrsg. von Nils Büttner und Jochen Luckhardt, Braunschweig 2000.

[Kat. Braunschweig 2004] Peter Paul Rubens. Barocke Leidenschaften. Hrsg. von Nils Büttner und Ulrich Heinen. Ausstellungskatalog: Braunschweig, Herzog Anton Ulrich-Museum, 8. August – 31. Oktober 2004. München 2004.

[Kat. Braunschweig 2006] Familienglück. Rembrandt und sein Braunschweiger Meisterwerk. Ausstellungskatalog: Braunschweig, Herzog Anton Ulrich-Museum, 21. September – 17. Dezember 2006. Hrsg. von Silke Gatenbröcker. Petersberg 2006.

[Kat. Den Haag 1998/99] Rembrandt onder het mes. De anatomische les van Dr Nicolaes Tulp ontleed. Ausstellungskatalog: Den Haag, Mauritshuis, 3. Oktober 1998 – 10. Januar 1999. Hrsg. von Norbert Middelkoop. Amsterdam 1998.

[Kat. Dordrecht/Köln 1998/99] Arent de Gelder (1645–1727): Rembrandts Meisterschüler und Nachfolger. Ausstellungskatalog: Dordrechts Museum, 10. Oktober 1998 – 17. Januar 1999; Köln, Wallraf-Richartz-Museum, 19. Februar – 9. Mai 1999. Köln [1998].

[Kat. Edinburgh/London 2001] Rembrandt's women. Ausstellungskatalog: Edinburgh, National Gallery of Scotland, 8. Juni – 2. September 2001; London, Royal Academy of

Arts, 22. September – 16. Dezember 2001. Hrsg. von Julia Lloyd Williams. Edinburgh 2001.

[**Kat. Haarlem 1986**] Portretten van echt en trouw. Huwelijk en gezin in de Nederlandse kunst van de zeventiende eeuw. Ausstellungskatalog: Haarlem, Frans-Halsmuseum, 15. Februar – 13. April 1986. Hrsg. von Eddy Jongh. Zwolle 1986.

[**Kat. Kassel 2001**] Der junge Rembrandt. Rätsel um seine Anfänge. Ausstellungskatalog: Kassel, Gemäldegalerie Alte Meister, 3. November 2001 – 27. Januar 2002. Hrsg. von Ernst van de Wetering und Bernhard Schnackenburg. Wolfratshausen 2001.

[**Kat. Kassel 2005/06**] Rembrandt im Kontrast. Die Blendung Simsons und Der Segen Jakobs. Ausstellungskatalog: Kassel, Gemäldegalerie Alte Meister, 3. November 2005 – 5. Februar 2006. Hrsg. von Gregor J. M. Weber. München 2005.

[**Kat. Kassel/Leiden 2006**] Rembrandts Landschaften. Ausstellungskatalog: Kassel, Gemäldegalerie Alte Meister, 23. Juni – 17. September 2006; Leiden, Stedelijk Museum De Lakenhal, 6. Oktober 2006 – 7. Januar 2007. München 2006.

[**Kat. Leiden 1976/77**] Geschildert tot Leyden anno 1626. Ausstellungskatalog: Leiden, Stedelijk Museum De Lakenhal te Leiden, 18. November 1976 – 9. Januar 1977. Hrsg. von M. L. Wurfbain. Leiden 1976.

[**Kat. Leiden 1991/92**] Rembrandt & Lievens in Leiden. Ausstellungskatalog: Leiden, Stedelijk Museum De Lakenhal te Leiden, 4. Dezember 1991 – 1. März 1992. Hrsg. von Christiaan Vogelaar, P. J. M. de Baar, Ingrid W. L. Moerman [u. a.]. Zwolle 1991.

[**Kat. Leiden 2005/06**] Rembrandt's mother. Myth and reality. Ausstellungskatalog: Leiden, Stedelijk Museum de Lakenhal, 16. Dezember 2005 – 19. März 2006. Hrsg. von Christiaan Vogelaar und Gerbrand Korevaar. Zwolle 2005.

[**Kat. London/Amsterdam 2006**] Uylenburgh & Son: Art and commerce from Rembrandt to De Lairesse 1625–1675. Ausstellungskatalog: London, Dulwich Picture Gallery, 7. Juni – 3. September 2006; Amsterdam, The Rembrandt House Museum, 16. September – 10. Dezember 2006. Hrsg. von Friso Lammertse. Zwolle 2006.

[**Kat. London/Den Haag 1999**] Rembrandts Selbstbildnisse. Ausstellungskatalog: London, The National Gallery, 9. Juni – 5. September 1999; Den Haag, Mauritshuis, 25. September 1999 – 9. Januar 2000. Hrsg. von Christopher White. Stuttgart 1999.

[**Kat. München 2001/02**] Rembrandt auf Papier. Werk und Wirkung. Ausstellungskatalog: München, Alte Pinakothek, 5. Dezember 2001 – 10. Februar 2002; Amsterdam, Museum het Rembrandthuis, 7. September 2002 – 17. November 2002. Hrsg. von Thea Vignau-Wilberg. München 2001.

[**Kat. Nürnberg 2001**] In Rembrandts Werkstatt. Der Meister in Original, Kopie und Studie. Ausstellungskatalog: Nürnberg, Germanisches Nationalmuseum, 19. Juli – 14. September 2001; Berlin, Gemäldegalerie, Staatliche Museen, 19. April – 21. Juli 2002. Hrsg. von Daniel Hess, Nürnberg 2001.

[**Kat. Schwerin 2010**] Die holländische Genremalerei in Schwerin. Bestandskatalog Staatliches Museum Schwerin. Hrsg. von Gero Seelig. Petersberg 2010.

[**Kat. Weimar 2011**] Rembrandts Radierungen. Bestandskatalog, ehemalige großherzogliche und staatliche Sammlungen sowie Goethes Sammlung. Bearb. von Erik Hinterding. Köln 2011.

[**Kat. Wien 2004**] Rembrandt. Ausstellungskatalog: Wien, Albertina, 26. März – 27. Juni 2004. Hrsg. von Klaus Albrecht Schröder und Marian Bisanz-Prakken. Wien 2004.

[**Kat. Wien 2009**] Das Zeitalter Rembrandts. Ausstellungskatalog: Wien, Albertina, 4. März – 21. Juni 2009. Hrsg. von Klaus Albrecht Schröder und Marian Bisanz-Prakken. Ostfildern 2009.

Kemp, Wolfgang: Rembrandt, die Heilige Familie oder die Kunst, einen Vorhang zu lüften. Frankfurt a. M. 1986.

Klein, Peter Wolfgang: De trippen in de 17e eeuw. Een studie over het ondernemersgedrag op de Hollandse stapelmarkt. Assen 1965.

Kleinert, Katja: Atelierdarstellungen in der niederländischen Genremalerei des 17. Jahrhunderts. Realistisches Abbild oder glaubwürdiger Schein? Petersberg 2006.

Kolloff, Eduard: Rembrandt's Leben und Werke, nach neuen Actenstücken und Gesichtspunkten geschildert. In: Historisches Taschenbuch. Hrsg. von Friedrich von Raumer. Dritte Folge 5. 1854, 401–582.

Koselleck, Reinhart: Darstellung, Ereignis und Struktur. In: Ders.: Vergangene Zukunft. Zur Semantik geschichtlicher Zeiten. Frankfurt a. M. 1995, 144–157.

Kris, Ernst / Kurz, Otto: Die Legende vom Künstler. Ein geschichtlicher Versuch. Frankfurt a. M. 1980.

Kuyper, Wouter: Dutch classicist architecture. A survey of Dutch architecture, gardens and Anglo-Dutch architectural relations from 1625 to 1700. Delft 1980.

Lairesse, Gérard de: Groot schilderboek. Amsterdam 1712.

Langbehn, Julius: Rembrandt als Erzieher. Leipzig 1890.

Lanzi, Luigi: La real Galleria di Firenze accresciuta e riordinata per comando di S. A. R. l'Archiduca granduca di Toscana. Florenz 1782.

Leeuwen, Simon van: Korte Besgryving Van het Lugdunum Batavorum Nu Leyden. Vervatende een Verhaal van haar Grondstand […] Samst het graven van den Ouden ende Niewen Ryn. Leyden 1672.

Liedtke, Walter A.: The age of Rembrandt. Dutch paintings in the Metropolitan Museum of Art. 2 Bde. New York 2007.

[Lipsius, Justus:] Justi Lipsii v. c. opera omnia postremum ab ipso aucta et recensita: nunc primum copioso rerum indice illustrate. 4 Bde. Wesel 1675.

[**Luther-WA DB**] D. Martin Luthers Werke. 3. Abt.: Die Deutsche Bibel. 14 Bde. Weimar 1906–61.

Magnani, Lauro: 1666: Een onbekende opdracht uit Genua voor Rembrandt. In: Kroniek van het Rembrandthuis 2007, 2–17.

Mander, Karel van: Het Schilder-Boeck. Waerin Voor eerst de leerlustighe Iueght den grondt der Edel Vry Schilderconst in Verscheyden deelen Wort voorghedraghen: Daer nae in dry deelen t'Leuen der Vermaerde door luchtighe Schilders des ouden, en nieuwen tyds. Eyntlyck d'wtlegghinghe op den Metamorphoseon Pub. Ouidij Nasonis Oock daerbeneffens wtbeeldinghe der figuren. Haarlem 1604.

Marolles, Michel de: Catalogve de livre d'estampes et de figvres en taille dovce. Paris 1666.

Méchoulan, Henry: Das Geld und die Freiheit. Amsterdam im 17. Jahrhundert. Stuttgart 1992.

Menasseh ben Israel, Samuel: De Termino Vitæ. Libri Tres: Quibus veterum Rabbinorum, ac recentium doctorum, de hac controversia sententia explicatur. Amsterdam 1639.

Merrifield, Mary P.: Original treatises, dating from the XIIth to the XVIIIth centuries, [o]n the arts of painting: in oil, miniature, mosaic, and on glass; of gilding, dyeing, and the preparation of colours and artificial gems; preceded by a general introduction; with translations, prefaces, and notes. 2 Bde. London 1849.

Middelkoop, Norbert: The anatomy lesson of Dr. Deijman and its place in Rembrandt's portraiture. In: Rembrandt as norm and anti-norm: Papers given at a colloquium held at the Graduate School of Letters, Kyoto University, December 15, 2002. Hrsg. von Toshiharu Nakamura, Kyoto 2004, 93–123.

Montchrestien, Antoine de: L'économie politique patronale. Traité de l'oeconomie politique dedié en 1615 au roy et a la reyne mere du roy. Hrsg. von Théophile Funck-Brentano. Paris 1889.

Montias, John Michael: Art at auction in 17th century Amsterdam. Amsterdam 2002.

Muller, Jeffrey M.: Rubens' divine circle. In: Papers presented at the International Rubens Symposium, 14.–16. April 1982 [The Ringling Museum of Art Journal, 1983]. Hrsg. von William H. Wilson, The John and Mable Ringling Museum of Art, The State Art Museum of Florida, 220–225.

Müller, Jürgen: Rembrandts »Nachtwache«. Anmerkungen zur impliziten Kunsttheorie. In: Morgen-Glantz. Zeitschrift der Christian Knorr von Rosenroth-Gesellschaft 9, 1999, 129–156.

– Imitatio oder dissimulatio? Bemerkungen zu Rembrandts Antiklassizismus. In: Pictura verba cupit. Hrsg. von Beket Bukovinská. Prag 2006, 237–248.

– »Wie Rembrandt zum Erzieher wurde«. Der Künstler als Objekt bürgerlicher Rezeptions- und Sammlungsansprüche. In: Sammeln als Institution: Von der fürstlichen Wunderkammer zum Mäzenatentum des Staates. Hrsg. von Barbara Marx. München 2006, 231–238.

– Rembrandtmythen. In: Kritische Berichte 37, 2009, 94–111.

Nadler, Steven: Spinoza's heresy. Immortality and the Jewish mind. Oxford 2001.

[**NRD**] Rembrandt 2006: New Rembrandt documents. Hrsg. von Michiel Roscam Abbing. Leiden 2006.

Orlers, Jan Jansz: Beschrijvinge der Stadt Leyden. Inhoudende 't Begin, den voortgang, ende den wasdom der selver: de stichtinge vande Kercken, Cloosteren, Gasthuysen, ende andere Publijcque Gestichten, etc.........; Mistgaders Verhael van alle de Belegeringen, ende Aenflagen, die de selbe Stadt zedert den Jare 1203. geleden heest, totte laetste strenge Belegeringe ende Verlossinghe, ghevallen inden Jaere 1574.; Verciert met verscheyden Caerten ende Figuren; In desen tweede Druck, boven vele vermeerdingen, vergroot met een derde Deel, inhoudende den staet ende Regeringe der Stad Leyden, Tot Leyden: Cloeting & Commelijn, 1641.

Paleotti, Gabriele: Discorso intorno alle imagini. In: Trattati d'arte del cinquecento. Hrsg. von Paola Barocchi. Bd. 2. Bari 1961, 117–509.

Parival, Jean de: Les délices de la Hollande. Amsterdam 1669.
Pels, Andries: Gebruik én Misbruik des Tooneels. Amsterdam 1681.
Piles, Roger de: Abregé de la vie des peintres. Avec des reflexions sur leurs Ouvrages, Et un Traité du Peintre parfait, de la connoissance des Desseins, & de l'utilité des Estampes. Paris 1699.
– Cours de peinture par principles. Paris 1709.
Poirters, Adrianus: Het masker vande wereldt afgetrocken. Antwerpen 1649.
Preimesberger, Rudolf / Hannah Baader / Nicola Suthor: Porträt [Geschichte der klassischen Bildgattungen in Quellentexten und Kommentaren, 2]. Berlin 1999.
Prins, Y. M.: Het testament van Titus van Rhijn. In: Genealogie, kwartaalblad van het Centraal Bureau voor Genealogie 3, 1997, 8 f.
Rammelman Elsevier, Jhr. Willem Iman Cornelis: Over de ouders en geboorteplaats van Rembrandt van Rhijn. In: Nieuwe Algemeene Konst en Letterbode 1, 1851, 295.
Raupp, Hans-Joachim: Untersuchungen zu Künstlerbildnis und Künstlerdarstellung in den Niederlanden im 17. Jahrhundert. Hildesheim [u. a.] 1984.
Rauschenbach, Sina: Judentum für Christen. Vermittlung und Selbstbehauptung Menasseh ben Israels in den gelehrten Debatten des 17. Jahrhunderts. Berlin [u. a.] 2012.
[RD] The Rembrandt documents. Hrsg. von Walter L. Strauss, Marjon van der Meulen, unter Mitarbeit von S. A. C. Dudok van Heel und P. J. M. de Baar. New York 1979.
Regin, Deric: Traders, artists, burghers. A cultural history of Amsterdam in the 17th century. Assen 1976.
Roberts, Benjamin: Through the keyhole. Dutch child-rearing practices in the 17th and 18th century; three urban elite families. Hilversum 1998.
Rodenburg, Theodore: Melibéa. Treur-bly-eynde-spel. Amsterdam 1618.
Rogier, Ludwig Jakob: Geschiedenis van het Katholicisme in Noord-Nederland in de 16e en de 17e eeuw. 2 Bde. Amsterdam 1945/46.
Roscam Abbing, Michiel (Hrsg.): Rembrandt 2006: Essays. Leiden 2006.
[RRP-Corpus] A Corpus of Rembrandt Paintings: Bde. 1–3. Hrsg. von Josua Bruyn, Bob Haak [u. a.]. Den Haag / Boston / London 1982 (I: 1625–1631), 1986 (II: 1631–1634), 1989 (III: 1635–1642); Bde. 4–5. Hrsg. von Ernst van de Wetering [u. a.]. Dordrecht 2005 (IV: Self-portraits), 2011 (V: Small-scale history paintings).
[Sandrart 1675] [Joachim von Sandrart:] L'Academia Todesca della Architectura, Scultura & Pittura: Oder Teutsche Academie der Edlen Bau-, Bild- und Mahlerey-Künste. Nürnberg 1675.
Schama, Simon: Überfluß und schöner Schein. Zur Kultur der Niederlande im Goldenen Zeitalter. München 1988.
Scheltema, Pieter: Rembrand. Redevoering over het leven en de verdiensten van Rembrand van Rijn, met une menigte geschiedkundige bijlagen meerendeels uit echte bronnen geput. Amsterdam 1853.
Schlie, Friedrich: Der Herzog Christian Ludwig II. von Meckelnburg und der Maler Chr. Wilh. Ernst Dietricy (Dietrich). In: Repertorium für Kunstwissenschaft 9, 1886, 21–27.
Schupbach, William: The paradox of Rembrandt's Anatomy of Dr. Tulp. London 1982.

Schuss, Eva: Dove verf? De relatie tussen Rembrandt en Vondel in historisch perspectief. In: De zeventiende eeuw, 22, 2006, 225–246.

Schwartz, Gary: Sämtliche Radierungen in Originalgröße. Stuttgart/Zürich 1978.

– Rembrandt: Sein Gesamtwerk in Farbe. Erlangen 1991.

– Das Rembrandt-Buch: Leben und Werk eines Genies. München 2006.

Seelig, Gero: Rembrandts Ruhm. Vom Wandel der Zuschreibungen. In: Die holländische Genremalerei in Schwerin: Bestandskatalog Staatliches Museum Schwerin. Hrsg. von Gero Seelig. Petersberg 2010, 42–52.

Seifert, Christian Tico: Pieter Lastman. Studien zu Leben und Werk, mit einem kritischen Verzeichnis der Werke mit Themen aus der antiken Mythologie und Historie. Petersberg 2011.

Slatkes, Leonard J.: ›An ineffable light and splendour‹. Nocturnes, night scenes and artificial illumination. In: The genius of Rome, 1592–1623. Hrsg. von Beverly Louise Brown. London 2001, 304–337.

– Rembrandt. Catalogo completo dei dipinti. Firenze 1992.

Slive, Seymour: Rembrandt and his critics. 1630–1730. Den Haag 1953.

Sluijter, Eric Jan: Rembrandt and the Female Nude. Amsterdam 2006.

– Determining Value on the Art Market in the Golden Age. An Introduction. In: Art Market and Connoisseurship. A Closer Look at Paintings by Rembrandt, Rubens, and Their Contemporaries. Hrsg. von Anna Tummers and Koenraad Jonckheere. Amsterdam 2008, 7–30.

– The Nude, the Artist and the Model. The Case of Rembrandt. In: The Nude and the Norm in the Early Modern Low Countries. Hrsg. von Karolien De Clippel, Katharina Van Cauteren und Katlijne Van der Stighelen. Turnhout 2011, 11–34.

[**Statenvertaling 1637**] Biblia, dat is: De gantsche H. Schrifture. Leiden, Paulus Aertsz van Ravensteyn: 1637.

Stijnman, Ad: Engraving and etching 1400–2000. A history of the development of manual intaglio printmaking processes. London 2012.

Stoichita, Victor I.: Das selbstbewußte Bild. Vom Ursprung der Metamalerei. München 1998.

Straten, Roelof van: Rembrandts Weg zur Kunst: 1606–1632. Berlin 2006.

Stückelberger, Johannes: Rembrandt und die Moderne, der Dialog mit Rembrandt in der deutschen Kunst um 1900. München 1996.

Sumowski, Werner: Drawings of the Rembrandt school. Hrsg. von Walter L. Strauss. 10 Bde. New York 1979–92.

– Gemälde der Rembrandt-Schüler. 6 Bde. Landau (Pfalz) 1983–94.

[Teniers, David]: Davidis Teniers antverpiensis, pictoris, et a cvbicvlis sermis, principibvs Leopoldo Gvil. archidvci, et Ioanni Avstriaco Theatrvm pictorivm. In quo exhibentur ipsius manu delineatae, eiusque cura in aes incisae picturae archetipae italicae, quas ipse sermus. archidux in pinacothecam suam Bruxellis collegit. Brüssel 1660.

Thoré-Bürger, W. [d. i. Étienne Joseph Theophile Thoré]: Musées de la Hollande. 2 Bde. Paris 1858–60.

Tümpel, Christian: Rembrandt. Mythos und Methode. Königstein im Taunus 1986.
– Rembrandt. 10. Aufl. Reinbek bei Hamburg 2003.
Van der Stighelen, Katlijne: Hoofd en bijzaak. Portretkunst in Vlaanderen van 1420 tot nu. Zwolle 2008.
Van Hout, Nico: On dead colour. [= Jaarboek Koninklijk Museum voor Schone Kunsten. Antwerpen 2008.] Antwerpen 2010.
Valentiner, Wilhelm Reinhold: Rembrandt. Des Meisters Gemälde in 643 Abb. 3. Aufl. Stuttgart [1909].
– Rembrandt. Des Meisters Handzeichnungen. 2 Bde. Stuttgart [1925–34].
– Rembrandt. Wiedergefundene Gemälde (1910–1920). Stuttgart 1921.
Vasari, Giorgio: Le vite de' più eccellenti pittori, scultori ed architettori. 9 Bde. Hrsg. von Gaetano Milanesi. Florenz 1878–85.
Verhaeren, Émile: Rembrandt. Übertr. von Stefan Zweig. Leipzig 1912.
Volkenandt, Claus: Rembrandt. Anatomie eines Bildes. München 2004.
Vondel, Joost van den: De werken. Volledige en geïllustreerde tekstuitgave in tien deelen; levensbeschrijving, geschied- en boekkundige toelichting, literatuuropgave enz. 11 Bde. Hrsg. von J. F. M. Sterck [u. a.]. Amsterdam 1927–40.
Vosmaer, Carel: Rembrandt. Sa vie et ses œuvres. Den Haag 1868.
Vos, Jan: Alle de gedichten. Amsterdam 1662.
Waal, Henri van de: Drie eeuwen vaderlandsche geschied-uitbeelding 1500–1800. 2 Bde. Den Haag 1952.
Wagenaar, Jan: Amsterdam, in zyne opkomst, aan was, geschiedenissen, voorregten, koophandel, gebouwen, kerkenstaat, schoolen, schutterye, gilden en regeeringe, beschreeven. 3 Bde. Amsterdam 1760–67.
Warnke, Martin: Ist das nicht Bismarck? in: Frankfurter Allgemeine Zeitung, 30. 3. 2013.
Weisbach, Werner: Rembrandt. Berlin/Leipzig 1926.
Weststeijn, Thijs: The visible world. Samuel van Hoogstraten's art theory and the legitimation of painting in the Dutch Golden Age. Amsterdam 2008.
Wetering, Ernst van de: Isaac Jouderville, a Pupil of Rembrandt. In: The Impact of a Genius: Rembrandt, his Pupils and Followers in the Seventeenth Century. Hrsg. von Albert Blankert [u. a.]. Amsterdam 1983, 59–69.
– Rembrandt. The painter at work. Amsterdam 1997.
Winkel, Marieke de: Fashion and fancy. Dress and meaning in Rembrandt's paintings. Amsterdam 2006.
Wolleswinkel, Egbert J.: De dagboeken van de genealoog Pieter van Brederode van Wieringen (1631–1697). In: De Nederlandsche Leeuw 123, 2006, 339–344. – http://www.hogeraadvanadel.nl/Pieter%20van%20Brederode.pdf.
Zell, Michael: »Rembrandt's Gifts«. A Case Study of Actor-Network-Theory. In: JHNA – Journal of Historians of Netherlandish Art 3, 2011. – URL: http://www.jhna.org/index.php/past-issues/volume-3-issue-2/143-zell-rembrandts-gifts.

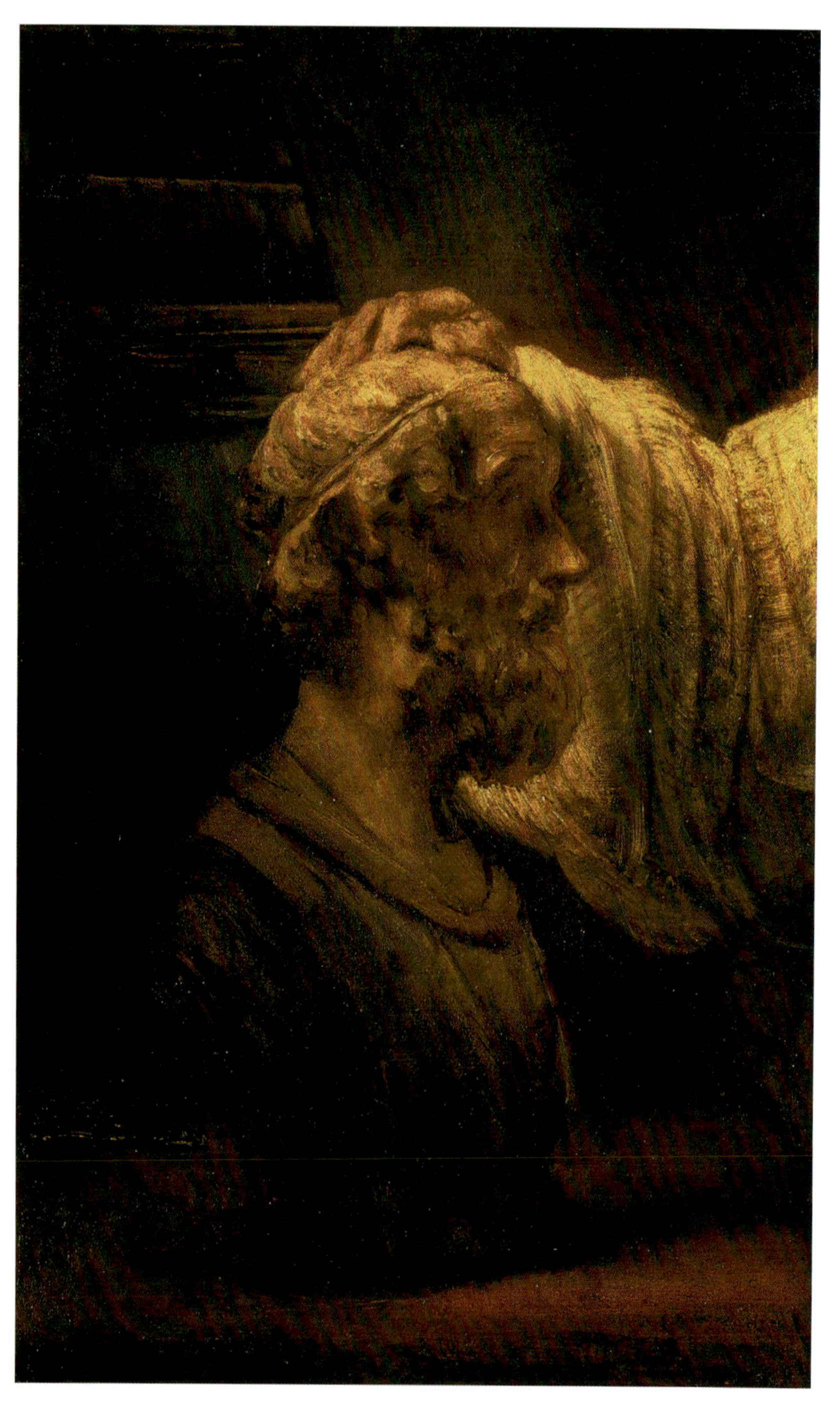

Personenregister

Abimelech, König der Philister 226
Ablijn, Jan d' 90
Abraham, Daniel 179
Albrecht von Solms-Braunfels, Graf 61
Amalia von Solms, Prinzessin von Oranien 61, 199
Andrada, Diego d' 196
Angel, Philips 116
Anslo, Cornelis Claesz 85 f.

Baldinucci, Filippo 32, 54, 104, 112, 163, 188, 194
Barbieri, Giovanni Francesco 188 f.
Barlaeus, Caspar 19, 59 f., 82, 84, 86, 109
Barocci, Federico 164
Bartjens, Willem 224
Bartjes, Abraham 219
Bartsch, Adam 157
Basse, Jan 166
Becker, Harmen 182, 195
Beckmann, Max 227, 234
Bella, Stefano della 186
Benedikt XI., Papst 224
Beverwyck, Johan van 92
Bie, Cornelis de 8, 219
Bijler, François van 217
Blaeu, Pieter 217
Bloemart, Abraham 25, 30
Bode, Wilhelm von 232 f.
Böhme, Jakob 84
Bol, Ferdinand 174, 206, 228
Bramer, Leonard 76
Bredero, Gerbrandt Adriaensz 90
Bredius, Abraham 235
Browne, Alexander 142
Brueghel, Abraham 188
Bruijningh, Frans 163
Brune, Jande 75
Buchel, Arnout van 46
Bueno, Ephraim 84
Bürger, William 232
Burgh, Albert Coenraadsz 144

C. Plinius Secundus 131, 193
Callot, Jacques 32
Campen, Jacob van 98, 198
Canetti, Elias 128
Caravaggio, Michelangelo Merisi da 20, 44
Carracci, Agostino, Annibale 164, 230
Castiglione 53, 77, 80
Cats, Jacob 90, 92, 214
Christiaens, Elsje 211
Cicero, Marcus Tullius 63
Cocq, Frans Banningh 112, 116
Corinth, Lovis 227
Coster, François de 173
Cranach, Lucas 164
Crayers, Louys 180, 215

Decker, Jeremias de 80, 187 f., 202
Descartes, René 46
Deyman, Dr. Jan 174, 176
di Bondone, Giotto 224
Dietrich, Christian Wilhelm Ernst 231
Dircx, Geertje 100, 104
Doeyenburg, Willem van 208
Domenichino, *siehe* Domenico Zampieri
Dou, Gerrit 40
Dürer, Albrecht 74, 120, 164
Dutuit, Eugène 233
Dyck, Anthonis van 164

Elsheimer, Adam 44
Evelyn, John 122, 186

Fabritius, Carel 144
Feddes van Harlingen, Pieter 94
Ferdinand III., Kaiser des Heiligen Römischen Reiches 188
Flinck, Govaert/Govert 53, 174, 198 f., 202, 214
Fokkens, Melchior 202
Fonteijn, Jores 174
Francen, Abraham 82, 173, 182
Frederik Hendrik, Prinz von Oranien, Statthalter der Niederlande 46, 52, 61, 166, 194

Garzoni, Tomaso 141
Geer
Louis de 202, 206
Margaretha de 202
Maria de 206
Gelder, Arent de 181, 222
Genet, Jean 7, 89
Gersaint, Edmé-François 144, 149
Gerson, Horst 235, 248
Gheyn d. J., Jacques de 134
Giotto, *siehe* di Bondone
Goethe, Johann Wolfgang 122, 232
Goudt, Hendrick 44
Graeff
Andries de 85
Christina de 206
Cornelis de 202
Groot, Hofstede de 233
Grotius, Hugo 84
Guercino, *siehe* Barbieri, Giovanni Francesco
Gurlitt, Cornelius 234

Harmen Gerritsz van Rijn 16
Harmensdr, Lysbeth 13–16
Hegel, Georg Wilhelm Friedrich 74
Helst, Bartholomeus van der 174
Hendrickje Stoffelsdr Jaeger 100, 103 f., 209
Hertsbeeck, Isaac van 173, 180
Herzog von Mecklenburg 231
Holbein d. J., Hans 164, 166
Homer 124, 189 f., 192
Hondius, Hendrick 134, 138
Honthorst, Gerrit 25
Horaz 35, 65
Houbraken, Arnold 44, 96, 99, 108, 124, 142, 159, 181, 184, 194, 225, 227
Huydecoper, Joan 37, 214
Huygens, Constantijn 24, 30, 46, 48 f., 61, 63, 131, 134, 194, 222 f.

Isidor von Sevilla 224

Jansz, Volckert 16, 31, 141, 166, 173, 208
Johan Maurits, Fürst von Nassau Siegen 52, 199
Jonge, Clement de 82, 168
Jordaens, Jacob 25, 90, 164
Jorisz, Jacob 114
Josephus, Flavius 118, 164
Jouderville, Isaac de 40, 53
Junius, Franciscus 36, 63, 65
Just, Isaac 189

Karl V., Kaiser des Heiligen Römischen Reiches 74
Kattenburgh
Dirck van 159
Otto 159
Kint, Aris 't 59
Kretzer, Marten 186 f.
Krul, Jan Harmensz 80

Laertios, Diogenes 192
Lairesse, Gerard de 202, 227
Langbehn, Julius 234
Langlois, François 186
Lanzi, Luigi 219
Lastman, Pieter Pietersz 23–26, 30 f., 49, 55, 146

Le Brun 230
Leopold Wilhelm, Statthalter der habsburgischen Niederlande, Erzherzog 188
Leupenius, Johannes 181
Leyden
  Lucas van 80
  Magdalena van 164
Lievens, Jan 31 f., 34, 37, 40, 48 f., 227
Linden, Jan Antonides van der 215
Lipsius, Justus 192
Livius, Titus 211
Loo
  Gerrit van 67
  Jan van 216
  Magdalena van 216 f.
Luther, Martin 28

Maccovius, Johannes 68
Mander, Karel van 24, 74 f., 92, 124, 131, 222, 224
Mantegna, Andrea 164, 176
Marcus Fabius Quintilianus 63, 192 f., 222
Marolles, Michel de 155
Medici
  Cosimo III. 217
  Henrietta Maria de' 116
  Leopoldo de' 188
  Maria de' 109, 112
Meedenblick, Pieter Claesz van 197, 215 f.
Menasseh ben Israel, Samuel 126
Michelangelo Buonarroti 34, 164, 188
Mijtens, Jan 228
Moeyaert, Claes Cornelisz 55, 209

Neeltgen Willemsdr van Zuytbrouck 16
Neer, Aert van der 135

Opaliński, Krzysztof 186
Orlers, Jan Jansz 16–19, 23, 25, 31, 49, 141, 238
Ovens, Jürgen 202
Ovid, Publius Ovidius Naso 89, 94, 106, 122, 211, 214

Paleotti, Gabriele 86
Parival, Jean de 138
Parrhasios 131
Pels, Andries 93 f., 96
Phidias 198
Philipp II., König von Spanien 13 f., 74
Pieter van Brederode van Wieringen 217
Piles, Roger de 108, 153, 180, 230 f.
Plinius, *siehe* C. Plinius Secundus
Plutarch 65, 192
Poirters, Adrianus 75
Poussin, Nicolas 230
Protogenes von Kaunos 193, 225
Pynas, Jacob 24

Quellinus, Artus 198
Quintilian, *siehe* Marcus Fabius Quintilianus

Raffael, *siehe* Raffaello Santi
Raffaello Santi 34, 53, 77, 116, 149, 164, 188, 226, 230
Raimondi, Marcanton 153
Reni, Guido 164
Rijn, Titia van 217
Rosenberg, Adolph 235
Röver, Valerius 144
Rubens, Peter Paul 24 f., 48, 55, 61, 63, 66, 96, 99, 116, 130 f., 164, 166, 224, 230, 232
Ruffo, Don Antonio 189 f., 192, 194, 196
Ruytenburch, Willem van 114

Sander, Antonius 222
Sandrart, Joachim von 53, 96, 98, 112, 132, 163, 180 f., 184, 186, 230
Sauli, Francesco Maria 195
Schongauer, Martin 164

Schooten, Joris van 31
Schouten, Aeltje Gerritsdr 85
Scriverius, Petrus 49, 82
Six, Jan 82, 144, 171, 173 f., 182, 184
Smith, John 225
Spinoza, Baruch de 84, 178 f.
Stimmer, Tobias 118, 164
Stoffels, Hendrickje *siehe* Hendrickje Stoffelsdr Jaeger
Suythof, Cornelis 215
Swanenburgh
  Jacob Isaacsz van 20–23
  Willem Isaacsz van 30
Sylvius, Jan Cornelisz 67, 68, 82

Tacitus 198, 200
Tempel, Abraham van den 126, 216
Tempesta, Antonio 164
Temple, William 51, 209
Thoré, Étienne Joseph Theophile *siehe* Bürger, William
Thulden, Theodor van 228
Tizian, siehe Tiziano Vecelli 77, 92, 108, 164, 230
Tombe, Nicolas de la 149
Trijn, Jans 90
Trip
  Elias 206
  Jacob 202
  Louis, Hendrik 206
  Pieter 206
Tryphose 214
Tulp, Nicolaes 55, 57, 59, 171, 174, 217

Uffel, Lucas van 53, 77
Uylenburgh
  Aeltje 67
  Hendrick 49, 53 f., 60, 67 f., 80, 82, 85, 97, 112, 116, 179, 183, 197, 199, 202, 215
  Titia van 99
Uyttenbogaert, Jan 194 f.

Valentiner, Wilhelm R. 235
Vasari, Giorgio 224
Velde, Jan van de 224
Vermeer, Jan 232
Vesalius, Andreas 57, 217
Vignon, Claude 186
Viviano, Giovanni Lorenzo 195 f.
Vliet, Jan Joris van 32, 48
Vondel, Joost van den 24, 26, 86, 128, 176, 187, 198, 209, 224
Vos
  Jan 92, 186, 209, 214
  Rebecca de 200
Vossius, Gerard Johannes 59 f., 84

Wagenaar, Jan 206
Wilhelm I. von Oranien, Graf von Nassau Dillenburg, Statthalter der Niederlande 13 f.
Witsen, Cornelis Jansz 173, 197, 202
Wtenbogaert, Johannes 60

Zampieri, Domenico 230
Zoet, Jan 132

Zum Autor

Nils Büttner, geboren 1967 in Bremen, ist Professor für Kunstgeschichte an der Kunstakademie Stuttgart. Schwerpunkt seiner zahlreichen Veröffentlichungen sind deutsche und niederländische Kunst- und Kulturgeschichte der Frühen Neuzeit sowie die Geschichte von Graphik und Buchillustration.